中国近代人物日记丛书

潘裕达　潘　佳　整理

潘祖荫日記

上

中华书局

图书在版编目(CIP)数据

潘祖荫日记/潘裕达,潘佳整理. —北京:中华书局,2023.2
(2025.6重印)
(中国近代人物日记丛书)
ISBN 978-7-101-16081-9

Ⅰ.潘… Ⅱ.①潘…②潘… Ⅲ.潘祖荫(1830~1890)-日记
Ⅳ.K827=52

中国版本图书馆 CIP 数据核字(2023)第 006733 号

书　　名	潘祖荫日记(全二册)	
整　　理	潘裕达　潘　佳	
丛 书 名	中国近代人物日记丛书	
责任编辑	杜艳茹	
策划编辑	吴冰清	
责任印制	陈丽娜	
出版发行	中华书局	
	(北京市丰台区太平桥西里38号　100073)	
	http://www.zhbc.com.cn	
	E-mail:zhbc@zhbc.com.cn	
印　　刷	北京建宏印刷有限公司	
版　　次	2023 年 2 月第 1 版	
	2025 年 6 月第 2 次印刷	
规　　格	开本/850×1168 毫米　1/32	
	印张 21　插页 8　字数 400 千字	
印　　数	2001-2500 册	
国际书号	ISBN 978-7-101-16081-9	
定　　价	108.00 元	

潘氏家藏潘祖荫喜神像

家粟致伯水書託琴西春盦書交筱涯張漾舫刺史來甲

辰舉人常店有蝻村民呼譟驅之溝深尺咫蝗不能出頗

合古法

初八日晴卯正一刻發涿州午正高碑店尖有安童碑乾

隆時為某大府磨刻巳文矣申初抵定興縣縣令錢瑩來

見 由縣丞海運保舉

小殿行四常州人

七夕和翁六兄韻

征軺初發曉煙冥楊柳離亭眼尚青惜別昨猶縈短夢

論凝今始梅時名青天碧海感離合綠酒紅鐙殘醉醒

只恐曉風殘月裏催人霜鬢漸星星

二

咸丰八年七月初八日日记（《秦輶日记》）

同治二年癸亥元旦

苍霄门少三跪九叩礼

乾清门少三跪九叩礼補祇服花衣祺拜摄詔祇告

耤恭代

御辇陳設頂代祇　闕帝廟彭侯海雖屆一亭　城隍廟神功祇祇

屆一西歸　天地神佛奇□禳　告出前冊賀　秋右

禾

初二入直

溯揽至親王五十萬善　泒許　硕卿珊士禾

一初四日正陽門

闕帝廟拓者入直長揭妨

上諭宗人府形苦著潘祖蔭署理欽此　勉肯珊士禾

一初四日正陽門

初音入直見昨日

初五入直　劉南鄉招辞之　孔涌山招辞之

初六入直　胡月娘風舟招辞之

初苦入直　拜劉蘭壁

初苦入直　勉肯陸凍文禾

初九日入直　孝侯视宫山右

同治二年正月初一至初九日日记（苏州博物馆藏《滂喜斋日记》）

廿二日甲大人於昨夜亥剡中瘵不語

本日丑剡瞑目而逝擔地坼天百

身莫贖痛戕運齋柳門鳳石

經伯仲田董彥合來後日念翁李薛

數來中剡大飲運齋一切皆其照料

廿三日乙酉剡接三演口同真同寅均

來司官門生來薇南信八妹未

廿四日奉　　開毅南信

上諭追贈三品卿銜賞銀二千兩等因

光绪九年正月二十二至二十四日日记（苏州博物馆藏《滂喜斋日记》）

光緒十四年戊子正月癸丑朔月甲寅寅正

關帝廟拈香

慈寧門行禮

太和殿行禮

懋勤殿間筆迹如意

賞還　候三郊点初歸

初二日甲寅入直　吳門生拓辟

官封裝黃花袋劉芝田信蘭孫信

初三日乙卯入直 辰初雪

光绪十四年正月初一至初三日日记（上海图书馆藏《先文勤公日记》）

己丑恩科鄉試監臨記事　　吳縣潘祖蔭伯寅

光緒十五年七月初一日奉旨派出監臨文治潘祖蔭志惆

七月廿六日偕叔平查貢院

八月初四日偕叔平查貢院遇陰軒照綺莊收工

初六日卯正入闈先約壽習稽查黃漱蘭到以啟門順屬自治中

以次均到補褂朝珠拜五魁祠拜井小亭提調午刻到主考陰軒

横山葯巷子榱午刻到同考壽耆薩庾王錫蕃盧俊章管廷戯康

滁清劉綸裏陸寶忠江澍昀丁立鈞陳與問周克寬呂佩芬副光

典王貽清胡泰福董毓英麾鴻謨到嗣到將刻內監試文綱張

元普監試文敬明尤文英昌山恩明遠齋金壽松元立方池紹记

堂舒普錠慶佑之胡俊章筱山林啟迪日吳光奎竣斳外簾

王柱璨洪啟元高鑑昌趙瑠平之丁寶銓高增融張立德嚴照

陳宗媾發榜書陳金臺孟澄黨金寉此楊節伍兆鰲外此嚴照

蔡雷光第胡裕培李岳瑞李本方激厚文羅彭厚源彈屋明秀柱

全申刻始齋堂上製取官彌封點章擇派全申刻至龍門外熙謄

光緒十五年八月初六日日記（《己丑恩科鄉試監臨記事》）

《中国近代人物日记丛书》出版说明

编辑出版《中国近代人物日记丛书》，旨在为学术界提供完备、可靠的基本资料。

日记体裁的特殊性，使其具有其他种类文献所不具备的史料价值。日记中的资料，有的为通行文献所不载，有的可与通行文献相互印证、补充，有的可以订正通行文献中的讹误。中国近代许多著名的历史人物都留有非常丰富的日记，较为著名的有晚清四大日记翁同龢《翁文恭公日记》、李慈铭《越缦堂日记》、王闿运《湘绮楼日记》、叶昌炽《缘督庐日记》等，都是具有较高史料价值、经常被学者征引的重要文献。

然而许多日记文献藏于图书馆、博物馆、研究机构或个人手中，学者访求不便。为此，系统发掘整理这类文献，是一项很有意义的工作。中华书局于二十世纪七十年代开始策划《中国近代人物日记丛书》，出版了多个品种，受到学术界的重视与好评，《翁同龢日记》、《郑孝胥日记》等至今仍是引用率较高的近代日记整理本。

新世纪以来，我们继承这一传统，加大日记的出版力度，凡身历1840—1949年的近现代人物，其日记均予收录，试图通过进一步完善整理体例、新编更便利使用的索引、搜集更完备的附录资料等方式，使这套丛书发挥更大的作用，继续为学术研究贡献力量。

编好这套丛书，一定会遇到不少困难，但我们相信，在学术界、文博界和公私收藏机构与个人的大力支持下,这套有着悠久历史的基本文献丛书将会有更多更完备、精良的品种问世并传世。

中华书局编辑部

目　录

上册

下册

整理说明

潘祖荫(1830—1890),字东镛,别字朝阳,号伯寅、凤笙、郑庵,斋号滂喜斋、功顺堂等。谥文勤。清苏州府吴县(今江苏省苏州市)人。潘祖荫出身于簪缨世家,其祖父潘世恩历事四朝,官至军机大臣加太子太傅衔。咸丰二年(1852)一甲三名进士,授编修。迁侍读,入直南书房,充日讲起居注官。累迁侍读学士,历官大理寺卿、礼部右侍郎、工部尚书,入直军机。居官历三朝近四十载,文字衡校、山陵巨役、大议典礼,悉肩其任,中外倚重。博通经史,储古书金石甚富。刻书近百种。迭掌文衡,谦恭下士。光绪十六年(1890)冬,潘祖荫因赈灾京畿积劳成疾,卒于任上。著有《攀古楼彝器款识》《郑庵诗存》《郑庵文存》等,辑有《滂喜斋丛书》《功顺堂丛书》等。

潘祖荫一生大部分时间都在朝廷任职。他在公务之暇收藏文物、考校文史,尤其对古文字颇为用心,是晚清重要的金石古籍收藏家和学者之一,其收藏青铜器以"攀古楼"名之、收藏古籍善本以"滂喜斋"名之。在他身边聚集了一批同好的友朋、门生,推动了晚清金石学的高潮,其门生王懿荣、吴大澂、叶昌炽、赵之谦、沈增植、缪荃孙等皆为一代名家。

潘祖荫与晚清大部分士人学者一样,有记日记的习惯。据其弟祖年在《潘文勤公年谱》卷末记载:"戊申以后虽有日记,公家之事又皆慎而不言。"可知潘祖荫的日记起于戊申年即道光二十八年

(1848)，迄于光绪十六年（1890）去世之前，长达42年。可惜的是，流传至今的并不完整，只是其中的一部分。日记所涵盖的时间，大体来看自咸丰八年（1858）起至光绪十六年止，主要集中在光绪七年（1881）之后。这些残存的日记，依然具有时间相对连贯和主题集中的特点，对后世学者研究潘祖荫本人的生平、学术及晚清社会历史具有重要的史料价值。

现存潘祖荫日记，根据文本形态分为稿本和印本两大类，根据著录和出版分为七种。具体情况如下：

一、稿本概况

现存稿本日记，分藏苏州博物馆和上海图书馆，时间跨度为同治二年（1863）和光绪七年至光绪十六年（绝笔），其中光绪十四年（1888）册藏上海图书馆，著录为"潘文勤日记"；其余藏苏州博物馆，著录为"滂喜斋日记"，两者实为一部日记。

1.《滂喜斋日记》

现藏苏州博物馆，编号"备36"。《中国古籍善本书目》有著录。入选首批《国家珍贵古籍名录》，第01598号。全书共12册，分别为：同治二年1册；光绪七年1册；光绪八年（1882）1册；光绪九年（1883）1册；光绪十年（1884）1册；光绪十一年（1885）3册（正月初一日至五月初九日1册，五月初十日至十月二十九日1册，十一月初一日至十二月三十日1册）；光绪十二年（1886）1册；光绪十三年（1887）1册；光绪十五年（1889）1册；光绪十六年（正月初一日至十月廿九日）1册。

同治二年册，版框纵16.7厘米，横13.5厘米，上中下分为三截,每半叶 10 行,每行大字约 20 字,小字不等,白口双鱼尾,四周双框。所用稿纸为红色,全书无页码。

光绪年册,版框纵 14 厘米,横 9.5 厘米,每半叶 9 行,每行大字约 15 字,小字不等,白口无鱼尾,四周单框。所用稿纸光绪九年正月廿二日至十二月三十日、光绪十一年正月初一日至五月初九日为蓝色(因潘祖荫丁父忧,前后两年用蓝格纸),其余年份为红色,版心下方有"滂喜斋"字样,为潘祖荫自用稿纸,全书无页码。光绪十年册封面题注"是年患目疾,四月十四后长太代书",检书中该日起字体确有不同。封面及封底皆钤有潘祖荫大小闲章数十枚,常见的印文有"八喜斋""千载一时""如愿""喜""红蝠书堂""晚脿轩"及该年干支等。正文中亦钤有小印。光绪十五年、十六年册,书眉常有粘签,小字楷书记录人名。

该部日记,与苏州博物馆藏潘氏家族诸种日记一起收录在苏州博物馆编文物出版社 2016 年出版《苏州博物馆藏晚清名人日记稿本丛刊》的第 5、6 两卷①。

2.《潘文勤日记》

现藏上海图书馆,索书号"线善 821022"。该书为潘祖荫光绪十四年(1888)的日记,从是年正月至十二月,俱全。日记版框纵 13.9 厘米,横 9.4 厘米,白口,无鱼尾,四周单边。红格稿纸手书,版心下方印有"滂喜斋"字样。有潘承弼题签:"先文勤公日记,清光绪十四年手稿本。侄孙承弼谨装。"封面钤有潘祖荫大小闲章"龙威洞天""如愿""吉祥喜语""戊子""喜""梅花喜神之馆"等印。正文中亦钤有小印。

---

① 关于该部日记的具体内容和学术价值,整理者曾有专文论述,参见潘佳:《苏州博物馆藏稿本〈潘祖荫日记〉述要》,《苏州文博》2009 年第 1 期。

该种日记，收录在国家图书馆出版社 2017 年版《上海图书馆藏稿钞本日记丛刊》第 28 册。该种日记又收录于前述《苏州博物馆藏晚清名人日记稿本丛刊》第 6 卷①。

二、印本概况

潘祖荫将出差、专项工作日程作为单独的日记记载，现存五种，都为印本。其内容主要为咸丰八年出任陕甘乡试正考官的往返历程和考试过程，历次修缮福陵、西陵、东陵的往返历程、礼仪过程，以及光绪十五年监临顺天乡试情况。

1.《秦辀日记》一卷

有清光绪间刻本，后有 1914 年据此重排的铅印本，1969 年台湾文海出版社将此刻本影印，收入《近代中国史料丛刊》。1998 年江苏广陵古籍刻印社将该刻本与《沈阳纪程》《东陵日记》《西陵日记》三种刻本一并影印，合为《潘祖荫日记》。

此书是咸丰八年潘祖荫任陕甘乡试正考官、翁同龢为副考官时，自六月二十二日至十月十七日的日记，记录了监考经过以及往返路途中的所见和经历。在每日日记后还全文附录了当时的诗词作品。

①该书序言称"另有上海图书馆藏《潘文勤日记》，所记为光绪十四年（1888）事，可补本馆所藏之缺，此次特将两处所藏缀合为一"。查所印之日记，并非上海图书馆藏日记原书，系出今人伪造。首先，所谓光绪十四年日记，除卷端"光绪十四年戊子"之外，实为苏博藏光绪十五年日记全本复制。其次，卷端"光绪十四年戊子"其"四""戊子"日期为剜改，从后文中集得。最后，卷端右下角钤"苏州市文物保管委员会珍藏"印，其位置、浓淡也与光绪十五年本无异。查上海图书馆藏本实物，右下钤"上海图书馆藏"朱文印（纸已残）。因此，这种"特殊"现象，并非是潘祖荫有两本"光绪十四年日记"传世。

2.《沈阳纪程》一卷

有清光绪间刻本,卷末有"弟祖年谨校"字样(另有后印本一种,据原版刷印,行款版式版框缺口完全相同,只是内封改换面目以及卷末剜去"弟祖年谨校"五字)。又有民国年间《辽海丛书》铅印本。1998年江苏广陵古籍刻印社将光绪间刻本影印,收入《潘祖荫日记》。

此书是潘祖荫同治六年(1867)在工部右侍郎任上,奉谕前往沈阳查勘清太祖福陵碑楼工程的日记。卷首为都兴阿因盛京福陵碑楼年久损坏,奏请查勘的奏疏以及各道上谕。日记起于同治六年四月二十三日止于六月初二日。详细记录了沿途各地的情状以及其间的人事交往。书末附有自京城到沈阳所经由的各个村镇关隘的名称和距离。

3.《东陵日记》一卷

有清光绪间刻本。1969年台湾文海出版社将此刻本影印,收入《近代中国史料丛刊》。1998年江苏广陵古籍刻印社将光绪刻本影印,收入《潘祖荫日记》。

东陵,清代帝陵,在今河北省遵化市西北。主要有康熙帝的景陵、乾隆帝的裕陵、咸丰帝的定陵、同治帝的惠陵等。此书以数次办理东陵任务的年份先后为次,分"乙丑、癸酉、乙亥、丙子、丁丑、戊寅、己卯、丙戌、庚寅"九年。分别为同治四年(1865)随扈同治帝为咸丰帝落葬定陵;同治十二年(1873)随扈同治帝谒定陵;光绪元年(1875)随扈光绪帝奉移同治帝、嘉顺皇后梓宫于隆福寺暂安处;光绪二年(1876)至光绪五年(1879)派修缮东陵工程;光绪五年随扈光绪帝为同治帝、嘉顺皇后落葬惠陵;光绪十二年、光绪十六年随扈谒东陵的日记。书中详细记录了每次往返的经过,具体到时、刻所处理的事宜,也记录了往返途中所见的古迹以及所作诗句,借此可知潘氏从同治初年直到逝世之年长期担任东陵的修缮和两朝帝后的随扈任务。

4.《西陵日记》一卷

有清光绪间刻本。又1969年台湾文海出版社《近代中国史料丛刊》将此刻本影印。又1998年江苏广陵古籍刻印社将光绪刻本影印,收入《潘祖荫日记》。

西陵,清代帝陵,在今河北省易县西。主要有雍正帝的泰陵、嘉庆帝的昌陵、道光帝的慕陵等。此书以数次办理西陵任务的年份先后为次,分“丁卯、丁丑、戊寅、庚辰、丁亥、乙丑”六年。分别为同治六年往西陵落葬道光帝之庄顺皇贵妃;光绪二年至光绪六年(1880)查勘修缮西陵;光绪十三年随扈慈禧皇太后、光绪帝谒西陵的日记。日记详细记录了在西陵期间每日的日程,具体至时、刻,也记录了途中所见的古迹及所作诗句。此书与前述三种日记可资清代陵寝制度研究。

5.《己丑恩科乡试监临纪事》一卷附《武乡试监临纪事》

有1944年石印本,潘承弼辑《陟冈楼丛刊》甲集之十。据潘承弼序云,系从潘祖荫手稿移录成书。此书(简称《监临日记》)为潘祖荫主持光绪十五年己丑恩科乡试的日记,记录了七月初一日到十月初五日监考乡试的全过程。书末还附有《武闱监临事宜》。

潘祖荫是晚清重臣,久处中枢,历任各部,对朝章典制、官员职务变迁、政务工作相当熟稔,相关内容在日记中都有记录,透过日记可以管窥清廷中枢的政务运作。潘祖荫行走南书房近四十年,交游极广,内而枢臣,外而督抚、译署言官,都有交往。日记中就有他与左宗棠、李鸿章、荣禄、沈桂芬、许庚身、刚毅、孙毓汶、翁同龢、李鸿藻、张之洞、张佩纶、吴大澂等众多晚清名人的来往记录。潘祖荫出身簪缨世家,四世科名,数掌文衡,对科举十分重视,日记详细记录了陕甘、顺天地方乡试过程、考试纪律和监考规则。此外,潘氏精鉴赏、富收藏,其日记中也不乏收购金石古物的记载,以及与朋僚分享探讨金石古物、版本碑帖的文字。因此,本书对研究晚清中枢政务、科举制度以及金石学具有重要史料价值。

《潘祖荫日记》的点校整理,由潘裕达(潘祖荫玄孙)过录稿本和初步识读,潘佳负责印本的标点和全书的文字识读、标点整理,力求为学界提供一部比较完整的整理本。

(一)此次整理,以苏州博物馆、上海图书馆稿本,广陵古籍刻印社影印本及《陟冈楼丛刊》石印本为底本,将潘祖荫日记稿本、印本全部纳入。

(二)将各种日记按照时间顺序重新编排,农历日期在前,干支记日在后,节气置于农历日期后。底本上的题名、印文,移入页下注。因日记主人长途出差公干而单独记载,致稿本与刊本日记中有重复日期,但所记内容不同的,则将刊本日记部分另起一段,附在稿本日记后。少数日期没有文字记录的日记,亦依底本保留原貌。

(三)稿本日记行文有一定规律,又较为随意。与皇家相关事项另行提格,又常于空处添写文字。整理时综合内容主次和书写的先后次序习惯予以调整,总体以皇家事务、公务、朋僚往来、书信往复、古物收藏为序。

(四)文字确为讹误者,用〔 〕改正;增补脱字,用〈 〉;衍字,用[ ];底本漫漶不清,用□代替;辨识存疑之字,用△代替。

（五）繁体字、异体字一般改为现代汉语规范用字,余、餘两字用法如底本;潘氏习用古字,如专、竟等字,日记中与砖、镜等通用,有时也出现在人名中,用法如底本。人名用字,视情况保留,未求统一。

（六）底本中对同一人名,或记本名、或记字号,因使用同音字替代而致互歧者,均保留。个别人名,或因作者耳误而录错者,加注释说明。

（七）稿本中的页眉文字、附纸备注,根据实际情况,或作文中注,或移作页下注。

本书的整理出版,离不开学界的热心襄助。苏州博物馆原任馆长张欣先生、保管部主任唐建初女士在新馆落成不久,克服条件困难提供查阅方便。上海图书馆历史文献中心陈先行研究员、梁颖先生,在本书的整理过程中也给予了热心帮助。责任编辑吴冰清先生在后期审校过程中付出了极大的辛劳。在此一并申谢。

此外,卷首"潘祖荫喜神像照片"系潘裕达家藏,这是《清代学者像传》之外仅见的潘祖荫正式画像。此画像为家族祭祀用的"喜神像",根据照片衬页可知,为潘氏族人于民国年间在苏州观前街西之"柳村"照相馆翻拍自家族祭祀用的"喜神像",而"喜神像"原物早已不存,因此该照片也是孤本图像文献,特与日记一起刊印。

整理者囿于学识,本书一定存在不少错误,衷心希望方家指正。

咸丰八年(1858)戊午①

六　月

二十二日(8月1日)
奉朱笔:陕甘正考官着潘祖荫去,副考官着翁同龢去。钦此。

二十三日(8月2日)
具折谢恩。引见时跪安及碰头谢恩。

二十四日(8月3日)
军机处领翻译汉字题、清字四书题,上有御宝、御押。

二十七日(8月6日)
递折请训,用黄面黄里折与销假、请安。召对于勤政殿之明殿,碰头谢恩。问病体及起程日期,并命询问陕西情形、留心阅文之训,即跪安。

七　月

初六日(8月14日)
巳刻行。辛兄、谱兄、筱兄、味弟、芝弟送至仁寿寺而别。申刻

---

①本年日记出自《秦辅日记》。

抵良乡县，与叔平同住良乡县令邓锡恩。

初七日(8月15日)

辰初起行。巳刻豆店尖。午刻抵涿州，舆人还京。作家禀，致伯冰书，托琴西、春庵书，交筱涯。张瀛舫刺史来，甲辰举人。常店有蝻，村民呼噪，驱之沟，深尺咫，蝗不能出，颇合古法。

初八日(8月16日)

晴。卯正一刻发涿州。午正高碑店尖。有安童碑，乾隆时为某大府磨刻，已文矣。申初抵定兴县。县令钱莹来见小岩，行四，常州人，由县丞海运保举。

《七夕和翁六兄韵》

征轺初发晓烟冥，杨柳离亭眼尚青。惜别昨犹萦短梦，诮痴今始悔时名。青天碧海感离合，绿酒红灯几醉醒。只恐晓风残月里，催人霜鬓渐星星。

附原唱：

燕台回首树冥冥，尚见西山未了青。薄醉岂能消积痗，远游终是逐浮名。凤低蝉薄知成梦，鱼枕凫灯唤不醒。人事变更谁料得，涿州城下看双星。

初九日(8月17日)

寅初一刻发定兴。午刻尖安肃。申刻抵保定西关。腹痛，呻吟终夜，延叶香士诊视。李仲宣大令廷瑞来，未见。清𬸦庭廉访盛、清河道董酝卿丈醇、保定府王荫堂榕吉，甲辰差接。

初十日(8月18日)

雨。以病未愈仍留驿馆一日。李仲宣大令、范眉生丈来，未见。发家禀于京师。眉生又来，香士来诊。

《摸鱼儿·为翁叔平题驿亭听雨图》

莽前途、征尘无际,今宵况又苦雨。蓬山回首无多日,梦到藕香深处。愁几许。听滴碎空阶,掩抑如人语。天涯羁旅。更为马啮空槽,蛩吟败砌,一例没情绪。　邮亭树,一叶一声细数,晓窗容易催曙。者般滋味和谁省,幸有高阳俊侣。曾记否？记泪染冰绡,更比秋霖苦。坠欢无据,待研恨成笺,磨愁作去墨,写出断肠句。

十一日(8月19日)

雨时作时止。病愈,仍服香士方。寅刻发保阳。陉阳驿换马。午刻次方顺桥。满城令陶治安差接。申刻次望都县东关,换夫马。县令李铭翰庚子,李眛生之弟,癸卯举人。酉刻抵清风店。竟日泥涂难行,舆夫颠踬不已,颇觉行役之苦。从李大令借邸抄。郑小山、叶廷杰典山东试。子嘉、九霞典山右试。汴生、张伯典中州试。

十二日(8月20日)

黎明发清风店。涉唐河。卯刻抵定州,署知州汪少安刺史鸣和差接,并令其小阮筱芍来见。过明月店,望见嘉山,自涿州西南行三四百里未见山也。未刻次新乐县,县令朱华衮差接闽人,辛卯孝廉,号荣轩。涉派河,河如琴弦,一曰琴川。廿里许又涉一河。酉刻宿伏城驿即新城铺,正定令高维翰差接泰州人,高次梅刺史堂弟,号墨缘。

十三日(8月21日)

黎明发伏城驿。晨食正定府。许少珊、高大令来见。正定,唐成德军也。行辕有唐《李宝臣纪功颂》。城南渡滹沱。西山爽气渐来亲人。抵获鹿县。获鹿山城弹丸,群峰环抱,金元好问北渡后居此。县令蔡岳屏锡申来见。

《浪淘沙·派河如琴弦一曰琴川谱赠叔平时叔平有骑省之悼》

　　断续七条弦。桥鹊难填。风输雨楫小留连。说起影娥桥畔路，梦绕家山。　驿路早秋天。绣被孤眠。无端锦瑟感华年。只有琴心无处寄，泪渍红绵。

《菩萨蛮·山行闻鹧鸪声》

　　无情抛得西山碧。马头又见青山色。野店枕山城。城头正五更。　蓬山成小别。梦也难飞越。愁听鹧鸪声。相思第几程。

《齐天乐·道出获鹿经莲花峰下》

　　曼陀香散诸天雨，飞来乱峰无数。掌露搓花，肤云排朵，翠叶浑疑攒聚。愁生步步。怕罗袜沾来，几分尘土。无限销魂，留仙回首汉宫舞。　屏风四围遮住，山城如斗大，夜听砧杵。梦到横塘，浣纱人远，赢得相思千缕。征骓去去。问玉井峰头，高寒如许。乐府新歌，一声声听取。

十四日（8月22日）

卯初发获鹿，以纤翼舆入土门，乱石纵横，岩岫重叠如累棋。度白皮岭即东天门，崤岈突兀。午刻食微水镇。涉微水，沿水行，回望水南诸山，明秀万状。再涉微水，曝烈日中，殊不似早秋风景。抵井陉县，县令罗锦雯孙云，行一，广西丁酉举人来见。城东有桥，在绵水上，今圮。涉水始入城。土人云此水经微雨即盛涨，通微水并入滹沱。

《井陉口》

　　废垒荒荒满绿苔，淮阴广武迹俱灰。收功睢水囊沙后，设策草山拔帜来。残局一枰秦赵劫，交情千古耳馀哀。漫将腐史填胸臆，蒿目吾思大将才。

《贺新凉》

　　明日山西矣。是者般、未收残暑，已凉天气。西去太行山万叠，也似乱愁无际。把愁绪、情谁料理。料得高堂千里梦，共天涯、夜夜随游子。待说起，怎生睡。　遥怜金谷诸昆季。正分付、翠尊雕俎，风怀旖旎。独有征衫茸帽客，匹马乱云堆里。只领略、怀人滋味。雨绝星稀思往事，剩钓鳌、词客同羁旅。倚长篌，谱金缕。

十五日（8月23日）

寅课发井陉，仍涉微水。度旧关，鸟道千盘，峭壁插天，忽见豁然开朗，戍楼雉堞，列列在目。甘桃驿换马。食柏井驿。唐长庆初，裴晋公为镇州招讨使，驻兵承天，即此。过青玉峡，抵平定州。州以东廿里西郊，村农赛会，旗鼓甚盛。州牧董汇芳。香丛，天津壬辰举人。

《山行口占》

　　仄径羊肠路百盘，倚天长剑极荒寒。近来略带幽燕气，十万横磨放眼看。

十六日（8月24日）

辰初发平定州。过新兴镇，山麓巨石上造像甚多，惜未及摹拓。自义井镇滩行，或揭或厉，有七十二渡之称。午刻食测石驿，地属盂县。十里新店。十里张净镇。十里芹泉驿，换夫。十里七岭铺。莫抵寿阳。雨。县令王德芬丁酉拔。由芹泉上土岭，殊陡，土赭色。山径回环，下视百仞。寿阳东关外，有朝阳阁，层楼出云，下列石柱，甚壮丽。土人俱供一佛，高尺许。询之，云明建文逊国时过寿阳，所食之家必倍利，故尸祝至今。当时年号革除，诸子禁锢,而民不能忘,遂有程史从亡西山老佛之说。可见三代直道之遗存于草野者,尚可见也。悲夫!

《寿阳读韩文公诗碑》

　　我过寿阳驿,来诵昌黎诗。何物王庭凑,种出阿布思。尚书不与健儿语,血衣那记先太师。吁嗟县官实自弱,从此朝廷失魏博。侍郎三月向边城,月子团团马头落。韩愈可惜知者谁,太息独一元微之。呜呼深州围解牛元翼,君不见,怀光希烈杀贲救。

十七日(8月25日)

寅刻发寿阳。食太安驿。次什贴镇,属榆次,县令均差接。暮抵王胡镇。是日行一百二十里。县治在镇西南十里。恒中丞、常方伯、沈廉访、瑞观察差接。榆次以西苦旱。

十八日(8月26日)

发王胡。食永康镇。未刻抵徐沟。边心巢丈为县令,遣人来接。计行七十里。

十九日(8月27日)

二十里尧城有帝尧庙。十里同戈站,盖因同过水得名而讹。入祁县界,十五里贾令铺。十五里祁县。二十里入平遥界。十里洪善铺。二十里抵平遥县。古陶邑,帝尧初居于此,陶氏得姓所自始也。汉曰平陶,魏避太武讳改焉。汉文帝国此,曰代,后称中都。《括地志》谓中都故城在平遥西南十二里,本属太原郡。祁县张晓湖大令来见。汝清,山东潍县人,辛亥孝廉,己酉拔。平遥刘月斋大令。登云,湖北兴国人,行一,己酉拔。

二十日(8月28日)

晴。食张兰镇。抵介休县。县北五里,拜郭有道祠墓。有蔡中郎碑，一郑谷口书，一傅青主书，至原碑则不可得见矣。所谓万历时郭青螺子章勾摹重刻本，亦未见《郦注》。又有宋子浚碑，宋名冲林，宗友也，今佚。东关内有文潞国祠。是日行八十五里。县令沈钟。石年，长洲同乡。

二十一日（8月29日）

二十里义棠镇。入灵石界，有冷泉关，即《水经注》所载冠爵津也，又名雀鼠谷。自此滨汾河行三十里，食两渡镇。东岸即绵山。三十里抵灵石。隋开皇中，得瑞石于此，文曰“大道永吉”，因名。行八十里，县令俞云锦来见，甲辰、乙巳联捷，扬州人，竹如伯姻亲也。号纺秋。发家禀于京师。

《绵上聚和叔平韵》

感慨龙蛇字，崎岖雀鼠关。桥通十三孔，田转万重山。死者已沦隐，游人只等闲。可怜征战地，想象汉唐间。

二十二日（8月30日）

发灵石。俞大令来送。山路莘确，去汾水渐远。二十里登韩侯岭，谒侯祠墓。壁间诗版甚多。杨巍诗云：“一庙荒如此，曾登上将坛。功高能盖世，名重不辞官。魍魉夜岩啸，薜萝秋径寒。宝身兼报主，惆怅古来难。”常伦：“汉代推灵武，将军第一人。祸奇缘蹑足，才大不容身。带砺河山在，丹青祠庙新。长陵一抔土，寂寞亦三秦。”二诗为渔洋所赏。食仁义驿。《宋史·杨廷璋传》，周世宗时以兵七千人入太原，拔仁义寨是也。十里逍遥岭，入霍州界。又五十里，抵霍州。州牧贾棣堂刺史联芳，陕西甲午举人差接。州吏目郑言慎来见。

《谒韩侯庙》

萧萧古木拥神祠，晓日灵风大将旗。欲吊淮阴休落笔，上头崔颢有题诗。

《晓发灵石》

　　晓骑初离灵石城，树头隐隐见铜鉦。径穿韩岭蚕丛路，石战汾流龙吼声。戍卒寥寥虚废垒，仆夫草草问邮程。似闻父老犹传说，此地当年屡苦兵。

《行霍州道中》

　　野色荒凉似晚秋，几家村落有碉楼。晓风淡日无杨柳，万折陂陁下霍州。

《高阳台·题碧螺春庵小影》

　　影瘦黄花，心焦绿蜡，远山写上眉梢。留认惊鸿，凭他尺幅冰绡。灯前拈取相思豆，展愁肠、一寸红蕉。悔年时，不学丹青，输与人描。　夜深唤取真真字，奈一千里外，水阻山遥。好梦惊回，丁冬漏促残宵。睡来挤闰更筹，怕醒时、依旧无聊。者心情，没个人知，蓦地魂消。

二十三日（8月31日）

晨兴出南门。五十里次赵城，县令姚锡均差接。南关外有豫让桥，又曰国士桥。城东五里有娲皇庙。三十里抵洪洞县，县令郭定生差接。《郡国志》："河东郡杨县，晋羊舌大夫叔向邑。"《汉书·杨雄传》："扬在河、汾之间，周衰而扬氏或称侯，号曰扬侯。会晋六卿争权，逼扬侯逃于楚巫山。"按，雄氏扬，当是扬县。杨祖德言"吾家子云"，《王氏谈录》辨之。

《国士桥》

　　赵州城外暂停舆，国士桥边水满渠。谁道青荓逊豫让，姓名只见不韦书。

《风蝶令·犀厂前辈云洪洞绕郭皆荷花来此乃无一花也感赋》

　　短蝶都环水,斜阳半在山。我来迟暮感流年。江上芙蓉一例、渺秋烟。　　粉惜红衣坠,丝怜玉藕牵。罢参清月忏犀禅,回首澄怀风景、总依然。

二十四日(9月1日)

巳刻次平阳,府治临汾县,古冀都也。太守王静庵溥,文恪公从叔来接。县令吴子选师祁,行二,甲辰举,潘木君女夫亦来接,并来见。又送至城外,李莲士亦来见,现馆王太守处。午刻过赵曲镇马襄陵。申刻至史村铺,属太平县,令阮荣。平阳城大而荒陋已甚,癸丑兵燹之后,元气未复也。闻是时男妇死者七千馀人。

二十五日(9月2日)

丑刻发史村铺。午刻食侯马驿,属曲沃县,县令刘兰皋己卯举人,庚辰教习。申刻抵董镇,即《左氏》所谓"董泽之蒲"是也。属闻喜,县令朱应枃号粟如,其尊人号二泉,名瀚,己卯举人,庚辰教习,庚子进十。竹如伯来由绛州三十里至侯马。

《忆旧游·纪梦》

　　正风引三山,雾迷五里,云帆吹渡瑶津。亲扣葳蕤锁,道元都观里,葵麦摇春。刹那酒行麟脯,掷米海扬尘。除七宝香轮,三珠琪树,谁证芳因。　　青鸾前导去,枉夜奏通明,一瓣香熏。珍重文鸳字,抵仙桥灵鹊,弱水纤鳞。刘安自珍鸿宝,舐鼎更何人。待唤阿香车,鞭笞鸾凤凌紫雯。

二十六日(9月3日)

辰刻次闻喜。朱粟如大令来。未刻过涑水镇,地属夏县,县令赵彭寿。夜抵北相镇,属安邑,已戌刻。张石卿同年令此地,来迎,并同晚饭。北相本名相里镇。

二十七日(9月4日)

辰刻发北相。食牛杜镇。唐三世宰相张嘉贞、延赏、宏靖所居,在城内有鸣珂里三相坊。地属猗氏,县令李浚己亥北榜,直隶人。莫抵樊桥驿,属临晋,县令易继曾河南人。行馆有亭,可眺中条诸山。

二十八日(9月5日)

发樊桥驿。十里椿阳镇。十里七级镇。四十五里高市镇。三十五里抵坡底镇。坡上有普救寺。同年李小湘太守、章子和同年来见。县令岳玉溪。昆圃,山东利津人,文峰先生之子,有己酉年谊。寄家禀于京师。

《途中望中条山作》

> 人生如寄耳,况复此留连。牧马盘秋地,疏林向晚天。长官娴吏事,客子结山缘。萧寺曾游处,凄蛾绝可怜。

二十九日(9月6日)

发坡底。食匼河。行柿林中。晡时渡黄河,抵潼关。先是匼河傍首阳山,山在中条山西南,居雷首之阳,夷齐庙在其麓,至此坡陀益高,下见黄河。河南连山,绵绵不绝,三峰峭拔,迥出天外,知是华岳也。时见白云逢逢,自山半出,惝恍无定姿,心目为之清旷。至风陵渡渡河,戴延之所谓风塠也。对岸即潼关,入陕西界。《水经注》云:"秦穆公帅师送公子重耳,涉自河曲。"黄河自龙门南山〔下〕,至潼关折而东流,故曰"河曲"也。"河水历船司空与渭水会",即此地。潼关,古桃林塞,秦立函谷关,汉武始废函谷,守潼关。今关西一里有潼水,《西征赋》所谓"溯黄卷以济潼"也。昔哥舒一败而明皇幸蜀;孙传庭一败而李自成长驱,入关僭号,明遂以亡。孙樵铭《潼关甲》云："潼关之甲完，吾谁与安？潼关之甲弊，吾谁与济!"诚有慨乎其言之也。吴莲生观察春焕，甲午，浙人、顾古生别驾淳庆，壬辰、甲辰、定九峰协镇安来见。文巡捕照磨章嵘、巡检舒国用来接。林方伯、蔡廉访、王卓侯、麟石峰、沈小梅诸丈，李大令炜，号惺夫，甲午、庚子、徐大令芝圃，行大，壬午、甲辰、杨大令膛差接。

八　月

朔(9月7日)

早发潼关。三十五里憩华阴庙。《周柏》在殿东北隅，其馀亦揭秦、汉字样。观唐、宋题名及后周《华岳颂》、韩择木《祭华岳文》，至《袁逢碑》则不可得见矣。犹忆今年正月，在崇朴山斋中见阮文达所藏全拓本，或亦今日之预兆耶？县令杨春帆膛，甲辰，云南人来见。冒雨登万寿阁，阁南与太华相对，东指河、潼，北眺泾、渭，阁上悬明高帝《梦游西岳》文。雨半日，望人家皆在云气中。过汾阳故里。莫抵华州，牧陈晓堂煦来见，因捕蝗不力，革职拿问。少华在周南，与太华本一山，何仲默所谓各望其地，异名号者也。曾卓如中丞差武弁四人来接。

初二日(9月8日)

四鼓发华州。舆中酣睡一觉，不知所之。辰次渭南，食。县令李祝龄庚子。县南倚丰原，北负渭水、酒水，自石鼓山北流汇于城西，《注》称："首水径秦步高宫东，历新丰原东北，径步寿宫，又北入渭。"首水即酒水也。有白太傅、寇莱公祠墓。午次新丰，汉文帝令慎夫人鼓瑟，指邯郸道慷慨悲怀处。过鸿门阪，有留侯、舞阳侯庙。莫抵临潼县，秦骊邑、汉阴盘、栎阳地。骊山负西城，华清宫在山北麓,宋改为灵泉观。《雍大记》云:"温泉在临潼县南一百五十步。泉凡三泓,自山麓琮铮而下,至城西门,散落溪谷,流为潼水。"传称:"宫中自供奉二汤外,更汤十六所,甃以文瑶密石,中央有玉莲花捧汤,又以沉香木为山,锦绣为凫雁。明皇时泛钑镂小舟嬉游焉。"时松声满山,流水东逝。唐人云:"绣岭宫前鹤发翁,犹唱开元太平曲。"俯仰盛衰之际,为之惘然。浴罢,宿泉上公署,即九华殿故址也。有张诗舲中丞集杜句云:"行云不下朝元阁,村笛犹吹阿滥堆。"州牧倪印垣因汉回械斗事未来。林方伯、常蓉舫观察瀚、沈小梅丈差接。林丈又遣武弁四人来接。

初三日(9月9日)

平明发骊山。三十里过灞桥,道光甲午重修,夹道植杨柳,古名"销魂桥"。渔洋诗云:"闺中若问金钱卜,秋雨秋风过灞桥。"《方舆记》:"汉灞桥在古长安城灞城东二十里,南北两桥,以通新丰道。唐灞陵桥在京兆通化门东二十五里,近文帝灞陵桥。"盖有二灞水,即古滋水出蓝田,会浐、沪,北入渭。秦穆更滋水为灞,以彰霸业。汉文因山为藏,就水为陵,号故曰灞陵。又十里,渡浐水桥,亦新修。《郦注》:"浐水出京兆田谷,北至灞陵,入渭。"关中八水之二也。上长乐坡,远远望见终南。午初抵西安。按长安旧城有三:汉都城名北斗城,直子午谷,在今府城北二十里;隋于汉故城东南,据龙首川为新都,名大兴城,直石鳖谷;唐因之。宋吕大防尝刻《长安图》。今西安府治,何仲默以为当在隋、唐宫城之间也。城闉坚厚,不下京都。将军、监临、学使、都统、司道等遣人来迓。咸、长李大令、徐大令送二席。李铁梅世丈差人来。

《过灞桥有感》

　　杨柳依依百感增,秋风秋雨最难胜。伤心一样临川曲,凄绝琴弦已广陵。

初四日（9月10日）

为文巡捕、舒国用翊卿、章嵘云峰书团扇。曾中丞咨文来，称初六日系关帝中祀，斋戒期内，应停止筵宴，考官、同考官至抚署大堂一茶，茶毕入闱云云。即饬巡捕往询，应服何服色。

初五日（9月11日）

中丞送金花一帖，回一帖。下请宴启，回一帖，原启留。送科场条例。

初六日（9月12日）

中丞下三速帖。午刻补服、花衣赴抚署。监临、司道、监试、帘官行相见礼，各一揖。茶毕，换朝服，望阙谢恩。坐亮轿入闱，至监临堂下轿。中丞旋至，一揖。监试及各帘官来见，即往答，晤王太守、金玉麟、沈鉴泉际清、刘子谦同年懋功、张其□、曹映斗。

内监试，试用知府王仲选。顺天武清县人，山甫，号映山，甲午、乙未。内收掌，绥德州清涧县王佑。山东，甲辰、癸丑，竹溪。同考官，即补同知沈际清、浙江，己亥解元，拣泉。延安府宜川县李生华、山西，戊子，春园。醴泉县汪世泽、云南，癸丑，己酉举，少谷。同州府白水县杨上达、山西，乙巳、辛巳，省斋。同知衔鄜州中州县曹映斗、湖南，辛巳，星槎。同知衔兴安府紫阳县张其□、广东，甲午，彦高，名士也。同知衔即用知县刘懋功、四川，子谦，辛亥、壬子。候补知州金玉麟、四川，壬辰举人，戊戌，石船。甘肃即用知县何履亨、福建，翊卿，丙辰，壬子举。延安府安塞县曹德元。四川，笠亭，辛卯。

初七日（9月13日）

内帘诸君以缣素索书者纷至沓来，日不暇给矣。得监临来文六件，十科题一本，上堂掣十房签，穿补服。

初八日（9月14日）

同叔平拟题："子使漆雕开仕对曰吾斯之未能信"，"子曰父母其顺矣乎"，"有安社稷臣者"二节；赋得"水面月出蓝田关"得"波〔陂〕"字。请监试王映山丈，同考官沈拣泉丈、刘子谦同年、金石船明府协同查察。寅初刻得题，纸七千八百张。送题，晤监临、外监试、提调，一揖而退。睡已卯初矣。午后小雨。

初九日（9月15日）

王映山丈送邸抄来看，知仁山师袭芸典楚北试，寿蘅丈督学闽中；七月十九日，采南、剑泉、孝侯、郭丈嵩焘，丁未、滨石奉旨在南书房考试；十四日长洲相国有封事。

初十日（9月16日）

王映山来谈。即将三场题交沈拣泉、刘子谦、金石船，转致各房分写，并往答王映山。

十一日（9月17日）

同叔平拟二场题："樽酒簋贰用缶"，"导河积石至于龙门"，"文茵畅毂"，"冬介葛卢来"僖公二十有九年，"君子听鼓鼙之声则思将帅之臣"。请监试及张彦高、何翊卿、杨省斋、曹星槎、曹德元来查察，李生华、汪世泽未来，酉刻而毕。子正补服送题，中丞未到。

十二日（9月18日）

以三场策题交沈、金、刘诸君缮写。晚卷子进七百本。补服分房，嗣后由监试分矣。

十三日（9月19日）

上堂阅卷，荐二十四本，亥刻阅毕。映山病，午后未上堂矣。拣泉、石船、王竹溪均在叔平处谈。戌刻叔平得简放视学陕甘之命。

十四日（9 月 20 日）

风雨阴冷。往问王映山病。阅荐卷二十三本。同拣泉、石船谈。子刻补服送三场策题。

十五日（9 月 21 日）

外场送月饼，招拣泉、石船、子谦、彦高饮，为张彦高题《月桂图》二绝。阅卷二十三本。

十六日（9 月 22 日）

为叔平缮谢恩折。晤卓如抚军。送翻译题。阅卷三十八本。

十七日（9 月 23 日）

阅卷二十六本。

十八日（9 月 24 日）

晤卓如抚军。阅卷二十五本。

十九日（9 月 25 日）

阅卷二十九本。

《临江仙·阅卷毕有作》

记得当年辛苦地，灯花深夜频挑。殷勤送尔上青霄。漫夸眉样好，一味入时描。　怎忍轻加红勒帛，有人暗里魂消。无情明月有情宵。几回拚弃置，恐有泪珠抛。

记得早凉燕市别，潇潇秋雨征程。灞桥东去短长亭。平芜行不尽，何处望高城。　有个人人常作伴，无聊相对昏灯。砌前蛩语不堪听。梦来刚就枕，容易又天明。

《百字令·闱中忆辛芝兄秋谷弟时应京兆试用去年八月十五望月韵》

池塘梦好，料今宵矮屋，当头月满。拟遍上林婴武赋，刚是三条烛半。桂子香时，槐花忙后，榜帖题门馆。金汤镀了，五云会有风卷。　愁子头脑冬烘,车中闲置,寂寂垂帘幔。弹指韶年容易过,抛得轻罗小扇。第一关心,归程草草,好把征衫浣。重阳风雨,者番青紫应换。

《题彦高刺史月出蓝关图子谦同年画用前韵》

　　松年画本,莽披图尺幅,云烟落满。更有玉田词客好,落落朱霞天半。绝世仙心,天然真面,不让停云馆。夜堂深处,片云随意舒卷。　宵来铃柝沉沉,高寒如许,只有风吹幔。曾向莲花峰下过,回首潼关四扇。此际风檐,几人月府,笔向云蓝浣。鹄袍往事,流年今又催换。子谦壬子同捷春官,今七易寒暑矣。

二十一日(9月27日)

阅头场卷毕。夜改七房首艺。

二十二日(9月28日)

同叔平改八房次艺。

二十三日(9月29日)

二十四日(9月30日)

阅叔平处头场卷,彼此互看。访张彦高。

二十五日(10月1日)

访拣泉、石船、子谦谈。

二十六日(10月2日)

阅贰场毕,改诗艺一篇。阅邸抄,得悉顺天学政万青藜、江苏孙葆元、安徽邵亨豫、湖北俞奎垣、山东郑敦谨、山西彭瑞毓、四川李德仪、云南陈亮畴、贵州黄图南,馀俱留。顺天考官柏葰、朱凤标、程廷桂,同考官麟书、张桐、徐桐、邹石麟、何福咸、溥安、郭梦惠、景其浚、瑞联、赵树吉、宝珣、钟琇、周士炳、宋梦兰、丁绍周、刘成忠、涂觉纲、王楷。刑右黄赞汤补，兵左陈孚恩调署，兵右李维翰署。伯父署礼左。定九月初六日揭晓，移文知照监临。夜访彦高。有星见翼、轸之间，长丈馀，形如彗，近斗柄。数日移角、亢，又扫天市垣而灭。

二十七日（10月3日）

王映山来。阅三场毕。同叔平改《礼》艺一篇，彼此斟酌，灯尽而止，则子初矣。

二十八日（10月4日）

顺天题："吾未见刚者"，"敬其所尊"，"敢问夫子之不动心"至"毋暴其气"；赋得"万竿烟雨绿相招"得"丞"字。

二十九日（10月5日）

三十日（10月6日）

发热头痛。中卷已定，圈三场毕。阅邸钞，知蒋达参梁同新负气出闱。蒋严议梁任用匪人，有心徇庇，先行议处，交瑞常会景廉、载龄查参。

九　月

朔（10月7日）

定草榜，以草榜及中卷亲送王映山处，又至各房答拜朔也。校阅闱墨，共得文三十三篇、诗十八首、经艺五篇。拣泉来，解首出其房。拣泉，先文恭公己亥所得解元也。是日，搜落卷毕。

初二日（10月8日）

题刘子谦画菊花《摊破浣溪纱〔沙〕》：

帘卷西风瘦不支。乡心怅触鬓如丝。又是菊花天气近，雁声时。　料得重阳风雨后，有人惆怅卧东篱。寄语落英憔悴甚，不禁吹。

初三日（10 月 9 日）

初四日（10 月 10 日）

为刘子谦题《魁星记》。

初五日（10 月 11 日）

申刻填榜。中丞、方伯、廉访、提调、监试等官俱来。唱名毕，已天明矣。

初六日（10 月 12 日）

雨。侯国璋、吕俊孙曼叔，丙午同年，署同州太守、毛瀚季海、徐芝圃、李悍夫、沈少梅丈来。竹如伯弟、四郎开福来，并有信，即覆之。

初七日（10 月 13 日）

雨。张邦俊丁酉、汪鈖幼岑、开寿眉卿、王竹侯、麟石峰、徐观涛澜、施本、周介福，景堂，丙子，雨蕉年伯赓盛之子、岵瞻方伯来。门人王怀珍来。

初八日（10 月 14 日）

雨。易亨礼复未入流。张和斋、唐立中、刘宗缙江西,癸酉拔、门人李应莘、常蓉舫廉访来。午后搬公馆，即来时所住粉巷之屋也。访中丞、方伯、廉访、粮道、太守、司马及两大令。拣泉、李春圃、张彦高来。是日委员张□□来，领朱、墨卷解部。

初九日（10 月 15 日）

卓如中丞、杨省斋、曹星楂、王映山、岵瞻丈、毛季海、孙松坪、周世兄文会、欧阳铭常来晤。门人薛浚、蒋善谟来。候补县张守峤来，未见。

初十日（10 月 16 日）

汪少谷、陆寿庄塈、王竹溪佑、熊文华、门人管涝、徐韦佩来。

曹笠亭、李德钟、陈国鼎、方炳文虎臣。四君皆丙辰同年、任熙弼、谭能高、刘保三廷鉴、开眉卿寿、梁渤、张彦高、何翊卿、张邦俊来。门人薛浚来。是日赴鹿鸣宴,甚整肃,拜客。

十一日（10 月 17 日）

施本、施日霖安生来。门人萧季垂来。禄祥锦堂,琦文甫师之侄、刘钲、乌兰都保都统来。毛季海来。缪树本来。门人王襄、郭云汉、康缙、李清瑞、陆襄钺来。石船子谦彦、高松坪来。得朱申庵、曹季皋、谢令瑜、瞿京之书,即覆之。

十二日（10 月 18 日）

易亨、戴儒珍、俞志敬、薛铭来。门人萧李〔季〕垂、罗秀书来。宋烑差、林兆禧来。门人王勷来。刘式蒲差、陆堃差来。马允驷来。是日公宴,在粮道寓。

十三日（10 月 19 日）

张恩荣、沈寅清、雍载庆、毕赓言来。门人阎乃烑来。郑光杞、张俊士、王兑癸丑世兄、曹毓庆、方炳文、徐澜麟、石峰、李铁眉、司徒子临、管春洲、张彦高、李应炖、王竹溪来。是日,太守、两大令招饮。

十四日（10 月 20 日）

毛季海、雍载庆春舫、张恩荣锡庭、俞志敬昆崖、毕赓言黼堂、戴儒珍幼安、刘子谦、林兆禧子鸿、陆堃寿庄、汪鈖幼岑、郑光杞南桥、周介福景堂招饮,皆同乡也。唐立中、宋志濂、张守峤、曹映斗、李惺夫、周文会、孙琴士来。

十五日（10 月 21 日）

陆堃、刘廷鉴、李应炖、支少鹤来。门人刘均、张承燮、张承熊来访。铁眉、松坪、小梅,门人杨先庚来。孙琴士来。

十六日（10 月 22 日）

沈拣泉、张守峤、陆塈、邢景周、刘子谦、管春洲来。将军招饮，同抚军、都护及司道辞行。

十七日（10 月 23 日）

卓如中丞来。门人康楷、赵联登、卢树政、马称德、李廷瑞、刘铣、陈凤阁、魏丙、□俊来。蔡梅庵来辞行。

十八日（10 月 24 日）

宋志濂、张恩荣、杨士达、王竹侯、徐观涛、王映山、刘鸣霄、保徐堂、乌世芳、林岵瞻丈来。门人袁廷俊来。李惺夫、徐芝圃、蒋若讷菊潭之叔、李应莘、曹笠亭、汪少谷、李春园来。门人陆襄钺来。谭能高、方炳文虎臣、薛子新、孙琴士、张彦高、沈小梅、司徒子临、周景堂、朱百珏双之来。李培堃、萧季垂来。孙松坪夜来谈。

十九日（10 月 25 日）

卯刻与叔平别于行馆。至皇华亭，将军以下至司道寄请圣安。太守沈小梅丈以下送于山西会馆。监试、收掌及房官送于道左。及门，康楷等二十馀人送至数里外。周景堂送至满桥。县丞徐镔来见。宿临潼，县令张竹楼丈来见舒萼，道进子，庚子副榜也。作札致叔平。

二十日（10 月 26 日）

卯刻发临潼。次渭南，县令李谦山世丈祝龄、刘继来。夜戌刻抵华州，牧钱钧号孟兰乌程人来见。

二十一日（10 月 27 日）

卯刻发华州。午次华阴，至华岳观瞻礼。县令叶建侯来见，湘筠世丈丁酉拔贡名法之次子也。亥刻抵潼关。拜吴莲生观察、定九峰协镇、顾古生别驾、定、顾俱来答。作札谢卓如中丞。又函致叔平。章巡捕于临潼辞去戈什哈二名，于今日辞去。藩、臬、首府、首县俱遣家人送，赏扇、对。

二十二日（10月28日）

发潼关，吴莲生观察、定九峰协镇、顾古生别驾送至河干。渡河后五里风陵渡。十里北极河。七里匦河。食时午初刻。八里常旺。十五里上源头。八里辛店。七里韩杨镇。十里薛家岩。至坡底。至蒲州府，晤李小湘同年，时病喘。晤章子和同年、高桂坡同年大奎。小湘留饭。子和谈及贵州有姜伯约碑，在仁怀厅；夜郎、君济二大碑，在大定府，郑珍有考。为之神往久之。小湘以首阳各碑见赠。县令岳昆圃、吴惠元霖宇来，均不及见。札致子嘉，交小湘。

二十三日（10月29日）

发坡底，次高安镇，抵樊桥驿未初耳。毛季海赠《昭陵碑考》，系近人孙桂珊所著。《裴艺碑录》中凡再见，馀亦多袭青浦《萃编》，且并未见《姜遐碑》，率以《萃编》文入录。余所得本较《萃编》多九百馀字，张松坪本亦多四五百字。若松坪者，方不愧笃志好古耳。并记于此。章子和同年过目不忘，学问淹博，为余言莫邵亭、莫芷生、郑子尹诸君。

《金缕曲·留别叔平殿撰》

　　君住吾归矣。记来时、连床风雨，居然昆季。佳节思亲同作客，难制盈盈铅泪。只赢得、愁眉相对。秋雨茂陵偏善病，但殷勤、好作加餐计。吾去也，谁相慰？　共君此夜须沉醉。待他年、尊前重把，而今提起。此去关河成独自，那复偷声减字。诉不尽、相思滋味。一事告君应羡我，说澄园、有个人知己谓滨石。更剪烛、话君耳。

《青玉案·题叔平重阳风雨便面》

兔灯鱼枕多凄咽。叔平《七夕》诗有黄门之感。记七夕、词凄切。往事伤心休更说。夜堂深处,中秋一瞥,又是茱萸节。

无情最是长安月。偏是圆时容易缺。风雨宵来情百结。重阳过了,月华如雪,灞岸和君别。

《华阴题壁〔壁〕》

满林红叶送征骖,看遍天浆廿八潭。肠断一声孤雁去,昨宵有梦到终南。

二十四日(10月30日)

平明发樊桥。十里城东桥临晋。五里水头塘猗氏。五里祁任村。五里祁任塘。十里香乐镇。五里牛杜镇。十里李汉。五里安邑交界。五里高阳汛。十里北相。张石卿同年来,所赠却之。弟开福来,得辛芝兄捷京兆第三十四名之信。

二十五日(10月31日)

发北相。十里张村。十里将军庙。十里王范,有卫瓘、卫玠、蔡伦墓。五里夏县交界。五里岔口。十里涑水镇,食于村店。十里义门堡。五里闻喜交界。五里郭店镇。十里宋店镇。十里闻喜,朱粟如大令出接,并来见,借《两般秋雨庵随笔》一函。粟如官声甚劣,今年四月,有乡民万馀拥至官署,几成大变。近闻有滥刑毙命之事。

二十六日(11月1日)

发闻喜。十里十里铺。十里冯家庄。五里川口村。五里东镇,早饭。二里中庄。三里姚村。五里问店。五里裴柏村。五里兰德镇。十里隘口镇。十里史店村。五里上马村。五里侯马驿曲沃。竹如伯及大郎来,留晚饭。县令刘兰皋。

二十七日（11月2日）

发侯马。五里西庄镇。五里郭马。十里杨村。五里高阳村。五里高显镇，食于村店。五里北封王村。五里北辛店。十里蒙城驿。十里过古义士桥，闫店镇。十里抵太平县史村驿，县令沈熙龄。

二十八日（11月3日）

寅刻发史村。二里襄陵、太平界牌。八里荆村铺。五里赵曲镇。五里张林铺。十里灵伯铺。五里临汾、襄陵界牌。五里大韩铺。五里尧庙。五里岔口。十里平阳府城，太守王静庵、县令吴子选出接，并到公馆来见。李莲士亦来。十里高河镇。十里韩村铺。五里洪洞牌。五里羊獬铺。十里阳曲镇。十里左壁村。十里过聚瑞桥。抵洪洞县，县令郭定生未来见。

《憎虱》

　　此是何虫豸，居然亦有名。噬肤人最苦，反掌尔难生。裈处意犹得，轮回贯易盈。世无宣武辈，何用四筵惊。

　　与尔原无素，斯行亦偶遭。咕肥知已久，附热有同曹。猫犬原难觉，触蛮徒自劳。麻姑何处是，鸟爪痒时搔。

二十九日（11月4日）

平明发洪洞。五里官庄。五里苗村。五里赵城界。五里王开铺坊。十里赵城县，食。县令姚锡均未来。五里窑子镇。五里卫店。十里益昌铺。五里霍州界。五里辛置镇。五里南坡底。五里銮铃铺，相传唐太宗过此，挂铃于树。五里坛底镇。五里霍州，贾棣堂刺史、郑言慎出迎，并来见。一路左山右水，栈道居多，民住窑屋，遥望霍山，如在云际。霍山去城五十里，一名霍太，又曰太岳。《禹贡》："至于太岳。"《周礼》："河内曰冀州，其山镇曰霍。"《尔

雅》:"西方之美者有霍山,多珠玉焉。"上有赫连勃勃墓。隋开皇
十四年,诏以霍山为冀州镇,历代因之,号曰中镇,本古之中岳也。

阅《霍州志》,录《梁中靖再访古碑记》:

> 由夏门西南行六七里,曰照碑滩,两碑相照故名。山势峙
> 立,汾水中流,幽谷深邃,亥长四十里。其南即阴地关,盖古之
> 雀鼠谷也。碑在河北者,唐咸通十三年,萧珙《通济桥记》,记
> 有高壁镇雁归亭诸胜,书法苍老,距水高数寻。在河南者,唐
> 大中三年,节度使王宰记,自叙其升迁之故,与往来之由,楷法
> 道劲,入水深数尺。又其上有小碑,字剥落不可辨。盖古驿通
> 衢,游人多题咏焉。乾隆丁未,与乔君访于牧竖,而碑始显,偕
> 同人往拓之。今年秋,天日清爽,水落沙见,同游者复有访碑
> 之约。于是,携酒肴,度略彴,由古峪滩循水而南,水流石崖
> 下,匍伏行数武,乃缘石磴而登,荒径逼仄,狭不容步,危临绝
> 涧,激浪怒号,心摇目眩,惴惴不敢下视。约数里始至,至则览
> 雄镇,寻古胜,碑犹对峙,而寒山寂寞,野草苍茫,求所谓高壁
> 镇雁归亭者,渺不可得。噫!大中至今九百六十年矣,而碑之
> 显,乔君以前无闻焉。岂古人胜迹有所待而见耶,抑碑之显晦
> 自有时耶?丁未至今二十五年,而古碑残缺又不如昔,则后此
> 者可知也。亦安知有好事如吾侪者复从而访之耶?时嘉庆辛
> 未重九,同游者李君辑五、张君一山、李晓、文师、赵君德贞,诸
> 侄象晋、光斗,石工宁森。

《西福昌寺碑》许敬宗撰、《敕修应圣公祠堂碑》郑瀚撰,李执方
书,开成二年正月十八日、《新修女娲庙碑》裴丽泽撰,张仁愿书,天宝六载
十一月十六日、《金重修女娲庙碑》王纲撰、《重修应圣公神祠碑》仇守
中撰,王纲书、《宋重修应圣公庙碑》阎光庭撰,张仁艺书,乾德五年。

三十日(11月5日)

寅刻发霍州,由十里汛北坡、周村汛、师庄镇、白水老张湾、逍
遥岭。食仁义驿,饭后黑甜一觉。北台郭家沟、韩侯岭、竹竿坡、坡
底镇、裴家峪,皆自梦中过也。抵小水镇、俞纺秋大令出接,并来
见。此老盖长于时文者。

《菩萨鬘》

斜阳冷淡山明灭。车声辘辘惊鸿瞥。意外忽相逢。冷泉
关道中。　　　参军花面舞。祠客腰缠鼓。一样感飘零。春莺
非旧声。

十　月

朔(11月6日)

平明发灵石。食于两渡镇。未刻抵介休,住城内行馆,额曰
"洽洽堂"。县令沈石年来,往答之,云是顾南雅、侯叶唐时文弟子
也。时正发县案,案首闫从绳。黔学使黄太史图南来长谈,即往答
之。渠前月十六出京。

初二日(11月7日)

辰刻发介休。食张兰镇。申刻抵平遥。庆云、谱方伯甫行,适
相左。寄到家谕一函,中秋所发。介休绵山岩沟有开元古碑,隶
书,志云剥落不可读。

初三日(11月8日)

平明发平遥。食祁县。莫抵徐沟。得子嘉书并闱墨,即覆之,
交来人带回。

《浣溪纱〔沙〕》

如水衾裯睡亦慵。搅人偏是五更钟。灯花何喜也能红。

酒力那支风力硬，霜痕更比梦痕浓。醒来何事在胸中。

百折千盘路几重。自缘身在最高峰。终南何处望迷蒙。

窄径尽将心地问，上坡休放脚根松。看人进步忒从容。

初四日（11月9日）

发徐沟。辽西村汛。五里入榆次界，郝村、永康镇，食于村店。张庆铺、南谷村、荣村、郭村堡。抵王胡镇，申初刻。

初五日（11月10日）

寅刻发王胡镇。八里傅村，有青龙桥，原名灞陵。七里傅家窑。二里罗家庄。三里腰店地，有北齐白显墓碑，已泐。八里三岔口。七里什贴。五里韩家沟。十里要罗镇。十里西岭铺。十里食泰安驿，轿杆折。十里黄杨铺。十里清平镇。十里大树塆。五里青羊岔。五里黄门镇。五里童子河。五里抵寿阳县，县令王明府德棻来，即答之。

初六日（11月11日）

平明发寿阳。食测石驿，遇陈德生学使，余癸丑教习庶常也。至新兴滩，轿杆中断，骑行四十里，抵平定州。州牧董香丛刺史来见，并赠轿杆，即答之。

初七日（11月12日）

平明发平定。东门外有英公祠，甚巍焕。食柏井驿。度固关。小城跨山坳，北接娘子关，相去不二十里。守御及榷税，皆直隶官吏弁兵。志云"古井陉口"，即今固关。明正统二年，始名故关，后改为固。又言古井陉口有二，西则固关，东则获鹿之土门口也。所谓西天门者，则距此十七里。阎王台去西天门五里，而近凿石通涂,倚岩临涧,有碑题曰"枯木井""阎王台"。北天门,即旧关,题曰"晋阳锁钥"。南天门,去平定五里,即黑砂岭,陶文毅日记作"黑煞"是也。过界牌五里,抵核桃园,宿于村店。渔洋《驿程》记两使蜀中皆寓此。

初八日(11月13日)

平明发核桃园。五里龙窝寺。五里长生镇。五里板桥村。五里朱村。五里井陉县。五里东窑岭。五里郝家村。五里张村。五里横口。五里长冈村。五里微水村,食。土人读获如怀,读微如思。十里白石岭。五里上安。五里下安。五里仰字岭。五里郄家庄,有界石。五里土门口,《元和郡县志》:"此即古井陉口,为太行八陉之弟五。"陉县西十里有鹿泉,土门一带赖以灌溉。五里进获鹿西门,出东门,县令郭会昌来见河南,甲辰举人。

初九日(11月14日)

辰刻发获鹿。五里海山岭,一名乱石岭。十五里安舍铺。十里赵陵铺,有尉佗先冢。五里萧家营。五里柳林铺。十里度滹沱河,长桥卧波,草平土软。滹沱,一作虖池,一作恶池,别作亚驼,又作呼沱、恶沱、虖勺,见《山海经》《礼记》《诅楚文》《韩非子·初见篇》《法言·吾子篇》。虖勺,亦见《山海经》。十里抵正定,少珊观察来,即答之。至大佛寺,即龙藏寺。过十里铺,即拐角铺,二十里铺、三十里铺。抵伏城驿,闵子骞故里,遇洪张伯探花自中州差。旋寓此。

初十日(11月15日)

寅刻发伏城驿。五里正定北界牌。五里吴村堡。五里藁城界牌。五里马头铺。五里同常店。二里十八里铺。三里小寨铺。八里七里铺。七里食新乐县南关。十里田村铺。五里定州界牌。五里三十里铺。五里明月店，有汉光武鸡鸣台址。五里咬村铺。五里嘉水桥。五里八角郎。十里定州。十里清水河。十里乐庄铺。十里抵清风店。定州访汪少安刺史，城内有东坡《雪浪铭》，伪作也。有中山靖王墓。晚与洪张伯对门宿。张伯来。

十一日（11月16日）

发清风店。十里荆坟铺。十里戚里铺。八里顺城铺。二里望都县。十里良村。五里十五集。五里高映铺，属完县。五里拱宸镇，属满城。五里食方顺桥。五里太平庄。五里孟龙村。五里陉阳驿，换马。五里汤村，有兴胜寺。五里郭村，有郭隗故里。五里阁望铺。五里大激店。十里小激店。十五里保定，汉樊舆县地。李仲宣大令来，叶香士赠画一帧。

十二日（11月17日）

发保定。十五里徐河桥。十里西漕店。五里漕河，有慈航寺，方恪敏微时流寓于此，后兴修之。五里荆塘铺，相传荆卿故里。五里刘祥店。五里十里铺，有刘伶墓。十里食安肃县村店，县令德秋舫明府成来，即答之。十里白塔寺。五里麒麟店。五里田村，有桥，桥下鸡爪河。五里定兴交界。五里固城镇，有铁瓦寺，又有黄金台故址。十里尚汲店，唐贾岛故里。五里十五汲。五里泥河铺。四里六里铺。三里三里铺。三里北河店，即河阳渡。有北河寺，有杨忠愍墓道碑。桥侧有椒山读书处。国初大破李自成于此河之下流，曰白沟。有六郎堤，宋杨延昭守益津关所筑也。今新城北有孟良营。雄县有焦赞墓。稗官非尽杜撰，惜史无可考耳。近人诗云："巨马河边古战场，土花埋没绿沈沉枪。至今村鼓盲词里，威镇三关说六郎。亚古城荒焦赞墓，桑干河近孟良营。行人多少兴亡感，落日秋烟画角声。"途遇兵差络绎，云往省垣听调及大名防堵者。

五里小北河,即易水,燕丹送荆卿及高渐离击筑处。又五里抵定兴,已昏黑。钱小严明府来。同洪张伯同住,夜长谭。寄家禀于京师。律升去。

十三日(11月18日)

平明发定兴。五里祖村店。五里新城界。五里三丈铺。五里马村河。五里高碑店。十里平安店。五里泽畔铺。五里熨斗店。五里松林店。五里忠义店,张桓侯故里,有祠。五里包子铺。十里食涿州。五里胡良河。五里仙峰坡。五里常店。五里挟河村。十里燕谷店。镇北桥长数十丈,倚铁竿一,俗传王彦章铁篙,妄也。桥下为圣水,宋大中祥符间,路振《乘轺录》谓之"琉璃河";嘉佑中,宋敏求《入蕃录》谓之"六里河";《金史》谓之"刘李河"。十五里宿窦店,燕乐毅、宋窦禹钧故里。

十四日(11月19日)

辰刻抵良乡。申刻进城。

十五日(11月20日)

下园。筱涯、馨伯来。玉甫来。

十七日(11月22日)

具折请安,召对于东书房。

同治二年（1863）癸亥

正 月

元旦（2月18日）

慈宁门行三跪九叩礼。乾清门行三跪九叩礼,补服花衣,礼毕,换补褂常服。奉敕恭代御笔陕西淳化县关帝庙"显备绥疆"扁一面、城隍庙"神功佑顺"扁一面。归。天、地、神、佛前行礼,尊长前叩贺。秋谷来。

初二日（2月19日）

入直。派拟惠亲王五十扁、对派许写。硕卿、珊士来。

初三日（2月20日）

入直。见昨日上谕:宗人府丞着潘祖荫署理。钦此。勉甫、珊士来。

初四日（2月21日）

正阳门关帝庙拈香。入直。具折谢恩。

初五日（2月22日）

入直。刘南卿招,辞之。孔绣山招,辞之。

初六日（2月23日）

入直。胡月樵凤丹招,辞之。

初七日（2月24日）

入直。拜刘兰墅。

初八日(2 月 25 日)

入直。勉甫、陆涑文来。

初九日(2 月 26 日)

入直。孝侯视学山右。

初十日(2 月 27 日)

入直。

十一日(2 月 28 日)

入直。同乡谢恩。派写天坛神牌。珊士来。

十二日(3 月 1 日)

入直。许、杨俱未到。许师自初二以后未入直。派写《帝鉴图说》十六张,本日呈缴。秋谷来。

十三日(3 月 2 日)

入直。杨到。刷印《阴骘文阐义》一百六十四部,价壹百六十二吊,又八十吊。贺孝侯。访修伯。

十四日(3 月 3 日)

入直。

十五日(3 月 4 日)

入直。杨到。赏元宵。祝许太师母寿。

十六日(3 月 5 日)

入直。杜云巢师招松筠庵。

十七日(3 月 6 日)

入直。许、杨到。

十八日(3 月 7 日)

入直。许、杨到。曹子千〔瑜〕毓英来。

十九日(3 月 8 日)

入直。郑心廉先生观寿授侄成谷读。

二十日（**3 月 9 日**）

入直。勉甫来。

廿一日（**3 月 10 日**）

入直。杨到。

廿二日（**3 月 11 日**）

入直。杨到。

廿三日（**3 月 12 日**）

入直。杨到。

廿四日（**3 月 13 日**）

入直。杨到。卯刻到宗人府任。

廿五日（**3 月 14 日**）

入直。杨到。同青士招华峰、小岩于谢公祠。因体中不舒未去。琴舫、康芝山来。

廿六日（**3 月 15 日**）

入直。秋谷卅旬初度。闻俊民下世之信。以凤翔信送议政王阅。

廿七日（**3 月 16 日**）

入直。杨、许到。秋谷来。李理臣孝廉昭炜来，并寄到夏弢甫炘书及《景紫堂全书》二函，即复之。

廿八日（**3 月 17 日**）

入直。杨到。徐琴舫招，同周叔芸、董研秋、沈仲复、李菊人、吴亦梅。秋谷、硕卿来。

廿九日（**3 月 18 日**）

入直。杨到。同许师、杨兄招黄孝侯、宋锡蕃、彭子嘉于馀庆堂。胡石生孝廉澍，又号荄夫来。

二　月

朔（3月19日）

入直。杨。复俞恂卿书。门人吴绰、王广寒、孔宪恧、孙纪云来。莱山来。

初二日（3月20日）

入直。门人王师德来。叶兰台来。复姚致堂，函致子青。

初三日（3月21日）

入直。杨。门人孟传琦来。毕茂昭来。

初四日（3月22日）

入直。杨。首调元来。门人梁振英、黄维翰、赵思沅、钱奉助、任日清、艾庆曾、艾尔杰、李汝霖、李裕后、刘纯熙来。高丈贡龄，甲午、李李村、郭玉六来。

初五日（3月23日）

入直。许、杨。送孝侯行，孝侯来辞行。门人孔宪茝、孔宪兰、孔继熿、吴敦源、沙兆泃、田洪修、金绍庭来。门人高彤瑄、毛鸿龙、姜桐冈、陈秉和、慕芝田来。

初六日（3月24日）

入直。门人邹振岳来。方勉甫来。

初七日（3月25日）

入直。杨。诸门人来。

初八日（3月26日）

入直。杨。诸门人来。

初九日（3月27日）

入直。杨。诸门人来。

初十日(3月28日)

入直。杨、许。诸门人来。

十一日(3月29日)

入直。杨。诸门人来。子嘉来。

十二日(3月30日)

入直。杨。诸门人来。修伯、勉甫、丁默之来。

十三日(3月31日)

入直。胡荣宝来。

十四日(4月1日)

入直。杨。许师入闱。访邵汴生。杨协卿、郑小雅孝铭来,海邱子也。

十五日(4月2日)

入直。杨。访朱久香师。晚间不舒服,延柳岑诊。

十六日(4月3日)

未入直。杨。发烧,遍身作楚,延柳岑诊,服两剂。硕卿、秋谷来,门人来,俱未见。

十七日(4月4日)

具折请假,赏十日。宝笙、苇村来。仍服柳岑药两剂。

十八日(4月5日)

咳呛尚未愈,热亦未净。服柳岑方。硕卿、秋谷来。

十九日(4月6日)

仍服柳岑昨方。

二十日(4月7日)

仍服柳岑方。袁启豸、滨石来。

廿一日(4月8日)

张辉山、王仲宣来。遣人贺仁师令爱下定,知仁师假十日。秋

谷来。赵毓芝、公道东、石裕绅、吴重熹来。辛兄来,本日到京。仍
服柳岑方。

廿二日(4月9日)

金绍庭、勉甫来。虞汝平来。辛兄、秋谷、硕卿来。李端遇、陈
象灏、丁耀时、郑允修来。

廿三日(4月10日)

祝沈凤墀六十。贺琢如令郎完姻。魏培楠、李兆梅、杨敬廷、
高彤瑄、刘文骧来。

廿四日(4月11日)

杨。销假请安。送周、载、杜、许师处带见贽敬各十二两,廿六
带见。黄体芳、韩丕耀来。汴生来。闻俞袭芸跃井死,伤哉! 李兰
荪说。

廿五日(4月12日)

引见时跪安。雨。

廿六日(4月13日)

入直。杨。梁同泽、孔宪悫、孟传琦来。招辛、秋、谱、莘甫、揆
初、硕、玉森、诵清饮。

廿七日(4月14日)

入直。杨。李之青、马天房、郭森、林天龄、秦谊亭来。

廿八日(4月15日)

入直。杨。马天房、田洪修、吴其珍、吴福谦来。

廿九日(4月16日)

入直。珊士、辛芝、金凤梧来。勉甫来。访采南。

三十日(4月17日)

入直。杨、许。高梧来。钟孟鸿、邱廷枢、魏培楠、采南、驾

航来。

三 月

朔（4月18日）

入直。杨、许。许达京、钟孟鸿、钟觉黎庞赞卿门人、田洪修来。得张云骞信。

初二日（4月19日）

入直。杨。光禄寺值日。谊亭索醯卿信。招裕兴饮，驾航招。吴竹如来。

初三日（4月20日）

入直。风。派写乐安寺额。

初四日（4月21日）

入直。杨。宋雪帆招，辞之。勉甫、汴生来。

初五日（4月22日）

入直。杨、许。陆仪卿慎言来。

初六日（4月23日）

入直。滨石分校礼闱。辛芝、秋谷招。

初七日（4月24日）

入直。复筠仙、云骞书。

初八日（4月25日）

入直。

初九日（4月26日）

入直。李元善春舫、徐琴舫来。

初十日（4月27日）

入直。光禄寺值日。与仁师遇于内阁。知会试题："大畏民志"二句，"其养民也惠"二句，"于是始兴发"四句；诗"譬海出明珠"，得"才"字。硕卿来。

十一日（4月28日）

入直。答吴竹如。

十二日（4月29日）

入直。许。写御笔《心经》签带。洪张伯来。

十三日（4月30日）

入直。黎公民来。

十四日（5月1日）

入直。汴生、芍亭来。

十五日（5月2日）

入直。许。嘱珊士为余选定律诗。

十六日（5月3日）

入直。许。辛、谷来，并出文阅之。

十七日（5月4日）

入直。上诣大高殿祈雨。王长申、王师德来。

十八日（5月5日）

入直。值日。魏培楠、方勉甫、郑淑詹、张庭诗来。董竹坡招，辞之。招辛、秋。

十九日（5月6日）

入直。刘伯英、李绍白庞门生、孔昭瑾、孟传琦、陶凤超陕、虞汝平、赵善全、诸葛樟、金绍庭、田洪修来。

二十日（5月7日）

入直。朱学爽、薛浚、赵朗甫来。袁启豸、孔宪惪、李树田来。

廿一日（5月8日）

入直。相龙章、车翘、苏贻英、丁凤年、屈秋泰、吴重熹来。

廿二日（5月9日）

入直。许。毕茂昭、吴怀卿①、郑小雅、高彤瑄、硕卿来。

廿三日（5月10日）

入直。许。万寿圣节，前三后三，常服朝珠，行礼时补褂。上御乾清宫，王公以下行礼。赏寿桃一盘。庞永龄来。杨绍程传谱来。

廿四日（5月11日）

入直。李端遇、魏培楠、王渐鸿、公道东、赵毓芝、仁师来。中额，满七、蒙二、汉五，直廿、奉三、山东十八、山西七、河南十九、陕六、苏十四、安七、浙十一、江十七、湖北十一、湖南八、福八、广东十二、四川五、云三、贵三。

廿五日（5月12日）

入直。许。吴仲怿、韩丕耀来。吴怀卿来。

廿六日（5月13日）

入直。许。龚显曾来。王广寒来。张椿龄来。李菱洲来。

廿七日（5月14日）

入直。上诣大高殿祈雨。马东垣来。雨。

廿八日（5月15日）

入直。辛兄、韩丕耀来。辛兄又同秋谷来。李兆梅、庞永龄、孙翰卿、文明、王泽普来。

廿九日（5月16日）

入直。许。派充磨勘官。梁振英送文。出韵。魏石村来，山左门人公送席。许达京、袁廷俊、李树田来。大雨。

三十日（5月17日）

入直。发下御笔《心经》，写签带。四叔加按察使衔、辛芝侍

①原稿"吴怀卿"，下文又作"吴瑰卿"。

读衔,小雅花翎、小匡加衔花翎。邵汴生来

四 月

朔(5月18日)

许。派写《帝鉴图说》签。赏晾羊、风猪。陆之干、俞绍莱、王文棨、钱保塘来。

初二日(5月19日)

入直。派写《图说》册引首"万世玉衡"四大字。袁启豸、沈凤墀、方勉甫来。

初三日(5月20日)

入直。辛兄来。得姚致堂、尹杏农书,即复之,并子青信。

初四日(5月21日)

入直。值日。硕卿来。

初五日(5月22日)

入直。高彤瑄来。

初六日(5月23日)

入直。发季父禀。武福泰来。庞永龄来。辛、秋来。

初七日(5月24日)

入直。武福泰来。赏浴佛日五香豆一碟。孔宪悫、吴仲饴、相文卿、辛兄来。

初八日(5月25日)

入直。许。命拟江西万载县城隍庙扁,派许。同许师、星叔、润泉、辛、秋饮同兴楼。门人获售者山东八人。张沇清、姜桐冈、丁凤年、王文棨、李端遇、邹振岳、张瑞麟、张蕙圃。丙辰荐卷一人,黄体芳。庚申复试一人，高梧。

初九日（5月26日）

入直。许。派书御用扇唐王维诗二首，其一面慈禧太后宸绘也。姜桐冈、陈珊士、李端遇、刘古山、丁凤年、辛芝兄来。答丁竹溪。

初十日（5月27日）

入直。杨。发下国史馆《列传》四本。磨勘班未到。访硕卿、辛、秋。答觐唐。范抟九、吴仲饴、邹振岳、孔宪悫、张蕙圃、张瑞麟、王文荣来。

十一日（5月28日）

入直。许、杨。魏解元来。丁心斋、车翘、诸葛樟、虞汝平、赵善全、张椿龄、辛兄、硕卿来。

十二日（5月29日）

入直。张沅清、秋谷来。光禄寺值日。是日上诣大高殿祈雨。

十三日（5月30日）

入直。杨。发下广福寺扁额。杨。范鹤生、毕茂昭、李树田来。

十四日（5月31日）

入直。许。辛兄来。陆吾山来。

十五日（6月1日）

入直。在懋勤殿阅苏东坡《桤木诗卷》、赵子昂《临十七帖卷》、仇十洲《太真上马图》、王齐翰《江山隐居图》、燕文贵《萧寺图》、曹云西《溪山平远图》、董香光自书《告身卷》、《望山采南图》、《保母砖》卷子，香光藏本也。秋谷来。

十六日（6月2日）

入直。访方勉甫。贺寿甫。访叔平不值。袁启豸来。藕船明日招于福泰刘局,辞之。

十七日(6月3日)

入直。杨。命拟三姓关帝庙,城隍庙扁额。派许。致藕船书。秋谷、李莼客来。

十八日(6月4日)

入直。许。辛芝、秋谷来。勉甫、叔平来。

十九日(6月5日)

入直。在懋勤殿阅李伯时《吴中三贤图》、赵伯驹《弘文雅集图》、李伯时《五马图》、任仁发《饮中八仙图》、唐张南本《华封三祝图》钱陈群赞、姚允在仿宋元六家山水卷、梁楷《王羲之书扇图》、张即之书楼钥《汪氏报本庵记卷》、赵仲穆临李伯时《番马图》、董邦达摹马远《潇湘八景图》、方琮摹黄大痴《富春山居图》。招辛芝、秋谷、硕卿、诵清、谱琴于宴宾,遇驾航。

二十日(6月6日)

入直。值日。上诣大高殿祈雨。递封奏一件。在懋勤殿阅陆治《上元宴集图》、文征明《石城草堂图》、孙克宏画花鸟卷;阎立本画孔子弟子象五十九人,蒋溥跋;姚公麟杂画、赵伯驹《六马图》;范宽《秋山萧寺卷》,高江村诗;隋人书《史岑出师颂》,张颖达善跋;文嘉、钱谷、文伯仁《半偈庵图》合璧。皇甫汸、黄河水、张献翼、沙弥道魁、顾允焘、王世懋、王世贞、黄姬水诗,文嘉书。陶凤超、郭森来。李和生来。硕卿来。访钱馨伯。

廿一日(6月7日)

入直。许、杨。发下扇八柄缮写,臣敬书三柄。辛兄来,即招辛兄、秋谷饮。

廿二日(6月8日)

入直。李和生来。

廿三日（6月9日）

入直。许、杨。招藕船、汴生、仲复、研樵、谊亭、玉双、崔洲于谏草堂。

廿三〔四〕日（6月10日）

入直。许、杨。滨石具折请假四月，开缺回籍省亲。状元翁曾源、榜眼龚承钧、探花张之洞。午后雨。

廿五日（6月11日）

入直。杨。滨石谢恩，濒行告予云："子好名之念太重，天之所忌，亦人之所忌也。"以后韬晦为妙。翁仲渊归第，同乡俱集常昭馆。勉甫来。

廿六日（6月12日）

入直。在懋勤殿阅张宗苍仿黄公望笔意卷、《竹坞林亭卷》，唐子畏山水李季云印、老松题签，董文敏《麦饼宴诗卷》方朔印，马轼、李在、夏芷分作《归去来辞图》，易元吉《聚猿图》，周之冕画花卉真迹，王著《千文》真迹，金润《溪山真赏图》，汪由敦临王宠诸葛亮《出师表》，宋旭《西湖图》，张宗苍《兰亭修禊图》，王蒙《听松图》八十三翁马士英、王黻题。秋谷来。

廿六〔七〕日（6月13日）

入直。许。访子嘉不值。晤铁笙。硕卿来，辛芝谈竟日。

廿八日（6月14日）

入直。许。赏帽纬一匣、袍料一个。昆、新收复。在懋勤殿阅张照《千字文》高宗题；唐子畏《松阴高士图》李季云章，朱德润山水都穆题；李伯时《吴中三贤》又一、董邦达仿王诜《渔村小雪图》、钱文敏《塞山雪景》、怀素《自叙》真迹、梁楷《右军书扇图》又一本、张宗苍《雪溪帆影》；张照临董、临苏《杂帖卷》；文衡山《洛原草堂图》

康海、王九思、杨慎、薛蕙、唐龙、赵时春诸人题，江村跋，白贞夫札一
附后。

廿九日(6月15日)

入直。许师派阅卷。引见时磕头谢恩。在懋勤殿摹东坡《桤
木诗》墨迹、王著《千文》未竟。辛兄来。丁竹溪招文昌馆。

五　月

朔(6月15日)

入直。许。赐角黍。钱辛伯、黄漱兰、郑小雅来。

初二日(6月16日)

入直。在懋勤殿摹王著《千文》，阅姚绶杂画卷，颜辉《煮茶
图》，沈石田《西山雨观》，张宗苍《层楼曲栈》，莫是龙杂书，张宗苍
《惠山园图》，钱维城《狮林全景》，沈石田写生玉兰、蟹蚌，林逋、苏
轼诗帖卷，唐子畏、文衡山书画合璧卷。在内阁晤仁师。谕旨：南
书房翰林需人，着倭仁、贾桢于翰詹各员内择其品学端方者酌保数
员，候旨考试。钦此。

初三日(6月17日)

入直。许。在懋勤殿摹《千文》，并阅黄谒《雪猎图》、高房山
《秋山暮霭图》、任仁发《出围图》、文衡山《姑苏四景》、沈石田山
水、沈士充子居仿宋元十四家笔意。晤硕卿、秋谷、高梧、武福春、
邵汴生丈。傅达泉、杨雪门来。同宝笙、汴生、月樵、辛甫、蓉洲、植三公
饯滨石。

初四日(6月18日)

入直。祝滇生先生寿。晤仁师。秋谷、珊士来。李端遇、钟觉

黎来。计内廷用童一百廿吊、银三两，孟柳一百廿吊，刘五十吊，李卅六吊，懋勤壹百廿吊，管四十二吊，报十二吊，朝房十八吊，各处节礼三百九十三吊。

初五日（6月19日）

入直。许。赐角黍。欠周四两、李三两。为大人预祝，伯父、小匡、谱、怡、昧、秋、玉森、诵清同饮。

初六日（6月20日）

入直。摹《千文》竟。大人散诞，小匡、亚陶、玉森、诵清、辛、秋、谱同饮。翰林院保送南斋三人，徐颂阁、欧阳用甫、孙莱山，初九日考试。

初七日（6月21日）

入直。许。摹子昂临《十七帖》。莱山来。访滨石。

初八日（6月22日）

入直。许。辛芝来。仁师来。

初九日（6月23日）

入直。许。在殿上见黄筌《柳塘聚禽图》、陈闳《八公图》、王烟客《晴岚暖翠图》。访赵之谦益甫。吊朱修伯。徐颂阁来，欧阳用甫来，徐、欧皆本日奉旨直南斋者也。李村来。

初十日（6月24日）

入直。许师未到。王文棨、孙莱山来。

十一日（6月25日）

入直。许师未到。在殿上见李唐《雪景》、张师夔舜咨《树石》、张训礼《围炉博古》、李士行遵道画松、阎立本《竹林五君》。张瑞麟、张蕙圃来。辛芝、秋谷、丁凤年来。夜雨。

十二日（6月26日）

入直。贺颂阁、用圃。祝顺之伯寿。晤秋谷、硕卿。李端遇来。

十三日（6 月 27 日）

入直。在殿上见赵伯驹《汉宫图》，香光题；夏珪禹玉《西湖柳艇》、仇十洲《梅石抚琴图》、仇十洲《移竹图》；王石谷《晚梧秋影》，南田题；郎世安《花底仙龙》、唐岱仿王叔明山水。辛芝来。三坛祈雨。上诣大高殿拈香。雨。

十四日（6 月 28 日）

入直。许师未到。姜桐冈、武福泰来。招玉六、仁师、滨石、颂阁、用甫、勉甫于宴宾斋，勉甫因病不至。勉甫十两、珊士四两、刘兰墅四两。夜大雨。

十五日（6 月 29 日）

入直。光禄寺值日。宗人府带教习引见一名，李锡珍。滨石行。方寿甫来。

十六日（6 月 30 日）

入直。在殿上见小李将军《洛阳楼图》、香光跋，不真。陈琳《溪凫图》、王蒙《层巘叠峰》山水直幅、董北苑《龙宿郊民图》、香光、王横云题，皆极佳。王原祁《虞山秋色》、张得天临右军《山川诸奇帖》。辛芝、硕卿、许达京、王赓定、赵毓芝来。

十七日（7 月 1 日）

入直。在殿上见荆浩《匡庐图》、任仁发《花村春庆图》、马远画雪景、王诜《九成宫图》、赵雍《骏马图》、吴仲圭《墨竹》、钱选《五蔬图》、冷枚《赏月图》、冷枚人物画幅、金廷标《钟馗探梅图》、金廷标《吹箫召鹤图》。翁师入贤良祠，未去。

十八日（7 月 2 日）

入直。许师未到。酷暑。在殿上见关仝画《关山行旅》、安仪周印。赵昌《花鸟》、赵孟坚《水仙》、盛懋《仓山白云》、倪瓒《远岫树石》、自题极佳。钱选《雪梅集禽》、吕纪《鸳鸯》。秋谷、勉甫来。修伯开吊，未去。

十九日（7月3日）

入直。许师、颂阁未到。

二十日（7月4日）

入直。许师、颂阁未到。李村、辛芝来。

廿一日（7月5日）

入直。许师未到。遣人以水礼四色送子福师，廿三行。大雨。

廿二日（7月6日）

入直。俱到。张叔平观准来。

廿三日（7月7日）

入直。值日。访许太老师。辛芝谈竟日。访秋谷，李菱洲来。

廿四日（7月8日）

入直。俱到。访吴瑰卿。

廿五日（7月9日）

入直。许师未到。送韵和行。访刘云生。秋谷、硕卿、韵和、莼客来。

廿六日（7月10日）

入直。许师未到。贺秋谷、俊叔、韵初取学正，皆不直。大雨。

廿七日（7月11日）

入直。许师未到。颂阁作烧鸭东。小匡夫人寿，吃面，大醉。贞孚招，未去。

廿八日（7月12日）

入直。许师未到。大雨。秋谷来，知未记名。

廿九日(7月13日)

入直。许师未到。访许师。阴。用甫作烧小猪东。访叔平、馨伯,不值。王文棨、李端遇来。

三十日(7月14日)

入直。许师未到。颂阁来。晚大雷雨。

六　月

朔(7月16日)

入直。直日。同乡谢恩,赐苏子叶饺。许师未到。

初二日(7月17日)

入直。俱到。祝玉森三十。辛、秋、硕卿俱来。姜桐冈来。

初三日(7月18日)

入直。许师未到。酷暑。袁鹤洲来。梦甚恶,签亦不祥。

初四日(7月19日)

入直。许师未到。寄若农书,交云生。暑更酷。黄太夫人忌辰。李端遇来。

初五日(7月20日)

入直。俱到。晚雨。

初六日(7月21日)

入直。恭篆"文宗显皇帝大恩皇考之圣灵宝位"十四字。许师未到。遇宾、辛兄来。

初七日(7月22日)

入直。许师未到。王文棨、秋谷来。郑孝铭来。

初八日(7月23日)

入直。许师未到。晨雨。与谱琴饮宴宾。汤东笙来。

初九日（7月24日）

入直。直日。颂阁未到。秋谷来。

初十日（7月25日）

入直。许、徐未到。发下《皇朝兵志》、国史馆《列传》八本恭校。秋谷来，同吃烧鸭。

十一日（7月26日）

入直。许师未到。大雨。入直时衣履俱湿。

十二日（7月27日）

入直。硕卿招饮龙源楼。范崔生来。

十三日（7月28日）

入直。许师未到。访滇生先生、许师，见《化度寺碑》，九百馀字，宋刻宋拓，曾在商丘陈伯恭处，有王孟阳印、翁覃溪跋，诒晋斋、南韵斋皆有跋。今郑邸出售，价壹百弍拾金。

十四日（7月29日）

入直。冯柳堂观察镕来。张香涛来。

十五日（7月30日）

入直。许未到。颂阁招，同小匡、香涛、霞峰饮。秋谷招，未去。

十六日（7月31日）

入直。许未到。答香生、云生。小山招，同莱山、秦文伯光、缉甫、杨澧南、郝季饮。访莱山。

十七日（8月1日）

入直。许未到。光禄寺值日。访辛、秋、硕卿。访叔平。孔经之来。

十八日（8月2日）

入直。许师未到。访琴舫。琴舫、赵秀田毓芝来。

十九日（8 月 3 日）

入直。许师未到。辛芝来谈竟日。以范眉生信交孔经之。

二十日（8 月 4 日）

入直。赏面食四器、他喇一器。以伟如信、苏炳臣信交琴舫。童观察秀春、何桂苑继俨来。大人服小匡药。

二十一日（8 月 5 日）

入直。许师未到。御笔《心经》写签带徐、欧。秋谷来。辛芝来。郑心廉年伯观寿来，并索萧质斋、章采南信。夜雨。

二十二日（8 月 6 日）

入直。王广寒、吴其珍来。暑。

二十三日（8 月 7 日）

入直。许师未到。暑。

二十四日（8 月 8 日）

许师未到。巳刻立秋。访硕卿、辛芝、秋谷。

二十五日（8 月 9 日）

入直。

廿六日（8 月 10 日）

入直。许师未到。昨约同兴楼，今日同用甫、颂阁到同兴楼，则竟未去也。硕卿来。

廿七日（8 月 11 日）

入直。许师未到。秋谷来辞行。明日行。二伯招宴宾斋，未去。访叔平、玉甫长谈，馨伯未值。校《文宗御制诗文集》毕。

廿八日（8 月 12 日）

入直。许师未到。命拟直隶束鹿县河神庙扁。派徐。两月以来假贷无一成者，景况不堪矣。许师招同兴楼，同颂阁、用甫。勉甫辞行,初二行。李菱洲来。夜雨。

廿九日(8月13日)

入直。泥泞难行。送勉甫行。访修伯。得四叔信。李端遇小研来。辛芝来。

七　月

庚申朔乙巳(8月14日)

入直。赏餪糕一盘。许师未到。内子病,延小匡诊。辛芝来。致谱香信,交勉甫。

初二日丙午(8月15日)

入直。访馨伯。博希哲明《西斋偶得》《凤城琐录》甚渊雅。致俪笙、芙卿信。

初三日丁未(8月16日)

入直。许师未到。《湖南通志·金石志》一门是瞿木夫手。玉甫来。

初四日戊申(8月17日)

入直。继母陆夫人二十周忌,龙泉寺礼忏,二伯、硕卿、玉森、诵清、苇村、柳岑、三琴、辛芝俱到。

初五日己酉(8月18日)

入直。许师未到。沈韵初来。写"牵牛河鼓天贵星君""天孙织女福德星君"神牌。

初六日庚戌(8月19日)

入直。许师未到。在内作烧鸭东。韩仁山自山东来。辛芝来。

初七日辛亥(8月20日)

入直。许师未到。颂阁招许师、用甫于同兴楼。

初八日壬子（8月21日）

入直。许未到。访东生、仁山。同仁师、星叔集于福兴,有颂阁、用甫。夜大泻十馀次不止,服柳岑两方。

初九日癸丑（8月22日）

愈甚,不能入直。许亦未到。札致用甫、颂阁。服柳岑方。辛芝来。赵秀田毓芝、翁叔平来。硕卿来。

初十日甲寅（8月23日）

入直。派恭代十二日御笔《心经》。赵秀田来辞行,赠以四金。汴生来。辛芝来。服柳岑方。

十一日乙卯（8月24日）

病未能入直,遣人告颂阁。服柳岑方。韩仁山来。

十二日丙辰（8月25日）

两下钟进内。辰刻慈安皇太后万寿圣节,慈宁门行礼。得中鲁六月十二书,即复之。许师上陵。

十三日丁巳（8月26日）

入直。访贺郑惕厂、丰少卿麟、郭玉六、杜荣三。刘云生、蒋拙庵来。

十四日戊午（8月27日）

入直。答伯芳。祀先。钟遇宾来。刘南卿来。

十五日己未（8月28日）

入直。交用甫五十金、颂阁十金。赠莼客四金。以荆山信交南卿。李菱洲来。

十六日庚申（8月29日）

入直。

十七日辛酉（8月30日）

入直。雨。硕卿、韵初来。

十八日壬戌（8 月 31 日）

入直。吴瑰卿来。王赓定、南卿、李初来。

十九日癸亥（9 月 1 日）

入直。硕卿、辛芝来，谭竟日。以《五凤石刻》赠韵初。

二十日甲子（9 月 2 日）

入直。光禄寺值日。许师复命未入直。颂阁未入直。

二十一日乙丑（9 月 3 日）

入直。颂阁未到。颂阁来。辛芝来。访韵初、硕卿。

二十二日丙寅（9 月 4 日）

入直。许未到。唁颂阁内艰。

二十三日丁卯（9 月 5 日）

入直。许师未到。访硕卿、辛芝。韵初、李小研来。赠韵初
《卢丰碑》、汉《周憬碑》，陈兰浦澧有拓本，李研卿说。吴丁奉碑在
湖州某桥下，赵益甫说。陈似是知者大师或慧善阁黎碑，张松坪目睹
在金、衢间。《萧宏阙》，程文荣搜得。余已得之均初。赏榆次瓜。
辛芝来。

二十四日戊辰（9 月 6 日）

入直。许师未到。唁竹坡丁艰。珊士来。

二十五日己巳（9 月 7 日）

入直。许师未到。访硕卿、辛芝。辛芝来竟日。

二十六日庚午（9 月 8 日）

入直。大雨。许师未到。

二十七日辛未（9 月 9 日）

入直。恭编《文宗显皇帝诗文全集》诗八卷、文二卷刊刻完竣，
共进呈本二十部、备赏本八十部，装订成帙，敬具折呈递，旨收。赠

均初《高颐碑》刘燕庭拓本、《贾君阙》。

二十八日(9月10日)

入直。晨雷雨。许师未到。议政王传旨,颁赏《文宗显皇帝诗文全集》一部,并另有赏赐。光禄寺值日。晚又雨。吴瑰卿、沈韵初来。为均初作缘,得《化度寺碑》。

二十九日(9月11日)

入直。赏顾绣蟒袍一袭,大卷江绸袍褂各一连,磕头谢恩。祝仁师寿。辛芝来。

三十日甲戌(9月12日)

入直。许师未到。驾航来谈。《娄寿碑》华中父真赏斋本,存在杨氏继振号又云、铁云,又号莲公处。有丰南禺、朱竹垞、何义门、钱竹汀、龚定庵、六舟跋,何子贞七古二首。有文后山鼎、秦光第、六舟、何子贞题签,孙渊如题"墨皇"二大字。有陆谨庭名印,曾在其处也。名号印不计其数。见鹤寿本,有翁覃溪诗、为筠圃题。王惕甫跋,何义门题签,留耕斋藏,有荣签印,印甚多。细看是伪本。

八　月

朔乙亥(9月13日)

入直。许师未到。辛芝来。雨。

初二日丙子(9月14日)

入直。许师未到。吴怀卿辞行。访韵初、硕卿、辛芝。雨。

初三日丁丑(9月15日)

入直。许师未到。吊颂阁。贺涑文娶。无日不阴雨,道途甚难行也。

初四日戊寅(9 月 16 日)

入直。许师未到。钟遇宾、康芝山来。辛芝来。

初五日己卯(9 月 17 日)

入直。许师未到。访修伯。韵初、珊士来。范咢生来。访叔平。

初六日庚辰(9 月 18 日)

入直。许师未到。辛芝来，托买之皮未成。刘云生来。

初七日辛巳(9 月 19 日)

入直。许师未到，派写之件送其家。以郭筠仙信交刘云生。雨。

初八日壬午(9 月 20 日)

入直。许师未到。访许师。

初九日癸未(9 月 21 日)

入直。许师未到。在内见宋拓《九成宫》《圣教序》。一本，"林"字已有裂文，有杨名耀、杨霨、杨绳祖景西印者，佳。《九成宫》袁司农物有思白题签，并补第·页者，佳。宋拓《庙堂碑》王彦超本颇旧，拙老人题签。王彦舟印。均初来。文翰初启来，赠六金。

初十日甲申(9 月 22 日)

入直。许师未到。辛芝、均初、高凤冈梧来。假王蓉洲汉石经残字来观，一《论语》一《仪礼》，与钱梅溪摹本甚合，恐非汉石亦非宋石也。贺李村得子。

十一日乙酉(9 月 23 日)

入直。颂阁开吊。交高凤冈郑谱香信。叔平来。

十二日丙戌(9 月 24 日)

入直。许师未到。访许师、滇生先生。均初来。

十三日丁亥(9月25日)

入直。开发内廷节礼。范抟九、鲍步垣、辛芝来。

十四日戊子(9月26日)

入直。许师未到,于内阁见之。访单地山。周、载、杜、许师处送节敬。丁濂甫来。

十五日己丑(9月27日)

入直。许师未到。赏西瓜三个、果子三盘、月饼三盘。答陈绿樵象沛。

十六日庚寅(9月28日)

入直。辛芝悼亡。

十七日辛卯(9月29日)

入直。雨竟日。均初来。

十八日壬辰(9月30日)

未入直。宗人府考供事,同治贝勒,辰初到,酉刻散。杜请托以端始进题。半夜雨。

十九日癸巳(10月1日)

未入直。宗人府供事,对笔迹,辰到午散。

二十日甲午(10月2日)

入直。辛芝来。

廿一日乙未(10月3日)

入直。许师未到。贺用甫移居城内。修伯、芍庭来。

廿二日丙申(10月4日)

入直。许师未到。用甫招许师同兴楼。陈象灏来。宝笙来。

廿三日丁酉(10月5日)

入直。许师未到。以黄孝侯函及《御制集》交郭太史从矩。

廿四日戊戌（10月6日）

入直。以郑小山、黄孝侯、王静盦信付袁民章。张云衢尔遴，原名鸿翼来。

廿五日己亥（10月7日）

入直。许师未到。辛芝来。用甫来。

廿六日庚子（10月8日）

入直。许师未到。辛芝开吊文昌馆。

廿七日辛丑（10月9日）

入直。许师未到。访硕卿、辛芝。自中秋后信均属徐亚陶写。邵沛生来。

廿八日壬寅（10月10日）

入直。许师未到。抟九来。

廿九日癸卯（10月11日）

入直。许师未到。访辛芝。交会文斋刻《王平子诗》。珊士来。均初来。

三十日甲辰（10月12日）

入直。访辛芝。康芝山来。夜风。

九　月

壬戌朔乙巳（10月13日）

入直。许师未到。访辛芝不值。辛芝、张尔遴来。硕卿、均初来。

初二日丙午（10月14日）

入直。在内阅《醴泉铭》虞潢跋、《皇甫碑》成邸跋"四百两得荷屋"、《圣教序》王虚舟、蒋拙存、李世倬跋、《钟王小楷》曹倦圃、沈文恪跋、《晋唐小楷》成邸、郭兰石跋。

初三日丁未(10 月 15 日)

入直。许师未到。抟九来。得程小泉书。

初四日戊申(10 月 16 日)

入直。许师未到。途遇许师。访辛芝、小山。辛芝、莼客来。

初五日己酉(10 月 17 日)

入直。许师未到。

初六日庚戌(10 月 18 日)

入直。至馆晤东山。硕卿、均初来。得丹初信。

初七日辛亥(10 月 19 日)

入直。许师未到。

初八日壬子(10 月 20 日)

入直。许师未到。贺李村子满月。访益甫、硕卿。辛芝、小山来。许师送《东库帖》四本来,宋拓也。

初九日癸丑(10 月 21 日)

入直。先妣汪夫人忌辰。在均初处待继又云,竟日不至。沈守之先生来书,即复之,并为作子青书,大顺寄。《武梁祠》三卷,黄小松拓本。观《淳化》宋拓第六卷、《十三行》荆川本、《九成》、《砖塔》,皆佳。

初十日甲寅(10 月 22 日)

入直。

十一日乙卯(10 月 23 日)

入直。以张子青书交袁民章。

十二日丙辰(10 月 24 日)

入直。许师未到。贺吕九霞视楚南学。访辛芝。

十三日丁巳（10月25日）

入直。许师未到。访辛白。

十四日戊午（10月26日）

入直。许师未到。

十五日己未（10月27日）

入直。许师未到。硕卿来。

十六日庚申（10月28日）

入直。光禄寺值日。彭榴仙夫人开吊，在长椿寺。

十七日辛酉（10月29日）

入直。许师未到。派出定陵，释服三分之一，瑞常、孙葆元、灵桂、罗惇衍、中常、吴廷栋、薛焕、裕瑞、师曾、潘祖荫、赵东昕。许师招东兴。鲍步垣来。

十八日壬戌（10月30日）

入直。许师未到。访辛芝，遇苇村。得见《娄寿碑》，留之三日。

十九日癸亥（10月31日）

入直。许师未到。派写东河河神庙"茨防永佑"扁。补缮《文宗显皇帝御制诗文》底本毕，遂进。

廿日甲子（11月1日）

入直。许师未到。宗人府带领引见一名，黄家相。发下《皇朝兵志》、国史馆《忠义列传》恭校。辛芝、桂山来。

廿一日乙丑（11月2日）

入直。访硕卿。均初来。李村来。

廿二日丙寅（11月3日）

入直。许师未到。访颂阁。均初来。

廿三日丁卯(11月4日)

入直。许师未到。

廿四日戊辰(11月5日)

入直。许师未到。汴生来。

廿五日己巳(11月6日)

入直。许师未到。辛芝来。

廿六日庚午(11月7日)

入直。许师未到。汴生来。

廿七日辛未(11月8日)

入直。访均初、硕卿。送馨伯行。抟九来。馨伯来辞行。

廿八日壬申(11月9日)

入直。许师未到。访单地翁。辛芝来。

廿九日癸酉(11月10日)

入直。许师未到。

十　月

朔甲戌(11月11日)

入直。赏熏猪、晾羊。

初二日乙亥(11月12日)

入直。许师未到。访硕卿、均初。

初三日丙子(11月13日)

入直。许师到。均初来。武会状黄大元。

初四日丁丑(11月14日)

入直。许师未到。许师来。函致八太太。宝笙、辛芝来。

初五日戊寅（11 月 15 日）

入直。许师未到。招门人陈寿祺、康缙、张尔遵、郭森、杨澍鼎、薛浚于家。和丰招仙城馆，同许师、用甫、涑文、檀浦。

初六日己卯（11 月 16 日）

入直。许师未到。余生日，招亚陶、小匡、玉森及诸兄弟于时丰。

初七日庚辰（11 月 17 日）　　　姒汪太夫人生忌

入直。许师未到。贺辛芝补中书。张尔遵来。

初八日辛巳（11 月 18 日）

入直。许师未到。鲍小山、薛小云来。钟遇宾之门人广东朱宝珊福太守，以鉴来见。辛芝来。

初九日壬午（11 月 19 日）

入直。许师未到。

初十日癸未（11 月 20 日）

入直。慈禧皇太后万寿，长信门行礼。卫静澜来。

十一日甲申（11 月 21 日）

不入直。

十二日乙酉（11 月 22 日）

卯刻行。栅栏店食，住烟郊。

十三日丙戌（11 月 23 日）

丑刻行。食段家岭，住蓟州。

十四日丁亥（11 月 24 日）

食马伸桥，住隆福寺内务府科房。堂郎中田师曾季瞻，行二、郎中阿尔萨兰廓然，行大、堂主事恒杰英圃，一、松仰景瞻，七、宝琳昆圃，行二均来并送菜。惇邸、勋贝勒遣人来，并送菜。

十五日戊子（11 月 25 日）

辰初文宗显皇帝暂安处行释服礼，礼毕即行。食蓟州，住枣林三河县。

十六日己丑（11 月 26 日）

子刻行，夜大雾弥漫，对面不见人。夜行六十里。食栅栏店。申刻还家。

十七日庚寅（11 月 27 日）

味琴招，同芍庭、玉甫、子英、柳岑、玉森。用甫来。

十八日辛卯（11 月 28 日）

入直。具折公折复命。许师未到。方寿甫、辛芝来。光禄寺值日。答谢绵竹坡。晤元甫、田季瞻。

十九日壬辰（11 月 29 日）

入直。许师未到。

二十日癸巳（11 月 30 日）

入直。引见时跪安。访均初、硕卿。答静澜。

廿一日甲午（12 月 1 日）

入直。许师未到。张尔遵来辞行。芍亭来。

廿二日乙未（12 月 2 日）

入直。许师未到。文昌馆硕卿开吊。蔡同春来。许师来。

廿三日丙申（12 月 3 日）

入直。许师未到。小匡生日，痛饮竟日。

廿四日丁酉（12 月 4 日）

入直。许师未到。硕卿来，为小匡祝同饮。递封奏一件，奉上谕：实属冒昧，不知政体，着传旨严行申饬。钦此。

廿五日戊戌（12 月 5 日）

入直。许师未到。康芝山来。许涑文招，同韫斋、筠庵、汴生、馨士、莱山、檀浦吃鱼生。

廿六日己庚（12月6日）

入直。许师未到。王子泉庭桢来。贞孚来。

廿七日庚子（12月7日）

入直。光禄寺值日。许师未到。贺许师令爱送妆，同用甫在彼饭。雾。

廿八日辛丑（12月8日）

入直。许师未到。写内廷贴落毕，共十二分。养心殿平安宝殿内明间南墙门口上向北，横白绢，宋程子《上殿札子》"君道之大"至"辅养圣德"。东间西墙门北边，直黄蜡笺，汉班固《东都赋》"是以四海之内"至"道德之富"。殿内西里间南床西墙，直白素蜡笺，汉王褒《得贤臣颂》"圣主必待贤臣"至"离世哉"。殿内东里间南床东墙，洒金绿粉笺，直。真德秀《进大学衍义表》"畎亩不忘君"至"更推作新民之化"。殿内西间西墙瓶式门南边，白绢，字斗。张蕴古《大宝箴》"闻之夏后"至"游神于至道之精"。绥履殿内东间西墙门南边，黄蜡笺，条。苏轼《进陆宣公奏议札子》"至于用人听言之际〔法〕"至"实治平于〔龟〕鉴"。殿内明间西墙门南边，藏经纸，条，曹植《七启》"世有圣宰"至"声教之未厉"。养心殿后殿能见宝殿内东墙门上向西，黄纸，横，朱子《敬斋箴》"正其衣冠"至"万变是监"全。能见宝殿内北墙方窗东边，绿纸，条，吕祖谦《周师氏箴》"时维师氏"全。养心殿后殿攸芋斋殿内西墙门上向东，黄纸，字斗，张栻《虚舟斋铭》全。养心殿绥履殿内西间北墙方窗两边，七言对"宝露常滋三秀草，吉云深护九如松"、五言对"克勤思禹绩，无逸绘豳诗"。贺许师。答长乐初。硕卿来。李村来。

廿九日壬寅（12月9日）

入直。许师未到。赏哈密瓜。访均初、硕卿。贺经笙抚山西。

李雨崖应霖,稼门之兄来。

三十日癸卯 (12 月 10 日)

入直。许师未到。许子源来。

十一月

甲辰 (12 月 11 日)

入直。许师未到。穿貂褂。顾俊叔来。苻村、辛芝来。

初二日乙巳 (12 月 12 日)

入直。许师未到。访均初,遇辛芝。同韫斋、宝笙、檀浦、筼庵、濂甫、汴生、伯荪集涑文寓。芍庭来。

初三日丙午 (12 月 13 日)

入直。许师未到。茗生来。伤足。

初四日丁未 (12 月 14 日)

入直。许师未到。梁檀浦、梁馨士招,辞之。闻官军十月廿六日收复苏州。汪姑母十周年,玉森、苻村在西方丈礼忏,前往行礼。二伯散诞,硕卿诸君同席。叔平、辛芝来。

初五日戊申 (12 月 15 日)

入直。许师到。光禄寺值日。苗逆伏诛。四叔以道员记名简放。周小棠、辛芝、鲍小山来。

初六日己酉 (12 月 16 日)

入直。许师未到。访辛芝不值。裴石麓来。

初七日庚戌 (12 月 17 日)

入直。许师到。辛芝来。

初八日辛亥 (12 月 18 日)

入直。许师未到。访辛芝。

初九日壬子(12月19日)

入直。许师未到。至长椿寺,彭文敬周年。辛芝来。遇宾来。

初十日癸丑(12月20日)

入直。赏冰鱼。储秀宫贴落一张,敬书崔瑗《坐右铭》。许师到。访滨石。小棠来。均初来。崔羽堂银、信,面还周小棠。

十一日甲寅(12月21日)

入直。许师未到。到光禄寺署。冬至祀先。

十二日乙卯(12月22日)

入直。许师未到。柳岑写对,留饮。芍庭来。

十三日丙辰(12月23日)

入直。许师未到。柳岑写对,留饮。莼客来。

十四日丁巳(12月24日)

入直。许师未到。滨石仍入直。

十五日戊午(12月25日)

入直。许师未到。贺滨石,访南卿。辛芝来。

十六日己未(12月26日)

入直。许师未到。抟九、南卿、辛芝来。

十七日庚申(12月27日)

入直。许师未到。访辛芝。汴生来。

十八日辛酉(12月28日)

入直。许师未到。伯芳、硕卿来。

十九日壬戌(12月29日)

入直。许、杨未到。访辛芝不值。华友竹鉴来。夜再访辛芝。

二十日癸亥(12月30日)

入直。许师未到。访辛芝。辛芝来。

二十一日甲子(12 月 31 日)

入直。许师未到。周蔗园尔尧来。南卿来。

二十二日乙丑(1864 年 1 月 1 日)

入直。许、杨俱到。访价人、修伯。驾航来。

二十三日丙寅(1 月 2 日)

入直。许、杨未到。祭翁文端,访均初、硕卿、子嘉不值。辛芝、滨石来。

二十四日丁卯(1 月 3 日)

入直。许师未到。宗人府带引见二名。硕卿来。

二十五日戊辰(1 月 4 日)

入直。许、杨未到。恭书养心殿等处楄眼、集锦卅三件进呈。计共八十七件。

二十六日己巳(1 月 5 日)

入直。许师未到。栾以绂来。

二十七日庚午(1 月 6 日)

入直。许、杨未到。贺杜师二世兄完姻并祝。访涞文,遇仁师。辛芝来。

二十八日辛未(1 月 7 日)

入直。恭代御笔福字一百六十方、寿字三十二方进呈。秋泉来。

二十九日壬申(1 月 8 日)

入直。许、杨未到。命拟平安室三字、四字扁,五言、七言对。派许底。子嘉、尊生来。

十二月

乙丑癸酉朔（1月9日）

入直。散后光禄寺京察过堂。慕杜、芍庭来。

初二日甲戌（1月10日）

入直。许、杨未到。慈禧皇太后赐福、寿、龙、虎字各一方，又赏大卷江绸袍褂料各一件。祝周师寿。涑文、慕杜、芍庭、修伯来。中州馆焚屋三间即灭。辛芝、张鸿来。

初三日己亥（1月11日）

入直。到署拆京察封。莼客来。

初四日丙子（1月12日）

入直。杨未到。命拟绥履殿、平安室、钟粹宫、储秀宫春帖等件。小汀师寿。李村、辛芝来。

初五日丁丑（1月13日）

入直。引见时碰头谢恩。命篆宝样八件呈进，写春条、挂屏各二件呈进。宗人府京察过堂。

初六日戊寅（1月14日）

入直。添写平安室春条、挂屏八件呈进。许、杨未到。慈禧皇太后御笔兰竹命题七律一首并拟四字。辛芝来。

初七日己卯（1月15日）

入直。添写钟粹宫春条、挂屏呈进。赏耿饼二十五个。郭森来。

初八日庚辰（1月16日）

入直。许、杨未到。高小坡彦冲来，笏坡同年子也。

初九日辛巳（1月17日）

入直。许未到。命写扁四面底子。珊士来。访辛芝不值。

初十日壬午（1月18日）

入直。许、杨未到。发下国史馆书八本。贺用甫生子。松庭陆母舅周年,在龙泉寺。

十一日癸未（1月19日）

入直。许师未到。访辛芝。辛芝来。

十二日甲申（1月20日）

入直。杨未到。命写扁十二面底子。夜访辛芝。

十三日乙酉（1月21日）

入直。命拟四字扁三十二面并写底子。郭森来。辛芝来。

十四日丙戌（1月22日）

入直。命拟养心殿三字、四字扁各二面,七言对二付,八字斗方一面,并写底子。赏御笔福、寿各一方,字径三寸许。硕卿来。

十五日丁亥（1月23日）

入直。许未到。进呈写件。赏黄羊。至长椿寺,彭文敬明日葬也。辛芝来。

十六日戊子（1月24日）

入直。进呈写件毕。赏福字,引见时碰头谢恩。访若农。用甫来。

十七日己丑（1月25日）

入直。许、杨未到。访子嘉。辛芝、若农来。

十八日庚寅（1月26日）

入直。许师未到。赏鱼一尾、山鸡四只,过年敬神。董砚秋招,辞之。顾肇熙来。

十九日辛卯（1 月 27 日）

入直。许、杨未到。访硕卿、均初。竹如、苊村、子嘉来。

二十日壬辰（1 月 28 日）

入直。许师未到，晤于阁。慈禧皇太后赐"居安资深"四字扁一面、春帖子。赏福方十张、各色绢三十张、湖笔二匣二十枝、朱墨一匣八锭。年例赏大卷江绸袍褂料各一匹，帽纬一匣。命书绥履殿对五言一副，黄蜡笺。恭代御笔进呈慈安皇太后"福禄寿喜"扁边款。

二十一日癸巳（1 月 29 日）

入直。杨未到。苊村、辛芝来。

二十二日甲午（1 月 30 日）

入直。神武门磕头谢恩。均初来。

二十三日乙未（1 月 31 日）

入直。许师未到。赏黄米糖。祀灶。周尔尧、鲍步垣来。

二十四日丙申（2 月 1 日）

入直。许师未到。赏大卷袍褂各一连，帽纬一匣。

二十五日丁酉（2 月 2 日）

入直。同乡谢恩。若农来。

二十六日戊戌（2 月 3 日）

入直。懋勤殿跪春。赏香橙。招若农、益甫、荄夫、均初、小匡、抟九饮。

二十七日己亥（2 月 4 日）

入直。赏荷包貂皮二个、手巾二个。恭代御笔进呈慈禧皇太后"福禄寿喜"扁边款，次日传旨：补写"子臣御名敬书"六字。辛芝、汴生、兰岩来。

二十八日庚子(2 月 5 日)

入直。寅刻进内。上诣太庙,出乾清门时侍班,回时磕头谢恩,赏荷包四个,得狍、鹿赏。

二十九日辛丑(2 月 6 日)

入直。杨未到。载瑞全、朱师处送节敬。珊士来。

三十日壬寅(2 月 7 日)

入直。许、杨、欧均未到。许、杜、周、贾师、翁师母处送节敬。田逢年送诰轴来。夜接灶祀先。

同治四年(1865)乙丑①

九 月

十六日(11月4日)

入直。都察院直日。午刻起身,申刻住李珠圃家,仁师、子授、朴斋同住。

十七日(11月5日)

卯刻至燕郊。上于午刻至行宫,侍班后行。住白涧帐房。

十八日(11月6日)

上于午刻至行宫,侍班后即行。蓟州尖。夜至隆福寺。帐房迟到,张毕已天明矣。

十九日(11月7日)

上于未刻至行宫。戌刻看视梓宫包裹。通夜未睡,帐房移于山下。

二十日(11月8日)

卯刻同子久恭送梓宫,步行二十七里。酉刻奉移隆恩殿毕,已昏黑,住小圈。饭于恕皆处。

二十一日(11月9日)

巳刻行迁奠礼。同子久、晓珊奉梓宫由隆恩殿至芦殿毕,微

---

① 本年日记出自《东陵日记》。

雪,仍住小圈。

二十二日(11月10日)

同地山、子久、晓珊、恕皆辰刻梓宫奉安地宫。天极晴朗,同地山、晓珊、恕皆隧道门口照料,带校尉等出。午刻行虞祭礼毕。车返至隆福寺,帐房即行。住白涧之五百户温家永顺店。

二十三日(11月11日)

上于申初至行宫,碰头谢加级恩。赏圆果一桶、蜜枣一瓶、杏脯一瓶、苹果一瓶。住夏店,去燕郊十二里。

二十四日(11月12日)

卯刻至燕郊。上于午刻至行宫,侍班后行。戌刻进东便门。

同治六年(1867)丁卯①

奴才都兴阿跪奏,为查勘陵寝要工缘由请旨简派大臣查估兴修,恭折奏闻,仰祈圣鉴事:

窃据福陵掌关防常升报称,碑楼工程现有紧要情形,呈请查勘前来。奴才当即咨行盛京工部,选派熟谙工程司员等,覆加详勘去后。兹准该部咨称,据本部派出司员等前往,敬谨查勘得,碑楼正脊劈倒,吻兽脱落,损坏铜钩,铜练损坏;头停上下二层琉璃瓦片多有破碎,铜帽脱落不全;四角岔脊歪闪,亦有损坏;飞檐椽望斣朽坠落,仔角梁斣朽;油饰彩画爆落;楼门铜丝网罩损坏;不露明处恐亦有斣朽处所。一切情形甚属较重,与原报相符。惟查此项工程,向系钦工修理,本部并无办过估修成案,碍难核估等因,咨覆前来。奴才随带领司员,亲诣工次,覆勘无异。查此工曾于嘉庆二十一年间经钦工修理,已逾保固限外。惟碑楼系安奉神功圣位碑正座,工程最关紧要,亟应先行奏明,请旨简派大臣,带同工部熟谙工程司员前来,敬谨查估,应否兴修之处,恭候钦定。所有奴才查勘要工、请派大臣查估缘由,理合恭折具奏,伏祈皇上圣鉴,训示遵行。谨奏。

同治六年二月二十六日,内阁奉上谕:都兴阿奏福陵碑楼工程请派员查估兴修一折,着派毓禄前往盛京,会同桂清敬谨查估。钦此。

---

①本年四月二十三日至六月初二日日记出自《沈阳纪程》;十月日记出自《西陵日记》。

同治六年四月十三日，内阁奉上谕：工部左侍郎毓禄奏病难速痊恳请开缺一折，毓禄着准其开缺调理，其查勘盛京福陵工程，着改派潘祖荫前往敬谨查勘。钦此。

跪单衔奏，为奏闻请旨事：

窃臣准工部咨称，同治六年二月二十六日，内阁奉上谕：都兴阿奏福陵碑楼工程请派员查估兴修一折，着派毓禄前往盛京，会同桂清敬谨查估。钦此。嗣于四月十三日，内阁奉上谕：盛京福陵工程着改派潘祖荫前往敬谨查勘等因。钦此。钦遵移咨前来。臣谨遵于四月二十三日束装起程，率同司员前往，敬谨查勘，理合恭折奏闻，伏乞训示遵行。谨奏。

再臣循例拣派工部郎中长润、主事吴景萱，随带书吏前往，同于二十三日起程。查历届出关由兵部给发口票，进关请用盛京内务府佐领图票，往返查验在案，理合奏明。伏候命下，臣即行文各衙门，遵照办理，谨附片奏闻。谨奏。

同治六年四月二十日具奏。奉旨：知道了。钦此。

跪双衔奏，为遵旨敬谨查勘福陵碑楼工程，恭折仰祈圣鉴事：

窃臣潘祖荫于四月二十日请训，二十三日率同司员等由京起程，五月初八日行抵盛京，恭诣福陵、昭陵行礼后，即会同臣桂清敬谨查勘得福陵碑楼一座，重檐四面各显三间，正脊劈倒，头停渗漏，角梁椽望酄朽，吻兽、瓦片破碎，俱多脱落，铜蠓损坏，踏跺、座台闪卸，砖石间有酥碱。谨拟拆修座台、踏跺，选用石料，八成糙砖、五成细砖，换新揭瓦，头停油画见新，大脊正吻勾滴添新，脊瓦料件换新，五成修理。其不露明处所，俟承修大臣拆卸时，如续有情形，即由该大臣酌量奏明办理。所有臣等会同敬谨查勘缘由，理合据实奏闻。伏候命下，即将应修做法清册移咨工部，核算钱粮，奏请钦派承修。再臣潘祖荫于拜折后，即率同司员等起程，回京合并声明。为此谨奏。

四　月

二十三日丙午（5月26日）

辰刻行，食双桥，宿燕郊。酉刻寿峰、硕卿到。蒋芝庭来，托寄信。

《出都柬长寿峰吴硕卿两水部》

桥山石马汗犹新，千里关山百战尘。自是春陵钟王气，从知辽水出真人。两家群纪风原古，几辈偅般技入神。熟读考工知有法，漫将斁掌说劳薪。

二十四日丁未（5月27日）

寅刻行。巳刻食段家岭。申刻宿别山镇，属蓟州。计行一百四十里。

二十五日戊申（5月28日）

寅刻行。巳刻食玉田。四十里至沙流河，又四十里至丰润。计行一百三十里。时申刻，沽酒同寿峰、硕卿饮。

二十六日己酉（5月29日）

寅刻行。巳刻食榛子镇。五十里至沙河驿。又二十里至野鸡坨。计行一百二十里。时申刻，地属迁安。过沙河后，车行甚迟，烈日炎风，叠甚。榛子镇属滦州。

二十七日庚戌（5月30日）

寅刻行。巳刻食永平府。三十五里双望，属卢龙。三十五里，抚宁县。风沙眯目，殊不可耐。申刻到店，发家禀，交钱大令、小岩。计行一百十里。

二十八日辛亥（5月31日）

寅刻行。巳刻深河驿食，属抚宁。申刻到山海关，拜长乐初都护。成竹坪、税使俊至堂观察，俱来店寓。晤张星炜大令庆奎来。风颇冷。长都护在店寓请圣安。发家禀交乐初，遣人答张大令。

二十九日壬子（6月1日）

卯初行出山海关，自乐初都护以下均送。至东关城楼，颜曰"天下第一关"。辰刻老君屯食。至中前所，西路缉捕委员、宁远正红旗佐领李国文来见。未刻宿前屯卫。望夫台在前屯卫城西南七十里。姜女墓，在老君屯，正南入海一里许。圣祖圣制诗："朝朝海上望夫还，留得荒祠半仞山。多少征人埋白骨，独将大节说红颜。"计行七十七里。中前所驻防镶蓝、正蓝二旗，兵二百名、佐领一、骁骑校二，属宁远州。竟日阴云密布，晚雷电雨作，行人不能不虑。中前所以兵七人护送，食鱼甚美。

《山海关》

　　草色连云古战场，漫从胜国论边防。北来地势横玄菟，西去河声走白狼。皂帽辽东空一榻，青山华表几斜阳。阑风伏雨无聊甚，行客先秋鬓已霜。

《前屯卫夜雨》

　　行行极目尽平芜，且向山村薄酒沽。夜雨廉纤人不寐，卧听羸马齕残刍宋人句。

五　月

朔癸丑（6月2日）

寅刻行。五十里食中后所。宁远何刺史焕经遣人接至望海店。五十里沙河所，宿中后所，驻防镶白、镶红二旗，有巡检一，掌路记。佐领觉罗额尔精额来见。沙河所李国文来见。宁远州城西六十里有鹰窝山，曲尺河自山东发源，东关驿河从山西发源。计行一百里。

初二日甲寅（6月3日）

寅刻行。三十里宁远州食。何耕畲刺史出迎，到店见，并送至八里外曹庄驿。河自龙湾嘴东发源，东南流绕曹庄西，遂南入海州。东三十里双树堡，河自礤子山发源，东南流绕茨儿山入海城。东一里有汤沙河，或呼姜女河。城西为女儿河，环城合流入海。未初连山茶憩，属锦县。连山河源出境内大虹螺山，东南流绕连山城东，至壶卢岛，入海州。城西南有巨无霸塔，宁远、正白、正红驻防。申刻高桥宿。署锦州副都统古尼音布、署锦县增厚田大令堃差接。计行九十五里。太宗天聪三年，亲统大军伐明，围燕京而不攻，遣使议和。班师，直趋永平，以猛士二十四人乘夜薄城，克之。明末以山海关为重镇，屯戍密布，而我大军每从古北、喜峰诸口入。天聪三年，太宗征明，入大安口。八年，入张家口。后屡命王贝勒入边略地。迨吴三桂请兵于我，于是睿忠亲王统兵入关，恭迎世祖定鼎燕京。崇德间，我兵围锦州，洪承畴等集兵十三万来援。太宗亲统大军，乘二白马，自盛京疾驰六日，驻师松山、杏山，明兵望见黄盖指挥，大惧，夜遁。我兵四面截击，大败之。遂围松山城，克之。于是锦州、塔山、杏山皆下。松山之破，明副将夏承德内应，遂生擒洪承畴于吕翁山。圣祖有"十万健儿皆解甲，一时大将此成擒"之句。明末骤加辽饷至八百馀万。我朝牧政分布于上都盐泽及大凌河，各有牧场。此处牧政，夏则放逐水草，冬则分交内府官庄喂养。列圣皆有诗。

初三日乙卯（6月4日）

寅刻行，辰刻食。松山副都统古尼音布请圣安。增厚田大令、文士林太守来。至大凌河茶憩。风狂雨骤，雷电交作，遂止，时未刻，恐前路难行矣。高桥河源出小虹螺山东南，会七星河入海。小凌河，一名锦川，南流五十馀里至唐家台西入海。镶黄、正黄二旗驻防。小凌河署路记佐领宝玺来见。大凌河自义州九官台流入，边经头山，流九十三里至团山东，又东南六十五里至鲇鱼塘东入海。住永泰店，屋宇甚精洁。计行八十四里。

初四日丙辰（6月5日）

寅正二刻行，渡大凌河。过石山站，又名十三山站，金蔡珪诗"闾山尽处十三山"是也。距大凌河三十里。又行二十六里，食四台子店。主人李维祺，其兄平泉令李维堃也。又行十八里，闾阳驿，属广宁县，继可庭大令德差接。医巫闾峰，在东北五十里。又行十八里，常兴店茶憩。又行二十四里，至距广宁站九里之孤家子住。计行百二十六里。时酉初刻，大风，惧其雨也。夜雨，闻自东来者，水过马腹，此三百里中，不知若何过去耳。

初五日丁巳（6月6日）

寅初二刻行。巳刻食小黑山镇。酉初刻雨中行四十里，住一半拉门。计行一百三十里。小黑山，前明于此筑边至今。老边驿，其中、东、西二百馀里，为三卫驻牧之地。有二道河，源出境内乱石山，经紫荆山西，入小凌河。旧志属锦县。城东北十二里又有头道河，源出龙觜山。夜雨不止，可谓甘雨随车矣。谚云："端阳有雨主丰年。"行人虽苦，足为农人庆有秋也。

《小黑山镇》

　　东行无日无风雨，风雨来时客路长。白酒黄鸡拼一醉，黑山镇里是端阳。

初六日戊午（6月7日）

寅正二刻行。大白旗堡署同知谈云浦大令广庆差接。巳刻过柳河沟。午初新民屯食，谈大令出迎，并来见。巡检茅尚年来见。申初至巨流河，缆船径渡。申刻宿孤家子，谈大令复来见，巳送至三十里外矣。巨流河一作枸柳河，谓是枸河、柳河合流之处。本句骊河。《汉书》《水经》俱作大辽水，源出边外，自开原县入边，经铁岭县北凌河，自东来会入双峡口，西南分而为二，曰内辽河、外辽河，或即此合流欤？绕县之西南合而为一，至开城为巨流河，又分流，复南汇，经海城县之西，与太子河会，遂为三汊河入海。辽河左右即分辽东西。计行一百十里，途中忽雨忽晴。将军、都统差接。

初七日己未（6月8日）

卯初刻行，六十里，抵永安桥。署承德县冯安洲大令继尧来见。寿峰、硕卿先进城。

初八日庚申（6月9日）

卯刻行。辰刻恭谒昭陵，总管请圣安。实胜寺小憩。西关外南关帝庙，将军、都统、侍郎、府尹、府丞请圣安。至公馆，志霭、云额、小山同年、都质夫将军、杜都统嘎尔、清吉甫前辈、冯安洲大令、延树南、桂莲舫同年、王瀚桥年丈、唐伯华司马均来。安洲尊人士杰，号古堂，先祖进学门生。蒋和叔治中来。恩竹樵府尹来。工部司员延年、明哲来。蒋和叔令郎汝僴、汝传，冯安洲令郎金鉴。

初九日辛酉（6月10日）

辰刻恭谒福陵，同桂莲舫敬谨查勘福陵碑楼工程。莲舫设食。归途答杜佩之、额晓山、清吉甫、都质夫、王瀚桥、恩竹樵、桂莲舫、延树南、志霭云。蔼云留晚饭，大醉。答唐伯华、蒋和叔、冯安洲，不晤。又拜赵子厚祖望,不晤。

初十日壬戌(6月11日)

冯安洲、额晓山来。谨案:盛京以西,向多沮洳。其近沈阳者,太祖命修叠道百二十里。太宗崇德六年,建永安桥、柳河沟一带叠道。高宗乾隆丙申,允商民捐资筑治,赐复两岁,见圣制诗序中。天命十年,迁都沈阳,城周围九里三百三十二步。门凡八:东曰抚近、曰内治,西曰怀远、曰外攘,南曰德盛、曰天佑,北曰福胜、曰地载。池周围十里二百四步。

十一日癸亥(6月12日)

都质夫、杜佩之、晓山、吉甫、树南、蔼云、莲舫、竹樵、瀚桥公请于府尹署中。雨雹。蔼云来。

十二日甲子(6月13日)

同莲舫到工部署,发折。莲舫来。发家禀。阴雨。

十三日乙丑(6月14日)

访蔼云、莲舫、树南,畅谈。清吉甫、蔼云、冯安洲、王瀚桥来。晚赴晓山、莲舫招,同席者瀚桥、竹樵、蔼云、树南,亥初散。夜雨。

十四日丙寅(6月15日)

发家禀,交晓山折差。阴雨。辞行。晤额晓山、清吉甫、王瀚桥、都质夫。未晤者,杜佩之、蒋和叔、冯安洲、唐伯华。树南、蔼云来早饭。杜佩之来。答朱亮卿,并璧其所赠之拉貂皮甬、参枝。竹樵、瀚桥招,同树南、蔼云、晓珊、莲舫饮。竹樵送帽檐、袖头、食物。质夫来送。

十五日丁卯(6月16日)

辞行。蔼云、树南、莲舫、竹樵均未晤。莲舫、安洲、瀚桥、竹樵、唐伯华、赵子厚来。安洲送皮货,受其一。晓珊、莲舫、瀚桥所赠食物等，皆受之。晓山来送。晚赴树南招，同蔼云、竹樵、小山、莲舫饮。

十六日戊辰（6月17日）

寅初即起。卯初二刻至善缘寺。将军、都统、侍郎、府尹寄请圣安。冯安洲送至永安桥。午初食老边站。未初谈云浦迎至孤家子。酉初宿新民屯。计行一百二十里。渡巨流河后雷电两夜。自炕堕地，跌碎右膝，痛甚。

十七日己巳（6月18日）

丑正起。寅刻行。谈云浦送至正白旗堡，途遇俊至堂观察，匆匆略谈。食一半拉门。宿胡家窝铺。计行百三十里。右膝痛甚不能行。晨雨，午后阴而风，夜风雨大作。晨过柳河沟，无水。

十八日庚午（6月19日）

膝盖甚痛，不便行动，仍住胡家窝铺。闻羊肠河一带泥泞难行，奈何！奈何！

十九日辛未（6月20日）

卯初行。坐椅，以绳缚之，用四人舁之而行。共八人，值四十千，合五金。食中平堡，住广宁站。计行九十里。广宁令继德差接。令长泰进城，雇轿未成。继可庭大令来见。增厚田大令差接。

二十日壬申（6月21日）

卯初行，仍以四人舁一椅而行。辰刻食闾阳驿。未刻石三山站茶憩。申初住大凌河，即永泰旧店。过大凌河，水势盛涨，乱流径渡。今日行炎风烈日中竟日，生平所未尝也。舁夫值五十一千。计行一百十里。

二十一日癸酉（6月22日）

卯刻夏至。自锦县借轿来行。巳刻食松山。古协领尼音布寄请圣安。文士林、增厚田来。酉初刻住高桥堡。右膝仍不能行动。计行八十四里。何耕畬刺史差接。

二十二日甲戌(6月23日)

寅正二刻行。午刻食宁远州，何耕畬刺史出迎，又至公馆来见，又送至六里外。遣锦县轿归，付十三金，工食又赏三十吊。又晨服李姓接骨丹，赏八吊。戌初刻住望海店，大风竟日如吼，关内所无也。借用宁远州轿，四周仅有布帷，俨然袁浦渡黄河所乘者。佐领色普铿额来见。

二十三日乙亥(6月24日)

寅刻行。冒雨行三十五里，过豹花岭，下坡即六股河。辰刻食中后所。巳刻行，仍有微雨。未刻住前屯卫。计行八十馀里。膝盖仍未愈。关外得雨深透，可望丰收。

二十四日丙子(6月25日)

寅刻行，食老君屯。午刻抵山海关，乐初至关门，又至公馆。拜成竹坪。答长乐初。张星炜大令来，即往答之。竹坪来。膝盖结痂，因行动，纹裂流血。申刻长乐初招饮，对酌至亥初散。

《赠长乐初》

> 弹指光阴几鹢蜄，兹游喜得笑言同。旌旗直变临淮色，锁钥全归寇准功。羽扇从容名将略，醇醪交谊古人风。山花驿柳情何限，明日关城在梦中。

二十五日丁丑(6月26日)

卯初行。都统在西关关帝庙请圣安。张星炜大令亦在。巳刻食深河驿。申初住抚宁。村民祈雨者以千计，关以内至今未得透雨也。膝盖甚痛。钱小岩大令差人来请安。寿峰拟每日先赶二十里，早到京一日。交以家禀；寄盛京信，在东华门外折差下处；寄乐初信,在打磨厂永平车店。不雨而风,热甚。

二十六日戊寅(6月27日)

卯初行。食永平府。代理卢龙县府经历吴钦,号文俊,武进人,典史张文并来见。永平古北平地。卢龙塞,距碣石二十里。城西门外临青龙河,水涨则险。城内南面有水门一,以资倾泄,已淤。午刻行。过青龙河、滦河,则以舟渡。申刻住野鸡陀〔坨〕。热甚,亢旱之象已成。再过三四日不雨,则农人无望矣,奈何! 寿峰于尖后分路前行。

二十七日己卯(6月28日)

寅刻行。巳刻食榛子镇。未刻板桥茶憩。申刻住丰润县,令彭载恩差接。颖墀都转子未来见。膝盖作脓肿,痛未消。道中燥热异常,毫无雨意,行客亦苦之,不独农人也。铁城礴虽有高坡①,尚无大石,烂车山则有石矣。酉刻折差领折回,奉上谕:工部知道。钦此。并得二十二日家谕。行文知照盛京工部。计行百二十里。

二十八日庚辰(6月29日)

寅刻行。巳刻食玉田。路旁有明石文介珤神道。未刻采亭桥,茶憩良久。酉刻住别山。热风竟日,晚更甚。计行一百三十里。四日前在关外犹着棉衣,至此则境界全非矣。关外时雨时止,阴晴无定;关内则风高日燥,天无片云,异哉!

二十九日辛巳(6月30日)

寅刻行。巳刻食段家岭。食后途遇蒋芷庭,解遵化州饷东去,亦奇缘也。未刻住枣林。计行九十五里。风热。膝盖仍未愈,行走仍不甚便。

---

①"铁城礴",后文又作"铁城坎"。

三十日壬午(7月1日)

卯初行。巳刻食栅栏店。申初刻抵双桥。膝盖未愈,因行动复肿。复何耕畬书。

六　月

朔癸未(7月2日)

是行也,糜白金三百八十八两六钱一分。

初二日甲申(7月3日)

具折复命,请安。

太宗天聪年间,敖汉、奈曼、喀尔喀、巴林、喀喇沁、扎鲁特、土默特诸部奔走臣服。崇德六年,太宗破明兵十三万于松、杏山之间,归建寺,额曰"实胜"。高宗因征金川建寺,亦名同。盛京宫阙之制,正门曰大清,正殿曰崇政殿,直北为凤皇楼,楼北曰清宁宫。正殿东为颐和殿,殿后为介祉宫;西为迪光殿,殿后为保极宫,宫后为继思斋。更东有大政殿,乃太宗御以听政之所。左右列署十,则诸王大臣议政之所也。高宗《盛京土风杂咏·霞棚》诗序云:"汉语糠灯也。"有"土障葛灯应忆朴"之句。又《拉哈》诗序云:"圬墙所缀麻也。"有"层层坏土砌为墙"之句。澄海楼,旧所谓关城堡也。城根皆以铁釜为基,以御海涛冲射。天命四年己未二月,明经略杨镐统兵二十万,分四路侵兴京。我太祖与太宗率贝勒定计,先攻萨尔浒营,破之,又败明兵于斡珲。鄂莫又败之尚间崖,又败之菲芬山。

按《天香阁随笔》:广宁既失,辽东险要尽去,议筑城大凌河当其冲,金举祖大寿往。板筑未完,大兵已迫城下。吴襄拥救兵不敢进，城遂陷，大寿被卤〔掳〕。某王知其世将，甚重之，与之钻刀说誓，命以固山管正黄旗事。大寿进言曰："某守锦州，妻子俱在，愿归举城以听命。"某王大喜，命饯其行。其下谏曰："不可。"曰："吾既许之矣，可食言乎？"大寿既行，惧其追也，由他道进驱，果追之不及。既至锦州，会众议。其弟大弼先镇宁夏，经略洪承畴以剿贼至，大弼醉，拳殴承畴，被疏罢归。乃谓大寿曰："吾属世受国恩，奈何献城？"遂定城守计，而飞章上闻。□□大至，围未合，大弼欲乘其未定，冲击之。大寿曰："吾众少，藉以拒守待救兵，此万全策。"兵不果出。围日急，朝廷命洪承畴为经略，简九边十三路大总兵，督精兵二十万出关往援。大兵围锦州已三年，闻之，将解围去，辎重先发。承畴至，营于吕洪山。某王登山望其营，谓左右曰："彼以数十万众而团聚一隅，可破而走也。"乃伏兵于南，而英王率锐骑直冲上山。时承畴大兵，树木栅，中列火器，唐通督前部，所练火器，百发不绝者，英王一骑先冲至栅下，下马肩开其栅，即入，火器皆不及发。营中大乱，承畴惶遽不知所出，谓诸将曰："若自为计。"乃各奔。吴平西将从西大路奔，所亲柏总兵曰："大路烟起，必伏兵也。盍从而南，南则寂然。"平西曰："君未悉敌虚实。"乃俱西奔。奔而南者，遇伏多死，独二总全部归，柏乃服。大兵卤〔掳〕承畴去。承畴爱将曹变蛟从至凌河，谓承畴曰："可以死矣！"承畴不死，变蛟乃扼吭而死。变蛟，西人，文诏侄也。骁勇，能臂上过车。在关西杀贼有功，为承畴所亲爱。常与人博，以乘马偿所负，承畴为赎还之。城中闻承畴败，皆丧气。大寿自刎，众救止。某王曰："若以城下，不若仇也。"及开门，待大寿如初。《天香阁随笔》昆仑山樵李介字介立所著，其言亦未足为据，姑录之以备考。

附：京至沈阳路程

朝阳门至大王庄	二十里	有店
八里桥	十二里	有店
通州	八里	有店
栅栏店	二十里	
燕郊	二十里	有店
马起乏	八里	有店
夏店	十二里	有店
新店	十六里	
百福图	六里	
西枣林	六里	有店
东枣林	三里	有店
三河县	三里	有店
草桥河	五里	
石碑	五里	
段家岭	十里	有店
邦均	二十里	有店
胡家庄	十里	
献渠	八里	
龙湾	五里	
阴溜	二里	有店
张家店	八里	有店
别山	十二里	有店
梯子山	四里	
螺山	六里	

蜂山	三里	
小枯树	六里	
大枯树	二里	有店
采亭桥	十里	有店
西八里铺	十二里	有店
玉田县	八里	有店
龙池庵	五里	
东八里铺	三里	有店
二十里铺	十二里	
两家店	五里	有店
凉水桥	五里	有店
沙流河	十里	有店
闫家铺	十五里	有店
曹家庄	十里	
卢各庄	七里	有店
丰润县	八里	有店
板桥	二十里	有店
铁城坎	十里	有店
榛子岭	二十里	有店
王家店	二十里	有店
新店	十里	有店
七家岭	五里	有店
马坡营	五里	
红庙子	五里	有店
沙河驿	五里	有店

唐家庄	三里	
沙河铺	九里	
野鸡坨	八里	有店此处多盗
安河	十五里	有店
望府台	五里	
范家店	五里	有店
南秋庄	十二里	有店
永平府	三里	有店
骡曹儿	五里	
十八里铺	十三里	有店
蒿落岭	五里	
腰站	五里	
双望铺	五里	有店
背阴铺	五里	有店
卢峰口	十二里	有店
抚宁县	十八里	有店
五关营	八里	
白石墩台	二里	有店
榆关	十里	有店
网子店	十里	有店
深河驿	十里	有店
望海店	五里	
凤凰店	七里	
大力营	八里	有店
范家店	十里	有店

红瓦店	二十里	有店
山海关	十里	有店
新店	二里	有店
八里铺	八里	有店
老君屯	十二里	有店
中前所	十五里	有店
小松林沟	五里	有店
大松林沟	四里	有店
高岭站	五里	有店
陡峰台	五里	
高家站	五里	
西王冈台	五里	有店
东王冈台	三里	有店
石子河	三里	
前屯卫	二里	有店
凉水河站	八里	
满井	六里	有店
狗儿河城	十里	
叶家坟	六里	
周家村	十五里	有店
中后所	十五里	有店
三里河	二十三里	有店
望海店	十二里	有店
半拉门	三里	
观台河	四里	有店

沙河所	八里	有店
五里桥	五里	有店
七里坡	七里	有店
曹庄	六里	有店
宁远州	十二里	有店
首山	五里	
双树铺	十三里	有店
老和尚台	二里	有店
五里河	五里	有店
连山	五里	有店
罩篱山	十里	有店
三义庙	二里	有店
塔山	六里	有店
红旗营子	五里	有店
高桥	十里	有店
七里河	八里	有店
杏山	十里	有店
松山	十八里	有店
小凌河	十八里	
小凌河站	五里	有店
双阳店	五里	有店
四桶牌	八里	有店
渡堡子又名大凌河甸子	十二里	有店
大凌河渡口	二里	有店
秃老婆店	十八里	有店

石三山站	十二里	有店
望山铺	八里	有店
五台子	十里	
四台子	八里	
三台子	三里	有店
二台子	五里	
头台子	五里	
闾阳驿	五里	有店
三台子	五里	
二台子	三里	
头台子	五里	有店
常兴店	五里	有店
北镇堡	二里	
双河铺	六里	有店
兴隆店	五里	有店
广宁站	五里	有店
焦家店	五里	有店
孤家子	四里	有店
达子营	四里	
二台子	四里	
侯家屯	三里	
于家台	十里	有店
中安堡	五里	有店
羊肠河	十八里	有店
小黑山	十二里	有店

十里铺	十里	
胡家窝铺	十里	有店
茶棚庵	二十二里	
二道井	八里	有店
靠山屯	十二里	有店
半拉门	八里	有店
小白旗堡	十八里	
大白旗堡	十二里	有店
营房	五里	
石狮子	十里	
柳河沟	十五里	
大黄旗堡	八里	
小黄旗堡	五里	有店
新民屯	五里	有店
郭家屯	四里	有店
塞勒台	六里	
五道河	四里	
巨流河	六里	有店
辽河渡口	七里	有店
孤家子	九里	有店
兴隆店	十二里	有店
旧边站	十三里	有店
板桥	七里	
大房身	八里	
三十家子	五里	

三家子	五里	有店
永安桥	五里	有店
转湾桥	十里	
塔湾	八里	
沈阳	十二里	

由京至山海关六百六十里，由山海关至盛京八百一十里，共一千四百七十里。

土人云当年逢山遇岭，不在里数之内，更兼今之绕路较多，实在约计里数一千八百里有零。

十　月

初六日（11月1日）

具折请训。

初十日（11月5日）

卯刻行。午刻食长新店。申刻住窦店。

十一日（11月6日）

寅刻行。辰刻食涿州。申刻住涞水。衍束之年丈差弁接。

十二日（11月7日）

寅刻行。辰刻食易州。申初至半壁店。谒陵后途遇东丈。又至大圈拜藕舲师。工部友人为定小圈房。总办丰盛额、启庄、伊鉴额、王思沂、韩宗源、蒋嘉栋来。

十三日（11月8日）

笔帖式志全来见，即房主人。屋四面皆山，小有花木，颇得山林之趣。未刻至慕东陵，演奉安事宜。

十四日(11月9日)

奕公、裕公来。至醇邸、钟邸、孚邸处投刺。午刻至陵,进包裹后,复演一次。

十五日(11月10日)

丑刻进加杠。寅正奉安庄顺皇贵妃。卯刻礼成,即行。申初至涞水。答东耘,留往署内。

十六日(11月11日)

卯刻行。东耘送帽沿等,却之。已初尖涿州。申刻住良乡。

十七日(11月12日)

卯初行。已初进彰仪门。赏燕窝。

同治十二年（1873）癸酉^①

三 月

初四日（3月30日）

入直。已刻径抵燕郊，行帐支好已更馀。颂阁、用甫同到。上卯初启銮，未刻至行宫。合肥节相、心斋方伯送席。门人李庆葆来。

初六日（4月2日）

子初起身。辰正到营。大车午正到。饮食俱废。上未初至行宫，侍班。李督、孙方伯、英蓴田皆送席。林远村方伯来。

初七日（4月3日）

亥初起身。辰正到营。上卯初启銮，隆福寺拈香后行宫阶上侍班。赏莼荠一桶。赏克什。荣仲华、成竹坪送席。

初八日（4月4日）

上于普陀山更衣，谒陵后还行宫，侍班。总管送乳饼、蜜饯、福橘。赏克什。

初九日（4月5日）

寅正上诣定陵，行敷土礼、大飨礼。荫策骑前往，午初至桃花

①本年日记出自《东陵日记》。

寺行营。上于申初至行宫,侍班。李、孙送席。夜雨。

初十日(4月6日)

丑初起身。巳初到营。上于卯初启銮,申初至白涧行宫。大雨,侍班,散门泥皆没踝,从万马中蹒跚跋涉而归。申刻拔帐前行,命长泰至燕郊,定住址。胖子至竹坪处。夜行至三河,用、颂二君不知去向矣。

十一日(4月7日)

卯初至燕郊。遍寻客店,长泰等车无一至者,行帐亦未到齐。七为觅一土屋,略坐,鼻因车侧碰伤,左臂亦然,与翻车大同小异,而其险更甚。行路狼狈之状,可笑人也。未刻上至燕郊行宫,即行。夜家人不识路,觅一引道者,欲抄近路,误陷于河。余偕喜儿策马乱流而渡,门兵蒋日坤纠众救车骡,仅而得免,真试命一遭也。

《定陵恭纪》

　　至尊霜露感,凄恻万年心。鸿业艰难继,龙髯岁月深。炉烟香蔼蔼,陵树影森森。前席曾宣室,沾襟涕不禁。

《行帐听雨》

　　心灰鬓雪两忽忽,天上莼鲈兴正浓。廿载江南惟有梦,潇潇何处响孤篷。

光绪元年(1875)乙亥①

九　月

十八日(10月16日)

辰初穆宗毅皇帝、孝哲毅皇后奉移山陵于隆福寺暂安处,偕同派出恭送之广少朋、翁叔平、于莲舫、崇文山,步行送出东直门。酉刻梓宫奉安烟郊芦殿。偕荫轩、莲舫、叔平、绍朋同住帐房。合肥送席。

十九日(10月17日)

寅初上诣梓宫前行朝奠礼,卯初行。申刻梓宫奉安白涧芦殿。省斋送席。香岩协揆送菜。

二十日(10月18日)

寅初上诣梓宫前行朝奠礼,卯刻行。未刻梓宫安奉桃花寺芦殿。合肥送席。文山来晤。兰荪、荫轩、莲舫、少彭、叔平同晚饭。

二十一日(10月19日)

寅刻上诣梓宫前行朝奠礼,卯刻行。午初梓宫安奉隆福寺暂安处。卯刻抵隆福寺。昏黑中觅帐房不得,晓乃得之。

二十二日(10月20日)

寅刻一几筵前行飧奠礼。礼部奏准礼成回京,荫暂留一日。

①本年日记出自《东陵日记》。

奉上谕:赏加一级。桑百斋、子授、合肥、用甫来。

二十三日(10 月 21 日)

辰刻具折谢恩。上诣惠陵,宫门外碰头,即起程。蓟州尖。申刻宿段家岭。

二十四日(10 月 22 日)

夏店尖,遇鹤师。抵通州,再渡河,宿通达店。所居芜秽,近厕室,无窗纸,卖〔买〕饭食之。

《恭送穆宗毅皇帝孝哲毅皇后安奉隆福寺暂安处恭纪》

　　丁年侍宴玉皇家,亲见真龙驭绛霞。自运枢机平祸乱,更通琛赆达幽遐。重华云断苍梧野,九月霜凄白奈花。廿载再逢真不幸,侍臣和泪入风沙。

咸丰丁巳六月,侍文宗显皇帝宴同乐园,命穆宗毅皇帝出见侍宴诸臣,臣荫得瞻仰天颜。自是每岁皆得见,惟辛酉在热河,臣未获扈从。盖臣荫之入直廿年矣。

二十五日(10 月 23 日)

卯刻起身。巳刻到京。

光绪二年(1876)丙子[①]

八 月

十八日(10月5日)

奉命西陵查勘泰陵圣德神功碑楼、正红门,又各陵办供库房。随带联、额、吴。午初长新店。申初窦店。

十九日(10月6日)

寅刻行。午初涿州。申初涞水店,在西市梢头,曰"三义"。

二十[一]日(10月8日)

卯初行。未刻半璧店。

《示少甫玉山仲饴》

> 真境由来写最难,昔贤两语费吟安。平时暑月官衣重,一夕边风塞草寒。稼穑登场农事薄,烟岚经眼画图看。考工有记凭谁读,廊庑居然近鲁般。

二十一日(10月9日)

寅刻祇谒山陵,行装行礼。查勘正红门及泰陵碑楼,又至慕东陵、慕陵,昌西陵、和裕皇贵妃园寝,昌陵、泰东陵皇贵妃园寝,泰陵查勘各圈办供库房情形。午初返。申刻行,住易州。

---

①本年日记出自《东陵日记》《西陵日记》,其中十月二十五至十一月初三、十一月二十八日、十二月初一至初七日记东陵事,其余记西陵事。

二十二日(10月10日)

寅刻行。巳初涞水。未正涿州。

二十三日(10月11日)

寅正行。巳初窦店。未刻长新店。

二十四日(10月12日)

四十里,至彰仪门。

《乐毅墓》

　　落日荒荒土一丘,我来望古值深秋。若非高节由王蠋,安得奇兵出火牛。下七十城唯有子,传三千载信无俦。只应一事犹输管,剩有遗书宋椠留。

十　月

二十五日①(12月10日)

请训。

二十六日(12月11日)

巳刻启行。未初尖栅栏店。西正住夏店。随带桂斌、刚毅、慕芝田、李穟、崇恩、吴重憙。

二十七日(12月12日)

寅刻启行。尖段家岭。住蓟州。

二十八日(12月13日)

寅刻启行。尖马伸桥。住马兰峪真武庙。后小亭醇邸所建,颜曰"简园"、曰"守默庵"、曰"小蓬庐"。诣景总镇瑞,时在裕陵小

①刻本记:"光绪二年□月□日,派崇厚、潘祖荫承修工程。"

圈。橚贝子芸公、木厂、和顺、天聚、恒顺、德盛。羽士号岫亭，以联书赠。屋内有刘文正对、煦斋诗幅。随员来者惟仲饴一人。辰刻过隆福寺，叩谒穆宗毅皇帝梓宫，摘缨纬，青长袍褂。

二十九日（12月14日）

寅初启行。寅正到陵，设铺垫。孝东陵神厨库后土行礼。景陵燎炉二座、懿惠皇贵妃园寝燎炉二座、裕陵朝房、荣亲王配殿、礼部鼓楼收工，原估者何地山，续估者宜春寓，礼毕即行。巳正抵濠门尖。昏黑中绕行陵中终夜也。宿蓟州。

《途中遇雪》

两陵匝月轮蹄遍，十度田盘未一登。风雪漫天吾未倦，更思揽胜十三陵。

三岛赐游叨异数，六花志喜和宸篇。追思同乐园中景，不见文皇十六年。

寒岩枯木无暖气，野店荒村犹熟眠。敢怨崎岖填未遍，愿为蔀屋祝丰年。

山舆我正冲寒至，海舶人曾触暑行。暑往寒来缘底事，黄粱一醒自分明。

三十日（12月15日）

卯刻启行。巳正尖段家岭。申正住马起乏。

《叩谒穆宗暂安处恭纪》

两载光阴迅，寒云荜路深。山容馀悄悄，树色亦沉沉。落日苍梧野，凄风白奈吟。缅惟知遇感，掩袂泪沾襟。

十一月

初一日(12月16日)

卯正启行。尖栅栏店,已近午初矣。

初三日(12月18日)

办安折三分,由刑部片文,交礼部笔帖式葆成。是月,派出穆宗毅皇帝二周年礼。

宗人府:郑王、惠王、治贝勒、澄贝勒。吏部:宝鋆、沈桂芬、载龄、崇礼、灵桂、潘祖荫、贺寿慈、绍祺、成林、阿昌阿、铨林、徐树铭、毓清、夏家镐、荣禄、宝森、徐致祥、昆冈、周瑞清、爱廉、恒明、张家骧、闫信芳。兵部:照公、八额驸。

十四日(12月29日)

派查勘东西陵工程。

十八日(1877年1月2日)

请训。随带额、吴。

十九日(1月3日)

辰初行。午正长新店。申初窦店。

《大黉山赋霍原》

　　广阳山下隐居处,千古犹悬大小黉。漫说门徒当日盛,豆田惆怅霍休明。

《扉上有佩卿题诗》

　　如何人面桃花地,独自含毫叹苦辛。一样冲风兼冒雪,碧纱笼句□何人?

《柬玉山仲饴》

岐〔歧〕途路易讹,捧荞蹋冰过。西出飞狐口,东流拒马河。此时倦行李,当日枕雕戈。一卷考工记,经营意若何?

《途中口占》

易水萧萧往复还,玉楼银海路漫漫。谁家貂帐红炉暖,几处龙沙铁甲寒。两度山河如玉合,双轮日月递金丸。若非风雪长途去,眼界何从得纵观。

易水归来秋九月,仲冬又复赋遄征。敢云五雉司工正,那有双驺纵骑兵。微火难嘘村店暖,轻装讵比使车行,简书衔命安吾分,冰雪前头证素盟。

《忆滨石》

□陵曾记甲寅年,笳鼓瓜洲一渡船。今日云萍何处是,范阳道上雪漫天。

又

此地今年已再过,石梁圮矣水无波。树犹似此凋疏早,路亦如吾坎廪多。但使绥丰歌畎亩,不妨萧瑟动关河。风霜雨雪都经过,何处人生安乐窝。

二十日(1月4日)

卯初行。尖涿州。申初住涞水。街北古庙有皇统六年石幢,上作梵字四周。

二十一日(1月5日)

卯正行。尖易州。未正住半壁店。

《和佩卿壁闲韵》

大雪满天地,今年三度行。平看千嶂没,不使一尘生。酒岂禁寒力,诗能遣俗情。五云知不远,指顾早登程

壁上珠玑字，迟君十日行。书工松雪叟，诗妙玉溪生。何意驰驱境，偏饶唱和情。归来应一笑，相与话征程

《口占》

奇峰群玉山头见，妙境清凉国里开。好手惜无洪谷子，弹弓着粉写将来。

二十二日（1月6日）

子正起。卯刻行。偕额、吴二君遍至昌西陵、昌陵、泰东陵、泰陵、慕东陵、慕陵查勘岁修、另案、专案各工。午正行。未正住易州。

二十三日（1月7日）

卯初行。尖涞水。

二十四日（1月8日）

卯初行。食窦店。未正宿长新店。

《松林店题壁》

朝暮寒温迥不同，雪泥风絮任西东。年来好景分明记，都在车尘马足中。

二十五日（1月9日）

寅刻行。辰刻进彰仪门。知派出隆福寺行二周年礼详《东陵日记》。

二十六日（1月10日）

函致德锦融，探其到京与否，以待同日复命也。额、吴来商折，拟廿八复命。

二十八日（1月12日）

在内询吴江协揆，云不请训，初八日递安折，穿行衣云。

十二月

初一日（1月14日）

寅正启行。巳正食栅栏店。申初住燕郊店，俱满，住三义馆柜房。

《出都赠张子腾》

此行得共玉堂仙，日淡风高雪后天。原隰驼骁征今几度，桥山龙化未多年。离宫缥缈怀前梦，炊屋苍茫见晚烟。策马行行村市散，浊醪且与话樽前。

初二日（1月15日）

卯初启行。巳正尖段家岭。申初住蓟州。

初三日（1月16日）

卯正启行。辰正食马伸桥。午正抵夏家林工部办公下处。

《途中口占》

山色撩人豁远眸，王程期近敢淹留。平生憾事曾无几，十度盘山未一游。

蹩躠行来薄笨车，问君何事不归欤。霜林亦与人情似，一度相逢一度疏。

初四日（1月17日）

住夏家林。

《题壁》

我来原不为看山，亦是浮生半日闲。回首玉遮归未得，暂时尘虑几分删。

两番遇雪全无雪，一腊非春却似春。草屋向阳浑不冷，须知客是日边人。

吴生字似郭忠恕,沈子书宗歑馎亭。棣萼轩中诗白好,惜无一幀绘丹青。

诗中有画偏无画,屋里看山不厌山。愧我萧然无一事,闲来吟眺欲忘还。

征车却共季鹰来,排闼青山面面开。宿火红炉温到晓,昨宵梦稳岭云隈。

居然三宿等空桑,拂拭缁尘解客装。满壁琳琅词翰美,风流端属水曹郎。

初五日(1月18日)

卯刻穆宗毅皇帝几筵前行二周年礼,即行。午初食蓟州之五里桥。申初宿段家岭。寿蘅来。

《穆宗毅皇帝二周年行礼恭纪》

寒殿深沉耸翠微,千官如墨拜瑶扉。何期凤律才重换,无复龙斿护六飞。北极朝廷光复旦,东朝岁月报春晖。伤心扈辇长杨日,春雨秋风两度归。

《蓟州怀王竹舫》

畿辅诗人王竹舫,十年未见思悠悠。年年蹋遍渔阳道,每望田盘忆海秋。

初六日(1月19日)

卯正启行。巳正食夏店。申初抵通州。住莲舫署中,莲舫为假清作庵居之。

《通州作》

一年几度潞河行,残雪西山未肯晴。一笑敝车何偃蹇,看人飞骑入重城。

初七日（1 月 20 日）

卯初行。将近东便门遇莲舫，略谈。午初抵寓。

光绪三年（1877）丁丑①

三　月

二十日（5月3日）

请训。景陵悫惠皇贵妃园寝东明楼一座揭瓿。端慧皇太子园寝神厨库北库一座三间揭瓿。昭西陵礼部油面房五间揭瓿。孝陵礼部金银器皿库三间揭瓿。随带刚毅、崇恩、吴重憙。

二十二日（5月5日）

卯初行。巳正抵通州。看八妹，同伟如住白马关帝庙。州牧高秉衡送席璧。

《别伟如》

绿波春水黯消魂，今夜尊前剪烛论。君向湖湘开幕府，我来通潞值辕轩。云山渺渺愁雷岸，烟树荒荒冷蓟门。马首欲东明日计，异时鱼雁望源源。

二十三日（5月6日）

卯初行。午正食枣林。未初宿邦均万和汪店。

《即事》

万事无如春梦好，一生惟觉晚晴佳。摩挲石拓偕金拓，消

①本年日记出自《东陵日记》《西陵日记》，其中三月记东陵事，五月记西陵事。

遣诗怀更酒怀。

　　倦后行舆如卧榻，静中村店即山斋。晴沤若果忘机久，笑解天弢处处皆。

　　信天行去即通途，喜怒从来听众狙。新郑晚书精拙淡，江东旧唤詅痴符。

　　漆屏醉草卢仝句，苍石天成米芾图。此是参同真秘诀，何妨五柳画葫芦。

　　尽拓纱窗面面通。斯行日日有东风。征程只怕春泥滑，吹散浮云日正中。

二十四日(5 月 7 日)

寅初启行。辰正尖濠门。午正抵隆福寺穆宗暂安处行礼，偕荫轩。濠门遇之也。进西峰口，大红门恭谒昭西陵各陵，偕荫轩。未初一刻抵真武庙宿。工头马高备一鱼一饭一粥，馀俱却之。

《途中杂咏》

　　缺月疏林挂浅黄，马头滚滚逐尘忙。从来晓日无真色，幻出云霞尔许光。

　　桃李山山烂漫枝，春光到我故迟迟。禅心已是庞居士，又却无人买罩篱。沿途买饭悬罩篱。

　　纷敷红紫眼麻荼，蝶闹蜂喧莫浪夸。亦有园林归不得，看人评泊担头花。

　　一春雨足尘都净，百里路遥日正暄。绝好朝陵回画本，不如付与赵王孙。

二十五日(5 月 8 日)

沉阴，终日不食。遣人至各处。仲饴午后至夏家林。明日子园寝开工也。

《和诒晋斋韵》

　　山城一望迷，雉堞过云低。对此蒙蒙影，深愁滑滑泥。风狂兼雨横，春冷似秋凄。盼得晴光好，杨花逐马蹄。

《和煦斋韵示子良惠廷仲饴》

　　四子偕行役，三春寓此间。去冬曾阻雪，今日又看山。雨过晴尤好，忙中病转闲。山光兼树影，何处觅荆关。

　　炊烟几万户，都在有无间。染得花青树，迷将豆绿山。冲泥行子倦，煎药短僮闲。檐雀啁啾语，如闻乐意关。

　　百八蒲牢吼，声声到枕间。不眠醒永夜，当户失遥山。林湿禽争语，车停马亦闲。明朝风日好，去去出东关。

二十六日（5月9日）

寅正起。愿惠皇贵妃园寝卯刻开工，即行。出西峰口，过隆福寺濠门。巳刻食蓟州永丰店。蓟州至段家岭四十五里，午初行，未正到，仍住大生李家店。

《怀伟如》

　　我自东归君卩行，独居旅馆正残更。回思三十年来事，几度潇潇夜雨声。

《东陵归冒雨投通州旅店作》

　　扈跸昔年三遇雨，于今龙去已三年。小臣前席承恩渥，今夕追思夜不眠。

二十七日（5月10日）

寅初行。卯正食夏店、王家店。辰正行。未初住西大街油市永茂店。

《遇雨》

　　竟日廉纤雨，居然下尺深。顿忘行子苦，庶慰老农心。陇麦青如锦，堤杨绿有阴。所期歌既足，慎勿作霆霖。

　　频年灾歉遍，妖疫又兼参。目击流亡苦，心期稼穑甘。远人劳抚字，天意重濡涵。传语儒冠者，齐民术要谙。

二十八日(5 月 11 日)

寅刻行。午初始至齐化门，可想见其迟滞矣。

五　月

初六日(6 月 16 日)

续估西陵工程，请训。随员额、吴。

初八日(6 月 18 日)

寅正行。辰初长新店。午正窦店。

初九日(6 月 19 日)

丑正行。辰正松林店。午正涞水西关。

《途中作》

　　避热何妨夜半行，长桥已过看天明。轿窗偶有清风至，静听千林百鸟声。

　　赤日行空路正赊，黄蒸麦穗绽于花。晚投村店心闲甚，自启行囊细品茶。

初十日(6 月 20 日)

寅初行。辰初食易州。巳初到华陀庙。

十一日(6 月 21 日)

丑初起身，同联、额、吴赴泰陵、慕陵、慕东陵。卯初事毕，宿三元店。

《涞水沽酒甚美》

　　沽酒一具理,何须安定全。熏风来习习,我醉已陶然。

《口占》

　　通州遇雨,易州遇风。无冬无夏,自西自东。

十二日(6月22日)

丑初行。卯正涿州。午初窦店。

十三日(6月23日)

丑初行。寅正食长新店。辰刻进彰仪门。

十四日(6月24日)

额、吴送看折底。夜雨。

光绪四年（1878）戊寅^①

三 月

十八日（4 月 20 日）

具折销假，并请训。前往东陵收工，孝东陵神厨库；景陵悫惠皇贵妃园寝东明楼一座；端慧皇太子园寝神厨库一座三间；昭西陵礼部油面房一座五间；孝陵礼部金银器皿库五间，库围墙一段，长二丈；裕陵礼部器皿库一座三间。

二十日（4 月 22 日）

卯刻行。巳刻栅栏店西人和尖。未刻宿烟郊。沿途泥潦甚多，雨后始有人耕矣。

二十一日（4 月 23 日）

寅初起身。辰初尖枣林德元李店。申刻宿蓟州顺和店。

二十二日（4 月 24 日）

寅刻起身。卯正食濠门。辰初进龙门口子门，至惠陵小圈，随带崇、吴。

二十三日（4 月 25 日）

寅刻至孝东陵神厨库等处收工。辰初至隆福寺。巳刻尖濠

---

①本年日记出自《东陵日记》《西陵日记》，其中三月记东陵事，八月后记西陵事。

门。申初宿段家岭。

《穆宗毅皇帝暂安处叩谒恭纪》

圣节长春尚俨然，梦中广乐忆钧天。珍瓷法锦颁天府，玉膳琼酥拜御筵。百戏鱼龙呈曼衍，两行鹓鹭肃班联。凄凉白发贞元士，泪洒苍梧已四年。

《咏轿车》

风日能遮雨不妨，人闲何处不康庄。□躬三宿疑桑下，坐息双跰似笋将。砅水不须船就岸，下坡要记马收缰。考工若喻奇肱法，造父何劳御穆王。

二十四日(4月26日)

丑刻行。卯正尖夏店。午正双桥茶憩。申初进东便门。

《双桥》

双桥柳色淡于烟，弹指光阴十一年。风景不殊吾老矣，杨花吹乱暮春天。同治四年赴沈阳，曾尖此。

八　月

十一日(9月7日)

内阁奉上谕：溥丰等奏查明紧要工程请派大臣查勘一折。慕陵隆恩殿暨内务府营房等处，均有沉垂坍塌情形，着派潘祖荫将修理工程敬谨查勘，奏明办理。钦此。

专案、另案验收各工：

专案修理光绪二年查。泰陵大碑楼一座揭瓦。又专案二年查。方城一座拆砌，蹉蹬一座拆砌。又另案二年查。泰陵月牙城前甬路一道挑漫，东西马路蹉蹬二座拆修；方城上东北角石沟嘴换安，方城两边东西角门下内外蹉蹋四座拆修；隆恩门一座五间后坡揭瓦。
慕陵隆恩门一座五间油饰。慕东陵隆恩门一座油饰，续估三年查。
泰陵大碑楼拆换柱木石料，又续估三年查。泰陵隆恩门一座揭瓦
前坡。

二十三日（9月19日）

假满请安，并请训。神武门跪安。

二十四日（9月20日）

卯刻行。随带少甫、仲饴、益菊农，尖长新。未刻，住窦店。

《口占》

> 非为看山去，真来触暑游。云横疑作雨，日午不知秋。滑
> 滑深泥涉，阴阴万木稠。莫言行路苦，禾黍喜丰收。

《示仲饴》

> 史□尊彝出寿张，世家系本两难详。古城器倘容编录，博
> 古王兼集古王。

> 病起頳唐怕构思，却如枯茧不成丝。山光树色都如许，报
> 道先生懒作诗。

二十五日（9月21日）

寅初行。辰初尖涿州。未刻宿荣生店。

《口占》

> 秋暑蝉声处处频，枣如紫玉菜如菌。年来最忆长蘅句，荞
> 麦花开白似银。

> 昔闻此地酒涞雪，几度觅之无此名。聊以村醪当一醉，犹
> 胜名士竞虚声。

二十六日（9月22日）

寅刻行。辰初尖易州。已正过梁各庄，晤秋皋。午正住鲁

般庙。

《赠秋皋》

　　词馆文章重，戎韬武略宣。诗书深却谷，雅对属虞延。颇牧资中禁，燕云控九边。风流看缓带，髯也本如仙。

　　昔共云亭谊，今来易水游。司工惭五雉，引路遣双驺。风雨重阳节，农桑万里秋。翘瞻松柏路，斋被谒珠邱。

二十七日（9月23日）

卯初至泰陵、慕陵、慕东陵收工，并查勘慕陵隆恩殿工程。巳初行。午抵易州店。对门白塔寺内有宣和石幢一。

二十八日（9月24日）

寅刻行。辰刻尖涞水。未刻松林店。

《愁涝》

　　元气经年浑未复，眼前农事可怜生。会看禾稼三秋熟，何意愁霖四夜倾。人冀逢年偿力稿，我惭刻日误公程。皇天若悯斯民疾，急敕西风早放晴。

《旅馆苦雨》

　　陆无辀更水无舟，闭置帷中任泳游。西域贾胡留马援，南华秋水读庄周。巷无车马三朝雨，子有衣裳一袭裘。比似催租败诗兴，不知郇老苦吟否？

二十九日（9月25日）

卯正行。巳刻尖涿州。未正窦店宿。

　　郁郁沈阴不肯开，秋霖三日恐为灾。如绳檐溜无休歇，盼煞西风顷刻来[1]。

---

　[1]此诗失题。

九　月

初一日(9 月 26 日)

泥途难行,用轿夫四班。巳初长新店尖。申刻进彰仪门。

十一月

二十五日(12 月 18 日)

祁世长奏请慕陵隆恩殿天花板吊挂支条之帽儿梁斁朽情形,其钻金柱内三间情形相似,请饬复加勘核。

二十六日(12 月 19 日)

请训。

二十七日(12 月 20 日)

辰初行。巳刻尖长新店。未刻住窦店。

《大雪》

考工衔命记深秋,短堠长亭古易州。今日分明泥印爪,满天风雪过云沟。

又

直疑身是画中行,到此能无涤俗情。古道瘦驼寒有迹,空庭干鹊噤无声。四周林木银装就,万里山河玉合成。三度行陵三遇雪,惜无妙手写关荆。

《赠春畬丈》

飞絮漫天出凤城,相逢旅舍喜班荆。工司五雉追随久,堂集三鳣誉望清。棘院昔曾偕永叔,笋舆何幸见泉明。君家南仲真堪羡,拓古寒窗趁好晴。

二十八日(12月21日)

卯刻行。巳刻尖涿州。未刻住涞水。买重唇鱼,二百六十文一尾。

《赋重唇鱼》

却从比目穿睛外,独以重唇旧得名。见志。味外味宜充入馔,时乎时适值调羹。冬至前三日鱼始上,斯行适遇之。亦知鱼藻恩原厚,其奈鲈莼思易生。飞絮漫天长至日,携将涞酒一题评。

二十九日(12月22日)

寅初起。辰初尖易州。巳正到鲁般庙。

三十日(12月23日)

卯刻谒陵,至慕陵勘估毕行。未初抵涞水。

十二月

初一日(12月24日)

寅刻行。巳刻抵涿州。午正抵窦店。

《题壁》

前夕风狂如虎吼,今朝晴暖一尘无。世间万事皆如此,吾意无端忆五湖。

初二日(12月25日)

寅初行。辰刻尖长新店。午正进彰仪门。

光绪五年（1879）己卯①

三　月

初五日（3月27日）

请训。头班司员二十名，夫役一百六名，约初九日取齐。

初七日（3月29日）

卯刻行。午刻抵通州。见八妹、李问樵丈，即寓其西院。

初八日（3月30日）

丑刻起。问翁出送。寅刻行。午正尖段家岭。酉初抵蓟州，借裕胜店暂住一宿。候文秋瀛，至戌初犹未至，想因一路查道也。

初九日（3月31日）

卯刻行。辰初尖濠门。巳正由马伸桥至隆福寺叩谒穆宗暂安处。午正抵惠陵大圈。吴、沈、潘、承四位来见。秋瀛仍未至，闻昨住邦均。

初十日（4月1日）

英奎、继昌等七人来。秋瀛、王赓祺来。未刻同秋瀛至惠陵演龙辅车一次，计四刻。申初归。

十一日（4月2日）

辰正演大升轝，自陵门三孔桥至大红门止。辰正演起至大红门止,四里强,六刻。巳刻演起至碑楼前止,五刻一往返也。午初归寓。

十二日(4月3日)

辰初总办诸君来,自大红门演大升轝。自〔至〕隆福寺暂安处,时正午,大风,甚冷。未初于坡上演小升轝样匣计两时,合昨计二时六刻。

十三日(4月4日)

未初至陵演龙辂车景。总镇来,演小升轝,一刻许。演龙辂车,三刻许。演毕,俟出铅乃散。恒顺木厂送信。十一日奉上谕:补授工部尚书。钦此。

十四日(4月5日)

未正演龙辂车。

十五日(4月6日)

寅刻行。奎俊等十八位来见。渔阳道上遇少荃相,略谈。巳初食蓟州。未正住段家岭天元店。濠门道中又遇德静山。连日甚为公务拘苦,几无片刻自在,今日虽村居荒凉,较舒服矣。

总办联绶、奎俊、吴重憙、郑锡敀、潘骏猷、沈守廉。

龙辂车承恩、继昌、松寿、朱其煊。

夹杠韩荫棣、文海、英奎、韫德。

执灯韩英文、惠裕。

执壁子志彭、元麟、重慧、惠良。

十六日(4月7日)

丑初行。因御道不准车行,展转绕道,卯刻始到枣林。辰初食烟郊。午正过双桥。申初进便门。孔醉棠到京。

十七日(4月8日)

工部笔帖式来看折,明日复命并谢恩。

二十日(4月11日)

入直朝房,遇全师、董丈。寅正起儿下即行。未正到营,秋瀛、颂阁约同住。进内,即还营。晤佩相、经相、叔平、秋坪、耕娱、燮臣、颂阁。王宝来。

二十一日(4月12日)

夜风冷,不得睡,丑刻起。上未正到行宫,皇太后申初到行宫,皆侍班。酉正到白涧。

二十二日(4月13日)

上午正到行宫。皇太后未正到行宫。即行,抵濠门宿焉。秋、颂同饭。赏蒲匋。

二十三日(4月14日)

寅正行,卯初到隆福寺。上于寅正启銮,午刻到行宫。皇太后午刻到行宫。未刻上至几筵前,王大臣等随同行礼。申刻偕恭、理王大臣等,工部六人率同司员偕内务府大臣及司员进包裹,三刻毕事,未及酉正也。周福陔、景月汀、朱敏生、锡袭卿、启颖之来。赏克什。

二十四日(4月15日)

丑刻即起,行启奠礼,内廷皆在门内,旋即加杠暂安处。坡上请上大升舉。辰正行,步送廿四里。深感旧恩,不胜悲痛。未初梓宫到惠陵,换小升舉安奉隆恩殿。未初竣事,即出,仍住小圈。犹意同治四年九月二十日,恭办定陵奉移,臣偕恒祺,臣独步行廿七里,卯刻行,酉刻到,事毕已昏黑矣。

二十五日(4月16日)

未刻行迁奠礼。梓宫由隆恩殿恭请至候时芦殿,计五刻。辰刻进内,申正二归。赏克什。

二十六日（4月17日）

卯初二奉安地宫，计五刻，卯正毕。行虞祭礼，入隆恩门西门，黄舆过，上跪，众皆跪在门。辰正行。午刻食隆福寺。申正尖蓟州西关。酉刻抵白涧。

《穆宗毅皇帝孝哲毅皇后奉安恭纪》

定陵坏土几时干，又见先皇此奉安。侍从旧臣今白发，墨华和泪落毫端。此二次心伤无诗，以二十八字纪之而已。

二十七日（4月18日）

笔帖式庆昌、郎中耆绅来。奉上谕：着加恩赏加太子少保衔。钦此。具折谢恩。又工部公折。又南斋公折。上于未刻到白涧。皇太后申初到行宫。上诣黄幄，来回侍班。申初行。戌刻到双井，寓门人于鉴堂小寓。三河令张铭来。

二十八日（4月19日）

卯初行二里至烟郊。上于午正到行宫。皇太后于未刻到行宫。未正行。上诣黄幄。来回侍班。申初抵通州沙子胡同，李珠圃来陪，八妹已进城矣。鹤师送黄花鱼。文沛等呈阅代奏谢恩折底。明日上寅正回銮。

二十九日（4月20日）

寅正起。卯初行。巳刻进东便门，抵寓。

光绪六年（1880）庚辰^①

四 月

初五日（5月13日）

请训。慕陵隆恩殿天花板帽儿梁。钱湘吟、祁子禾工竣事于二十七日，收工复命。荫原估也，随带联少甫、益菊农。

初六日（5月14日）

卯初行。巳初尖长新店。午正住窦店。

《过引恩寺》

　　王郎卜者太纷纷，钩党东林齿自焚。王铎罪真浮马阮，谢升死竟类婴蚡。似闻汀驿逃隆武，谁道滇云隐建文。未必石渠真信史，半朝銮驾有遗闻。

　　黄巢雪窦原疑幻，重进雕青或未诬。堪笑九宫山下事，貌他蝎鼻作浮图。

《失题》

　　赞皇亦感于陵意，和仲遍奇章援文。未必钟王真李邺，要知贾董即刘蕡。

　　绝学熙朝冠古今，前江后戴抉经心。著书不慎供怀挟，谬

---

① 本年日记出自《西陵日记》。

种人人购典林。

莫忘师事东原日，尺牍如何斥晓岚。底事植之商兑学，却将八比引陶庵。

巨眼断推凌次仲，博闻惟有俞理初。古今成败都参透，龚定庵文总不如。

初七日（5月15日）

寅初行。辰正涿州尖。午正抵涞水荣升店。

《戊寅题壁重唇鱼诗已无有矣次前韵》

敢薄虫鱼矜磊落，纱笼无复旧题名。问奇那入侯鲭录，擅美何如骨董羹。早岁穭麏叨供奉，频年蔬素□门生。却思□敦征郏莒，欲觅延陵古器评。

初八日（5月16日）

寅正行。辰正尖易州。至梁各庄，拜秋皋总镇。

《庭中紫芍药甚盛》

万山苍翠势潆回，麦陇青青待雨来。户外一丛围紫玉，斯行却喜值花开。

《失题》

文字姚刘诗厉吴，画成涘长字形模。汝南自叙分明在，作许何曾作邑无。

东涧人原不足论，集名有学却堪存。并时倦圃灵均外，芝麓梅村更栎园。

四十知非悔酉阳，粲如汝器□□光。专门日□传天锡，不把黄金铸子昂。

初九日（5月17日）

寅刻行。大红门谒陵，行三跪九叩礼。墓陵隆恩殿收工。辰初行。未食宿涞水。以《易水志》还秋皋。雍正时所著，陋甚不足取，癖谈论古之识在顾、董、李、洪之上，惟多武断耳。知古币与古器同一源，则识字易。《英沈笔记》颇有掌故，非昨暮所知也。

初十日（5 月 18 日）

丑正行。巳正抵窦店宿。热甚。尘土甚大。齿痛。集《圣母》《藏真帖》，知吴荷屋之书得力于怀素也。

十一日（5 月 19 日）

子刻起。丑初行。巳初进彰仪门。

十二日（5 月 20 日）

巳刻少甫、菊农送奏底来，拟十四复命。

光绪七年（1881）辛巳①

正 月

庚寅朔甲子（1月30日）

关帝庙前门、关帝庙拈香。辰初慈宁门行礼。辰正二上御太和殿受贺。寅初惇、恭、醇、军机、翁公阅曾电，一复一片。懋勤殿开笔，两宫皇太后上前递如意三柄，回赏。拜年，未初二归。军机招，辞。都察院，辞。秋审处，辞。

初二日乙丑（1月31日）

入直。孙、徐未。拜年数家。到署文、孙到。复稚黄、广安。

初三日丙寅（2月1日）

入直。徐未。吊沈经笙。奉上谕：着充国史馆正总裁。钦此。经伯来。

初四日丁卯（2月2日）

具折谢恩。懋勤殿跪春。日本田边太乞书，总署于除夕送来，本日函交总署。樊圃、雪庄、竹轩、莲舟未至夫人斋。施之博、廖寿

---

①原稿封面印色过淡，只能看出"潘押"、"喜"二枚、"如愿"、"辛巳"等印文。封底有"归思浓于酒""馨齚所""耕巷小筑""舟听雨□""谗充末衡""夙夜匪懈""埧轩""鞠躬室""矗模斋""古乐轩""古□于室""蚕麦堂""古名居""百宋千元""拙轩""三代古陶轩""观电庵""敬事后食""葵藿是平生"印各一。

丰来，皆提调。胡来。陆学源来。大风。

初五日戊辰（2月3日）

入直。派写皇天上帝神牌。赏春帖子赏。夜大风。叔平来。

初六日己巳（2月4日）

入直。叔平属拟一文，午刻送去。晚风。马来。风。

初七日庚午（2月5日）

入直。到署。今年奇冷。得十二月初四、十二日四叔、济之、竹年信，即复。又莆卿、伟如信。

初八日辛未（2月6日）

入直。送杨菽芳五十幛、对、福、寿。济之四十七包十色交杨荫北。马来。

初九日壬申（2月7日）

入直。上诣太庙，乾清门侍班，补褂、常袍。偕叔平奏进陈奂《毛诗传疏》，交南书房阅看。得鹄山信，并刘道芗、林含芳求对二。候兰荪来。

初十日癸酉（2月8日）

入直。拜年。总署外国来晤，英威、德巴、法宝、美安、俄凯、日阿，日本田边来，未正二散。

十一日甲戌（2月9日）

入直。宗、培、松、宝面禀。发下李、刘、张、裕、穆、何、勒、吴、谭折，三邸公阅，商复奏稿。风。宝森不惑。南斋复奏，奉上谕：等因。钦此。殷秋樵来。

十二日乙亥（2月10日）

入直。缮复奏片，辰初递。以寄南果子膏、山查糕交敖季和。李来廿。殷秋樵来。发南信。

十三日丙子（2月11日）

入直。到署。派写甘肃巩昌庙扁。春圃招，同李、景、王，申散。杨荫北赴津。赏香橙。赏元宵。十五安徽团拜，辞。

十四日丁丑（2月12日）

入直。吊治贝勒。吉云舫来。李来。马来。沈谥文定。

十五日戊寅（2月13日）

入直。辰正保和殿侍宴，蟒袍、补褂，巳初散。发南信，济之、干庭、麟生、伟如、莘卿、柳门。午后风。

十六日己卯（2月14日）

入直。壶天。午正同昨乾清宫廷臣宴宝、全、灵、景、恩、广、文、瑞、志、万、董、徐、李、潘、翁、毛，赏蟒袍、大卷、鼻烟、如意、花瓶。风。盘子二两、送席四吊。复谭文卿。马来。

十七日庚辰（2月15日）

入直。午初大风。胡来。

十八日辛巳（2月16日）

入直。到署文该班，代之。冷。

十九日壬午（2月17日）

入直。到国史馆任。卯刻到署开印。马来十。宝森来。

二十日癸未（2月18日）

入直。壶天。到署。马来廿。

二十一日甲申（2月19日）

入直。到署敬该班。上祈雨。壶天。晤兰荪。

二十二日乙酉（2月20日）

入直。壶天。公同阅看曾十一日电，一复一片。到署文未到。得济之廿三信，即复，并致平斋、眉伯，交仲田；寄芍庭《叶选》二部,《请雨》《祈雨》《伐蛟》各十部。

二十三日丙戌(2月21日)

入直。派写直隶武强关帝庙扁。上库。到署。

二十四日丁亥(2月22日)

入直。到署。星岩招。

二十五日戊子(2月23日)

入直。寅刻雪珠。壶。到署松未到。刑加班。风。

二十六日己丑(2月24日)

入直。壶。到署。偕惇、醇、翁连衔封奏一件。

二十七日庚寅(2月25日)

入直。壶。到署松未到。发南信,麟生、伟如、愉庭。

二十八日辛卯(2月26日)

入直。壶。到署文、孙未到。朝房晤季皋。交还国史馆本纪卷
四十七至五十四共八卷。胡来。

二十九日壬辰(2月27日)

入直。壶。到署。贺季高总理兵、军机、总署。雪酉正止。得振
民信。

二　月

辛卯朔癸巳(2月28日)

入直。卯正二坤宁宫吃肉。壶。到署孙先行。苟庭寄《陆祁
生集》,即复交仲田。

初二日甲午(3月1日)

入直。壶。到署文未到。巳初大风。

初三日乙未（3月2日）

入直。直日。到署薛未到。上库，巳刻散。寄济之、伟如、振民信。方元仲来。

初四日丙申（3月3日）

入直。壶。到署。风冷。

初五日丁酉（3月4日）

入直。三王、枢廷、翁同议球案一片，又左说帖一件。壶。到署文东陵。盛京李永智一案刑卷宗到部，即派司员十人尧、吉、廷、钟、凤、杨、刘、殷、赵、徐。季高、芥帆来。送元仲、芥帆屏联。

初六日戊戌（3月5日）

入直。壶。到署。胡来。

初七日己亥（3月6日）

入直。壶。到署。连日冷。寄济之、伟如、麟生、莳卿、振民信。

初八日庚子（3月7日）

入直。壶。到署。会法钟稚泉、凤辉堂。孙来残陶六十，直十金。仍冷。联少甫、陆凤石来。夜雪。

初九日辛丑（3月8日）

入直。壶。到署松未到。胡来。秋樵来。

初十日壬寅（3月9日）

入直。刑加班。派验放。壶。到署敬该班。庚子万董团拜，辞之。复王补庵衮。

十一日癸卯（3月10日）

入直。直日。壶。到署。佩卿来。胡来。刻字铺百五。复文卿。

十二日甲辰(3月11日)

入直。上祈雨大高殿。赵清韶到案吉、宗、赛、穆、崇、濮、刘、殷、方、孙。壶。到署文到京。兰荪来。夜大风。

十三日乙巳(3月12日)

入直。鹤师家吃肉,同袭卿、汴生、达峰。晤受之文到京。风。马来。

十四日丙午(3月13日)

入直。刑加班。李永智复验一折,上谕,等因。壶。到署松未到。十五丙午团拜,未去。

十五日丁未(3月14日)

入直。壶帖。到署。马来。

十六日戊申(3月15日)

入直。派恭代御笔《心经》。壶帖。到署松未到。孙来。

十七日己酉(3月16日)

入直。壶。到署。孙来。马再来。

十八日庚戌(3月17日)

入直。壶。到署。李永智案人证廿一名到部。得济之正月廿五日书,即复。孙来。马来。

十九日辛亥(3月18日)

入直。壶。到署薛请训,文未到。施、廖两提调来。

二十日壬子(3月19日)

入直。到署。答星岩、寿泉、子授、子斋、云伯、受之,辞者袭卿,申初散。

二十一日癸丑(3月20日)

入直。公同惇差阅看曾电二件,一复一片。壶。到署薛是日行,文未到。谢惺斋、吉云舫来。换灰鼠褂。

二十二日甲寅(3月21日)

入直。壶。到署文未到。寄济之果子膏、奶子共三匣。寄振民圪塔头、杏仁、冬菜、口蘑二包,交凤石托云台之子晋生寄。

二十三日乙卯(3月22日)

入直。公同恭差阅看曾电一件,一复一片。壶。到署孙未到。

二十四日丙辰(3月23日)

入直。国史馆奏事。壶。到署敬差。廖国士来。马来。复缉廷。

二十五日丁巳(3月24日)

入直。壶。送左书。到署松未到。廿四己酉团拜未去。复济之。

二十六日戊午(3月25日)

入直。壶。到署会法崇、许。候兰荪不值。送云阶、颂阁、子授津门鱼虾。薛到京。换银鼠褂、袖头。

二十七日己未(3月26日)

入直。公同阅看曾电,一电一复。壶。到署文、松差。正班。

二十八日庚申(3月27日)

入直。上库。到署孙、敬未到。壬子团拜到文昌。复执叔,寄以书八种,交方祖绶寄。复桂文圃,寄屏联。

二十九日辛酉(3月28日)

入直。壶。到署。

三十日壬戌(3月29日)

入直。派阅孝廉方正卷卅四本景、钱,辰初散。换羊皮冠、绒领。壶。到署。绍彭来。

三　月

壬辰朔癸亥（3月30日）

入直。到署俱来。松、孙、敬、薛招聚丰，崇、锡到文班。得南信，复四叔、济之、祝年、伟如、麟生。

初二日甲子（3月31日）

入直。上祈雨。壶。到署松未到。马来。

初三日乙丑（4月1日）

入直。上库钟、泰。到署文、松未到。孝廉方正孟晋瑛来，号次修。苏来。

初四日丙寅（4月2日）

入直。壶。到署松未到。江佐清北楼来。换毡冠月白绒领、棉袍褂。

初五日丁卯（4月3日）

入直。到署文未到，松假。壶。胡、孙来。助袁民章之子枢百金，交云阶。

初六日戊辰（4月4日）

入直。夜微雨，巳初牲。清明。上诣奉先殿、寿皇殿，改派惇、恭。壶。到署。寄魏稼生《舆地碑目》《古泉丛话》《沙南碑释》《医斋别录》《东古文存》，交子授初八。复芍庭、寄伟如，交仲田。孙来九十。

初七日己亥（4月5日）

入直。风冷。到署文未到。殷秋樵来。李永知兄永发自尽加班奏。

初八日庚子（4月6日）

入直。到署文未到。苏来。马来，大衍，清完。夜狂风，冷。

初九日辛丑（4月7日）

入直。到署文该班。孙来。胡来。

初十日壬寅（4月8日）

入直。派验放。到署俱未到。受之、袭卿招。复济之、伟如、麟生、平斋。孙来大衍。胡来。

十一日癸酉（4月9日）

丑初惊悉慈安皇太后于昨戌刻上宾。命惇、醇、御前军机、毓庆宫、南斋、王大臣至钟粹宫哭临。未刻行殓奠礼，慈宁宫门内行礼，未成服。亚陶来诊。摘缨。

十二日甲戌（4月10日）

入直。巳成服。早祭辰初一，晡祭申初三，日中祭午初三。到署松未到，巳出。写扇卅柄。亚陶来。风冷。

十三日乙亥（4月11日）

入直。到署。三祭到。风冷。派百日穿孝，共三十一人。

十四日丙子（4月12日）

入直。到署。三祭到。寄济之诗选四部、麟生六部，交培之。风。孙来十，赠之。

十五日丁丑（4月13日）

入直。到署。三祭到。风。扇百十柄在内书。夜招亚陶。

十六日戊寅（4月14日）

入直。辰刻殷奠礼后早祭。上库。到署孙、松未到。午祭未到。晚祭到。亚陶来诊。复莘卿，交仲田。风。发济、伟信。夜雹。公同阅电，醇王未到，一片，无复。

十七日己卯（4月15日）

入直。上颜料库。到署孙、松、薛未到。午祭未到。亚陶来诊。

笔彩樊来。

十八日庚辰（4 月 16 日）

入直。三祭到。得医斋信并匋拓，廉生带来。巳刻至内阁会议。大行皇太后尊谥，荫与龢力言贞字宜首列。樊来。

十九日辛巳（4 月 17 日）

入直。到署薛、孙未到。三祭到。樊来。亚陶来诊。扇四十柄。

二十日壬午（4 月 18 日）

入直。卯初奉移观德殿，辰正景山后东北隅跪迎，巳初二宫门内行礼文、敬、松、孙未到。亚陶来诊。王廉生来。得眉伯信，以济之等信件属向通州吴君取。

二十一日癸未（4 月 19 日）

入直。福陜，助东之子。《毛诗》交秋坪。早祭到。到署文、松未到。送廉生以所刻书各四分、二分。会奏上尊谥。寄寿卿匋拓八百大纸，又埙三古器四纸、《感逝集》一交东甫。雨即止。

二十二日甲申（4 月 20 日）

入直。卯正二。上诣观德殿，侍班。早祭到。到署。复芍庭《叶诗选》十部。复石查又花农信。胡、崔来。

二十三日乙酉（4 月 21 日）

入直。早祭到。到署松未到。

二十四日丙戌（4 月 22 日）

入直。派写四川南部县天后、龙王、城隍扁三面。卯正上诣观德殿，侍班。早祭到。复方元仲。胡来。廉生来。复杨见山。夜大风。

二十五日丁亥（4 月 23 日）

入直。早祭到。到署。次日换季。兰荪来。马、樊来。

二十六日戊子(4月24日)

入直。卯初二上诣观德殿行初祭礼,辰初早祭。到署。少荃来。

二十七日己丑(4月25日)

入直。卯正二绎祭。早祭到。答少荃。到署。潘协卿来。胡来。

二十八日庚寅(4月26日)

入直。卯正二上诣观德殿行大祭礼,辰初早祭。到署。阴而不雨。得子泉,王忠荫来交。致芍庭。崔来。

二十九日辛卯(4月27日)

入直。卯正二绎祭。早祭到。到署文未到。寄济之信。马、樊来。夜亥正雨。

四　月

癸巳朔壬辰(4月28日)

入直。雨不止。由神武门北上门至观德殿。到署。雨仍未止。夜雨。

初二日癸巳(4月29日)

入直。上库。到署松未到。雨。致伟如交仲田。夜雨。胡、崔来。

初三日甲午(4月30日)

冒雨入直。仍由北上门赴早祭。到署孙未到。孙来。

初四日乙未(5月1日)

入直。晴。早祭到。到署孙未到。崔来。孙来吕望。

初五日丙申(5月2日)

入直。上诣观德殿。两邸云初七换红帽圈。早祭到。到署松未到。得济之、伟如、振民三月廿二信,即复。王振镐来。胡来。崔来。交管先生名礼恭,号寿铭寄济之《叶选》六部。

初六日丁酉(5月3日)

入直。早祭到。辰初雨即止。到署。送管君食物,前数日送培之食物。

初七日戊戌(5月4日)

入直。派写天坛神牌。早祭到,除百日释服者皆释服,雨缨、青长袍褂。交王颂笙寄济之书十部,先欲交联少甫,少甫六月乃行也。到署。马来,大衍。崔来。易笏山来。

初八日己亥(5月5日)　　立夏

入直。招廉生饭。王筱云贻清来。胡来。

初九日庚子(5月6日)

入直。小雨自夜达旦。到署文未到。联少甫来,交以谭德孙及孙欢伯书件及信。马来。崔来耳顺。苏来。孙来。孔怀民寄鼻烟四剌。

初十日辛丑(5月7日)

入直。卯初二上诣观德殿行礼,辰初早祭。到署。巳刻阴雨。寄尹次经四十、丁少山信,交幼轩。发济之、伟如、平斋信廿二拓。施济航来。申正二雷雨。送涂朗轩书。

十一日壬寅(5月8日)

入直。上诣观德殿行礼,辰初早祭。寄星农师自刻书及拓本,交陆蔚庭。苏来。

十二日癸卯(5月9日)

入直。直日。到署。《秋审》第一包。张鹏鬻来。寄次经信,交幼轩。方正武从超来，号相侯。子英来卅未付。

十三日甲辰(5 月 10 日)

入直。到署。第二包。胡、崔来。亚陶为大人诊。孙来。

十四日乙巳(5 月 11 日)

入直。发下曾折二、总折片各一、条约正本一册、地图一分、缩本二张、公阅复一片。昨午黄二由宗人府逃。会法夏、恩。子授户右、廉生来。崔来廿。郑仲远来。孙来三包。

十五日丙午(5 月 12 日)

入直。到署夏未到任。得伟、济肉桂信，即复，初七所发。胡来卅。第四包。

十六日丁未(5 月 13 日)

入直。刑加班。会总署奏俄约章封奏。到署文未。第五包。崔带人来，戴一砖、三埙。上蜡。马来四十。廉生行。

十七日戊申(5 月 14 日)

入直。上诣观德殿，辰初行礼。会吏、户一件。到署。第六包。上蜡日飾三千。寄尹次经信交幼轩。孙、胡来。樊来。

十八日己酉(5 月 15 日)

入直。到署夏到任。第七包。史馆《河渠志》四本。寿泉来。廷寿峰恺来。樊来。批准子授顺学。

十九日庚戌(5 月 16 日)

入直。到署。第八包。樊来。复芍庭，交仲田。

二十日辛亥(5 月 17 日)

入直。到署。第九包。少仲寄《榕村全集》，交周道懋琦。周送陆澄斋刻《丛书》，云是晴初、伟如门生。孙来百。周号韩侯，送以《丛书》。

廿一日壬子 (5 月 18 日)

入直。到署。寄清卿拓及书，交康民。第十包。蕴宝介祁瑞荷来畀。苏来爵还。宝森来。程雪楼六千未付。交康民缉廷书五种及信，与吴同，无拓。大风。发济伟信。夜小雨。

廿二日癸丑 (5 月 19 日)

入直。到署文未。十一包。崔来。蕴宝张来。

廿三日甲寅 (5 月 20 日)

入直。上诣观德殿，辰初行礼。上库。巳正到署，同人已散。十二包。蕴宝来。刘兰洲璈来。

廿四日乙卯 (5 月 21 日)

入直。到署。十三包。雨。得四叔、济之、伟如信，即复。崔来。致苟庭信交颂田。佩卿来。

廿五日丙辰 (5 月 22 日)

入直。派验放。到署。十四包。复于鉴堂。崔来，《大易释言》百七十，《诗外传》《国策》各十，因铨百信促钱。云迟一日价另议，还之。笔彩方鼎九十、敦子孙父乙，九十，罢议不准再提。孙来。还四五十，卣盖还之，欠五十。风。

廿六日丁巳 (5 月 23 日)

入直。到署。风。十五包。蕴宝张来。寄次经，交幼轩。

廿七日戊午 (5 月 24 日)

入直。风冷。到署文未。十六包。三库奏事。

廿八日己未 (5 月 25 日)

入直。刑直日。仍冷。到署文未到。十七包。蕴宝张来。

二十九日庚申 (5 月 26 日)

入直。卯正一上诣观德殿，卯正三随同行礼。到署。十八包。

杜绍唐培安来。蕴宝张来丽五。子授来。

三十日辛酉（5月27日）

入直。到署。发济、伟信。张来。胡来卤丽。十九包。

五　月

甲申朔壬戌（5月28日）

入直。到署松未到。胡来。送王钟山瑜国、杜培安对、《洗冤》、《本书》。笔彩、胡来。二十包。

初二日癸亥（5月29日）

入直。内廷开发节赏并带子授者。到署文未到。廿一包。马来，拓本、古泉俱还之。笔彩、蕴宝来。马松圃送鲥鱼。

初三日甲子（5月30日）

入直。复徐巽卿。到署。蕴宝清。笔彩卤带回。莼客廿金。门人徐古香、葛振卿各礼四色，写赏扇也。胡来百。复次经廿二信，交幼轩。秋采无。

初四日乙丑（5月31日）

入直。到署。上库。廿二包。经伯卅两。瑞苻十两。得四叔、济之、振民廿七信，即复。周韩侯来。崔来。宝森来四十。

初五日丙寅（6月1日）

入直。卯初二上诣观德殿，端阳祭，卯正三早祭，还宫侍班。连日藻热，微雨。到署俱未到。送小山、袭卿诗、扇，以奉使朝鲜也。寄伟如，交颂田。以书十六种送周韩侯。

初六日丁卯（6月2日）

入直。直日。奏审限，奉上谕：等因。钦此。廿三包。胡来，清。舒世琛、裕卢信。

初七日戊辰(6月3日)

入直。到署。沈退庵守谦来。承厚、施启宗来。复芍庭,即交仲田。提调廖谷似、王小云来。宝森来。酉初雷雨即止。发南信。

初八日己巳(6月4日)

入直。到署。笔彩来鼎、敦。胡舒来。廖、王提调来。

初九日庚午(6月5日)

入直。到署。手复庞省三。寄次经,交幼轩。廿四包。王荩臣忠荫来。

初十日辛未(6月6日)

入直。青长袍褂。卯初三上诣观德殿,满月礼及早祭,仍缟素,来回侍班。到署松未到。发济之、伟如、振民信。兰荪来。

十一日壬申(6月7日)

入直。青长袍褂。上诣观德殿,仍缟素,来回班。到署。廿五包。樊来。崔来。

十二日癸酉(6月8日)

入直。青长袍褂,换亮纱。派写遵化州扁三面。本纪式,秋坪商。到署。崔来。

十三日甲戌(6月9日)

入直。寅正上阅册、宝,巳初上诣观德殿,上孝贞显皇后尊谥。青长袍褂,摘缨。到署。雷、殷来。陈砚香来。复竹年,谢洋钟、火腿。

十四日乙亥(6月10日)

入直。寅刻雨。直日。到署文未到。廿六包。雨竟日。十六日发南信。雨竟半夜。

十五日丙子(6月11日)

入直。风凉。到署。廿七包。王达五振镐来。笔彩来。

十六日丁丑(6月12日)

入直。请文宗本纪于乾清门阶下，交提调廖时卯正矣。到署会法钟、凤，文未到。夜雨。

十七日戊寅(6月13日)

入直。加班。卯正三上诣观德殿，随行礼。雨。朝房见子授。到署文、敬未到。复挚叔，寄以书六种，交许绛知县。

十八日己卯(6月14日)

入直。到署。子授来。廿八包。得伟如、济之、竹年信，廿日复。崔来。颂得阁学。

十九日庚辰(6月15日)

入直。到署敬未到。

二十日辛巳(6月16日)

入直。加班三件。到署。廿九包。松楚珩来。

二十一日壬午(6月17日)

入直。到署。夜雷雨。寄次经，交幼轩。

二十二日癸未(6月18日)

入直。正班。到署。卅包七本。

二十三日甲申(6月19日)

入直。派写皇地祇神位。上诣观德殿，随行礼。上库。到署俱散。得文卿中丞、花农书。笔彩、樊、崔来。雨，夜大雷雨。送刘兰洲书及扇、对、屏。

二十四日乙酉(6月20日)

入直。到署。还宝森梁莅林书四种。复知无，交仲田。复文卿,书七种。复花农,《松壶集》五,交唐作舟。王寯颐来,原名承志,号子善,山西县。宝森来。

二十五日丙戌(6月21日)

入直。到署夏未。卅一包七本。发南信,济之、伟如、竹年。

二十六日丁亥(6月22日)

入直。到署。得济之十八信,即复。得平斋信。

二十七日戊子(6月23日)

入直。到署,关吉详会法崇、恩。夜雷雨即止。

二十八日己丑(6月24日)

入直。到署。卅二包。廖、王提调来。夜电。

二十九日庚寅(6月25日)

入直。与秋坪面商进本纪事。卯正上诣观德殿,随行礼。微雨。到署。樊来百。午后雷雨。寄济之,复平斋,埙拓五、新得器五拓。

六　月

乙未朔辛卯(6月26日)

入直。直日李永智结。派验放。到署。卅三包。王补庵来。五正三有星见东北方。胡来。

初二日壬辰(6月27日)

入直。到署。星仍见。樊、胡来。

初三日癸巳(6月28日)

入直。到署。星仍见。满提调恩兴、兴升来。青士来,以腹疾未见。星仍见司天始奏。

初四日甲午（6月29日）

入直。卯初上库。到署。发南信。夜雨。

初五日乙未（6月30日）

入直。到署。加班四件。到史馆，秋香、薇公商巳初三也。卅四包三本。周子玉来。夜雨，雨止，星仍见。

初六日丙申（7月1日）

入直。上诣观德殿，随同行礼。到署。卅五包五本。胡来。得质卿信。得伯足信。星见愈高。

初七日丁酉（7月2日）

入直。到署。派恭代初九日御笔《心经》。候兰荪。樊来。宝森来。申初欲雨即晴。星见。

初八日戊戌（7月3日）

入直。到署。赵香圃来，又铭孙。宝森来。星见。

初九日己亥（7月4日）

入直。直日。到署。卅六包六本。寄济之信。复伯足、质卿。

初十日庚子（7月5日）

入直。卯初二上诣观德殿，随行，满月礼及早祭。派验放。到署松未到。得次经十九、廿五信。复二函，交幼轩。星见。

十一日辛丑（7月6日）

入直。到署。送幼轩四色。

十二日壬寅（7月7日）

入直。卯正上诣观德殿，随行礼。到署。卅七包。得济、伟、麟生信，即复。再致质卿，为调生诗也十五。满、汉提调来。星见。

十三日癸卯（7月8日）

入直。史馆奏本纪事。到署，已散，偕子斋同散。会法。含英、笔彩、宝森来。

十四日甲辰(7月9日)

入直。派写安平县扁三面。史馆缴本纪二函。到署文未。

十五日乙巳(7月10日)

入直。到署。酷暑。卅八包七本。访兰荪。樊来。复芍庭。寄合肥,交补庵。

十六日丙午(7月11日)

入直。到署。晤兰荪。胡来。酷暑。

十七日丁未(7月12日)

入直。直日。到署。酷暑。发南信十五、十二。申初阵雨。宝森来。

十八日戊申(7月13日)

入直。卯正上诣观德殿,随行礼。到署。卅九包九本。胡来。戌初雨,至丑正止。

十九日己酉(7月14日)

入直。寅正上诣观德殿行百日礼,释缟素,剃发。到署俱未到。青士来。宝森来卅。夜雨。

二十日庚戌(7月15日)　　初伏

入直。馆奏事。刑加班。到署。少甫来未见。复王符五、徐花农。笔彩,百大衍欠百八五。胡来七十,欠百三。

廿一日辛亥(7月16日)

入直。到署。四十包七本。胡来,大衍。

二十二日壬子(7月17日)

入直。派写薛福辰等扁。国史馆演礼,散巳初。到署俱散。复尹次经初八信,交幼轩。

二十三日癸丑(7月18日)

入直。到署文未到。文约廿四吃肉,辞之。得济之信,即复。致尹次经,交提塘。笔采来。大衍,欠百卅五。

二十四日甲寅(7月19日)

入直。寅正进本纪,至乾清宫,补褂、挂珠、纬帽、蓝袍,卯初散。进贺表。复廉生,交香涛。到署俱未。四十一包五本。满、汉提调来。孔到京。

二十五日乙卯(7月20日)

入直。卯初一坤宁宫吃肉,蟒袍、补褂。派恭代二十八日御笔《心经》。直日。到署。孔带南信到,复济之、振民。复仲饴,交虞生。得次经书,次日复。寄文恭朱拓五、眉川伯四,请雨经四种,《东古文存》,有真意笔记、折稿,《医斋别录》四本,《田公德政》《红崖》缩本,所安集。朝卷等七本。

二十六日丙辰(7月21日)

入直。辰初上御乾清宫,受礼,补服。到署。朱濡冒领银案派吉、宗、钟、凤、雷、濮、殷、赵、方。复次经。又寄次经五十金,交幼轩。付次经来人李春等六金廿七行。胡来四十。

二十七日丁巳(7月22日)

入直。卯正上诣缟素观德殿行礼青长袍褂,随行礼。多福案松、廷、刘、施。到署。四十二包七本。酷暑。

二十八日戊午(7月23日)

入直。补褂。到署惟敬到。寄次经书一包,交幼轩。午初雨。胡来。星仍见。

二十九日己未(7月24日)

入直。寅正进本纪于皇史宬,补褂。复清卿、缉廷,交康民。

到署。四十三包一本一起,在署看。

三十日庚申(7月25日) 中伏

入直。卯正上诣太庙,乾清门侍班,补服。到署。酷暑已旬日矣。明日发南信。宝森来。昨派写永善寺、瑞福寺扁。贺兰荪协揆。

七　月

丙申朔辛酉(7月26日)

入直。到署。寄小宋信,交周子玉懋琦。胡来。马来。浙中德孙、惠桂及广安信交子玉。

初二日壬戌(7月27日)

入直。上库。到署。昭官故。寄周福陔、李捷峰信。杜培安绍唐来。汪二官来。寄次经,交提塘。胡来。夜十一点微雨。得济、竹信。

初三日癸亥(7月28日)

入直。直日。到署会法钟、恩。戌刻阵雨。复济、竹朱以增劾伯足叔父信。

初四日甲子(7月29日)

入直。到署敬未到。青士、秋樵来。裕、姚、倪、华尧峰、张丹叔,《雨》《蝗》《蛟》《全生》《本书》交杜培安。廖、王来。

初五日乙丑(7月30日)

入直。上诣观德殿,随行礼。到署。寄刚子良、田星五,交玉贵。宝森来。伯潜辞保举。胡来。

初六日丙寅(7月31日)

入直。寅初阵雨。写"牵牛河鼓天贵星君""天孙织女福德星君"神牌。到署。马来。作谭德孙信。发捷峰、福陔信。又黎、许信。

初七日丁卯(8月1日)

入直。到署文未到。胡来。申正一大风作，雨势即止。

初八日戊辰(8月2日)

入直。到署。热。宝森来卅六。胡来二百。

初九日己巳(8月3日)

入直。到署文未到。兰九瓣，胡带人来绘之。热甚。

初十日庚午(8月4日)

入直。卯正上诣观德殿，随行礼。到署夏未到。刑加班。热甚。星仍在北极四辅之间。王贻清送保单。

十一日辛未(8月5日)

入直。正班到署。寄次经，交幼轩。复伟如，交仲田。寄芍庭，交仲田。热甚。

十二日壬申(8月6日)

入直。孝贞显皇后诞辰，卯正上诣观德殿青长褂，摘缨，随行礼。到署。复叶燮生，作《蜀中金石志序》，并寄以书七种。得雨生信，即复。以高氏拓交小宇裱。胡来。

十三日癸酉(8月7日)　立秋

入直。卯正上诣观德殿，随行礼。丑正二刻雨，卯止。到署文未到。巳初又雨，即止。明日史馆保举上。

十四日甲戌(8月8日)

入直。史馆奏事，保案。到署会法崇、刘。

十五日乙亥(8月9日)

入直。派恭代御笔《心经》。寅正二上诣观德殿，卯正三早祭,辰初中元祭,随行礼。辰初二皇太后诣寿皇、观德殿,不侍班谟公云。丑正二刻雨,时大时小。苏、黎、许信交汪二官,书七种。大雨竟日夜。

十六日丙子(8月10日)

入直。代馆员谢恩。卯初上库。到署会法崇、凤。复莱山。

十七日丁丑(8月11日)

入直。到署松未到。得济、伟初三信,即复。汪二官行。胡来。

十八日戊寅(8月12日)

入直。答敬子斋。到署。子授来。复次经初九信,交幼轩。小雨旋止。

十九日己卯(8月13日)

入直。直日。到署。得振民信。

二十日庚辰(8月14日)

入直。派写清苑、吴桥龙神、关帝扁。到署。寄振民、济之、竹年。

廿一日辛巳(8月15日)

入直。卯正一上诣观德殿,随行礼。到署。青士来。耳痛。

廿二日壬午(8月16日)

入直。到署宗〔会〕法,敬去。阴大雨。发南信。复知无,交仲田。

廿三日癸未(8月17日)

入直。派写甘肃西宁扁二方。到署。为高南郑作《印章拾遗序》,交次屏。

廿四日甲申(8月18日)

入直。辰初雨。到署。致济之,廿六发,寄挽秋谷联。

廿五日乙酉(8月19日)

入直。加班。到署。燠热。复叔父、济之,致伟如。申初雨,有雹,即止。酉初大雨如注,至丑正少稀。

廿六日丙戌(8月20日)

入直。到署,署门水深数尺,遂回车。王荩臣来,交以知无信。申初又雷雨。寄次经,交提塘。

廿七日丁亥(8月21日)

入直。直日。到署。白云亭有水,坐大堂,后过堂中。得次经信,即复,交提塘。月太白昼见井十二度。

廿八日戊子(8月22日)

入直。到署薛未遇。昨庚生来。今日胡来、子授来。彗见北斗之下台,天牢指天璇、天玑。

廿九日己丑(8月23日)

入直。上诣观德殿,随行礼。到署。辰正阴雨,时作时止。宝森来。

三十日庚寅(8月24日)

入直。到署。王应孚呈递封奏,明日递。胡来。宝森来。

闰七月

朔辛卯(8月25日)

入直。加班。到署。在署阅朝审略节四册:第一本实一起,缓九起,十三名;二本实二起,缓八起,十四名;三本实一起,缓九起,十名;宗室三本四名,即批讫。宝森来。张承熊来。

初二日壬辰(8月26日)

入直。赴库。到署已散。寄次经,交提塘。戌刻雨六刻。

初三日癸巳(8月27日)

入直。到署。蒋少庵锡年来,江苏大令。

初四日甲午(8月28日)

入直。到署。承厚、施启宗来。

初五日乙未(8月29日)

入直。直日,八件。到署。送圣训来。

初六日丙申(8月30日)

入直。派阅考御史卷,偕瑞、邵、薛,三十三本,辰正散。到署,看《秋审》三本,各一起;《朝审》一本,八起,实二缓六。唐鄂生来。

初七日丁酉(8月31日)

入直。上诣观德殿,随行礼。到署文。看《秋审》三本,二本皆一起,一本三起,山西。答鄂生。寄济、竹信,愉庭信。

初八日戊戌(9月1日)

入直。到署敬。复伟如、济、竹,知平阳大姊去世。任筱沅来。

初九日己亥(9月2日)

入直。到署。答任筱沅。秋樵来。辰正雨即止。送筱沅、念仔各一席。

初十日庚子(9月3日)

入直。上诣观德殿行满月礼。到署,晤兰荪。寄次经,交提塘。

十一日辛丑(9月4日)

入直。寅正大雨。堂议云至苏。雨辰刻止。岱东来。

十二日壬寅(9月5日)

入直。堂议未初散。王信甫来。李念仔来。胡来。

十三日癸卯(9月6日)

入直。直日。到署。复次经,交幼轩。

十四日甲辰（9月7日）

入直。到署。文贵三百五两。胡来大衍。宝森来贤人。苏来。发顺伯、济、竹信。戌刻大人延亚陶诊。

十五日乙巳（9月8日）

到署。上诣观德殿，随行礼。见孔生。大人延亚陶诊。

十六日丙午（9月9日）

入直。上库。到署俱散。赏燕窝。大人延亚陶诊。

十七日丁未（9月10日）

入直。到署。大人延亚陶诊。得芍庭信，即复，交仲田。胡云楣来，送益甫信，即复。

十八日戊申（9月11日）

入直。到署。徐郗假。大人延亚陶诊。霍子方来。

十九日己酉（9月12日）

入直。到署。大人延亚陶诊。文贵百欠二百五金。国史馆请修《孝友传》一折。派写都天庙扁。

二十日庚戌（9月13日）

入直。到署。大人延亚陶诊。施之博来。胡来。

二十一日辛亥（9月14日）

入直。直日。到署。亚陶来诊。胡、刘来古陶七件。酉雨。

二十二日壬子（9月15日）

入直。到署。亚陶来。得四叔、济、竹、三姊、眉伯初六信，廿四复。又寄伟如，复辛芝五月十二信，交春记。

二十三日癸丑（9月16日）

入直。卯正二上诣观德殿，随行礼。到署。亚陶来诊。得次经二函，即复，交提塘。

二十四日甲寅(9月17日)

入直。到署。又次经,交提塘。亚来。

二十五日乙卯(9月18日)

入直。加班。到署。又次经,交幼轩,并贤人,复稼生。岱东来赠以联、幅、书。亚来。

二十六日丙辰(9月19日)

入直。丑初三遇伯潜、王邦玺于朝房。到署。访兰荪不值。亚来。胡、崔、马来。

二十七日丁巳(9月20日)

入直。到署。又致次经,交幼轩。汇东、驾航来。

二十八日戊午(9月21日)

入直。到署。徐满假。复济之、振民、平斋,初一发。胡来百。兰荪来。

二十九日己未(9月22日)

入直。直日。到署。寄伟如,复柳门,初一发。

八　月

丁酉朔庚申(9月23日)

入直。派验放。到署。

初二日辛酉(9月24日)

入直。到天安门朝房。秋审上班。胡偕刘来穆蓉舫信。候芥航、蔼人、张芹圃、李念仔、钟洛英签商,俞树钧一起。

初三日壬戌(9月25日)

入直。加班奏事。卯刻朝审上班,杨树田呼冤。辰刻雷雨。

送李念仔屏、联、书。寄次经《登瀛备览》、《慎庵诗文》、桂未谷拓《红崖碑》及所属书小条幅,交刘姓。李念仔来。

初四日癸亥(9月26日)

入直。卯正到库,巳刻毕。刑部加班,奏朝审呼冤一折。到署。

初五日甲子(9月27日)

入直。内阁看折稿。到署。发济、竹、伟、振民信,明日。寄廉生四十拓,交小宇。送张龚字。

初六日乙丑(9月28日)

入直。到署。廖谷士来。崔来。苏来。宝森来。莼客诗来,送以廿金。

初七日丙寅(9月29日)

入直。派写井陉、庆云等扁。到署。得子良信。寄次经。馨伯来。送静山、星东食物。

初八日丁卯(9月30日)

入直。直日。到署。星岩招。文贵付五十。含英付五十。宝森付卅。

初九日戊辰(10月1日)

入直。公折请止,恭送。派恭代皇太后赏恭王扁、对。到署。

初十日己巳(10月2日)

入直。上诣观德殿,随行礼。到署。修档房狱神祠落成。发南信。青士、承厚、敏先来。得济之初三信。

十一日庚午(10月3日)

入直。到署。得知无、硕卿信,即复。青士来。笔彩来。胡来。于鉴堂来。

十二日辛未(10月4日)

入直。到署。风小雨。冷。

十三日壬申(10月5日)

入直。到署,会法。徐用仪、恩霁,至午正方到。阴小雨。开发内廷节赏。

十四日癸酉(10月6日)

入直。加班。送派敬行礼派文。到署。复王莲塘、豫东屏。复廉生。笔彩来。胡来四十全清。

十五日甲戌(10月7日)

入直。卯正三上诣观德殿,随行礼。到署俱未到。阴雨。瑞荀廿。经伯卅。赏瓜饼。苏、宝森、马来。

十六日乙亥(10月8日)

入直。直日。寄济、竹、麟生、伟如、振民信。文采一百。次经初二信,即复,提塘。

十七日丙子(10月9日)

入直。到署。洪秉钧来,有丁雨生信。梅葵来,送张沇清信。胡来。

十八日丁丑(10月10日)

入直。卯正三上诣观德殿,随行礼。到署。秋樵来。苏来。

十九日戊寅(10月11日)

入直。到署,宝、李来会审。复雨生,交洪秉钧。

二十日己卯(10月12日)

入直。加班。到署。得济之、竹年、眉伯十三信,即复。胡来。

二十一日庚辰(10月13日)

入直。赴颜料库收铁。到署。发南信,济、竹、振民、眉伯。寄次经,交提塘,内邵钟九纸。胡来邵十。

二十二日辛巳(10月14日)

入直。到署。胡来百。李伟卿贻隽来。雷瀛仙来。

二十三日壬午(10月15日)

入直。到署。胡来百。雷送奏底来。得荑卿,复。

二十四日癸未(10月16日)

入直。直日。到署。作济、竹、伟、振民、平斋信,廿六发。复荑卿,交仲田。胡来,大衍。

二十五日甲申(10月17日)

入直。到署。胡来,大衍。

二十六日乙酉(10月18日)

入直。卯正三上诣观德殿,随行礼。加班,奏杨树田等案三件。到署。笔彩来。又柳质卿信。

二十七日丙戌(10月19日)

入直。到署。不值兰荪。胡来。

二十八日丁亥(10月20日)

入直。到署文未到。

二十九日戊子(10月21日)

入直。到署。廿八彗始灭。

三十日己丑(10月22日)

入直。到署。复四叔、济之、伟如、振民十九信,初二发。笔彩来。胡来。

九 月

戊戌初一日庚寅(10月23日)

入直。上库,巳正散。到署,俱散矣。马子祥来。复顺伯,初二发。得次经信,即复。

初二日辛卯(10月24日)

入直。直日。观德殿齐集,朝鲜香供也。到署松未。又寄次经信。笔彩来。拓器。胡来。夜雨。

初三日壬辰(10月25日)

入直。大雾。

初四日癸巳(10月26日)

入直。上诣观德殿,六满月随行礼。到署松差。笔彩来。

初五日甲午(10月27日)

入直。到署。胡来,大衍。少荃来。提牢卅。

初六日乙未(10月28日)

入直。史馆进末单。秋审进末单。到署。发济之、竹年、伟如、振民信。寄次经卅两,交幼轩。

初七日丙申(10月29日)

入直。巳刻观德殿祖奠礼,随行礼。到署文、敬差,松未。宝森来。马来。

初八日丁酉(10月30日)

入直。到署文、敬差。

初九日戊戌(10月31日)

入直。丑刻至观德殿。寅初三上至、皇太后至,侍班。寅正二孝贞显皇后奉移,步随出东直门,辰正跪送。派写四川彭县关帝庙扁、阆中桓侯祠扁。得南信,复济、竹、麟生。寄伟如、质卿,十一发。

初十日己亥（11月1日）

入直。派验放。派写山东河神庙扁一面。上库。到署。苏来。

十一日庚子（11月2日）

入直。大雾。派写景山关帝庙扁、对各一,又恭王寿物匣上四字二分。到署。马来廿。胡来卅。笔彩来。

十二日辛丑（11月3日）

入直。直日。到署苗颖章放顺庆,提陈文田,行走赵舒翘,坐办陆光祖补。苏来。得次经信。于鉴堂来。莼客信,助廿金。

十三日壬寅（11月4日）

入直。到署。丑刻大雾。

十四日癸卯（11月5日）

入直。派写彭城镇龙神扁,卢氏关帝、城隍扁,共三方。到署。发伟、麟、济、竹信,十六寄。换羊皮冠、白袖头。

十五日甲辰（11月6日）

入直。到署。大风始冷。胡来廿,又《黄河清补柳图》十。笔彩来。得尹丁信。

十六日乙巳（11月7日）

入直。冷。到署。派雷一套,缺,函致文送其家。交殷五十,棉衣六十套。崔来。

十七日丙午（11月8日）

入直。冷。到署。换灰鼠一套,瓜仁领、藏獭冠。崔来《松壶》二。

十八日丁未 (11 月 9 日)

入直。到署。亚陶、经伯来。

十九日戊申 (11 月 10 日)

入直。到署，笔彩来。复济、竹、平斋、振民信，又董信，寄汪二官。

二十日己酉 (11 月 11 日)

入直。到署。复苇卿。

二十一日庚戌 (11 月 12 日)

入直。到署文未到。派写十一言对。崔来。宝森、笔彩来。胡来。竹年文且十八个。王维煜卿云寄信。

二十二日辛亥 (11 月 13 日)

入直。到署。巳正一孝贞显皇后黄舆进大清门，跪迎升祔太庙陪祀，午正二刻散。复竹年信交王。崔来。宝森来廿。笔彩来卅。

二十三日壬子 (11 月 14 日)

入直。上库，巳正散。到署全散。晤云阶。复四叔、伟、济、竹九月十五信，并寄平斋《光和量》拓本。苗逸云来。得星师信。复拓本百五十九纸并小峰信。

二十四日癸丑 (11 月 15 日)

入直。到署敬未到，晤于朝房。星师信交蔚庭。崔来百。国史馆送《忠义传》来，即阅。复胡石查。

二十五日甲寅 (11 月 16 日)

入直。到署松未到。阴小雨。王信甫来。夜雨。

二十六日乙卯 (11 月 17 日)

入直。到署。阴雨。

二十七日丙辰（11 月 18 日）

入直。阴雨。到署松未。派写养心殿贴落一件、隶书寿字一件。派写赏恭王寿扁一件、长寿字一件。阴雨。

二十八日丁巳（11 月 19 日）

入直。到署敬班。复芍庭，交仲田。胡来。

二十九日戊午（11 月 20 日）

入直。正班。到署松未。苏来。付十欠十九。胡来。一爵一觚，次日还。

三十日己未（11 月 21 日）

入直。上出乾清门，侍班，补服。到署。发济、竹、伟朔日。

十　月

己亥朔庚申（11 月 22 日）

入直。坤宁宫吃肉。贺左季高。到署改晚巳初。雪渔来。

初二日辛酉（11 月 23 日）

入直。壶。云阶来谈。到署。崔来。宝森来。左七旬送酒。

初三日壬戌（11 月 24 日）

入直。上库。到署。大风。

初四日癸亥（11 月 25 日）

入直。壶天。到署敬未到。崔来二数。刘姓来廿送古匋四件。笔彩、宝森来。

初五日甲子（11 月 26 日）

入直。派验放。壶天。到署。胡、崔来。李伟卿来。

初六日乙丑（11 月 27 日）

入直。加班。派延年益寿各一方、长寿字二方。派阅考试汉御史卷，巳初散董、瑞、锡。到署。发济、伟、平斋信。复花农、仲饴。

初七日丙寅（11 月 28 日）

入直。壶天。到署。直日。胡带画者李来画坝。寄清卿信。得尹次经信。得济、伟信。

初八日丁卯（11 月 29 日）

入直。派恭代御笔《心经》。壶天。到署。复次经，交东甫。寄清卿各书，交彭小圃光誉。又寄缉廷信，交小圃。

初九日戊辰（11 月 30 日）

入直。壶天。到署。崔来。左季高来。

初十日己巳（12 月 1 日）

入直。派写福、禄、寿、喜、龙、虎大小各一分。辰初慈宁门行礼。到署俱未。晤兰荪。文式如玉来。

十一日庚午（12 月 2 日）

入直。壶天。到署文、敬、松未到。

十二日辛未（12 月 3 日）

入直。壶天。到署文、敬未到。亚陶来。

十三日壬申（12 月 4 日）

入直。壶天。到署文差。亚陶为大人诊。

十四日癸酉（12 月 5 日）

入直。壶天。到署文、敬、松未。崔来。得廉生九日信，并石坞、念初求字。亚陶来。

十五日甲戌（12 月 6 日）

入直。直日。鹤峰师招吃肉。贺文协揆。到署松、薛、夏未到。季高招饮，辞之。

十六日乙亥（12 月 7 日）

入直。壶天。到署敬班。胡来。岐子惠、王梦龄来。得叔父、济、竹、平斋初六信，即复。

十七日丙子(12月8日)

入直。派写台湾天后庙扁。上颜料库。到署。吴谊卿到。

十八日丁丑(12月9日)

入直。派写文澜阁斗子扁。壶天。到署夏未到。吴谊卿、景东甫、洪植臣来。林开章、黄自元来。

十九日戊寅(12月10日)

入直。壶天。到署。唐大案添派以载言。发济之、伟如、振民信，柳门信，四叔奶饼四匣，交洪植臣。王小云来。

二十日己卯(12月11日)

入直。壶天，文葵卿来。到署。李和生、王锡九来。王达五来。廖谷士来。

廿一日庚辰(12月12日)

入直。壶天，薛谈。到署。王荩臣来。

二十二日辛巳(12月13日)

入直。壶。到署。姚协赞来。胡来。竹年交王槐三大令寄笋。

二十三日壬午(12月14日)

入直。壶，薛来。直日。到署文未。崔、梅，十。以临《书谱》六十交梁。何衡甫世兄政祥来，芍庭信。寄仲饴，交虞生。胡来。

二十四日癸未(12月15日)

入直。昨夜微雪。壶。到署。胡来。

二十五日甲申(12月16日)

入直。派篆宝四方。壶，薛、敬、夏。到署文未。青士来。粟懋谦来，云是增煜子。

二十六日乙酉(12月17日)

入直。壶。到署会法,钟、刘。冷。发南信,济、竹、伟、振。胡来。

二十七日丙戌(12月18日)

入直。壶。到署文、敬未。福益三来。崔来。

二十八日丁亥(12月19日)

入直。上库,巳正散,到署。彭小圃来。

二十九日戊子(12月20日)

入直。壶。到署文未。临书八十幅。胡来百。以百廿幅交经伯。

十一月

庚子朔己丑(12月21日)

壶。到署文、松未。冬至夜,祀先。

初二日庚寅(12月22日)

入直。壶。到署松、文未,薛请训上陵。崔来。临八十幅。

初三日辛卯(12月23日)

入直。派写四川自流井神扁。壶。大风冷。到署敬未。临《书谱》七十,全完。

初四日壬辰(12月24日)

入直。壶。到署

初五日癸巳(12月25日)

入直。壶。到署。发南信,济、竹、伟、振。初七胡、崔来大衍。

初六日甲午(12月26日)

入直。壶。到署。王信甫来。

初七日乙未(12月27日)

入直。同乡谢恩。壶。到署。复济之。

初八日丙申(12月28日)

入直。加班。壶。到署。兰荪来。

初九日丁酉(12月29日)

入直。壶。到署薛到京。崔来四十。

初十日戊戌(12月30日)

入直。直日。到署。星岩招,未正散。复小岩、知无。

十一日己亥(12月31日)

入直。壶。到署文未。崔来。唁伯足。用甫对。

十二日庚子(1882年1月1日)

入直。壶。到署文未。翁道鸿来仪臣。胡四十。

十三日辛丑(1月2日)

入直。派恭代皇太后福、禄、寿三星赞三件,题画五件,卯正毕。壶。到署。崔来。

十四日壬寅(1月3日)

入直。赏貂皮八、大卷四,引见时磕头。壶。到署。

十五日癸卯(1月4日)

入直。派篆宝四方。加班奏事。壶。到署。宝森来。

十六日甲辰(1月5日)

入直。壶,遇香涛。到署。叶冠卿伯英来。

十七日乙巳(1月6日)

入直。壶。到署敬未。

十八日丙午(1月7日)

入直。派写"受兹介福"四字,写对百廿付。直日。壶。到署松未。姚桎甫来。胡来。李岷琛来。

十九日丁未(1月8日)

入直。壶。到署敬未。六十付。胡来。

二十日戊申(1月9日)

入直。加班。壶。到署文、夏未。风。崔、笔彩来。

二十一日己酉(1月10日)

入直。壶。到署。胡五十。崔五十,卅付。胡又来。寄复济之、麟生、质卿,寄伟如、振民。

二十二日庚戌(1月11日)

入直。壶。到署文未。卅付。胡来。

二十三日辛亥(1月12日)

入直。写年差六十馀件。上库。到署文未。崔来大衍。胡来。

二十四日壬子(1月13日)

入直。派写东岳庙扁三面。史馆提调未见。壶。到署文未。胡来。发南信。马号失书。

二十五日癸丑(1月14日)

入直。加班。三库奏事。壶。到署会法钟、许,文未。胡来。

二十六日甲寅(1月15日)

入直。直日。壶。到署文未。胡百。

二十七日乙卯(1月16日)

入直。壶。到署文未。

二十八日丙辰(1月17日)

入直。加班,减等三单式千九百六名毕。壶。到署。复廉生。胡来百。

二十九日丁巳(1月18日)

入直。壶。祈雪。到署。胡来。毅卿来。赠孝达《中说》。

三十日戊午(1月19日)

入直。壶。到署。

十二月

辛丑朔(1月20日)

入直。派写福字五方。壶。到署。答香涛。

初二日庚申(1月21日)

入直。上库。到署文未。小雪。

初三日辛酉(1月22日)

入直。京察过堂。复次经,还一齐瓦器,有伪字百馀。赏李春二人十两。赏大卷二、帽纬一。复少山二百八十块瓦片,来人二两。

初四日壬戌(1月23日)

入直。直日。候补过堂。胡、马、崔来。发济、伟、麟、振信。

初五日癸亥(1月24日)

入直。京察开封。赏燕窝。馆奏事。上出内右门,磕头。壶。到署文未。崔来。

初六日甲子(1月25日)

入直。壶。到署。崔来。马来廿六。胡来。

初七日乙丑(1月26日)

入直。派写长春宫七言对四分。馆奏事。壶。到署文未。亚陶来。复济、竹、伟十一月朔信。

初八日丙寅(1月27日)

入直。上颜料库。到署。崔来百。薛奉使江苏有旨。

初九日丁卯(1 月 28 日)

入直。派写同仁寺扁。壶。到署。王信甫来。夜雪一寸。

初十日戊辰(1 月 29 日)

入直。壶。到署松未。香涛来。

十一日己巳(1 月 30 日)

入直。派写对五付,春条底九分。壶。到署文、敬未。送香涛。

十二日庚午(1 月 31 日)

入直。派写对二付。三库京察,灵、广、徐、奎、王。到署。

十三日辛未(2 月 1 日)

入直。壶。到署文未。潘遹送益甫信来,即复。

十四日壬申(2 月 2 日)

入直。壶。到署文未。复莆卿,交仲田。亚陶为大人诊。

十五日癸酉(2 月 3 日)

入直。军机传旨,袁大马等云云。壶,薛来。到署文未。亚陶来。马、崔、胡来。复芍庭,交仲田。发南信。

十六日甲戌(2 月 4 日)

入直。派题画兰诗。上库。到署。夜亚陶来。

十七日乙亥(2 月 5 日)

入直。赏穿带嗉貂褂。亚陶来。毅卿来。

十八日丙子(2 月 6 日)

入直。具折谢恩。壶。到署会法崇、刘。崔、胡、笔彩来。

十九日丁丑(2 月 7 日)

入直。加班。到署。赏袍褂料、帽纬。复廉生,交协同庆。

二十日戊寅(2 月 8 日)

入直。直日。上诣大高殿,神武门碰头。壶。到署。送云阶。

晤候子和署左。

二十一日己卯(2月9日)

入直。到署,封印卯刻。胡来。

二十二日庚辰(2月10日)

入直。壶。到署会法徐、许。发济、竹、伟信,廿四行。

二十三日辛巳(2月11日)

入直。派题画十一首、题画六件,已正散。皇太后赏福、寿字各一分,长寿字一分,貂皮十张,大卷八个。到署。刑部加班。旨:毋庸谢恩,亦不必具折。得伟如信。眉伯拓。复周子玉,交蔚长厚。笔彩来。胡来百。

二十四日壬午(2月12日)

入直。派写四字语五分,赐军机者。同乡谢恩。到者董、潘、徐、夏。喑恩露閩。李卅、梁卅、祁廿、崔来六十。龚颖生、李兰荪来。胡来百。

二十五日癸未(2月13日)

入直。派写福、贵、财、喜神位等五件。到署。答兰荪。

二十六日甲申(2月14日)

入直。到署文、敬。赵、孙、贡、李来。凤石来。陆寿门来。梁斗南来。崔来百。宝森四十。

二十七日乙酉(2月15日)

入直。皇太后御笔画题诗七首。派写陕西郿县太白庙扁。赏荷包、貂皮、手巾。上诣太庙,侍班,归时磕头。到署全到,阅复陈启泰折。崔六十。

二十八日丙戌(2月16日)

入直。派恭代御笔《心经》。加班奏事。到署文到。子刻敬神。崔大衍。宝森百。梁卅。李大衍。祁廿。

二十九日丁亥(2月17日)

入直。刻字铺百。祀祖先,接灶。得南信。马来十四,十吊。胡来百。赏香橙。

光绪八年（1882）壬午①

正　月

朔戊子（2月18日）

丑初进内，前门关帝庙拈香。辰初慈宁门行礼，蟒袍、补褂。乾清门行礼。懋勤殿开笔。派恭代元旦御笔《心经》。不拜年。归，吴毅卿、孔醉唐见。

初二日己丑（2月19日）

入直。卯正二坤宁宫吃肉，补褂。到署俱到。寄芍庭。写南信，初六发。

初三日庚寅（2月20日）

入直。大高殿祈雪。马来。

初四日辛卯（2月21日）

入直。风冷。答子斋。到署祁、胡来。

初五日壬辰（2月22日）

入直。答宝。到署。

---

①原稿封面有"壬午"四枚、"喜"二枚、"文字之福"、"八喜斋"二枚、"快哉轩"、"日报平安福"、"吉祥喜语"、"如愿"二枚、"千载一时"、"报国在年丰"、"八愿斋"、"出吉人和"印及一满文印。封底有"赐兰堂"三枚、"江东书匮"、"潘氏郑庵藏书"、"郑庵秘笈"二枚、"菢丝馆"、"半泞"、"归思浓于酒"、"寻书玩古"印。

初六日癸巳(2月23日)

入直。宝森来廿。

初七日甲午(2月24日)

入直。到署。答夔石。崔来。

初八日乙未(2月25日)

入直。到署祁。班龙膏并信交陆锡康。郝联薇近垣来。

初九日丙申(2月26日)

入直。上出乾清门,补褂侍班。加班。到署松。复陈荣叔,交秋樵。复稚璜。胡来。童德中以王国江赟,却之。节孝扁书之。

初十日丁酉(2月27日)

入直。加班文末。到署。马来。夜雪。青士来。

十一日戊戌(2月28日)

入直。雪。十七谢。得南信,复。梅葵来。

十二日己亥(3月1日)

入直。到署。复张沈清,交梅书字。复清卿、苟庭。

十三日庚子(3月2日)

入直。候兰孙。复苟庭。

十四日辛丑(3月3日)

入直。到署。

十五日壬寅(3月4日)

入直。朝房晤文。胡来。

十六日癸卯(3月5日)

入直。到署祁。

十七日甲辰(3月6日)

大高殿谢雪。崔来。

十八日乙巳(3月7日)

入直。加班文未。到署夏。文贵来付八十两,欠七十九。

十九日丙午(3月8日)

入直。壶天。到署会法周、刘。复廉生,交小宇。寄济、竹、振民、平斋书,伟如、麟生信,即日发。宝森来。

二十日丁未(3月9日)

入直。加班。到署。王信甫来。胡来。付太百四十。

二十一日戊申(3月10日)

入直。到署开印。壶。候兰孙不值。赵增荣、兰孙、胡来。

二十二日己酉(3月11日)

入直。壶。到署。胡、笔彩来。

二十三日庚戌(3月12日)

入直。派写福建宜兰城隍庙扁。上库。到署。

二十四日辛亥(3月13日)

入直。到署。万、董等开缺。

二十五日壬子(3月14日)

入直。壶四百六十。到署祁未。发济、竹、伟、振信。宝森来廿。王小宇来。

二十六日癸丑(3月15日)

入直。直日。到署松来。

二十七日甲寅(3月16日)

入直。壶公同谢折。到署敬未。王寯颐来。

二十八日乙卯(3月17日)

入直。引见时谢照旧供职恩。到署。王信甫来。是日京堂引见。

二十九日丙辰(3月18日)

入直。派写养心殿贴落一张。壶。到署文、松、祁未。

二 月

癸卯朔丁巳(3月19日)

入直。壶。到署文未。马来。换洋灰鼠褂。马来。

初二日戊午(3月20日)

入直。坤宁宫吃肉补褂洋灰。到署文未。寄济之信野。笔彩来。

初三日己未(3月21日)

入直。壶。到署文、祁未。复次经,交幼轩。寄廉生,交小宇。胡来。

初四日庚申(3月22日)

入直。上库。到署。英俊折,库吏韩士俊等。古尼音布折,溥来、王鹏运来,有交片。马来。还小币百一。胡来。

初五日辛酉(3月23日)

入直。直日。到署。胡来百。

初六日壬戌(3月24日)

入直。到署。大风。

初七日癸亥(3月25日)

入直。大风。王补庵来。派写东岳庙文昌、关帝扁二面。得振民信。

初八日甲子(3月26日)

入直。大风。到署。

初九日乙丑(3 月 27 日)

入直。鹤师招吃肉。到署会法。胡来。小字十二行,寄济、振麻姑、杏仁。

初十日丙寅(3 月 28 日)

入直。加班二件小回回。到署敬未。刚子良毅来。马来。

十一日丁卯(3 月 29 日)

入直。丑刻雨。到署文未。

十二日戊辰(3 月 30 日)

入直。到署文未。童德中来。得济、伟廿九信,即复。

十三日己巳(3 月 31 日)

入直。到署文未。信甫来。

十四日庚午(4 月 1 日)

入直。到署文、祁未。

十五日辛未(4 月 2 日)

入直。加班。到署文、祁、松未。贺子青兵尚,问汴生病。复四叔、济、振、麟。

十六日壬申(4 月 3 日)

入直。到署。寄瘦羊《小谟》一、《叶选》二、《松壶》一,交小宇。

十七日癸酉(4 月 4 日)

入直。大风。到署祁未。晤兰荪。自十九起早衙门。崔、胡、凤石、子青来。

十八日甲戌(4 月 5 日)

入直。到署敬未。胡来,言山东庞姓铜器三件被扣留。王春庭作孚、伯希来。温棣华来。

十九日乙亥(4 月 6 日)

入直。到署。青士、展如、秋樵来。斗南来。胡来。

二十日丙子(4月7日)

入直。到署松未。会法钟、刘。王小宇来辞行。换银鼠褂、白袖头。

廿一日丁丑(4月8日)

入直。直日。到署祁未。马来。

二十二日戊寅(4月9日)

入直。到署文未。

二十三日己卯(4月10日)

入直。到署,先散。派拟兰诗百廿首,四字、五字、七字百廿分。次日递。毅卿、经伯、仲田、凤石,未正散。

二十四日庚辰(4月11日)

入直。请安看方,到署。换羊皮冠、黑绒领。许筠庵来。胡来。

二十五日辛巳(4月12日)

入直。派验放肃、松、王。到署祁未。胡、崔来。

二十六日壬午(4月13日)

入直。命拟兰诗廿首同徐。到署会法。经伯来。赵蓉镜、刚子良、崔来。莼客廿金。

二十七日癸未(4月14日)

入直。加班。到署。展如来。兰荪为幼樵要参六分。庚生、伯希来。

二十八日甲申(4月15日)

入直。到署文、祁未。

二十九日乙酉(4月16日)

入直。直日。到署文、祁未。

三十日丙戌(4月17日)

入直。到署。信甫来。得济、竹、眉伯信,复。

三　月

甲辰朔丁亥(4月18日)

入直。到署。胡来。

初二日戊子(4月19日)

入直。辰初雨。到署松、祁未。夜雨。施启宗、承厚、夏伯英、陆宇生来。胡来。

初三日己丑(4月20日)

入直。到署敬未。

初四日庚寅(4月21日)

入直。到署。上库。苏来。马来十。

初五日辛卯(4月22日)

入直。到署文、松、祁未。苏来。

初六日壬辰(4月23日)

入直。到署会法钟、刘。寄济、竹、伟、振、平斋信。信甫来。

初七日癸巳(4月24日)

入直。到署松差。直日。复次经,交幼轩收回。访兰荪不值。

初八日甲午(4月25日)

入直。到署文未。子良来。陆蔚庭、周希世教习尔珍来。瑞符二八。

初九日乙未(4月26日)

入直。到署敬未。凤石、斗南、胡来。兰荪来。

初十日丙申（4月27日）

入直。带梁、陆进内。到署。马来。付幼轩廿金，还少山款也。派题兰花二幅，署款不书"臣"字。贺、梁、陆、胡来皆十一日事。晡时微雨。

十一日丁酉（4月28日）

入直。到署。得济、伟、质卿信。凤石、斗南来。夜大风。冷。胡来十。

十二日戊戌（4月29日）

入直。上库。到署文、敬未。换季。崔来廿。得雨生讣，其侄来。

十三日己亥（4月30日）

入直。加班。到署。星崖招，午正散，皆同署。

十四日庚子（5月1日）

入直。到署。发济、竹、庞小雅、胡石查、徐花农、质卿、伟如信。

十五日辛丑（5月2日）

入直。到署文未。招徐、梁、陆。直日。笔彩、王姓来。

十六日壬寅（5月3日）

入直。到署。陈楚士、吴毅卿来。复清卿。

十七日癸卯（5月4日）

入直。到署。张云卿承燮来。再复清卿并拓本。风。

十八日甲辰（5月5日）

入直。到署。笔彩、本立、宝森来。

十九日乙巳（5月6日）

入直。到署祁未，薛到。访云阶。笔彩、幼樵来。

二十日丙午(5月7日)

入直。派写张恺《墨兰》《墨竹》签。徐、梁、陆招，梁寓。酉初后小雨，即止。

二十一日丁未(5月8日)

入直。赏扇百七十八柄，送寅臣令郎写。到署薛回任。蒯柘农廉访来。又赏扇，送梁经伯。笔彩来春光。

二十二日戊申(5月9日)

入直。到署。青士来。行文直督，为云南司案调川司派审。

二十三日己酉(5月10日)

入直。上出景运门，诣奉先殿，补褂侍班。直日。到署。王补庵来。

二十四日庚申(5月11日)

入直。派写巴里坤武圣庙扁一面。到署文未，敬差。寄济、竹、伟、振民，廿六发。复次经，交幼轩。

二十五日辛酉(5月12日)

入直。派阅荫生卷奎、徐，未正散。加班，停问并案，得允。寄少山序一《说文》。

二十六日壬戌(5月13日)

入直。到署敬差。胡来。

二十七日癸亥(5月14日)

入直。到署。雨。黄名珏号润生来。

二十八日甲子(5月15日)

入直。到署。高抟九、宋伟度来。夜雨。胡来。

二十九日乙丑(5月16日)

入直。上出乾清门，补褂侍班。派荣寿公主府扁、对七件。小雨。到署。黄贵诚允一、李维诚恂伯来。龚仲人寿图,江苏道来。恩纶来。崔来廿九。

四 月

乙巳朔丙辰(5月17日)

入直。派写荣寿公主府贴落五件。到署文未。上库。日食。

初二日丁巳(5月18日)

入直。到署。本立、刘来。得振民、竹年信件。

初三日戊午(5月19日)

入直。派写御药房扁二分、对三分。到署。恒寿、信甫来。胡来。

初四日己未(5月20日)

入直。到署。宝森来。

初五日庚申(5月21日)

入直。到署。苏来,付卅,清。马来。复南信,伟、济、振、眉伯、平斋。胡来卅。

初六日辛酉(5月22日)

入直。派字魁斗一方、窗心廿八件。到署敬回。经伯、毅卿、仲田来。

初七日壬戌(5月23日)

入直。到署。

初八日癸亥(5月24日)

入直。署中搭棚。贺星东子腾。晤兰苏。幼樵不晤。黄名珏来。酉初雨。为柏师作序、伟度《易卦变》作序。

初九日甲子(5月25日)

入直。到署文、松未。发济之、平斋信,内赵惠甫要拓本百十六纸,眉生要盂鼎一纸。得次经廿一信。崔来廿。海韵楼来。

初十日乙丑(5月26日)

入直。直日。到署会法陈荔秋、刘叔伦。卞颂臣来。宝森来。奉上谕:陈、张、邓参崇礼,大学士会同查明具奏。

十一日丙寅(5月27日)

入直。派荣寿公主府扁四字五面、二字二面、寿字一方。到署。《秋审》第一包四本。

十二日丁卯(5月28日)

入直。上库。到署各散。第二包四本。得济、柳信。

十三日戊辰(5月29日)

入直。到署。第三包四本。得芍信。

十四日己巳(5月30日)

入直。到署。第四包四本。青士来。喑若农并联、幛,交生和太掌扇胡同。派题皇太后御笔画兰四幅,各题四字隶书。

十五日庚午(5月31日)

入直。到署。五包四本。胡来。兰荪来。

十六日辛未(6月1日)

入直。派阅考差卷徐、潘、瑞、麟、王、孙、许、锡、祁、夏,午散。

十七日壬申(6月2日)

入直。到署。第六包、七包。晨小雨。宝森来十。

十八日癸酉(6月3日)

入直。到署。直日。第八包。宋伟度来。得伟如信。全师去世。

十九日甲戌(6月4日)

入直。到署。贺凤石。第九包。

二十日乙亥(6月5日)

入直。吊小汀师。到署。第十包。毅卿、庚生来。

二十一日丙子(6月6日)

入直。到署。复石查。得四叔、济之、振民信,即复。夜雨。

二十二日丁丑(6月7日)

入直。查库,第一日四十万,午散礼、庄、勋、张、乌、锡、徐、夏、兴、岳十人。庄假廿日。管库灵、李、广、潘、奎、许,广在假。到署。第十二包。

二十三日戊寅(6月8日)

入直。卯初开库,辰初先行。到署文未。第十三包。

二十四日己卯(6月9日)

入直。卯初开库,偕兴,辰初二先行。到署。第十四包。毅卿来。

二十五日庚辰(6月10日)

入直。卯初开库,偕礼、兴,辰初先行。到署文未。十五包四本。复芍庭,交仲田。

二十六日辛巳(6月11日)

入直。直日。卯初开库,礼、兴,辰初先行。到署。复子泉,又芍庭信。十六包四本。

二十七日壬午(6月12日)

入直。派恭题皇太后画兰四幅,并隶书四字。赏大卷四匹、葛布二、扇一、漳纱二、帽缨二、燕窝一包。卯初开库。到署。伟度要任筱沅信。马来。十七包四本。

二十八日癸未(6月13日)

入直。派大考差拟题。开库卯初。到署。候兰荪不晤。潜生倕来。赏袍褂料、纱葛、帽纬。十八包四本。

二十九日甲申(6月14日)

入直。皇太后赏御笔画兰四幅。卯初开库,已初查银库完,画稿。到署巳散。兰荪来。十九包四本。

三十日乙酉(6月15日)

入直。到署。二十包四本。函致益甫,交捷峰。次日查库复命。

五 月

丙午朔丙戌(6月16日)

入直。到署。《秋审》廿一包四本。内庭节赏。谊卿来。

初二日丁亥(6月17日)

入直。到署。复柳门,交谊卿。张友山来。马来。李卅,梁卅,祁廿。

初三日戊子(6月18日)

入直。到署。宝森来。廿二包。

初四日己丑(6月19日)

入直。上库。到署俱散。马来,十两全清。宝森来十,初五日付。派写扇二柄。

初五日庚寅(6月20日)

入直。到署松到。招谊卿、仲田、孔先生及其子偕潜生午饭。看廿三包,自五月起间日一包。崔来。

初六日辛卯 (6 月 21 日)

入直。卯初会同查内库。到署薛未。辰正三大雷雨。发四叔、济之、眉伯、竹年、振民信。得徐花农信次日复。雨至酉止。

初七日壬辰 (6 月 22 日)

入直。恭题皇太后画兰四幅同前。卯初开库尚。到署。答兰荪、子久。看廿四包。王达五振镐来。

初八日癸巳 (6 月 23 日)

入直。卯初开库。加班奏事。到署。候兰荪不值。提调姚协赞、王贻清来。嵩良来，回内库短少事。崔来。

初九日甲午 (6 月 24 日)

入直。卯初开库，查尾完后桶外用钩搜找，尚欠二千五百两，午初封库。到署，巳散。廿五包。发捷峰信并寄益甫信。吴鲁肃堂、陈彦鹏行六来。崔来。

初十日乙未 (6 月 25 日)

入直。到署。答梁、陆。伟度来。

十一日丙申 (6 月 26 日)

入直。卯初开库，申初三散。廿六包。清秘来，未见。马来。泉币还之。

十二日丁酉 (6 月 27 日)

入直。直日。奏结古铭猷案，奉上谕：等因。钦此。朝房晤丹初。到署。复次经、廉生。毅卿来书，寄恒轩篆扁。

十三日戊戌 (6 月 28 日)

入直。开库，巳正散，短七百五十两。到署俱散。廿七包。复恒轩。

十四日己亥 (6 月 29 日)

入直。恭题皇太后御笔画兰四幅同前。到署文未。晤丹初。

十五日庚子（6月30日）

入直。查内库，复命并奏数目不符一折，奉上谕：钦此。到署。廿八包。

十六日辛丑（7月1日）

入直。卯初段库，辰初散。到署文未。济之信，张履谦、竹年信，郑桂生交来。邹振岳、魏培楠来。

十七日壬寅（7月2日）

入直。卯初段库，卯正二散。发济之、竹年信。到署。廿九包。得筱雅信，即复。寄卫静澜、邵小村，为筱雅书馆阜康。夜雨即止。

十八日癸卯（7月3日）

入直。到署。丰伸泰来。作济之、竹年、振民信，与小雅信同于次日发。得伟如信，廿日到。

十九日甲辰（7月4日）

入直。到署松未。寄穆春崖、绍石安信，交阜康。看《秋审》卅包。段库复命。

二十日乙巳（7月5日）

入直。加库，收五十七万馀。到署夏未。得伟如信，明日进城矣。颜料库查第一日，未到。胡来。

二十一日丙午（7月6日）

入直。卯初开颜料库四连、五连，卯正散。到署松、敬未。卅一包。伟如来，留饭，未刻散。复济之、振民。

二十二日丁未（7月7日）

入直。卯初开供用库，卯正散，廿四复命。到署松、敬未。晤伟兄、萝兄、贞孚、子宜。酉微雨即止。

二十三日戊申(7月8日)

入直。到署敬未。复麟生,并为书对、扇面,又亢铁卿,交凤石。戌刻后雷雨。卅二包。承厚、施启宗来。伟如来,次日始知,已睡故也。

二十四日己酉(7月9日)

入直。到署松、薛未。敬调兵,贵署刑右。查库复命。贺张友山、贵午桥。福箴廷调刑右。沈藻卿翰来,小雅之婿也;志楠来,皆未见。伟如来。崔来。呼瑞堂来。宝森四十。

二十五日庚戌(7月10日)

入直。到署贵未到任。看卅三包。侄婿刘泉孙用杰来。镜如来。

二十六日辛亥(7月11日)

入直。到署松、夏未。阴雨时作时止。联纲幼农、佛升额伯恒、王信甫来。夜大雨。

二十七日壬子(7月12日)

入直。到署。大雨。卅四包五本。承恩来。子正雨止。

二十八日癸丑(7月13日)

入直。正班。到署文、松未。柳门、毅卿、岱东来。胡、崔来。

二十九日甲寅(7月14日)

入直。到署松未。卅五包。

六　月

丁未朔乙卯(7月15日)

入直。到署贵到任,松未。昨夜雨。明日加班七件。伟如来,睡未见。

初二日丙辰（7月16日）

入直。到署松假。加班。卅六包。夜雨。

初三日丁巳（7月17日）

入直。到署。燥甚，阴雨。柳门、萝杉、子宜来。张友山、伟如来。寄济之、振民、平斋信。

初四日戊午（7月18日）

入直。上库，已正散。到署夏未。卅七包五本。

初五日己未（7月19日）

入直。派写科布多河神庙扁。到署夏未。

初六日庚申（7月20日）

入直。到署夏假，贵班。卅八包八本。

初七日辛酉（7月21日）

入直徐、梁未。到署夏、松假。得挚叔信。

初八日壬戌（7月22日）

入直徐、梁未。到署夏、松假。雨。卅九包九本。

初九日癸亥（7月23日）

入直徐、梁未。到署夏、松假。伟如来。施启宗、李传治来。

初十日甲子（7月24日）

入直。上库，已正散。到署贵未。四十包六本。

十一日乙丑（7月25日）

入直。到署徐未，贵未。文署三库。胡廿。马来。斗南得讲官，来。徐宝晋五十，交凤石。

十二日丙寅（7月26日）

入直。到署贵未。四十一包五本。伟如来。复芍庭。马来。

十三日丁卯（7月27日）

入直。到署松销假。巳刻雨。马来。徐惠生五十，交凤石。

十四日戊辰（7月28日）

入直。到署松未。马来。卅，一砚一砺皆破。铜器七：二父戊；一觥，一爵，鋬中有字；三无字，直三百五十，还之。施启宗来，未见。江苏司去年五月初五奏命盗，月申该司六月稿已失，该员任内事，昨始查出耳。四十二包五本。胡来二百。

十五日己巳（7月29日）

入直。直日。到署。寅初雨时作时止，且大雨。发济之、竹年、振民信。

十六日庚午（7月30日）

入直。到署。卯正雨。四十三包六本。亚陶、吉昌新放漳守来。得尹次经信，复之，交幼轩。

十七日辛未（7月31日）

入直徐未。到署松班。雨时作时止。马来尊卅。发济之、竹年、振民信十八。致小雅，内邵小村复信，交伟如。

十八日壬申（8月1日）

入直。到署文、松未。四十四包。崔来，胡来。戴毅夫二次要参，共二两。

十九日癸酉（8月2日）

入直。到署。四十五包三本。素礼庭来廿日。伟如来，已睡矣廿日。《秋审》完。

二十日甲戌（8月3日）

入直。到署。松南信今日始发。又小雅、瘦羊信。

二十一日乙亥（8月4日）

入直。到署。

二十二日丙子(8月5日)

入直。到署。马来。得石查信,复石查廿三。直日。

二十三日丁丑(8月6日)

入直。直日。到署。

二十四日戊寅(8月7日)

入直。到署俱未。星岩招。伟如来。呼来鼎、帖六十,未付。跌手足。

二十五日己卯(8月8日)　立秋子正三

入直。到署。南斋四人为斗南祝五十。星师于十三去世,唁蔚廷。本日蓝袍、常服,不挂珠。

二十六日庚辰(8月9日)　末伏

入直。上御乾清宫受贺。到署文到。招柳门、谊卿、仲田、伟如,午初散。

二十七日辛巳(8月10日)

入直徐未。雨时作时止。到署松未。夜雨。

二十八日壬午(8月11日)

入直徐未。到署俱未。补褂、蓝袍。夜雨达旦。

二十九日癸未(8月12日)

入直。到署松、贵未。雨。

三十日甲申(8月13日)

入直。上出乾清门,侍班补服。到署松未。呼来。胡来。崔来。姚协赞来。

七　月

戊申朔乙酉(8 月 14 日)

入直徐未。直日。到署夏假廿日。伟如来。马来。燥热。

初二日丙戌(8 月 15 日)

入直。到署夏假廿日。阴雨。马来。

初三日丁亥(8 月 16 日)

入直散后徐来。大雨。到署。星农师开吊财盛馆,甚雨及之。发济之信。晚姓夜雨。

初四日戊子(8 月 17 日)

冒雨入直徐未。朝房遇叔平。到署。伟如以庖人所作假纯以来。崔来,作卤阁。

初五日己丑(8 月 18 日)

入直。加班。到署贵班。坐轿入直,车候西长安门。

初六日庚寅(8 月 19 日)

入直。到署英、贵未,福到,初八安。赏燕窝。伟如来。马来。夜不寐。雨。

初七日辛卯(8 月 20 日)

入直。到署贵未。

初八日壬辰(8 月 21 日)

入直。到署。杨望洲来。朝房晤福箴廷。极热。贺贵午桥山东主考。

初九日癸巳(8 月 22 日)

入直。到署文未。直日。阴雨。谊卿、联俊、杰卿、欧阳衔、宾丞来。

初十日甲午（8月23日）

入直。到署文未。伟如来。得次经四月廿九日信，伪古一匣，交臧笠亭寄。

十一日乙未（8月24日）

入直。到署松未。复次经，还伪物，留小布、小泉，交幼轩。胡来。陈研香来。

十二日丙申（8月25日）

入直。到署松未。答容方。王朗清德榜来。

十三日丁酉（8月26日）

入直。到署松未。晤容方。得济、竹，即复盂鼎一。

十四日戊戌（8月27日）

入直。到署。寄济盂、《担粥》、《问月》，文成、姚、林、吴字，祁对；瘦羊同有。《吾庐笔谈》交沈藻卿倖婿翰，赠以对、幅、书。子授来。又济要胎产丹、一笔句交藻卿。

十五日己亥（8月28日）

入直。派恭代十七日御笔《心经》。到署。陈秉和梅村来。亚陶来为大人诊。送联俊字。伟散生日未去。送江、刘芝田、何子峨、王朗清字。

十六日庚午（8月29日）

入直。到署福十九到右任。亚陶来诊。伟如、陈梅村来。胡、崔来。崔廿四。

十七日辛丑（8月30日）

入直。直日。上诣奉先殿，以直日侍班。派公主府扁九件、对五件、直条三件。到署先散派辑五名缺。陆九芝来为大人诊。苏来。亚陶来诊。

十八日壬寅（8月31日）

入直。派湖北黄陂木兰山扁各一面。看《朝审》五本。亚陶来为大人诊。云阶来。亚陶再诊。凤石来。

十九日癸卯（9月1日）

入直。派窗格眼卅二张。到署先散。福箴廷到任。伟如来。

二十日甲辰（9月2日）

入直。加班。到署福未。答九芝、凤石。亚陶来诊。

二十一日乙巳（9月3日）

入直。到署文、松未。寿泉、梅村、胡来。明日军机处领交片。亚陶来诊。夜雨至次日辰止。答云阶。

二十二日丙午（9月4日）

入直。卯初同芷庵军机处领交片恭未。卯正到署，堂议云南至热河止夏假廿日。胡来。

二十三日丁未（9月5日）

入直。在内晤芷庵。堂议午正散。派审宗培、瑞霖、赵时熙、田我霖来。殷秋樵提牢班。本日奉上谕一道。

二十四日戊申（9月6日）

入直。偕宗培四人晤芷庵。到署福未。棣华、谊卿来。

二十五日己酉（9月7日）

入直。直日。到署。晤芷庵。赏大卷四。研香、展如、雅农来。崔来。宗、瑞、赵、田来。

二十六日庚戌（9月8日）

入直。朝房晤芷庵。到署福、松未。伟如来。容方来。宗、瑞、赵、田来。

二十七日辛亥(9月9日)

入直徐、陆未。到署福未。苏、马来。

二十八日壬子(9月10日)

入直同上。传心殿晤芷庵。到署。复石查野叟言。雨。胡来。夜雷电雨。秋樵来。

二十九日癸丑(9月11日)

入直徐、陆未。偕芷庵连衔封奏。到署福假。赵霭臣、胡、马来。奉上谕一道。发济、竹信。

八　月

己酉朔甲寅(9月12日)

入直徐未。到署福、夏假未满。马来百五卤,孙春山物,尚欠三个五十。胡来。柳门来。

初二日乙卯(9月13日)

入直。颂阁徽学陆假五日。恭题皇太后画兰四幅。到署文未。伟如、谊卿来。胡来百。潘任卿来。望洲来。菽芳送名世,却之,即复。石查信复。

初三日丙辰(9月14日)

入直。到署文未。胡千里来。宗、瑞、赵、田来。冯文蔚来。马来。文奉命东陵查办廷周。夜雷雨。

初四日丁巳(9月15日)

入直。直日。到署。寄廉生、清卿拓本。振民子崔龄喜对,交镜如。午雨,夜又雨。镜如辞行云初六行。

初五日戊午(9月16日)

入直。到署惟薛到,文请训,文初七行。辰雨。宗、瑞、田来。

马来。

初六日己未(9 月 17 日)

入直。上谕:兼署礼部。钦此。到署松、薛。提调姚、王来。未刻又雨。

初七日庚申(9 月 18 日)

入直。具折谢恩。到署。陆销假。胡清瑞、吉昌、慕荣斡来。

初八日辛酉(9 月 19 日)

入直。加班奏覆勘朝审。到署会法陈、徐。伟如来。镜如已行。王鲁芗来。

初九日壬戌(9 月 20 日)

入直。到署松未。谊卿来。素礼庭来。派审五位来。

初十日癸亥(9 月 21 日)

入直。派验放。礼直日。上出景运门,侍班,补服。到礼署。到署。

十一日甲子(9 月 22 日)

入直。到署。李和生青士来。殷、赵来。和生带去崧镇青信。

十二日乙丑(9 月 23 日)

入直。直日。到署。崔、马来。兰荪来。复四叔、竹年、振民。次日又复济。

十三日丙寅(9 月 24 日)

入直。到署。复李静山。彗于卯初一刻见东柳星之次。

十四日丁卯(9 月 25 日)

入直。到署。复邹岱东。朝鲜遣赵宁夏、金宏集、李祖润来。恩诚、吴峋来。莼客卅。经伯卅。瑞符廿。胡来百。

十五日戊辰(9 月 26 日)

入直。赏月饼、瓜果。皇太后赏普洱茶、锅焙茶、活计一匣、大卷六个。到署。恩诚、吴峋来。伟如来。毅卿来。宝森、马来。苏来二两。夜雨,未刻大雨。

十六日己巳(9 月 27 日)

入直。礼加班,封奏二件。到署。宗、赵、田来。发济之信。申雨。寄石查信。刻癸未小印。

十七日庚午(9 月 28 日)

入直。到署。同人公饯子授、颂阁,未正散。辰初雨。马来卅。

十八日辛未(9 月 29 日)

入直。秋审,辰刻上班,巳初三刻散补销假。王信甫来。得郝近垣信,即复。胡来百。得竹年信。

十九日壬申(9 月 30 日)

入直。朝审,上班,辰正散。柳门、联纲、幼农、佛升额伯恒来。

二十日癸酉(10 月 1 日)

入直直日。到署。招柳、毅、伟、田。宗、殷、田来。驾航来。胡来。

二十一日甲戌(10 月 2 日)

入直。到署。发济、竹信,得次经信,未复。吉云舫来。崔来。

二十二日乙亥(10 月 3 日)

入直。到署。为清方伯盛作《谒岱记》作序,寄联少甫。寄四叔普洱茶、茯苓,交潜生廿四行。赵、田来。马来。

二十三日丙子(10 月 4 日)

入直。到署。礼加班。雨。寄仲饴。臧良基、宗、赵、田、马来。

二十四日丁丑(10 月 5 日)

入直。到署。庚生来。呼瑞堂、笔彩、樊来。胡来。

二十五日戊寅(10月6日)

入直。到署。伟如、谊卿、呼来。发济之、眉伯信,复平斋。

二十六日己卯(10月7日)

入直。礼直日。到署。又到署。以埙册寄恒轩题,并瓦拓、竟拓。胡辑五来。交振轩信并书。芷庵、王振铃来。呼来。还《郭太碑》全幅,崇雨龄物,汪喜荀、车允慎跋,张氏世泽堂印,直五百金,伪物也。

二十七日庚辰(10月8日)

入直。到署。

二十八日辛巳(10月9日)

入直。直日。到署福未。裕竹村来。晤芷庵于朝房。

二十九日壬午(10月10日)

入直。派阅孝廉方正卷奎、王、薛百八本,除墨污于心如草一本,已正散。到署俱散。阴雨。谊卿来饭。以诗贺香禅六十。

三十日癸未(10月11日)

入直。到署。发济、竹、振信。

九　月

庚戌朔甲申(10月12日)

入直。到署。伟来。

初二日乙酉(10月13日)

入直。到署。昨奉上谕:添派惇亲王、翁同龢会同查办。本日同芷庵封奏,奉上谕一道。谊卿、庚生来。马来,大衍欠六十。崔来。

初三日丙戌(10月14日)

入直。到署文住通。胡来百。臧笠亭来。裕竹村来。

初四日丁亥（10 月 15 日）

入直。礼直日。到礼署。到署。陈世兄彦鹏来。

初五日戊子（10 月 16 日）

入直。派验放，文复命。到署文未。换毡冠、绒领。芷庵请回避景王。王兴轩来。殷、瑞、赵、田来。胡、马来。发济、竹、振信。

初六日己丑（10 月 17 日）

入直。梁以足酸痛未入直。到署。彗于寅初一刻即出。伟如来。胡云楣来。惇王赠星图三幅，以《乙巳占》答之。

初七日庚寅（10 月 18 日）

入直。到署。臧笠亭来。于幼棠钟霖来。复于子戬、蘅霖并李崧信。

初八日辛卯（10 月 19 日）

入直。丑刻到内，第一次句到，奉、新、云、贵、两广、福。加班一件又一件。到署接本。招伟、谊、柳、田，伟带菜五碟四。马偕潍人邵姓来。带一篚一敦，方赤物。

初九日壬辰（10 月 20 日）

入直。到署。达旦雨止。马来二百。胡来百，自八月起名世。作济、振信十一发。

初十日癸巳（10 月 21 日）

入直。到署。加班覆卜折并及越诉查嘉庆廿五年圣谕。唐维卿景崧来。运斋来。奉上谕一道。

十一日甲午（10 月 22 日）

入直。到署福假。阴冷。伟如来。得初二南信，即复。

十二日乙未（10 月 23 日）

入直。礼直日。到礼署。到署。运斋来。宗、瑞、殷来。

十三日丙申（10 月 24 日）

入直。到署。得姚克谐信号海楼。志裘泉孙中式。

十四日丁酉（10 月 25 日）

入直。直日。晤芷庵。张瀛就获。到署，夏伯英开缺。运斋来。海韵楼来。许星叔刑右童署。

十五日戊戌（10 月 26 日）

入直。到署。伟如来。

十六日己亥（10 月 27 日）

入直。到署，辰正会法陈、风。运斋来。杨石泉来。平斋、恒轩信交运斋。

十七日庚子（10 月 28 日）

入直。句到第二次，四川。加班胡体安一件，旨定案时再行请旨。又二件。到署。胡寿祺来。马来。

十八日辛丑（10 月 29 日）

入直梁未。到署。壶天少坐，本日改巳初到署。晨阴。

十九日壬寅（10 月 30 日）

入直梁未。壶天。到署会法陈、英。知南榜信，无一人也。

二十日癸卯（10 月 31 日）

入直梁未。加班二件。到署。童到右任。风冷，换羊皮冠、黑绒领、珠毛袍褂。

二十一日甲辰（11 月 1 日）

入直。派河南河神扁二面。到署福满。壶天。有冰。运斋、蒋少牧增荣来孝廉方正。

二十二日乙巳（11 月 2 日）

入直。第三次句到。偕芷庵封奏，上谕一道，廷寄一道。派阅覆试卷瑞、麟、锡、邵、薛、周、王,八十四本,一等廿,二等廿八,巳刻散。到署同薛。吴攀桂、刘锟来。

二十三日丙午(11月3日)

入直。四次句到。派题皇太后画兰四幅。到署童未,廿一起,以前同。

二十四日丁未(11月4日)

入直。壶天。到署童未。窦威重子固、王序宗西庄来。苏来。胡来觯一。发南信廿五发。

二十五日戊申(11月5日)

入直。壶天。到署。苏来。潘任卿、林璔华、葛庆春、徐德沅、张之燮、马蓁来。

二十六日己酉(11月6日)

入直。壶天。到署福、童未。运斋、胡来。复执叔,交潘伯循。李振鹏来。马来。施敏先来。

二十七日庚戌(11月7日)　　立冬戌刻

入直陆五日未。壶天。到署松、童未。

二十八日辛亥(11月8日)

入直。壶天。到署童、福未。史馆提调来。崔来。晋荣覆试、锡三来。得四叔、济、竹、三姊十九信,即复。梅菼、胡来。李传元橘农、宝森来廿九。

二十九日壬子(11月9日)

入直。壶天。到署童未。象惊,碎辂并伤。

三十日癸丑(11月10日)

入直。直日。上诣太庙,乾清门侍班。到署童未。耿士璟来。陶玉琦来。讷近堂子。升允来。覆吉甫。

十 月

辛亥朔甲寅(11月11日)

入直。卯正二坤宁宫吃肉。到署童、松、福未。伟如来。怡龄、鲍光灼来。信甫来。初二。交小宇助渭滨身后十两。

初二日乙卯(11月12日)

入直。壶天。到署薛未。复芍庭。王小云、姚馨圃来。崔来。

初三日丙辰(11月13日)

入直。壶天。到署童未。呼来。李菊庄来福建司。冯芳泽覆试来。敏先来。四十,却之。

初四日丁巳(11月14日)

入直。壶天。到署童未。雨又雪。寄济、竹信。呼来。胡来。

初五日戊午(11月15日)

入直。壶天。到署薛、童未。得静山信,并袍褂料。寄平斋、清卿拓。秋樵来。苏来。

初六日己未(11月15日)

入直。加班。到署童未。呼来。

初七日庚申(11月17日)

入直。壶天。到署,考王国镛、陈廷彦、刘勋夜雨。苏来百十两。答伟如。胡来。曹㻞瀛来。

初八日辛酉(11月18日)

入直。皇太后赏墨兰四幅、大卷六个。到署巳散,文、福、童未。崔师招吃肉。答兰苏。胡来。运斋来。

初九日壬戌(11月19日)

入直。壶天。到署松班,童未。换貂冠、白风毛。风。柳门来。

初十日癸亥（11月20日）

入直。蟒袍、补褂。慈宁门行礼,递如意,赏还。到署俱未。胡来。呼来。宫子行、方成周、鹿名世来。

十一日甲子（11月21日）

入直。壶。到署福、童未。伟如来,留饭。宝森来《仕学规范》。马来二石印。

十二日乙丑（11月22日）

入直。壶。到署文未。莤卿交济、振枇杷露、蕈油,即复。增子良来,绥定。

十三日丙寅（11月23日）

入直。壶。到署薛闱,松、童未。子青来。祝吴母寿。晤运、柳。以对赠石泉。

十四日丁卯（11月24日）

入直。壶。到署童未。运来。

十五日戊辰（11月25日）

入直。派验放。发济、竹信。伟如来。送宫子行书、对。信甫来。

十六日己巳（11月26日）

入直。直日。壶。到署童未。晤兰荪。

十七日庚午（11月27日）

入直。派题皇太后画菊二幅。壶。到署童、福未,薛出闱。姚柽甫、石杉、礼咸、运斋、王朗清来。

十八日辛未（11月28日）

入直。壶薛来。到署。大风。

十九日壬申（11月29日）

入直。壶,芷庵来。到署松、童、薛未。张尊三来竹楼方正。

崔来。

二十日癸酉(11 月 30 日)

入直。到署童未。运斋来。

二十一日甲戌(12 月 1 日)

入直。壶。到署童、福未。伟如来。

二十二日乙亥(12 月 2 日)

入直。到署童未。苏来。复麟生,交伟如。马来。又言兮仲敦四百,先小字三百。伟放江西。

二十三日丙子(12 月 3 日)

入直。伟至。壶。到署松、童未。运斋、秋樵、胡寿祺来。送心岸貂裘、红狐马褂。

二十四日丁丑(12 月 4 日)

入直。壶。到署。宫子行、敬子斋来。马来。发南信。

二十五日戊寅(12 月 5 日)

入直。到署童未。得南信,即复。

二十六日己卯(12 月 6 日)

入直。壶。到署文、童未。子宜辞行。发南信。呼来。还《争坐》一、王帖一、《景君》一。

二十七日庚辰(12 月 7 日) 　　小雪午正三刻

入直。壶。到署童未。风。答王德榜、游百川。朱石峰文镜来。呼来。

二十八日辛巳(12 月 8 日)

入直。派写贴落二张。壶。到署薛闰,童未。耿士璟来。

二十九日壬午(12 月 9 日)

入直。五次句到山、直、热。到署童未。伟如来。夜雪。

十一月

壬子朔癸未(12月10日)

入直。到署。文星岩招同心月、子斋、袭卿、受之。柳门、莘卿来。殷、赵、田来。心月辞行。赠颂、田鹿茸次日。

初二日甲申(12月11日)

丑初送心月,未见,甫卧也。壶。到署福班。会法文晖、徐用仪。呼来。刘晓澜海鳌来。运斋来。

初三日乙酉(12月12日)

入直。直日。到署童未,考笔帖式。胡来。

初四日丙戌(12月13日)

入直。派写南河金龙四大王庙扁。到署考笔帖式。宗、殷、赵、田来。呼来。

初五日丁亥(12月14日)

入直。壶。到署文、福、童未考笔帖式。

初六日戊子(12月15日)

入直。朝审句到。已初二刻,召对于养心殿。奉上谕:在军机大臣上行走。到署办孙、周折。柳门、叔平来。兰荪来,止其辞,奉命也。

初七日己丑(12月16日)

入直。具折谢恩,引见时碰头。至三邸及同直处,不晤。运斋、凤石来。斗南、殷、赵、田来。发南信。偕芷封奏。周革孙解。

初八日庚寅(12月17日)

入直。到署。答客。陈荔秋来。秋樵来。冷。

初九日辛卯（12 月 18 日）

入直。到署。运斋来。

初十日壬辰（12 月 19 日）

入直。到署文、福、童未。赏大卷各一、赏冰鱼。子青来。冷。
殷、赵来。

十一日癸巳（12 月 20 日）

入直。直日。召对，碰头，又磕头谢赏。到署俱散，午刻矣。
大风，冷。

十二日甲午（12 月 21 日）

入直。到署松未。殷、赵、田来。运斋来。凤石来。

十三日乙未（12 月 22 日）

入直。卯刻冬至。壶。到署文、福、董未。陆吾山来。瑞、殷、
赵、田来。《书谱》册。

十四日丙申（12 月 23 日）

入直。壶。到署，童未。运斋来。宗、殷、田来。陈伟杰、欧阳
衔来。《书谱》册。

十五日丁酉（12 月 24 日）

入直。召对。到署福、童未。信甫来。《书谱》册张。

十六日戊戌（12 月 25 日）

入直。壶。到署童未。发南信。偕芷庵封奏明发。胡卷伯时卷
十六。

十七日己亥（12 月 26 日）

入直。派写长寿字等底子卅六方。壶。到署福未。风。

十八日庚子（12 月 27 日）

入直。兆子苟兰来。

十九日辛丑(12月28日)

入直。召见。午正到署。吾山来。殷、田来。发南信。

二十日壬寅(12月29日)

入直。召见。祝恭寿。午正到署。复恒轩,交运斋。

二十一日癸卯(12月30日)

入直。偕芷庵封奏。壶。晤莱山。到署文、松、童未。风。胡、宝森、运斋、幼樵来。莱山来。

二十二日甲辰(12月31日)

入直。壶。芷庵来晤。到署文点验军器。大风。运斋、殷、赵、田来。

二十三日乙巳(1883年1月1日)

入直。召见,赏鹿尾、鹿肉、冰鱼、野鸡。到署。吊宗文恪。

二十四日丙午(1月2日)

入直。壶。到署文、童未。

二十五日丁未(1月3日)

入直。壶。到署文、童未。朱伯华来,赠五十,却之。殷、赵、田、燕起烈来。写对六十付。得初六南信,复济之、振民。柳门来。

二十六日戊申(1月4日)

入直。壶。到署。运斋来。对六十付。上祈雪大高殿。

二十七日乙酉(1月5日)

入直。直日。到署。派恭代吉祥四字五分、又六分。对六十付。

二十八日庚戌(1月6日)

入直。召见。派恭题皇太后画兰四幅、隶四字。午到署文、童、福未,馀巳散。得清卿信,即复。运斋来。

二十九日辛亥(1月7日)

入直。写如意单、长寿字、十三言对、五言对、福五方、寿一方、"天佑皇清"一张。到署童未。胡来。马来。苏来。

三十日壬子(1月8日)

入直。到署一人到。一点钟偕李、陈至英、美、德、吡、日馆,归申正三。

十二月

癸丑朔癸丑(1月9日)

入直。到署文、松未。苏来廿。发南信。刘仲良来。

初二日甲申(1月10日)

入直。召见。赏柿饼。到署,巳正俱散。运斋来。胡来。马来四十。递如意单,赏大卷一,袍褂料各一。斗南来。呼来。

初三日乙卯(1月11日)

入直。壶。到署。于次棠来。呼来。还凤石四十,在殿面缴。

初四日丙辰(1月12日)

入直。召见。到署午正。复一山、岱东。峄卿来。呼来二百。宝森来卅。胡来二百。潘禄祖希彭来。复谟卿。

初五日丁巳(1月13日)

入直。卯正二上诣寿皇殿,随同行礼。到署童未。宗培来。

初六日戊午(1月14日)

入直。到署。大高殿祈雪第二。

初七日己未(1月15日)

入直。到署。青士、薛叔耘福成、殷、赵、田来。赏对全完。

初八日庚申(1月16日)

入直。召见。派恭题皇太后御画松鹤七绝一首并隶四字。未初到署俱散。宝森来四十。陈宝箴右铭,辛亥来。袁善来。

初九日辛酉(1月17日)

入直。召见。未初到署,会法已过。运斋来。还运百五十,欠十。呼来二百。宗培来。王振铃来。

初十日壬戌(1月18日)

入直。到署星叔明日复命。胡来二百。马来。

十一日癸亥(1月19日)

入直。赏燕窝。壶。到署松未。苏来四十,欠廿六。宝森来十八两。秋樵、运斋来。刻字铺一百。胡来。

十二日甲子(1月20日)

入直。雪花即止。赏鲟鳇鱼、回网鱼一尾,紫蟹廿个。到署福未。星叔交来南中十一月初二信。发四叔、济、竹、振、平信,平斋信交运斋。

十三日乙丑(1月21日)

入直。召见。未初到署。王小宇卅。胡来。吉荣帆来口北道。

十四日丙寅(1月22日)

入直。派写对四付、"岁岁平安"底子二分。到署。饭于总署。俄国拜年。胡锡祜、心斋来。

十五日丁卯(1月23日)

入直。赏藏香。到署。胡来。雪花。得南十一月十二信、心月信。

十六日戊辰(1月24日)

入直。召见。未初到署。复济之、竹年、瘦羊、振民、眉伯及三姊信。宝森来。

十七日己巳（1月25日）

入直。到署文未到，许未到任。会法张、凤。青士、柳门来。

十八日庚午（1月26日）

入直。召见。皇太后大安。赏"松竹并茂"四字，赏黄米糖、香水梨、截梨、平顶香、书结，共六种。到署许到任。崔来。呼来。二百，分仲敦，欠五十。胡来。宝森来百。手复张云卿承燮，赠对、幅。

十九日辛未（1月27日）

入直。赏袍料二、褂料一、帽纬。壶。到署。笔彩来。苏来。崔来。

二十日壬申（1月28日）

入直。召见。赏鲟鳇鱼。到署已未初。是日辰刻封印。胡来。呼来。复鉴堂对、幅。夜雪达旦。

二十一日癸酉（1月29日）

入直。子刻敬神。召见。到署文该班，薛到。信甫来。苏来。复知无。复石安对、屏。

二十二日甲戌（1月30日）

入直。刑部加班，十四件。到署。朝房晤同人及芷庵。运斋来。得南信。吉顺、潘庆澜来。

二十三日乙亥（1月31日）

入直。召见。苏来。胡来两数。

二十四日丙子（2月1日）

入直。晤星崖恭邸。到署薛。运斋来。苏来名世，莼卌、瑞廿。

二十五日丁丑（2月2日）

入直。召见。未初到署遇福。运斋十，交柳、崔来二百清。柳门来百五清。发南信,明日行。

二十六日戊寅(2月3日)

入直。午正到署文、许已散。毅卿、凤石来。呼来百八十,尚欠卅。苏来。宝森来。复仲饴。复陆存斋,交仲田。

二十七日己卯(2月4日)　巳正立春

入直。召见。赏"庆蔼迎春"四字、赏"延年益寿"二张、"岁岁平安"一张、貂皮十张、袍料六卷褂料二卷。到署文、薛,已散。青士、秋樵、胡来。

二十八日庚辰(2月5日)

入直。上诣太庙,乾清门侍班,补褂。派恭题皇太后御笔松鹤二幅、七言诗并隶四字。祝佩翁。到署。黄酒馆五十两,一年未付也。

二十九日辛巳(2月6日)

入直。恭代御笔福、贵、喜、财神位等五件,赏荷包。到署。苏来百,已六百矣。呼来。招小宇、廉生、莆卿、运斋、柳门来。长允升萃来。陈右铭来。胡,两数。

三十日壬午(2月7日)

入直。赏荷包、金银锞。祀祖先,祀灶。梁四十二。笔彩大衍,欠六十。纯廿,连前共六十。苏已付六百,尚欠百五。呼来。马来廿,欠九两。复恒轩,交运斋。宝森来十二两。卜霖来,宜子望之弟也。得辛芝信,为伟度身后事,即复,交宝隆寄。

光绪九年（1883）癸未^①

正 月

朔癸未（2月8日）

子初进内，前门关帝庙拈香。卯初养心殿召见，递如意，赏还，赏八宝荷包二个。辰初慈宁门行礼，乾清门行礼。巳刻寿皇殿侍班，随同行礼，孔雀房恭候，赏荷包一个，驾到时谢恩。懋勤殿开笔。诣恭邸、醇邸。祝兰荪。

初二日甲申（2月9日）

入直。卯正坤宁宫吃肉，补褂。到署。大雪子正至巳初。

初三日乙酉（2月10日）

入直。到署。答客。

初四日丙戌（2月11日）

入直。到署。答客。访吉荣帆不值。运斋、信甫来。

初五日丁亥（2月12日）

入直。同人偕诣恭邸。发济之、竹平〔年〕、眉伯、瘦羊、振民、平斋信初七。胡、崔来。

---

①原稿封面有"癸未"六枚、"喜"二枚、"文字之福"、"□□"、"快哉轩"、"日报平安福"、"吉祥喜语"、"千载一时"、"报国在年丰"、"如愿"、"八愿斋"、"八喜斋"、"出吉人和"、"御赐岁岁平安"、"御赐松竹并茂"、"御赐延年益寿"、"御赐△△△祥"印及一满文印。

初六日戊子(2月13日)

入直。答佩蘅。巳初到署。大雪。凤石来。仲良来。大雪时作。

初七日己丑(2月14日)

入直。到署,大雪未止,午晴。胡来。郝近垣来。

初八日庚寅(2月15日)

入直。召见。到署薛。雪时作。夜雪。长允升来。

初九日辛卯(2月16日)

入直。卯正二上诣太庙,乾清门补褂侍班。恭代皇太后赐荣寿公主卅寿扁、对。恭代上福、禄、寿、喜四方。到署松。呼来皇甫四百廿。运来。雪。寄平,交运。

初十日壬辰(2月17日)

入直。到署文未,馀俱到。在叔平寓招宝、李、景。壶。寅雪,辰愈大,辰正止。

十一日癸巳(2月18日)

入直。派题《群仙祝寿》图五律一首。到署,全到,面商王树文一案。呼来,全清。发济、竹信。

十二日甲午(2月19日)

入直。召见。到署已午刻。刘春轩潼商道、刘仲良来。浙抚,本日请训。

十三日乙未(2月20日)

入直。到署。壶。佩翁招同直于东园,申初散。

十四日丙申(2月21日)

入直。上诣奉先殿,内右门侍班。壶。到署薛。斗南来。信甫来。

十五日丁酉(2月22日)

入直。壶。到署门逢福。辰正微雪。运斋来。

十六日戊戌(2月23日)

入直。召见。午正到署。王朗清来。

十七日己亥(2月24日)

入直。壶。答惇邸。到署文、松、薛。青士来。

十八日庚子(2月25日)

入直。召见。到署。加班十件。文星岩招本日,辞之。运斋、柳门、莆卿、嵩书农昆、郑小亭贤坊、盛蓉洲植型来。

十九日辛丑(2月26日)

入直。到署。秋坪招。发南信。

二十日壬寅(2月27日)

入直。贺芷庵太夫人栋鄂氏八十。到署文、松,雪。青士来。凤石来。胡来。世勋送翁批《阁帖》肃本,却之。

二十一日癸卯①(2月28日)

入直。午刻开印。到署薛。

廿二日甲辰(3月1日)

大人于昨夜亥刻中痰不语,本日丑刻瞑目而逝。抢地呼天,百身莫赎,痛哉! 运斋、柳门、凤石、经伯、仲田、董彦合来后日日来。翁、李、薛、敬来。申刻大殓。运斋一切皆其照料。

廿三日乙巳(3月2日)

酉刻接三。演口,同直、同寅均来。司官、门生来。发南信。

---

①自本日起,日记换册。扉页记"光绪九年正月廿一日以后日记",有"癸未"朱蓝印各一,前白页有"郑庵秘籍"朱印一。封底有"井西书屋""二苏仙馆""□□""莼"印各一。

八妹来。

廿四日(3月3日)

奉上谕:追赠三品卿衔,赏银二千两等因。钦此。来客不备录。再发南信。

廿五日丁未(3月4日)

李、翁来,客不备录。地山、芷庵来。三妹来。

廿六日戊申(3月5日)

漆饰第一次。王朗清祭,客不录。青士来。报销案派子青。

廿七日己酉(3月6日)

编录《年谱》。吴、汪各祭,客不录以下同此。八妹归。

廿八日庚戌(3月7日)

头七念经、演口半舫。惇王祭。董妹祭。法源寺祭。袁氏三太太祭。陶妹祭。文星崖再来。杠房定四千吊。马工头祭。

廿九日辛亥(3月8日)

漆饰第二次。运斋交来孝达信。由幼樵交。客不录。讣目清出,明日请人写签,在假山洞高慎德饽饽桌。

二　月

朔壬子(3月9日)

请写讣签。徐迪新、徐宝晋、吴少渠、沈子培、许隺巢、刘咏诗、王小宇、王廉生、韩荫莱耀曾、梁经伯、杨雪渔、彭仲田、顾康民。陶妹归。写讣五分,惇、恭、醇、载、万,共一千七十分。

初二日癸丑(3月10日)

得正月初八济之、振民信。江西司祭。韩镜孙来见。宝、佩、翁送粥、菜蔬。

初三日甲寅（3月11日）

壬戌山东门人祭。醇王送饽饽桌，豕羊各一。敬子斋再来。得孝达、豹岑书，未复。运斋言平斋正月十一去世。酉初雪。复济之、振民，初四发。文锡送饽饽桌。

初四日乙卯（3月12日）

刑部文、张、松、薛、福、许公祭，饽饽桌，羊豕一。丁丑门人卅一人公祭。王春沛祭席。风。运斋一切皆总其成，无日不到，至戚究异于人也。客不备录下同。

初五日丙辰。（3月13日）

漆饰三次。癸酉门人祭五十馀人。宗培祭。三侄女偕刘侄婿来。

初六日丁巳（3月14日）

二七念经。龙泉寺祭。梁、陆公祭。刘侄婿祭。演口，子正毕。风。得合肥信、如冠九唁信，复。

初七日戊午（3月15日）　风冷

柳门交校订《年谱》，即付梓。崇地山再来。

初八日己未（3月16日）

两班汉章京祭，羊豕席。湖广司来八人。恭王遣澄贝勒来送幛、羊豕。叔平三次来。得济之正月廿五信、瘦羊信。薛抚屏来送分。张丹叔信未复。

初九日庚申（3月17日）

两班满章京公祭。云南司、福建司公幛。兰荪三来。幼樵再来。廷子隽，复。恩良祭。

初十日辛酉（3月18日）

子静侄来。云南全司、国史馆提调等、户部、工部各司来。翰林院幛。都察院幛。

十一日壬戌（3月19日）

文星崖、文书田、豫锡之再来。郝近垣祭。司务厅等公幛。

十二日癸亥（3月20日）

八妹、三妹来。乙丑、辛未、丙子门人及同事宝、李、景、翁公祭。得四叔、二弟信，即复。裕德祭。徐乃秋再来。

十三日甲子（3月21日）

三七。五姨奶奶送经。胡先生祭。八妹祭。演口，亥刻毕。福珍亭、贵午桥再来。

十四日乙丑（3月22日）

国史馆汉提调等公祭。李问樵祭。福绥庭、钟洛英来。外讣约四百馀分。十五发四叔、二弟信。六科公幛。南中托二彭寄件到。寄合肥信，托轮归照料。三妹归。

十五日丙寅（3月23日）

宝竹坡、田季瞻再来。王莆卿、汪范卿祭。晚演口。得伟如信。

十六日丁卯（3月24日）

领帖。晨雾酉雨。熙年、泉生两侄来。翁、李、景、松均又来。肃邸来。陪客请十二位。三位满，唯长萃较早。客三百馀人，谊卿戌初散，可感也。分六百二两票，七百馀两。雪至次日午止。

十七日戊辰（3月25日）

熙年、泉孙两侄来子静亦来。未刻请兰孙点主。斗南、凤石、谊卿、柳门相题。戌刻行，启奠礼。绍葛民、王信甫十馀人来。

十八日己巳（3月26日）

辰刻启殡，由本胡同北口大街至法源寺。门人路祭四处山东壬戌、癸酉、丙子、丁丑。未刻神主回吉，即回至寺宿。得合肥信。

十九日庚午（3 月 27 日）

李问樵、松峻峰来。申刻返寓。发四叔、济之信。归寓后沈士鍱来。

二十日辛未（3 月 28 日）

四七。董彦合、吴运斋、泉孙、陆凤石、胡子英来。演口，亥刻毕。

二十一日壬申（3 月 29 日）　阴

漆饰灰漆，廿八上布，廿九矸布。张幼樵来。得执叔、福益三、郭凤岐信。大风。回寓。

二十二日癸酉（3 月 30 日）

哀启甫刻成。得四叔、济之、振民、桂清姊、眉伯信，十四日所发，即复，廿三发。大风。孔先生来，廿六请朱先生赐卿，丙子副榜权馆，授年弟读。回寓。

二十三日甲戌（3 月 31 日）

请梁经伯写签。大风。运斋来。得窭斋书。再书寄四叔、济之，廿四发。张安圃引见，御史。欲与易宅。

二十四日乙亥（4 月 1 日）　　大风

漆饰上布四人。又寄济之书，共八纸，廿五发。经伯到寓写签，各直省讣也。殷还浦如珠来。回寓。

二十五日丙子（4 月 2 日）

发济之信。静涵来见。郝近垣乞撰《兰皋先生全集序》，莆卿代为之，本日交来。回寓。

二十六日丁丑（4 月 3 日）

运斋到庙，并到寓。朱先生号赐卿、名敏修到馆，吴、梁、孔同陪。

外讣发。复伟如，交运斋。复恒轩，交运。杨聪来。托醉棠寄叶鞠裳聘书金廿两。

二十七日戊寅(4月4日)

寅初上供。五七念经、演口。仲田、经伯、亚陶、运斋来。董彦合、孔醉棠来。凤石、子静、熙年、泉孙来。汪柳门、陶见曾、刘侄婿亦号泉孙来。斗南、茀卿来。夜微雨。

二十八日己卯(4月5日)

发四叔、济之、麟生书。上灰漆。叔平、韩镜孙来。回寓。

二十九日庚辰(4月6日)

运斋来。秦氏三甥来。得顺伯、四叔、济之、竹年廿三所发信，复，初一发。又振民信。柳质卿来。回寓。

三 月

丙辰朔辛巳(4月7日)

复恒轩，交运斋。江香岩、李洵安、王信甫来。得若农信，即复。运斋来。河南王树文案昨日结。青士放河南守。回寓。

初二日壬午(4月8日)

复香涛，交幼樵。漆饰横布。徐花农、汪瑜伯、奎斌、运斋来。复芍庭。回寓。

初三日癸未(4月9日)

《年谱》送柳门校，廿七送去，本日送来，交刻字人改正。辰微雨。回寓。青士来，未见。

初四日甲申(4月10日)

《年谱》始付刻，柳门校迟。《说文古文考》刻成。得近垣信初三日，索还《晒书堂文集》《笔记》《笔录》等原本，即交来伻带回。
运斋、青士来。潘誉征、区国琦、吉顺来。杭州丁丙子之孝廉立诚
送家刻百馀册《西泠五布衣诗》《杭郡诗辑》《西湖丛编》①。

初五日乙酉(4 月 11 日)

六七念经、演口。孔醉棠、王以憼来。朱赐卿敏修、凤石、彦合
来。运斋来。即复恒轩。胡子英来。发南信。

初六日丙戌(4 月 12 日)

复邹岱东。文、宝皆到寓。回寓。运斋上陵。东屏信。

初七日丁亥(4 月 13 日)　大风

晨马惊折足。回寓。兰荪到庙不值。腹疾。

初八日戊子(4 月 14 日)

沈守廉来，选永宁道。回寓。夜腹疾大泻。

初九日己丑(4 月 15 日)

押布灰漆。得招商局黄刺史应〔建〕笺，号花农信，即复。夜腹泻
五次。

初十日庚寅(4 月 16 日)

兰荪来。得四叔、济之初二信。夜泻七次。回寓。

十一日辛卯(4 月 17 日)

复南信。

---

①原稿此页夹两纸。其一记："匋卅九件、瓶罐十九件、磬一件。砖十二方，有匣四
方、无匣四方。无字小铜器廿件一匣。砖三件三匣。破铜器一件。"其二记："江苏全省
托邵小村。盛崇文山。陕善星垣。甘谭文卿。吉清卿。闽托何小宋。浙德小峰。山东
陈隽丞。安裕寿山。川托王莲塘、廉生之翁。广东托刚子良。广西倪豹岑。直托郝近
垣。藩崧镇青。山西张香涛。云李蓼生。江西伟如。湖北芍庭。湖南庞省三。贵抚林
贞伯。"

十二日壬辰（4 月 18 日）

七七念经、演口。刘春轩来辞行。孔醉唐、朱赐卿、彦合、柳门、子英来。缪小山、潘希彭来。黄绍箕来。亚陶来。得仲良、寿山信。得黄漱兰信①。

十三日癸巳（4 月 19 日）　阴

漆匠来上布。胡良驹来。回寓。夜雨。

十四日甲午（4 月 20 日）　大风

寄出书贴淼古厨、带件贴虆古。胡子英来。汪眉伯、运斋来。复振民。

十五日乙未（4 月 21 日）

眉伯祭。廉生来。

十六日丙申（4 月 22 日）

复济之初七信、振民信。漆饰押布。风。书七十三箱，书架、书匮　　件，寄法源寺。以齐刀、尖刀、明刀一箱寄廉生。象济来。古匋廿七匣六百七十六件交廉。又三筐一匣三百九件交廉生。秋樵来。

十七日丁酉（4 月 23 日）

约含英阁装古器。邾牼钟一匣一枚，又无字钟一架寄廉生。眉伯、颜聘卿、孔昭泰、运斋、曾纪凤来。以匋器卅九件、瓶罐十九件、磬一件、砖十一件，有匣者四又三匣，又无字小铜器廿件一匣，又破铜无底器一件交廉生。又汉、唐竟十一面，有字、无字兵器九件，权一件，又刀范三件，皆无字。子静到寺，未晤。含英装古器以下同。

---

①原稿此页夹一小纸，记："刘永福、叶成林、王朴盛、王二、刘典阶、唐景崧折"。

十八日戊戌（4月24日）

熙年、江佐清、王小字来。豫绿樵、章泉孙来。钟十、架二、齐刀五、明刀六十四、砖八交廉生。又古泉二匣内一四匣，一二匣，又笺版一箱，又大埙同作乃�。

十九日己亥（4月25日）

漆饰中灰四斤。浙同宗陞荣、运斋来。容方、桂文灿来。石刻三箱，棕箱二、红皮箱一，交廉生。

二十日庚子（4月26日）

发济之信。收拾拓本、字画五箱交廉生，明日送。付宝森六十四两，又饭钱四十千。是日换凉帽。汪瑜伯来，因忙未见。

二十一日辛丑（4月27日）　阴雨

运斋、陈贞来。廉生处送昨装之五箱，又今日之大长箱，又褾册拓本箱，共七箱，皆得复。杨保彝来。又一箱，共八箱交廉生。又马镫一对、汉洗连架，又建文槌，又自用印木石五匣、铁泉九十五枚交廉生。

二十二日壬寅（4月28日）

六十日念经、演口。漆饰细灰。子静、彦和、醉棠、康民、咏诗来。复伟如、缉廷。朱赐卿、运斋、汪瑜伯来。庚生来。申刻后阴小雨。

二十三日癸卯（4月29日）　小雨

拓本箱第九、第十交廉生。得四叔、济之信，即复廿三。又褾册拓本、未褾拓本二箱交廉生。得四叔、济之十四信，即复，廿五发。

二十四日甲辰（4月30日）

运斋来廿两、廿四两。潘衍桐来。宋、元板书三箱，汉洗有字架二,无字大句镬一,无字鼎一,交廉生。

二十五日乙巳(5月1日)

发南信。雨。无字大镈交廉生。廿五日漆饰浆灰三斤。

二十六日丙午(5月2日)　夜雨达旦

以宋、元本二箱寄廉生。

二十七日丁未(5月3日)　晨雨。巳刻晴

宋、元本一箱寄廉生,本日止。

二十八日戊申(5月4日)

漆饰。沈洁斋来辞行。长允升、王信甫到庙。

二十九日己酉(5月5日)

运斋、胡千里来。胡来。宝森来。收拾南旋书。发南信。

三十日庚戌(5月6日)　立夏

得四叔、济之、瘦羊廿二信。胡来二百,朔四百。

四　月

丁巳朔辛亥(5月7日)

发南信。漆饰十四次。胡寰敦。交长太卅。

初二日壬子(5月8日)

发南信,合前三函同发,共四函。宝森此次四日装书。又寄济一函,内有讨,属翻刻。运斋、蕴苓、子静、花农来。胡来二数清。

初三日癸丑(5月9日)

静涵以其前代和尚象求题。发南信,言拟二十日行。秦石麟来。兰荪到寺。含英收拾完。

初四日甲寅(5月10日)

漆饰十五次。雨。胡来。得陆存斋信及《藏书志》及集及《丛

书》二集。

初五日甲寅〔乙卯〕(5月11日)

运斋来。廖仲山来。风。致济之信。

初六日乙卯〔丙辰〕(5月12日)

柳门来。马东垣未来。

初七日丙辰〔丁巳〕(5月13日)

漆饰十六次。柳门来。秦关、秦佩崔、吟燕来。马东垣来。复王符五。夜雨达旦。

初八日丁巳〔戊午〕(5月14日)　　雨寅正止

秋樵来。兰荪送料壶二。

初九日戊午〔巳未〕(5月15日)

寄济之信。赵展如到庙。得济之、振民初一信，复。

初十日己未〔庚申〕(5月16日)

寄济之信。以益甫容斋对、陆《丛书》二集寄廉生。运斋、陈研香、赵展如来。李和生、叶挺生来。回寓。兰荪来。宝森来册。王振镐来。

十一日庚申〔辛酉〕(5月17日)

子静来。长泰赴通，雇定太平船二。眉伯前日来，昨日去。《权文公集》寄廉。

十二日辛酉〔壬戌〕(5月18日)

寄四叔济之信。漆饰十七次止。运斋、子静、瑜伯来。江佐清来。孙钦晃未见。叔平来未见。腹疾。

十三日壬戌〔癸亥〕(5月19日)

又寄济之信。寄郝近垣信、黄花农信。陈世兄彦鹏来，颂南师子，行六，赠以廿四金。李士彬、廷杰、钟埙、裕彬、穆特亨额来。

风。熙年、泉孙、花农来。刻字铺四百金。

十四日癸亥〔甲子〕(5月20日)　阴

发南信。运斋、杜石生、凤石来。汪瑜伯来，即以账目交付，明日先至通。

十五日乙丑(5月21日)　午风

陛荣来。子静来。胡来卜世，三百。长卅两，馀五人，廿两。宝森四十，又廿千。斗南来，未见。

十六日丙寅(5月22日)

发南信。法源香火二百八十千。香资廿两。梁卅两。莼卅两。

十七日丁卯(5月23日)

山东门人公祭，孙纪云、高彤瑄、郭鹏云、马瑞辰、刘中策、李端遇、陈秉和。同乡刘咏诗、崔巢、康伯、毅夫、仲田、申之、康民、范卿、莆卿、谊卿、柳门公祭。幼樵、熙年来。黄子寿、李士彬来。以俸米捐粥厂。棺票四十交谊卿。

十八日戊辰(5月24日)

吴均金、吴瀛上祭。程椿寿上祭，号季园，小泉堂弟，山东通判。韩荫禄上祭。叔平上祭。秋审，赵时熙、陈惺驯、王、田来。三秦上祭。兰荪上祭。燕起烈来。秋樵来。戌初雷电雨。潘庆澜来。

十九日己巳(5月25日)

张霁亭、杜庭璞、冯伯申、吴汪、董亚陶、贡幼山、世锡之、熙年、秋樵、仲田来。癸酉，陆、蒋式芬、周志靖、沈士鏐、长萃、马锡祺、徐致靖、何崇光、魏晋桢、赵增荣、赵尔震、程夔、李润均、徐宝晋、张宝恩、孙承鉴、吴荫培、沈曾植上祭。世锡之上祭。朱子涵来。李莼客、王廉生、小宇、杨颐、陈昌年、王邦玺、斗南来。会章来。江容方、花农、王忠荫、运斋来。

二十日庚午（5月26日）

寅刻启灵。运斋来送，一人而已。午正独龙杠抵通，三号太平船，又小船一只。王鲁芗、薛抚屏、郝近垣、李珠圃来。韩镜孙来。熙年、泉孙、瑜伯同舟。申初开船，酉正柳各庄泊。忆道光甲辰八月，奉先妣灵柩曾经此地，今复奉先君灵柩泊此，悲哉①。

二十一日辛未（5月27日）

寅初开船。白粮船极挤，舟子竟日呼叫，赖今年水骤长，十馀年所未有也。水自十九雨乃增。午初前过张家湾。未刻过漷县马头。酉初杨家湾泊，距桥上十里。据称行百馀里，日日浅。

二十二日壬申（5月28日）

丑正开船。戌正泊蔡村。

二十三日癸酉（5月29日）

寅初开船，至杨村，黄建笇、朱乃恭差接。黄金志练军全队接。宜子望、花农来。王得胜来。额运使勒精额，玉如、周道馥，玉山来。刘道树堂景韩来。韩宗清来。至天津巳戌初。炮船迎送。

二十四日甲戌（5月30日）

廖谷士、瞿永嘉浙委员同知、赵启心、刘亨霖来。韩宗清上祭送席。巳初张振轩宫保、额运使、周道、刘道、宜守、北河同知李荫梧、候补府徐翰臣、津镇郑国魁、候府缪彝、候通判方观国、津左守备吴振清、署津右副将彭道明、津都司副将徐传藻来，并上祭。朱福荣差接，子望来迭次。巳刻开船，朱乃恭送席。眉伯来。巳正紫竹林。午初黄花农备执事，请灵輀上丰顺大舱。包大餐间四间二百十

---

①原稿眉批："八妹、董妹均送至通州"。

两,赏四十两。花农、张敬熙友堂上祭。胡良驹来。发电报,午刻得信。杨春贵、周士海、彭德、郑世贵、徐献廷、冯玉春、袁文彪、刘芝顺、李正坡行礼。廖谷士、瞿永嘉竹庭来。花农送席。子望送果点。发行李,自午至暮。大风。子望、花农、郑镇、额玉如、刘景韩、周玉山又来。许涑文差送,郑号一峰。子望又来送。花农、张敬熙来送。眉伯别去。癸酉倪文俊来分发江苏州判。

二十五日乙亥(5月31日)

丑初起,寅初开船。风昨止,雨作。自紫竹林以下仍易浅。辰初过新城百里。紫竹林至大沽二百四十里。午刻出大沽口。风。船主茶嗲时来见。未刻浅,候潮,云六点二刻可行,至九点行,搁浅四时。

二十六日丙子(6月1日)

作致兰荪、叔平书,到申发。晨有雾。又运斋、廉生书交兰。辰正二见岛屿,当在登、莱间矣。厨中办洋菜,以腹疾属弟、侄食之。申刻过成山,呕吐者多。

二十七日丁丑(6月2日)

未初过黑水洋,天气晴朗有风,可着棉。夜过佘山,见神灯。

二十八日戊寅(6月3日)

寅刻近吴淞口。辰刻进吴淞口,到金利源马头,济之来,即换蒲鞋头。谢家福、谢钺、叶维干、汤纪尚、杨靖、参将陈永春、竟如、子静、守备傅文彩、李少荃节相、通判陈高屏、朱震、侄光宸。移至珊记马头。潘琴轩、许仲韬、汪振民来。严锡康来。上海令黎光旦来。移泊老闸,行李迟延故也。徐道润来,号雨之。济之厨范姓、振民厨王姓,试之,明日再试之。行李船六点钟未到,迟矣。小火轮船借四只。坐船连济之四只。行李船五只。通判蔡汇沧来。发兰荪四人信。发电报至苏，片刻可到。张桐来。

二十九日己卯（6月4日）

丑初开船。申初刻抵娄门内仓口。四叔及弟侄亲戚俱到。地方官自织造、藩、臬以下来祭。

五　月

戊午朔庚辰（6月5日）

寅初刻，启灵移狮林寺。四叔及弟、侄、亲戚俱送。麐生、沈宝恒、维璁、吴国桦，家介福、敦先、志万、晖、仁鹿、志裘、恢、志绵，汪颂新、汪启新、开祉、开祺、开提、之昌、介祉、志颖，抚、藩、署臬部、府毕，县金、陈、阳，陶承潞、汪启逵、黄祖络署常镇道、朱维宾、汪宗泰、守备晏化雨、吕达伊、姚长烜、沙得元、朱福清、程南奎、张豫立、郑学濂、陆曜彦、洪钧、彭慰高、史惟善、顾文彬、任道镕、陆国祥、吴宝恕、贝荫泰、严辰、吴艾生、李景曾、姚觐元、小雅、王镛来。住狮林寺。琴兄、陶民、振民同早饭。昨来者，崔国清、立山、金吴澜、陈建勋、阳肇先、吴大根佩卿、沈仲复、陆曜彩、志晖、吴家桢、汪启新、陶承潞、汪颂新、陆国祥、陈维桢、吴嘉桢、介祉、汪开祺、汪尔昌、诵薰、汪兆柏、都司王秉升、志万、介福、敦先、陈嵩屏、吴郁生、丁兆基、毕保厘、汪福安、郜云鹄、许应鑅来。小雅、济之看，同夜饭而未食。

初二日辛巳（6月6日）

百日礼。主僧中和，如皋人，来见。四叔、二兄弟侄辈来。蒋心香、志恢、嘉穗、汪开祺、汪鸿祚、汪兆柏、高承基、洪钧、汪尔昌、陆曜彩、吴郁生、介祉、敦先、志颖、仁鹿、汪之昌、陈寿昌、许钧、俞樾、翁庆龙、洪秉钧、叶鞠裳来。念经、演口。家属来。桂清三姊来。

初三日壬午(6月7日)

始到金太史场赁屋。妇及弟初一已到。谱兄瑜伯来,至通恕敏慎,尊长俱见。拜鞠裳。枢廷同直及三邸信,运斋、柳门、凤石、廉生、花农、秋曹同寅谢信,均交文卿。

初四日癸未(6月8日)

三点钟赴狮林寺领帖。中丞等来祭,来客不备述。申正后归。发少荃、振轩、小村信。三房送经。是日陪吊者,绅则吴子实、吴培卿、吴语樵、洪文卿,戚则陆小松、汪鲁岩、瑜伯、景瞻、宗小畬,家子珊、麟生、桐生。次日济之赴玉峰。

初五日甲申(6月9日)

汪鲁岩、瑜伯、干卿、陶民、四叔来。藻热而风。

初六日乙酉(6月10日)

瑜伯、四叔、二兄、四弟、三弟、九弟、太官来。先君生忌。画禅寺念经。雨。答广安朱镜清。

初七日丙戌(6月11日)

请叶鞠裳先生到馆,李世兄来。住月到香来之室,瑜伯、三弟、九弟、泉孙、熙年作陪。阴雨。文卿、广安堂前五位内侄、任蒋桥静叔之子复斋来。贝康侯来。广安荐书铺世经堂刻字毛上珍来。翁己兰来。广安荐裱褙家翰墨斋。大顺坊巷孙姓来。漆饰第一次。

初八日丙戌〔丁亥〕(6月12日)　晨雨

寅刻钮家巷、石子街堂前拜祠。百花巷四叔留饭。

初九日丁亥〔戊子〕(6月13日)

谢孝,晤二兄。怡琴来。瑜伯、济之来。手复德小峰、竹年。

作兰荪、运斋书，初十发。漆饰。

初十日戊子〔乙丑〕（6 月 14 日）

谢孝，晤培卿。瑜伯来。四叔来。瑜伯为购松、柏、洋枫、珠兰、末利、雀梅共十盆。以《年谱》二百金寄莼客，为先君铭文，交运斋托培卿由阜康寄。能谷辞行，至竹年、十弟处也。

十一日乙丑〔庚寅〕（6 月 15 日）

谢孝三日之末日，据舆夫云已毕。余卅年未归故里，其巷陌已不识，而随从皆北人，无一知者，无如何也。志万、硕庭来。取己酉日记阅之，如隔世事。瑜伯来。夜小雨。

十二日庚寅〔辛卯〕（6 月 16 日）

喑讷生。访仲复、彦士、荫甫，皆不直，吴中皆宴起也。雨。手复宗子材，寄伟如，交培卿，内有执叔书并《年谱》，恳撰先君墓文。二弟来。彦来。访广安。

十三日辛卯〔壬辰〕（6 月 17 日）

瑜伯、小畬来。漆饰。仲复、云楣来，即复执叔，交云楣。汪景韩、景叔珍妹之子、汪叔鸿北街质甫之子、陶承潞织云及其子来。安甫同来。汪振民来。陆蔚庭、钱伊臣来，并为题星师《金石补正》及《百专拓本》。

十四日壬辰〔癸巳〕（6 月 18 日）

至界石浜，敬展先妣、继妣茔，丙舍荡然，罗圈亦毁，遂偕瑜伯访培卿，商安葬修理事，卯刻归。发运斋、柳门、廉生信，乞书墓志。培卿来。熙年赴仪真辞行，李道应骈其姨丈。

十五日癸巳〔甲午〕（6 月 19 日）

至员峤巷宗祠、钮巷祠堂、狮林寺。百花巷见四叔、济之。济瑜来。晚似欲雨而虹见。复桐西。

十六日甲午〔乙未〕（6月20日）

广安、四叔、翰墨斋来，一饭三起，遂自辰至巳。闲书三送济。古器拓卅又卅二、汉《裴岑》、《吹角坝》、《爨宝子》、《米帖》、襄阳刻、《红崖》送硕庭、诒晋、少穆、荷屋、姬传。送济瑜并烟波扁。硕携邾铿钟来。酉雨即止。石查、谷宜来。漆饰。

十七日乙未〔丙申〕（6月21日）

答石查、谷宜。石查、谷宜来。汤道小秋寿铭，海秋子来。培卿来。午后雷雨。答荫甫。大雨再作。答曲园。以小峰信交李、胡。

十八日丙申〔丁酉〕（6月22日）

复芍庭。瑜伯商葬事。石麐来。得谊卿信，并暗信二件。硕庭、瑜伯来。还邾钟交硕。任浣香百，洪绪五十。

十九日丁酉〔戊戌〕（6月23日）

至寺。到家后漆饰第四次。瑜伯在。门人高承基、陈伟杰方正来。广安来。得京报，内张承燮信五十。赵价人寄香幛。

二十日戊戌〔己亥〕（6月24日）

发运斋、凤石、筱珊信。昨夜雷电。陆蔚庭来。族侄佑之、光宸，侄孙容甫来。

二十一日己亥〔庚子〕（6月25日）

沈中复招看虢钟、颂敦、商父巳鼎、党于姜《九成》、王振鹏《荔支》、张即之《古柏行》，皆佳。食荔支佳。听橹楼三面河。又项氏《千金帖》《阁帖》，继又云物。又米跋《褚河南兰亭》，诒晋斋物。又孙退谷《黄庭》《洛神》等。又王右丞、郭忠恕、赵千里、文衡山卷。济之、泉孙、硕庭来饮，同步怡园。夜小雨。看泉字。

二十二日庚子〔辛丑〕（6月26日）

晨小雨。发运斋、筱珊、廉生、花农信。广安、瑜伯来。陶方琦来,未见。夜大雨。

二十三日辛丑〔壬寅〕(6月27日)

瑞莲庵椒坡夫人廿周年。至百花巷见四叔、济之。交浙刘德信。答陶方琦。瑜伯去看破土。李笙渔嘉福来。

二十四日壬寅〔癸卯〕(6月28日)

胡春及来若卿师子。麟生来。

二十五日癸卯〔甲辰〕(6月29日)

狮林寺茂叔念经。晤泉孙、复斋。访荫甫,未起。晤瘦羊、铜士。陆存斋来。硕庭来。李笙渔来。得召鼎、散盘拓各一,竟一百八十。四叔来。陶民来,留饮。戴少梅来。为铜士题《温虞公》宋拓、《砖塔》。

二十六日甲辰〔乙巳〕①(6月30日)

答少梅、存斋,已行。发运斋、廉生信。庖人逐之。谱琴来。

二十七日丙午(7月1日)

漆饰五次。雨。曲园送《笔记》。仲复送酒及阮《款识》。吴蔚若借《颜家训》。沈洁斋来。复斋来。

二十八日丁未(7月2日)

答洁斋。访眉生。俞曲园、任小沅来。以龙字十二、龙虎一付装,以御笔交瑜伯作匣。泉孙、硕庭来同饮,步至顾园,遇子山、小沅。步至师竹。复吕宪秋瑜伯,做花架六。

二十九日戊申(7月3日)

为香禅题卷二、硕庭拓册一。送泉孙拓百五纸。

---

①原稿眉批:"以上皆误。"

六 月

己未朔己酉（7月4日）

至宗祠、钮巷、狮林寺，百花巷见四叔、四叔母、二弟。写《徐节母雷序》。雷雨。答小沅。程韵泉宝璐诊仲午。存斋寄子燮兕觥。硕庭借阮《识》、还赵印。热。

初二日庚戌（7月5日）

济之来。为子山写对。函眉生得复，曲园得复。再雨。写字。

初三日辛亥（7月6日）

发运斋信。送鲁岩乔梓联屏。写字。夜大雨，戌刻至子刻。

初四日壬子（7月7日）　小暑

曲园、仲复、子山复问《校邠》所出初三。杨菽芳乔梓来，未见。张留仙来。夜雨。

初五日癸丑（7月8日）

答菽芳乔梓。白塔子巷大乘庵玉荀妇周年。菽芳父子来送酒席，送屏、幅。申正泉孙来。热。以闲书尽送济之。老李次日行，付十两。

初六日甲寅（7月9日）

天初明，吴子备观乐、彭讷生来。辰正雨。寅正开枫窗。以闲书十一种送济之。复熙年，送两龟，交泉孙。四叔、硕庭来草桥吴松甫卅周。

初七日乙卯（7月10日）

至界石浜，丙舍竖柱上梁卯午。至药师庵，吴太翁阴寿。晤培卿。答子备。手复季高。手复医斋，交天库前同益兴王馀山、韩惟功寄。

初八日丙辰（7月11日）

余魁梅来。漆饰第六次。硕庭、泉孙来，以福方与之。送余君扇、幅。

初九日丁巳（7月12日）

答余魁梅况公祠。药师庵吴氏念经。百花巷见四叔、二弟。刘翰卿心埈来孝廉方正。得运斋、恒轩、廉生、凤石、伟如信。今年有荔支，食三四次，昔无也。

初十日戊午（7月13日）

复各信。伟如信，内挈叔润二百两，交培卿。游拙政园。买鼋六头十番，花桥引之来，瑜伯放之西园。得眉生复并拓本。热甚。始有菱。竹年得缺，小峰信。

十一日己未（7月14日）

热甚。赠眉生拓本。二弟来。竟日热甚。雷小雨①。

十二日庚申（7月15日）　大伏

谢小韩琦。李孟和福沂来谢，交知无信。热甚。夜小雨。

十三日辛酉（7月16日）

答小韩、孟和，送幅。答朱福清。广安、四叔、小雅来。夜风雨。

十四日壬戌（7月17日）

眉生、石麟来。晚晤广安，同游顾园。

①原稿此处夹一小纸，记："廿三遇眉生送看：十三送蓬莱五汉研。《永阳王敬太妃墓志》观铭鹤寿本、《娄遐》宋拓、《刘仁愿》、宋拓《圣教序》、兰荪十三带归。翁摹《常丑奴》、留蓬莱五汉一断，《盂鼎释》一册。宋拓《兰亭》潘陋夫跋，王梦楼签。"

十五日癸亥（7 月 18 日）

到庄、钮巷、狮林寺、百花巷。漆饰八次。大雨，雨时作时止。

十六日甲子（7 月 19 日）

作书谊卿、廉生。王振铃来，号篆五，振录、振镐之兄，扬州盐大使。卯正雨。复知无，交讷生。绿印泥三次不好，交济之。西圃伯来。得运斋、廉生、秋樵信，次日复。广安以小舫、邢叔、妥宾来，即还，伪也。又一敦、一方爵。兰有十瓣者、有九瓣者。

十七日乙丑（7 月 20 日）

发京信。广安来，交还方爵。申初大雷雨。夜有鹎鹏。

十八日丙寅（7 月 21 日）

手复雪琴、大马。硕庭来。晚风雨。怡琴来。

十九日丁卯（7 月 22 日）

至瑞莲庵东园，大嫂念经，太官尚未到。答费幼亭。以《唐石经校文》《说文声类》《吴氏印谱》十二册寄廉生，交培卿。存斋以子燮兕觥赠，谢之。以《款识》赠广安、眉生、中复、彦侍。邻人以秤伤徒，死，申正检验。

二十日戊辰（7 月 23 日）　大暑

瑜伯来。写"潘氏丙舍"四字刻年月款。复存斋。花农荐扬庖沈姓来。太官来。辞张留仙。翰墨斋来。泉孙来。风。

二十一日己巳（7 月 24 日）

发运斋、花农、廉生信，内仲复拓汉瓦、豹牌、书范、泉范六种。翰墨斋孙姓一人来，裱张、李尺牍；吴、高、李，眉生亦付装。风。

二十二日庚午（7 月 25 日）

到七襄公所，无一花。到百花巷，均未起，即归。孙姓六人来，裱李、吴尺牍，本日毕。风。

二十三日辛未（7月26日）

至百花巷见四叔。许星台来，未值。发运斋、胡子英信。风。

二十四日壬申（7月27日）　风

二十五日癸酉（7月28日）

漆饰。济之来竟日，同步顾园。雨即止，数点而已。风。

二十六日甲戌（7月29日）

以《百宋赋》托广安交点石，不成。

二十七日乙亥（7月30日）

至界石浜，丙舍已完。答星台。四叔、硕庭来。交三姊十元，为五姊及其女三小姐也。

二十八日丙子（7月31日）　风。热

二十九日丁丑（8月1日）

得运斋十九、凤石廿日信，即复，并廉生、筱珊、花农。

三十日戊寅（8月2日）

以尺牍十册交苏邻题，又顺治十八年《搢绅》，又莫、章、高尺牍三册，又《适园印存》二本。韵和送瓜果、陈皮、香水。笙渔来廿。

七　月

庚申朔己卯（8月3日）

到狮林，到庄，到钮巷。四叔昨函，止今日不必到宅。漆饰。小畲来。答韵和，答以二席。发运斋五函，叶师之母病。尺八印二送苏邻看。雨即作即止。

初二日庚辰（8月4日）

香禅来，为捐利贞厅卅元。复熙年。吴苍石俊刻"井西书屋"

印好。谱琴送瓜二、荷露一壶。雨时作时止,夜风雨。

初三日辛巳(8月5日)　阵阵雨,做秋天也

得运斋信。

初四日壬午(8月6日)　雨不止

复运斋、莼客、廉生,以墓志铭乞廉生书。

初五日癸未(8月7日)

灵鹫寺竹年夫人念经。承天寺陶织云廿周,至则无人也。发运斋信。风雨不止,恐水灾耳,夜又雨。连日发胃痛,已六日矣。仓石来,赠拓本廿五纸。

初六日甲申(8月8日)　立秋卯正二刻

雨意犹浓,奈何。仓石名俊卿,从九,刻印、行草、诗文俱好,湖州人。硕庭来。酉初又雨。

初七日乙酉(8月9日)

复柳门。复知无。振民、嘉官来十弟子也。振民带钮氏《说文考异》、张秋水《西夏本末》、《墨妙亭碑考》、《乌台诗案》去,交局刻。泉孙来。

初八日丙戌(8月10日)

汪二官、眉伯来早饭。申陶民来,留夜饮。夜胃疾又发。

初九日丁亥(8月11日)　卯正雨,竟日

初十日戊子(8月12日)　雨

申正四叔来。发运斋、廉生、小山、凤石、恒轩信。夜胃痛。

十一日己丑(8月13日)

复兰荪、伟如、扔叔内墓志稿。复苏邻,委题十册,以病未即题,后仍题。

十二日庚寅(8月14日)

患河鱼之疾。夜雷雨,即止。

十三日辛卯（8月15日）

子开、鹤舲来。藻热。

十四日壬辰（8月16日）

卯正赴界石浜。

十五日癸巳（8月17日）

狮林寺念经。四叔、二兄、四弟、二弟、汪振民、陶民、瑜伯、眉伯、潘小畬、吴广安来。演口后归。倪文俊来。

十六日甲午（8月18日）

眉生送一斝一瓻,皆真,未受。

十七日乙未（8月19日）

至百花巷见四叔、二弟,其馀各处均未起。得运斋初九书、文星崖信、恒轩信,次日复。

十八日丙申（8月20日）

得郝近垣寄先刻十九种。硕庭、泉孙来。得凤石信。鸥鸣夜夜。

十九日丁酉（8月21日）

汪鲁岩来。香禅来。

二十日戊戌（8月22日）

二十一日己亥（8月23日）

答柳质卿、吴蔚若、罗少耕、吴恒、吴熙,皆不晤。晤香禅,即送行。未正后风雨,竟日夜。

二十二日庚子（8月24日）

堂前大姊二周。晤振民、世甫、吉甫、崔亭。至百花巷四叔、叔母、二弟。仍风雨。辰刻归,大风,雨竟日,恐成灾。遣人持干候世锡之本日到任。风雨连夜。

二十三日辛丑（8 月 25 日）

李眉生约看书件，并以汪太夫人、陆太夫人传乞书。看其宋尺牍、元人册、《苏卷》民师、《黄苏册》蓝林物、张即之《金刚经》、王元章《梅卷》、古器，皆真。便饭豆腐、豆粥、辣菜佳。答讷生，晤。藻热。蔚若来，交以御笔福、寿、龙、虎，新重装各幅，卅一件，写上下款。世勋来，未见。灯下，胡子英来，带到延熙堂三器、廉生一函。

二十四日壬寅（8 月 26 日）

发运斋、凤石、廉生宗周颂鼎信。汪吉甫、安甫、陈嵩诠来。济之来。胡子英来。眉生送酸醎，甚好。

二十五日癸卯（8 月 27 日）

答世锡之。罗少耕来。硕庭来。锡之又来，未晤。送少耕联、幅。

二十六日甲辰（8 月 28 日）

子英来。广安送金瘦仙拓索二三千，还之。

二十七日乙巳（8 月 29 日）

子英来卤直付清。

二十八日丙午（8 月 30 日）

答立豫甫山乔司空巷，不之见。胡子英来。

二十九日丁未（8 月 31 日）

患泻。运斋、廉生信交长太带去。广安送杜氏敦白作宝敦、卤亚形失盖、爵衆、觯父乙，还之

八　月

辛酉朔戊申（9 月 1 日）

到狮林、到庄、到钮巷。百花巷见四叔。立山来，未见。小畬

来。泉孙来。将夜，大雨即止。培卿来《化度》。

初二日己酉(9月2日)　　藻热异常，不可耐

广安言钟、卤。

初三日庚戌(9月3日)　　藻热如昨。夜欲雨而止

初四日辛亥(9月4日)　　藻热

广安，徐卜年，钟付。至界石浜，廿七水长一尺。彭漱芳开吊，未去。

初五日壬子(9月5日)

韩师愈来四年孝方。

初六日癸丑(9月6日)

张沇清来号东荣，送对、幅。藻热。

初七日甲寅(9月7日)　　藻热

发运斋、恒轩信。硕庭△大绅字，五元付来。夜欲雨不成。三姊十元，五姊六元，三小姐四元。

初八日乙卯(9月8日)　　白露

瑜大衍，修敬。藻热。晨阴。刘继来，送海峰、孟涂集，未见。夜欲雨未成。

初九日丙辰(9月9日)　　卯正雨，阴姝错

初十日丁巳(9月10日)

约济之、硕庭、泉孙、瑜伯吃西瓜鸭。四叔来。得伟如、扨叔信，并墓志，即付刻。壬秋信并幛。

十一日戊午(9月11日)　　仍藻热

桂亦无消息。

十二日己未(9月12日)

复伟如、扨叔。曲园、谱琴、振民来。为曲园校《茶香丛抄》。

为铁樵舅临子畏《云梦潇湘卷》。得凤石、廉生、莼客、运斋信。

十三日庚申（9月13日）

眉生约看书。倪文埈来。发运斋、廉生、凤石、莼客信。

十四日辛酉（9月14日）

马光勋、硕庭来。

十五日壬戌（9月15日）

至庄，至狮林寺。晨雨，午后热。陶民来。庙堂巷三官、四官来。秉舅之孙，四叔处妹之子。瑜伯之一子一女来。

十六日癸亥（9月16日）　阴姓错。热

内人至汪七、汪九家。题莪翁《鱼集唱和册》，为实甫其曾孙。

十七日甲子（9月17日）　晨微雨。小雨竟日

叔母及侄女、妹及女来。小畬及张继高桂姊之外孙。

十八日乙丑（9月18日）　凉

寄廉生吴钧长垣本《华山》、《东海庙》残字、《温虞公》、《化度》四种，姚刻《三十五举续再续》一本，交培卿寄。硕庭、广安来。

十九日丙寅（9月19日）　阴雨

捐直赈五百，交苏邻。莫宴均来。眉生来。延程韵泉，未来。

二十日丁卯（9月20日）

汪七来。培卿来。捐山东五百，均初夫人五十。

廿一日戊辰（9月21日）　辰雨

复恒轩，并《说文古籀补》序文一交培卿。济之、眉伯、瑜伯同点心。陆存斋来，赠以宋版巾箱本《九经》。

廿二日己巳（9月22日）

再捐山东五百，交培卿，交柳门。四叔、吴仓石来。

廿三日庚午（9月23日）

发运斋、廉生、凤石信。答陆存斋。眉生约。瑜伯送湖莼。助伯足妾五十金,交苏邻。①

廿四日辛未(9 月 24 日)

还存斋鲁公鼎、王卢又将鼎彝。眉伯来。

廿五日壬申(9 月 25 日)

廿三信被娄门抢,全太盛再补发。又缪筱山信。仲复来,留饭。硕庭、泉孙来点心。

二十六日癸酉(9 月 26 日)

存斋来,留格伯敦,赠毛鼎拓,带去《考古续图》四册一函。午后雨。

二十七日甲戌(9 月 27 日)

汪九来。

二十八日乙亥(9 月 28 日)

济之招饭,约定一鱼翅、一豆腐、一馒首,不得过三物也。

二十九日丙子(9 月 29 日)

得运斋、廉生、凤石信,次日复。硕庭、小雅、子宜来。午后雨。

三十日丁丑(9 月 30 日) 　夜雨达旦

写京信,后写筱珊、伟如、子静、执叔、知无、德小峰、宗子材信毕,天始微明。眉生、泉孙来。

---

①原稿本页夹小纸,记:"狮林寺十一月十四日念经一日,演口:彭慰高、洪钧、陆耀彩、汪开提、汪开祺、绍宸、介祉、顾文彬、吴宝恕、倪文煥、陆曜彩、汪启新、彭逢吉、汪颂新、沈宝恒、吴郁生、吴家桢、汪之昌、汪肇敏、孙承鉴、吴嘉椿、姚觐元、吴大衡、吴大根、汪尔昌、诵宣、潘国桢、介福、志万、志颖、志晖、叶昌炽、叶肇癸、秦毓麒、胡永昌、敦先、汪鸿袸、诵炳、汪赞鈫、汪介耆。""倪文煥"前文作"倪文埈","吴嘉椿",前文作"吴嘉桢"。

九 月

壬戌朔戊寅(10月1日)

至庄,至钮,至狮林。见四叔、济之。发湖北、江西、通州郝、浙江德各信。怡琴来。

初二日己卯(10月2日)

潘彬卿、济之、亘之师、胡子英来。安斋去世。

初三日庚辰(10月3日)

香禅来。晤眉生。

初四日辛巳(10月4日)

吴熙来初五。发运斋、廉生、凤石来〈信〉。

初五日壬午(10月5日)

至娄门,适闭门大索,乃归。闻有犯越狱也。硕庭、泉孙来。

初六日癸未(10月6日)

吊严缁生母。答香禅。

初七日甲申(10月7日)

出娄门至谭泾浜扫墓。广安约看古器、石刻、宋本书,留饭。汪七、硕庭来。步顾园①。

初八日乙酉(10月8日)

赴耦园。约看《崔敬邕》、《常丑奴》、《韩敕》、《鹤铭》南村本、

①原稿本页中缝处记:"《开皇兰亭》、《十七帖》、《圣教》二、《太清楼》、《崔铭》、《阁帖》、《东海残字》,齐侯罍二、师西敦二、师田父尊、三家敦、齐侯匜、庚嬰卣、抚尊牛首形,宋板《参寥》、《中兴编年》、《新定》四种、《大麻姑》、《颜元靖》,又《张从申》,皆宋拓之佳者。"

黄氏《士礼居》、《温虞公》、党氏《九成宫》、《高湜墓志》木天藏本，巳刻回。陆笃斋学源、秦夒扬来。得凤石信。

初九日丙戌（10月9日）

志潮号海秋来，贞孚子也。杨望洲来。四叔、三弟、秦佩雀来。三姊来住。送亘之师祝廿两，交瑜伯，由韵和交，十七生日也。

初十日丁亥（10月10日）

为曲园校《丛抄》，题诗记书面。为香禅作序二。胡子英来。

十一日戊子（10月11日）

界石浜扫墓。

十二日己丑（10月12日）

眉生、泉孙、眉伯来。属香禅刻石梅孙诗《葵青居》五册。得京信。

十三日庚寅（10月13日）

发运斋、廉生、凤石、文星岩信。宜子望来。

十四日辛卯（10月14日）

托眉生属黎莼斋觅日本石刻五种。答子望。以墨妙亭研赠眉生。得陶堂印一枚。

十五日壬辰（10月15日）

至祠，是日秋祭，荫到尚无人，先行礼。至钮巷，至狮林寺，至百花巷。见四叔、二弟。

十六日癸巳（10月16日）

发运斋、廉生、凤石、筱山信。眉生约。小畲来。

十七日甲午（10月17日）

香禅来，交五十元，刻叶、石诗及刘辰孙杂著之用。夜访广安。硕庭来。

十八日乙未（10 月 18 日）

方振业告助，送二元，从前壬戌山东曾见，正其草时，滨石戚
也。何世兄毓祥来。雨。

十九日丙申（10 月 19 日）

卯初偕泉孙登舟，巳正过钱园，午正到光福。见西圃伯父及兄
弟子侄辈，共卅一人。夜雨不止。余住舟中。

二十日丁酉（10 月 20 日）

卯初光福，辰正雅宜山，午正万禄山扫墓。早饭与硕、泉同，午
后分手，申初胥门。舟直三元，菜三元，起早四百。舟子王四寿。

二十二日戊戌〔己亥〕①（10 月 22 日）

复柳门并弟侄三人，移奖年万裘。微雨。硕庭来，为题《遂园
修禊》卷。西圃伯命补书雅宜山对："枕上罗浮枝上月，卷中香雪
画中诗。"彭芝庭题贡湖公《探梅图》句也，文恭公书失去。

二十三日己亥〔庚子〕（10 月 23 日）　　热甚

问广安母病。

二十四日庚子〔辛丑〕（10 月 24 日）　　风雨

徐小勿、吴蔚若、四叔来。胡子英、眉生来。得廉生、运斋、小
山、仲饴信，交颂田十六所寄，次日复。

二十五日辛丑〔壬寅〕（10 月 25 日）

发各信，交颂田，又凤石信。硕庭来，以莪圃《刘子》见示。子
英来二百。

二十六日癸卯（10 月 26 日）

亘之师、香禅来付四十两。硕庭示《蜕庵集》《侨吴集》《圭塘

①原稿缺二十一日日记，二十二日至二十五日干支纪日有误。

集》《友石集》,皆《士礼居》物,跋而还之。吴太夫人去世。

二十七日甲辰(10月27日)

唁广安内艰。阴雨。属硕庭刊《百宋赋》,送书五种来看抄本《甘复》、《宋季事实》、《存复斋》、《潜溪文粹》、明刻《雁门集》。

二十八日乙巳(10月28日)

发仲田、廉生、凤石信。振民、眉伯、硕庭来文三,大衍。吴仓石来。阴。

二十九日丙午(10月29日) 晨阴

陈嵩佺来。送以《怡亭铭》,借去《甘亭注》。硕庭送菊卅盆,花敞送天竹。

三十日丁未(10月30日) 夜雨达旦

十 月

癸亥朔戊申(10月31日)

狮林寺念经。四叔、二兄、二弟、四弟、汪七、汪九、吉甫、瑜伯、眉伯、小畲、梅若、硕庭来。

初二日己酉(11月1日)

谢各处。见四叔、叔母、济之。硕庭、泉孙来。

初三日庚戌(11月2日)

发仲田、凤石、筱珊、廉生信。济之来。西方色赤,西。

初四日辛亥(11月3日)

答王祖畬。亘之师广安处上祭。郑子惠立诚来。答郜获洲。

初五日壬子(11月4日)

济之、陶民来。得凤石信。

初六日癸丑(11月5日)

得筠仙信,即复,交安裕银号。复伟如全太盛。

初七日甲寅(11月6日) 雨

唁安斋。答郑立诚。讷生来。夜雨达旦。

初八日乙卯(11月7日) 阴雨竟日

潘芸生学祖、刘少涂继来。硕庭来。

初九日丙辰(11月8日)

眉生约。答潘芸生、刘少涂。得京信。运斋来。

初十日丁巳(11月9日) 夜雨达旦

胡子英来爵一。

十一日戊午(11月10日)

四叔处饭,遇亘之师。发仲田、凤石信。

十二日己未(11月11日) 夜大风。晨雨。始冷

十三日庚申(11月12日)

运斋慈七十生日,未去。

十四日辛酉(11月13日)

发仲田、廉生、凤石、秋樵信。

十五日壬戌(11月14日)

到庄,到寺、钮家巷、百花巷①。

十六日癸亥(11月15日)

晤运斋、广安。子英来百五。陶民来。

十七日甲子(11月16日)

得秋樵、子斋信,次日复。又文卿、廉生、仲田、凤石信,十九日发。

---

①原稿本页中缝处记:"香禅属刻魏忠节、陈忠裕《年谱》,《亭林馀集》,以有刻复
之。又《山静居书论》,樊榭、谷人集外诗,寥寥无几。"

十八日乙丑(11月17日)

曹钟彝来前太安县,琢如子。硕庭来。泉孙、济之来。

十九日丙寅(11月18日)

沈师来仁济堂廿元。吉甫、安甫来。阴雨。

二十日丁卯(11月19日)　雨

汪汝纶来丁卯覆试第一。得凤石信。次日复。又缪、王、彭。

二十一日戊辰(11月20日)　雨

答曹、陈名珍,子惠子,庶常、汪,俱不见。

二十二日己巳(11月21日)

罗少耕来。由洪来。廉生信、毛鼎拓。

二十三日庚午(11月22日)

还秋谷拓六本。跋香禅拓二,一盂、一张医。发京信。彭、洪、陆、王,廿五发。

二十四日辛未(11月23日)

答署守桐泽。已刻开金井,培、济、瑜到。

二十五日壬申(11月24日)

发京信。济之、硕庭、振民来。谢墉以"二苏仙馆"印赠,为题"梅石庵图"四字。

二十六日癸酉(11月25日)

晤培卿、谊卿。谊卿、济之、子英来。夜雨达旦。

二十七日甲戌(11月26日)　雨至夜

培卿来。复陆存斋,还《考古图》,借《营造法式》影宋本,交陶估,北仓桥漱蓺斋。

二十八日乙亥(11月27日)

赠眉生《帖镜》《南村帖考》。交香禅五十元刻资。助直振千金,为先妣资冥福,交运斋。

二十九日丙子(11 月 28 日)

周季相、运斋来。得魏培楠、张丹叔,又京信。

三十日丁丑(11 月 29 日)

熙年来。阴雨。

十一月

甲子朔戊寅(11 月 30 日)　　阴雨

到庄、寺、钮、百花巷。熙年送食物二色。眉伯来,得海运。

初二日己卯(12 月 1 日)

四叔、泉孙来。

初三日庚辰(12 月 2 日)

陶民来。发京信。

初四日辛巳(12 月 3 日)

界石浜上祭,各工粗毕。得眉生信及《高句丽碑》①。

初五日壬午(12 月 4 日)

济之来。程笏泉来诊。

初六日癸未(12 月 5 日)

笏泉来诊。运斋来,即赴沪。谱琴来。

初七日甲申(12 月 6 日)

笏泉来诊。硕庭、泉孙来。

---

①原稿本日眉批记:"坟向壬丙兼子午。金门坎正丈六,找脊丈二。八风高四尺、阔二丈。罗城周围十一丈二尺。拜台进深二丈八尺、阔四丈。小拜台见方九尺。甬道长十丈〇六尺、阔六尺。界边石五十二块。墓门高一丈、阔八尺。篱樊周围五十六丈六尺。"

初八日乙酉(12月7日)

裴樾岑来，次日答，已行。得仲田、秋樵信。汪九来。小畬来。

初九日丙戌(12月8日)

至界石浜。得凤石信，皆初十复。又廉生信。

初十日丁亥(12月9日)

发京信。

十一日戊子(12月10日)

济之、泉孙、文卿来。

十二日己丑(12月11日)

吊吴景和培卿胞叔。广安答文卿。至界石浜。陶民来。

十三日庚寅(12月12日)

十四日辛卯(12月13日)

至狮林念经，到者四十二人。子刻起灵下船。吴、培、谊均到，培又至浜。自仓口下船，绕阊胥门到浜，一时有半，送至浜，一夜未睡者，瑜、眉、陶民、叶。

十五日壬辰(12月14日)

寅初到界石浜，到者卅九人。亥刻封域一尺五寸。留者济之、瑜伯、小畬、眉伯、叶缉甫。培、谊均到，顾逸群、叶氏下□、吴子贞皆吴帐友。看踢作，连底五作。

十六日癸巳(12月15日)

硕、泉、熙辞去。昨住舟中。竹年来。未初早饭，与叶、顾、吴、畬、瑜、眉同食。潘诵斌号仲全来，昨亦来，瑜伯之甥也。演口毕亥正二。夜济、瑜、眉、叶、顾、吴、小畬、仲全看踢作。

十七日甲午(12月16日)

招钦敬敷来看拜台，旁东西宝藏二座拆去，旧所无也。拆席篷,仅留拜台以上者。午后阴,夜半姓。

十八日乙未(12月17日)

仍诸君看蹋作。每日三层。夜同。尚已十六层短二层。得仲田、廉生信。培卿来。自十四至本日均姓,十五有风。次日复仲田、廉生,又小山、凤石。未刻归。蹋作毕,十八层,上灯时毕。以后加草皮三日,高于罗圈半。即八风。约四尺,尺与周尺同。

十九日丙申(12月18日)

至界石浜。瑜、叶、顾、吴在,馀俱归。申刻后雨。加草皮①。

二十日丁酉(12月19日)

至界石浜,瑜、叶、顾、吴、畲、眉在。竹年来。申正雨。得知无信,白木耳、莲心②。

二十一日戊戌(12月20日)　晴

至界石浜,六人均在。辛芝来。

二十二日己亥(12月21日)　冬至夜,祀先

辰初至界石浜园冢。运斋、鲁岩、冠英来。瑜百两,叶、顾卅,吴八十元,眉、畲十六。

---

①原稿本日眉批记:"石岩十三颗、柏一百〇五颗、子孙柏一对、柳卅二颗、梅十二颗、杏七颗、芙蓉十八、冬青廿颗。坟后石驳岸,高六尺五寸、阔十二丈二尺。从前甲辰冬,先君自定此地,地师胡苕香名骏声。此次择目,地师钦春熙,号敬敷。始终其事者,培卿昆季及吴帐友叶、顾、瑜伯,后添吴子贞,亦吴友。案《会典》:一品坟九十步、封一丈六尺,近皆高出八风。本墓八风高四尺周尺,加以倍,亦仅八尺耳。钦去上元宜乎高,现高出八尺,去品制尚远,盖一品一丈六尺也。添玉兰二株并补篱。以后添树再记。十九辰初记。"

②原稿本页夹一纸记:"坟向壬丙兼子午。金门槛正丈六、找脊丈二。八风高四尺、阔二丈。罗城周围十一丈二尺。拜台进深二丈八尺、阔四丈。小拜台,见方九尺。甬道长丈〇六尺、阔六尺。界边石五十二块。墓门高一丈、阔八尺。篱槿周围五十六丈六尺。石岩十三颗、柏一百〇五颗、子孙柏一对、柳卅二颗、梅十二颗、杏七颗、芙蓉十八、冬青念颗。坟后石驳岸高六尺五寸、阔十二丈三尺。"

二十三日庚子(12月22日)

交眉生寄莼斋、星吾自刻书,《丛》只存一部,《款识》只有上一本,馀亦多未印。拓本一百七十七纸。答其日本碑三及《古逸丛书》也。送冠英十元。次日珍妹第三子完姻。初四其长子完姻,共送四十元。

二十四日辛丑(12月23日)

送眉生郝兰皋《丛书》全分,莼斋、星吾、陆存斋书各二分,刘平国石刻二分阿克苏新出汉石,交眉生。小畲、眉伯来。送二吴皮甬帽沿、济之五彩壶帽沿。

二十五日壬寅(12月24日)

送竹年帽沿、活计、食物。

二十六日癸卯(12月25日)

狮林寺安灵礼忏,来廿三人。申刻散。

二十七日甲辰(12月26日)

谢客。见四叔、济之、竹年即赴浙、培卿、谊卿。答任筱沅。属总捕,告以自置路灯。

二十八日乙巳(12月27日)

谢客。见西圃,伯兄、弟侄均见。归,伯父馈鲈鱼。送墓志百花、花桥二处。

二十九日丙午(12月28日)

至界石浜,八风完工。谢客毕。夜大风。

十二月

乙丑朔丁未(12月29日)

红光如故,二月馀矣。到庄、钮、百花。硕百元。赠鞠常、祁生及白燕集墓志,及商刻陈立《公羊正义》事。

初二日戊申(12月30日)

晤眉生赠以南园对、《红崖》缩本、《吐番会盟碑》。前赠《朱博》《沙南》《爨宝》八种,《裴》《姜》《莱子侯》三种。

初三日己酉(12月31日)

吊殷谱经。答子实。谢培之庭芝、香禅、姚彦士来昨生日曾送礼。济之、硕庭、泉孙来。眉伯送花六盆。

初四日庚戌(1884年1月1日)

发廉生、仲田、小山、凤石信。眉生送笺十馀。送西圃党参、甘露。送辛之、运斋食物。

初五日辛亥(1月2日)　辰初微雨

熙年来。济之送燕笋。运送鹿筋一碗,送还。

初六日壬子(1月3日)

四叔送鲈,分送眉生、培、谊。

初七日癸丑(1月4日)

谊卿交民票来。沈师来五十元。三姊来。送以福寿字。助徐莪圃次子家桢国干卅元完姻,交谊卿。陈午亭章锡,丙辰,太湖厅来。

初八日甲寅(1月5日)

交香禅卅元,刻印全清。寄扻叔墓铭十分、玉壶碧玹盖、五彩壶翠盖为润笔。交伟如铭四分。二秦来。

初九日乙卯(1月6日)

眉生招,辞之,适胃痛。引之、四叔来。

初十日丙辰(1月7日)

答许星台、吴引之。运斋、汪九来。世锡之尚衣送黄羊、野鸡,以赠许星台。硕庭送枯木黄杨、鲈已馁。余茂林花敞千年运子、枸杞、黄天竹。香禅书板来。

十一日丁巳(1月8日)

庞小雅寄《国朝文征》、《蛾术编》、酒、腿，即复。辛芝来。硕庭刻金秋史对送来，悬墓庐中有高伯足对、汪大绅横幅、左季高"蚕麦堂"扁、文恭公"平为福"扁，赵之谦、王懿荣书墓志。送香禅卅金，为其刻日记。广安属林海如来，商同卣其数六百两，艮庵物，得之彦德林香者。凤石信及邸报，前月十一日发，今日到。

十二日戊午(1月9日)

赠中复金秋史对、大绅横幅、近刻吴人近著即香禅经手元叹、刘氏、叶苕、朱条、石父子六种。赠眉生吴人近著六种金先送。赠彦士吴六种、金对。赠西圃同昨。香禅交来五分，今去其四板，十一交来。归入《丛书》。

十三日己未(1月10日)

至百花巷。见四叔、济之。辛庭、硕庭来。

十四日庚申(1月11日)

至界石浜，吊吴景和。发廉生、小山、仲田、凤石信。讷生招十七，辞之。赠星台吴人六种、"平为福"一、秋史一。星台送午时茶。

十五日辛酉(1月12日)

到钮，到庄。见四叔、济之。眉伯、小畬来。手复刚子良、张丹叔。作廉生、凤石、仲田信，未发。运斋来，见绳庵信。

十六日壬戌(1月13日)

硕庭、辛芝来。又运斋信。暖。

十七日癸亥(1月14日) 晨微雨

送济之血燕一包。香禅来。为朱孝子立增题词。复陈荣叔延益。寄挚叔、伟如书，交培卿。手复宗子材培志平高。

十八日甲子(1月15日)

四叔、济之、泉孙、硕庭、顾姓来议《仲尨碑》千六百金。得凤石初一信。

十九日乙丑（1月16日）　晨微雨

运斋来。手复仲良、小峰。吴慰祖号荫馀，咸师子，送以五元。

二十日丙寅（1月17日）

发廉生、仲田、凤石、小山信。陈亮伯贞来。

二十一日丁卯（1月18日）

硕庭来。

二十二日戊辰（1月19日）

眉生约。顾荃春岩来，凤仞之子为作传。济之、眉伯来。寄伟如。戒溺及杀龟二事，交运。

二十三日己巳（1月20日）

手复胡采庭晋兢，福盐大使芟舲之子。手复李孟和。祀灶以有服，瑜伯代。

二十四日庚午（1月21日）

周季相来。叶师解馆设席以有服，瑜代陪。送桂清姊十元，五姊五元，其二姑奶奶五元。送林海如十六元，画砂壶、十六图册。送眉生《楚词》，端木刻。

二十五日辛未（1月22日）　晨微雨

吴蔚若、小畲来。眉生送张廉叔裕钊刻归批《史记》附方批，极精。星台送某花，即送锡之，加以拓本。以某四小并拓送星台。瑜百。

二十六日壬申（1月23日）

送陈嵩侼、吴仓石各四色。硕庭武梁祠画象。复莼送以卅金，交仲田。又莼寄羊复礼信，交伟如。二函俱交运。运来。雨。

二十七日癸酉（1月24日）　雨

手复少耕。送眉生四色。

二十八日甲戌（1月25日）

熙年送食二，答之。济来。运斋送食二，答书拓①。

二十九日乙亥（1月26日）

至界石浜。复竹年。得凤石十一信。硕来。

三十日丙子（1月27日）

供喜神。祀灶，瑜代。硕送食二，答之并《宝子碑》《舍利塔铭》。彦士送烟酒。胡子英食六。

①原稿本日眉批记："卤盖廿两，孔赞唐广钟来。赠蔚若《圣教》。锡之送裰料二。运斋送料壶、越图。少耕送苹、橘、西村字。竹年送豆豉、家乡肉。"

光绪十年（1884）甲申①

正 月

元旦丁丑（1月28日）
来者不少，另记。
初二日戊寅（1月29日） 卯初雪，辰巳甚大
初三日己卯（1月30日） 辰初雨
彦士、嵩伶、眉生来。
初四日庚辰（1月31日） 大雪达旦
至界石浜。香禅、泉、硕来。
初五日辛巳（2月1日）
初六日壬午（2月2日）
到庄、钮巷、百花一带。辰巳大雪，夜雪达旦。发京信彭、陆、
王、缪。
初七日癸未（2月3日）
至花桥、任蒋。眉生约。大雪竟日。
初八日甲申（2月4日） 雪未止。申立春。午后哄
初九日乙酉（2月5日）
答客，晤讷生、梅若、辛之。

---

①日记另册起，封面记："是年患目疾，四月十四日后长太代书。光绪甲申日记"。

初十日丙戌（2 月 6 日）

答客刘家浜，拜影堂，胃痛即归。得仲田信。

十一日丁亥（2 月 7 日）

答客，晤培卿，又平斋周年。仓石来。四叔、辛之来。

十二日戊子（2 月 8 日）

广安、蔚庭来。寄小村，为蔚庭之兄继德。十三日复知无。

十三日己丑（2 月 9 日）

曹福元再韩、许佑身子原来。眉生来。

十四日庚寅（2 月 10 日）

得凤石信。星台来。

十五日辛卯（2 月 11 日）

十六日壬辰（2 月 12 日）　卯刻雪

硕庭、讷生来。子山以都钟看。

十七日癸巳（2 月 13 日）　阴雨达旦

十八日甲午（2 月 14 日）

收容。还顾子山钟。香禅令千顷堂来。

十九日乙未（2 月 15 日）　阴雨

张允清来。向星台索伽南末。

二十日丙申（2 月 16 日）

发京信、缉廷信。四叔、济之、香禅、泉孙来。

二十一日丁酉（2 月 17 日）

陈亮伯贞来，付伟如信。为眉生题梦莲年伯画兰帐额，眉生小字与余同。

二十二日戊戌（2 月 18 日）

大人周年，狮林念经。复宜子望、善征、蔚庭。

二十三日己亥（2 月 19 日）　　阴雨达旦

谢客。见四叔。答莫善征。佛升额、联纲来。善征来。送联石辅、佛升额席。得伟如、执叔信。

二十四日庚子（2 月 20 日）

谢客。见谊卿。送联少甫活计鼻烟。小渔来。复伟如、执叔，交运斋。

二十五日辛丑（2 月 21 日）

晨雨。至界石浜。答陈少希，常镇道。联纲、佛升额辞行。香禅偕石方涑来。任阜长廿元。

二十六日壬寅（2 月 22 日）

文卿、少希来。眉生约。复伟信，交运。

二十七日癸卯（2 月 23 日）

龚世潼、张沇清来。

二十八日甲辰（2 月 24 日）

少希来，执弟子礼，递如意，却之。济之、眉生来。

二十九日乙巳（2 月 25 日）

三十日丙午（2 月 26 日）

硕卅元。陶民来。书板尽交香禅。

二　月

丁卯朔丁未（2 月 27 日）

到庄、钮巷、百花。得仲田、廉生信八日发。运斋、子静、硕庭、泉孙来。莼斋送《古逸》二、杨拓本四，《名类抄》。

初二日戊申（2 月 28 日）

发仲田、廉生信。康伯四十两，又复秋樵。少希、子静来。复伟如、芍庭。蔡研农来。

初三日己酉（2月29日）

至界石浜。答少希、研农。朱福春、香禅交五十两、泉孙来。

初四日庚戌（3月1日）

赠黎书。答《古逸》。四:《昭阳扶雅集》、方《正学》、陆《存斋》、罗《尊闻》,拓《舍利铭》、毛鼎。又墓志、大绅、伯足。杨《六艺纲目》《董武》《毛鼎》《十三行》,退谷江西白鹿、王文成忠孝四字、八字。子静来。赠扨叔《潜书》。夜雨达旦。送香禅之无锡《潜书》、豆酱。

初五日辛亥（3月2日）

研农耕娱信、蔚若辞行。四叔来。夜大风。

初六日壬子（3月3日）

送蔚若喜筵。

初七日癸丑（3月4日）

济之、云楣、云台来。凤石廿日信。

初八日甲寅（3月5日）

答云楣、云台送《酒政丛抄》。得小村信。寄蔚庭,交讷生。孔昭乾来。惊蛰。《闭门》《船庵集》印四十部,香留十部。

初九日乙卯（3月6日）

复讷生。吴世兄慰祖,号荫馀,师母在堂,月助叁元。眉伯明日行,交仲田、凤石信,廉生书件。阴雨。

初十日丙辰（3月7日）　阴雨

子静、辛芝来。辰雪,午烊。

十一日丁巳（3月8日）

吴荫馀来。得仲田、廉生信。硕庭来。

十二日戊午（3月9日）

仓石来,留饭。仓石移西美巷。

十三日己未（3 月 10 日）

黄道祖络来。黄号幼农。

十四日庚申（3 月 11 日）

答黄道彦士。星台送海螺鲜鳆、江瑶柱。

十五日辛酉（3 月 12 日）

至界石浜，腹疾。济、谱、小渔来。

十六日壬戌（3 月 13 日）

发仲、廉、石信。子静来。缁生来。

十七日癸亥（3 月 14 日）

星师三月初九葬，送十元，交讷生。泉孙来。

十八日甲子（3 月 15 日）

寄伟如、执叔《闭门》等集。运来，寄窸书、拓本十纸。子英来。凤石初十信电北宁失。

十九日乙丑（3 月 16 日）

界石浜家祭。阴雨，午后益大。伟如送陈皮，即复。

二十日丙寅（3 月 17 日）

复窸，交运廿二。

二十一日丁卯（3 月 18 日）

汪九来饭。四叔母及两妹来。

二十二日戊辰（3 月 19 日）

眉生自常未归发京信。子静、济之来。

二十三日己巳（3 月 20 日）

复伟如。送星台周敦，诒晋磁、对。属韵泉合夺命丹百元。得仲田信。春分。

二十四日庚午（3 月 21 日）

存斋借《史载之方》《石林奏议》。至段泾浜，共七人四叔、谱、怡、济、和、太。陶民来。

二十五日辛未(3 月 22 日)

存斋来。复徐小勿。送《武林掌故》《韵补》《王子安注》。阴雨。子英来。

二十六日壬申(3 月 23 日)

至界石浜春祭。答存斋。复杨菽芳。

二十七日癸酉(3 月 24 日)

运来。泉孙来。耕娱寄《英和笔记》。答仲复《英笔记》、姚彦士《十三行》。

二十八日甲戌(3 月 25 日)

仲复送退庵题跋。子静来,即行,付窭信。硕庭来。得花农信,《温公》八分。

二十九日乙亥(3 月 26 日)

复知无,交讷《先伯集》。复竹年,并为王子献继香写书面。送彦士刘平国刻石,送存斋《英笔记》、汪退谷四种。

三　月

戊辰朔丙子(3 月 27 日)

至钮巷,至庄,至百花。四叔留饭。辛芝、曲园来。伯洪草刻硕经手成。卅部,西十六,仲复四、彦士一、曲园一。送曲园点心,又耕娱二墓二、谱一、屠诗、浮集。

初二日丁丑(3 月 28 日)

至界石浜。得凤石信。硕庭来。

初三日戊寅(3 月 29 日)

眉生来。

初四日己卯(3月30日)

硕以猴笺易笺,眉生要也。

初五日庚辰(3月31日)

交硕庭刻《汪诗》百元,《诗》据云十万字。安太七百九十号。四叔来即去。董彦和来。得仲田信。

初六日辛巳(4月1日)

晤运。眉生约。印《百宋》《纪要》二书未成。

初七日壬午(4月2日)

讷生夫人初九葬,往祭。发京信,田、廉、陆、缪、花农。

初八日癸未(4月3日)

狮林清明念经,瑜、渔、济、熙、硕、泉、谱、殷、柏龄昆季、仲全来。庞小雅送《昭代丛书》。印书毕,廿部。

初九日甲申(4月4日)

出门见四叔、济。香禅来。竹年送莼。

初十日乙酉(4月5日)　　牲

眉生借《莲溪文抄》,还《后村集》《七颂堂》《之溪老生集》先著。陈伟杰来山东东昌,方正。硕庭要喉药。

十一日丙戌(4月6日)　　雨

以若卿师时文归胡春波,并跋之。日本金石十九轴还眉生,眉生欲分赠,不忍受也。《中论》还眉生。得凤石朔信。

十二日丁亥(4月7日)

寄伟如信。阴雨。寄伟如索颜"龙溪""祖关"。

十三日戊子(4月8日)

眉借《石洲集》《七经考文》。小雅来。子英来。子初延韵泉诊蘅。得伟三函。

十四日己丑(4月9日)

至狮林,殷谱经十五殡。延韵泉。交运复伟。运、济、硕来。运名世,育婴。

十五日庚寅(4月10日)　　夜雨达旦

至界石浜。致菽芳,马贞烈女坊事。

十六日辛卯(4月11日)

庄祠春祭。得仲田、廉生信。

十七日壬辰(4月12日)

发京信,彭、王、缪、陆、徐。寄竹年王孝子文一碑一序。

十八日癸巳(4月13日)

泉孙、振民来。四叔来。

十九日甲午(4月14日)

子英来,荐舒世琛之弟于海缲廷绪。跋平斋《尺牍》。崔龄来。硕庭来。

二十日乙未(4月15日)

阴。复芍庭。知十三枢廷罢。

二十一日丙申(4月16日)

运斋、汪兆柏来。得凤石、仲田十四信。济之来。

二十二日丁酉(4月17日)

陶民来。硕庭来,宋沈氏墨迹,还之。

二十三日戊戌(4月18日)

四叔来。秋谷之婿陈骏生其镳偕志晖来,荣叔之子。张勋云是秋水曾孙六元。彭子嘉谷孙、彭惠人清龢来。

二十四日己亥(4月19日)

讷生夫人念经圆通寺。答二彭。

二十五日庚子(4 月 20 日)

送骏生袍褂、砚二、笺、席。送二彭席。骏生来。

二十六日辛丑(4 月 21 日)

卯初行,未初至光福、雅宜、万禄上冢。

二十七日壬寅(4 月 22 日)

未正二刻归。光福五十三人、万禄廿五人。硕、泉、希在舟同饭。昨至荥阳别墅,其楼面山临流。发京信同前,得清卿信初十、十一。

二十八日癸卯(4 月 23 日)

目疾三日。复清卿、镜如、伟如。复陈容叔,交骏。得凤石廿日信。

二十九日甲辰(4 月 24 日)

目疾。《小谟觞集》香禅自行交坊,印四十部,送十部,除香一部外,姚一、眉二、陆一、吴广安一。运来。济来。

四　月

己巳朔乙巳(4 月 25 日)

目疾不见客。

初二日丙午(4 月 26 日)

目未愈。萩芳、藕芳来,未见,送二席。夜甚痛。

初三日丁未(4 月 27 日)

未愈。平斋家念经,未去,送祭席,初八葬。得廉生、仲田廿二信。

初四日戊申(4 月 28 日)

未愈。

初五日己酉(4月29日)

张富年未见。

初六日庚戌(4月30日)

初七日辛亥(5月1日)

运来。韵泉来。服药。发京信。

初八日壬子(5月2日)

大府秘四日不下。韵泉再来,用元明粉、大黄。雨。夜大下。

初九日癸丑(5月3日) 雨。冷

初十日甲寅(5月4日)

十一日乙卯(5月5日)

十二日丙辰(5月6日)

得陆信。俱冷。

十三日丁巳(5月7日)

以上服韵方大黄。雨。

十四日戊午(5月8日)

韵诊,大黄。

十五日己未(5月9日)

韵诊。

十六日庚申(5月10日)

韵诊。

十七日辛酉(5月11日)

韵诊。发京信。胡来。

十八日壬戌(5月12日)

韵诊。

十九日癸亥(5月13日)

韵诊,用童便。运来。胡来。到陆信。

二十日甲子(5 月 14 日)

韵诊,用童便洗。文恭公三十周年狮林寺,未到。仲午病,亦未到。汪七来,未见。

二十一日乙丑(5 月 15 日)

韵诊。程荐眼科蔡子谦。

二十二日丙寅(5 月 16 日)

韵诊。子谦来。运来。

二十三日丁卯(5 月 17 日)

程、蔡来。济之来,要借抚台小轮船,不许。胡子英来。夜大风雨。

二十四日戊辰(5 月 18 日)

程、蔡来。汪九来,未见。大风。

二十五日己巳(5 月 19 日)

程、蔡来。

二十六日庚午(5 月 20 日)

程、蔡来。发京信,彭、陆、缪、徐、王。夜雨。

二十七日辛未(5 月 21 日)　小满

程自二十日起看仲午。蔡来。得凤石、伟如信。昼夜雨。

二十八日壬申(5 月 22 日)

程、蔡来。寄伟如、扨叔信,交运斋。得晓村信、曾侯信。

二十九日癸酉(5 月 23 日)

程、蔡来。复芍庭。

三十日甲戌(5 月 24 日)

程、蔡来。复竹年。

五　月

庚午朔乙亥(5 月 25 日)

蔡来。

初二日丙子(5 月 26 日)

程、蔡、谱琴来。得仲田信。

初三日丁丑(5 月 27 日)

搭棚。蔡来。

初四日戊寅(5 月 28 日)

蔡来。运来。胡来。姚送礼。世勋送礼。胡燏棻送礼。汪五十。李十四。三姊二十元。

初五日己卯(5 月 29 日)

蔡来。胡来。热。夜雨。

初六日庚辰(5 月 30 日)

蔡来。何其杰寄书。风。发京信,彭、王、陆。

初七日辛巳(5 月 31 日)

蔡来。得陆京信。

初八日壬午(6 月 1 日)

蔡来。倪文焌送食物。

初九日癸未(6 月 2 日)

蔡来。

初十日甲申(6 月 3 日)

程、蔡来。胡来。运来。

十一日乙酉(6 月 4 日)

程、蔡来。胡来。

十二日丙戌（6月5日）　忙种

程、蔡来。沈宝青来，未见。

十三日丁亥（6月6日）

程、蔡来。

十四日戊子（6月7日）

程、蔡来。

十五日己丑（6月8日）

程、蔡来。胡来。朱咸庚未见。

十六日庚寅（6月9日）

程、蔡来。雨。

十七日辛卯（6月10日）

程、蔡来。风。

十八日壬辰（6月11日）

程、蔡来。风。刘廷枚来，未见。得徐琪信。

十九日癸巳（6月12日）

程、蔡来。热。

二十日甲午（6月13日）

程、蔡来。得陆、彭京信。热。沈秉成送枇杷。

二十一日乙未（6月14日）

程、蔡来。发京信，彭、陆、王、缪、徐。得郭筠仙书。

二十二日丙申（6月15日）

程、蔡来。雨。

二十三日丁酉（6月16日）

程、蔡来。

二十四日戊戌（6月17日）

钦云浦来。程、蔡来。

二十五日己亥(6月18日)

程、蔡来。胡来。汪陶民来。帮潘公二洋。彭讷生送枇杷。吴运斋上烟台。阴。夜雨。

二十六日庚子(6月19日)　雨

程、蔡来。

二十七日辛丑(6月20日)

程、蔡来。徐花农送糟鱼。

二十八日壬寅(6月21日)

程、蔡来。夏至节。

二十九日癸卯(6月22日)

程、蔡来。得陆凤石信。雨。得镜如信。

闰五月

朔甲辰(6月23日)

蔡来。寄京信,陆、彭、徐、李。复镜如信。

初二日乙巳(6月24日)

蔡来。夜雨。

初三日丙午(6月25日)

蔡来。雨。

初四日丁未(6月26日)

蔡来。

初五日戊申(6月27日)

蔡来。得彭、王信,寄来书板、乌鱼穗。得直督咨,奉旨议叙。复邵晓村,寄蔚庭。

初六日己酉(6月28日)

蔡来。

初七日庚戌(6月29日)

蔡来。祁子禾来。

初八日辛亥(6月30日)

蔡来。雨。

初九日壬子(7月1日)

蔡来。胡来。得陆凤石信。

初十日癸丑(7月2日)

蔡来。写《马贞烈碑》文。

十一日甲寅(7月3日)

蔡来。发京信,彭、王、陆、徐、李。德寿来,未见。

十二日乙卯(7月4日)

蔡来。送德寿席。

十三日丙辰(7月5日)

蔡来。热。胡来。

十四日丁巳(7月6日)　热

蔡来。雨。运来。

十五日戊午(7月7日)

蔡来。寄伟如、扨叔书一包,交运。小暑节。早雨。得伟如、扨叔信。雷雨。

十六日己未(7月8日)

蔡来。复伟如、扨叔信。雷雨。

十七日庚申(7月9日)

复芍庭。

十八日辛酉(7月10日)

毛上珍印书,四日毕。

十九日壬戌(7月11日)

发京信,彭、陆、王、徐。付毛上珍印书工料、酒资,共洋式拾式元,清。

二十日癸亥(7月12日)

得陆凤石信。

二十一日甲子(7月13日)

得殷信。热。

二十二日乙丑(7月14日)

蔡来。时晴时雨。

二十三日丙寅(7月15日)　　早雨午晴

得徐琪信。

二十四日丁卯(7月16日)

交叶九十七两票,又九十七两。

二十五日戊辰(7月17日)

二十六日己巳(7月18日)

蔡来。

二十七日庚午(7月19日)　　初伏

得陆心源信。午后雨。得汪鸣銮信。

二十八日辛未(7月20日)

得李兰荪、翁叔平信。

二十九日壬申(7月21日)　　阴雨

胡来。刘来。蔡来。得彭信、陆信、尹信。

六　月

辛未朔癸酉（**7 月 22 日**）　风。大暑

初二日甲戌（**7 月 23 日**）　风

蔡来。香禅来，付五十元。胡来。刘来。四叔来。

初三日乙亥（**7 月 24 日**）　雨

初四日丙子（**7 月 25 日**）　雨。午后晴

初五日丁丑（**7 月 26 日**）

初六日戊寅（**7 月 27 日**）　热

《马贞女碑》刻成，寄杨宗濂。

初七日己卯（**7 月 28 日**）　热

初八日庚辰中伏（**7 月 29 日**）

初九日辛巳（**7 月 30 日**）

得伟如信。

初十日壬午（**7 月 31 日**）

复伟如信，内有拗叔信。

十一日癸未（**8 月 1 日**）

发京信，彭、王、徐、陆、李、翁。胡来。陈寿昌来。张二书刻成。热。

十二日甲申（**8 月 2 日**）　热

十三日乙酉（**8 月 3 日**）　热

寄廉生书七种，交胡。胡来。得彭、王信。

十四日丙戌（**8 月 4 日**）　热

十五日丁亥（**8 月 5 日**）　热

得刘兰洲信。

十六日戊子(8月6日) 热

寄伟如、执叔信,并《经说》。

十七日己丑(8月7日) 午刻立秋。热

又寄伟如、执叔信。运来。汪陶民来。

十八日庚寅(8月8日) 热

十九日辛卯(8月9日)

得伟如、执叔信。

二十日壬辰(8月10日)

得杨宗濂丛书。胡来。得凤石信。香禅来。

二十一日癸巳(8月11日)

发京信,彭、王、陆、殷。济之来。

二十二日甲午(8月12日)

二十三日乙未(8月13日) 雨。初五日至二十二日,无雨十八天

得殷、彭、王、吴重熹信。

二十四日丙申(8月14日)

发京信,殷、彭、王、吴重熹。

二十五日丁酉(8月15日)

蔡来。得胡云书并眼药。

二十六日戊戌(8月16日) 雨

复云台书。徐花农送核桃。

二十七日己亥(8月17日)

二十八日庚子(8月18日) 雨,藻

大吉祥来合眼药。得胡云台信又眼药。

二十九日辛丑(8月19日) 夜雨

复胡云台信。又得云台信。

三十日壬寅（8月20日）　夜雨

复胡云台信。得陆凤石信。

七　月

壬申朔癸卯（8月21日）

发京信，彭、徐、王、陆。热。

初二日甲辰（8月22日）

初三日乙巳（8月23日）　阴雨。夜雨大风。除暑

得胡云台信。得王文韶书信。

初四日丙午（8月24日）

复胡云台信。四叔来。得胡云台信。

初五日丁未（8月25日）

运来。

初六日戊申（8月26日）

复云台。得云台信。硕庭、泉孙来。

初七日己酉（8月27日）

复云台信。得胡云台信。

初八日庚戌（8月28日）

复云台。得云台信。

初九日辛亥（8月29日）

复云台。寄若农《丛书》，交运斋。

初十日壬子（8月30日）

发京信，彭、陆。得陆信。

十一日癸丑（8月31日）

运来，十三日赴广东。复王文韶信，送汪退谷帖。得翁叔平

信。得伟如信。

十二日甲寅(9月1日)　　阴雨

复伟如信。

十三日乙卯(9月2日)　　午雨

十四日丙辰(9月3日)　　雨。午晴

十五日丁巳(9月4日)　　热

十六日戊午(9月5日)　　热

十七日己未(9月6日)　　酉刻雨

胡来。热。

十八日庚申(9月7日)　　白露

寄王廉生、吴仲饴信,书一箱,《墨妙亭碑目考》《眉山诗案广证》《咫进斋丛书》《乙巳占》《伏敔堂诗录》《说文古本考》《闭门集》《滂喜斋丛书》八函。陆心源来,未见,送《滂喜斋丛书》一部。热。

十九日辛酉(9月8日)

发京信,彭、殷、王、陆、翁。热。

二十日壬戌(9月9日)　　夜雨。溽热。申初大雨

得陆信。

二十一日癸亥(9月10日)　　夜雨。午雨

二十二日甲子(9月11日)

二十三日乙丑(9月12日)

二十四日丙寅(9月13日)

刘传福来,未见。得伟如、拗叔信。

二十五日丁卯(9月14日)

四叔来。唁星台长子。唁荣叔,扶柩。

二十六日戊辰(9 月 15 日)

二十七日己巳(9 月 16 日)

济之来。

二十八日庚午(9 月 17 日)

二十九日辛未(9 月 18 日)

得赵㧑叔、陆凤石信。

八　月

癸酉朔壬申(9 月 19 日)

得云台信。

初二日癸酉(9 月 20 日)

复云台。雨。

初三日甲戌(9 月 21 日)

得徐琪信。胡来。

初四日乙亥(9 月 22 日)

发京信,彭、陆、徐。雨。

初五日丙子(9 月 23 日)　　夜雨达旦。秋分

初六日丁丑(9 月 24 日)　　夜雨

初七日戊寅(9 月 25 日)

得彭、王信。

初八日己卯(9 月 26 日)

初九日庚辰(9 月 27 日)

初十日辛巳(9 月 28 日)

发京信,彭、陆、王、徐。

十一日壬午（9 月 29 日）

硕庭来。

十二日癸未（9 月 30 日）

得伟如信，硇砂，即复。

十三日甲申（10 月 1 日）

十四日乙酉（10 月 2 日）　　雨

得彭信、殷信。世勋送礼，特还。姚送礼，特还。

十五日丙戌（10 月 3 日）　　雨竟日

得云台信。得吉荣帆信。

《滂喜斋丛书》送：李眉生、陈嵩佺、杨萩芳、运斋、恕园、黎花斋、姚彦士、廉生、存斋、仲饴、广安、叶鞠常。

《说文古本考》二十部送：嵩伶一、广安一、廉生一、姚彦士、沈、俞、叶、仲饴、存斋、费岊怀。十四。

《百宋》《纪要》送：叶、姚、吴广安、眉生、黎花斋。

《士礼》送：李眉生、黎花斋、叶菊常、费岊怀、陆、王、姚。

十六日丁亥（10 月 4 日）

复云台。复荣帆。寄徐琪书，交俞。雨。

十七日戊子（10 月 5 日）　　雨

复云台。

十八日己丑（10 月 6 日）　　雨

十九日庚寅（10 月 7 日）　　雨

寄缪小山《滂喜斋丛书》四函、《说文古本考》、《士礼居题跋》、《眉山诗案》、《墨妙亭碑考》，交胡。寄廉生《恩福堂笔记》《周官故书考》《娱亲雅言》《汉印偶存》，交胡。得李兰荪信。得彭、王信。曲园来。胡来。

二十日辛卯（10月8日）　寒露

得陆信。

二十一日壬辰（10月9日）

发京信，彭、陆、王、徐、殷、李、吉。

二十二日癸巳（10月10日）

寄廉生《钱氏艺文志略》《眉山诗案》《松壶》《百宋》《纪要》，交胡。胡来。许送《仙螺》。

二十三日甲午（10月11日）

二十四日乙未（10月12日）　雾。大雨

二十五日丙申（10月13日）　雨

墓祭未到。

二十六日丁酉（10月14日）　夜大风雨

二十七日戊戌（10月15日）

复云台。复运斋。济之来。

二十八日己亥（10月16日）

叶二十　一元四角，《湖海文传》《国朝文钞》。

二十九日庚子（10月17日）

秋祭未到。助念和葬其枢十馀口一百元。

三十日辛丑（10月18日）

谭经浜未到。

九　月

甲戌朔壬寅（10月19日）

子牧来。雨竟日。

《功顺堂丛书》：鞠常二、屺怀、申季、泳之、查翼甫。

初二日癸卯（10 月 20 日）

初三日甲辰（10 月 21 日）

发京信，陆、彭、王、吴。酉刻雨。

初四日乙巳（10 月 22 日）

初五日丙午（10 月 23 日）　　霜降

得李若农信。

初六日丁未（10 月 24 日）

得吉云舫信，并燕窝、《鹿州集》。

《士礼居》：申季、泳之、翼甫。

初七日戊申（10 月 25 日）

初八日己酉（10 月 26 日）

复徐小勿。

初九日庚戌（10 月 27 日）

初十日辛亥（10 月 28 日）　　大雨

寄廉生《两罍轩印考》，交胡。

十一日壬子（10 月 29 日）　　夜雨。早雨

复敬子斋。殷秋樵、胡云台来，并送礼。汪振民来。有人以空青售，还之。王清如来，未见。晚晴月出。

十二日癸丑（10 月 30 日）

送云台《滂喜斋丛书》。送胡食物四色。

十三日甲寅（10 月 31 日）

李宝章来。发京信，彭、陆、殷、敬。雨。胡来。得陆信。

十四日乙卯（11 月 1 日）　　雨

十五日丙辰（11 月 2 日）

十六日丁巳(11月3日)　夜雨。连日雨

十七日戊午(11月4日)　夜雨达旦

《一切经音义》四十元。得莼斋寄日本史百本。得硕卿信，又锡器，又绍石安信。复硕卿。胡来。

十八日己未(11月5日)　夜雨

运到苏，送食物，答以席。胡来。复石安、丹叔、星五、谟卿，交缵廷。

十九日庚申(11月6日)

胡来。敦，欠百八。得伟如内召信。

二十日辛酉(11月7日)　立冬

送苏邻寿物。遣人贺星台浙藩，送星台熊掌。寄伟如信。子牧来。

二十一日壬戌(11月8日)　雨

二十二日癸亥(11月9日)　夜风雨

运来。济来。送俞曲园食物。得陆信。

二十三日甲子(11月10日)

发京信，陆、彭、徐。四叔米。

二十四日乙丑(11月11日)

二十五日丙寅(11月12日)　雨

得胡云台信。

二十六日丁卯(11月13日)　雨

复云台。

二十七日戊辰(11月14日)　冷

莫善征来，未见，送《丛书》。

二十八日己巳(11月15日)　雨

杨荩芳来。荫北、礼官来，即北行，送席、送食物。

二十九日庚午（11月16日）　雨

得彭、王、殷信。

三十日辛未（11月17日）

吴仓石来。复秋樵、廉生、仲田。徐巽卿寄锡器二卓。

十　月

乙亥朔壬申（11月18日）

发京信。《功顺堂丛书》鞠裳二部。德小峰送虾油八、酒二。得花农信。熙小舫来。

初二日癸酉（11月19日）

得陆信。周季相来，未见，送食物答之。

初三日甲戌（11月20日）

送陈荣叔席。陈荣叔来。

初四日乙亥（11月21日）

初五日丙子（11月22日）　小雪

腿生疖三日矣。世锡之送米、腿、活计。谭送宪书。

初六日丁丑（11月23日）

吴县童试揭晓。

初七日戊寅（11月24日）

贺运子本斋入泮。

初八日己卯（11月25日）

得松壶画四。

初九日庚辰（11月26日）

初十日辛巳（11月27日）

十一日壬午（11 月 28 日）

发京信，彭、陆、王。

十二日癸未（11 月 29 日）

贺济之百元，福隆完姻也。玉妹四拾两。黄漱兰来，未见，以《马贞女碑》属其题。

十三日甲申（11 月 30 日）

《士礼居题跋》赠孙得之传凤。得陆初三日信。

十四日乙酉（12 月 1 日）

眉伯自山西来。

十五日丙戌（12 月 2 日）

香禅求《士礼居》三部。

十六日丁亥（12 月 3 日）　阴冷

汪陶民子十九完姻，借顶、补、朝珠，送菜二，即以送陈骏生报刻三印也。

十七日戊子（12 月 4 日）

十八日己丑（12 月 5 日）

以"羽陵山馆""红蝠书堂""晚晴轩"属梅石谢庸刻。《士礼居题跋》香禅索去三部。得徐花农信。香禅索去《眉山诗案》《墨妙碑目》各一部。再得花农信。胡云台寄洋水仙。

十九日庚寅（12 月 6 日）

复云台。发京信，彭、陆、徐。费文、管诗，香禅。

二十日辛卯（12 月 7 日）

写黎母吴挽联。大雪节。

二十一日壬辰（12 月 8 日）

二十二日癸巳（12 月 9 日）

以纯斋信交眉生。曲园送食物。郭鹏云、任焕奎吴县来，未见。

二十三日甲午（12 月 10 日）

复胡云楣。济之来。得陆信。

二十四日乙未（12 月 11 日）

得兰荪、仲田信。云台又寄水仙二十头。

二十五日丙申（12 月 12 日）

复云台。为眉生跋《广开土王碑》。狮林，中和送酒、笋。

二十六日丁酉（12 月 13 日）　冷

二十七日戊戌（12 月 14 日）

复云台。季相、广安来。得硕卿信。

二十八日己亥（12 月 15 日）

复硕卿，交运斋。郭南池鹏云来。发京信，彭、陆、徐、李兰荪。得云台信。

二十九日庚子（12 月 16 日）

复云台。叔母七旬，贺百元、五福捧寿五彩壶一。

十一月

丙子朔辛丑（12 月 17 日）

贺芍庭头品信。鹤龄、福隆来。运来。

初二日壬寅（12 月 18 日）

伟如、泉孙来。得益甫讣。

初三日癸卯（12 月 19 日）

送伟如席。

初四日甲辰（12 月 20 日）　冷

夜祀先。眉伯、心岸来。

初五日乙巳(12 月 21 日) 酉正冬至

初六日丙午(12 月 22 日)

陈嵩伒送《西夏纪事》十部。伟如来诊。夜寒热大作。

初七日丁未(12 月 23 日)

伟如来诊。济之、子牧来。

《士礼居》:辛芝、玉荀、硕庭。

送《西夏纪事本末》:鞠常、眉生、香禅。

送嵩伒《功顺堂丛书》。送伟如《士礼居题跋》。夜仍作寒热。

初八日戊申(12 月 24 日) 仍避风

送嵩伒《乌目诗存》、江西蜜橘。夜寒热,是初四日起。

初九日己酉(12 月 25 日)

德小峰来见,赠丛书二种,并送席。小峰送火腿、绍酒。寄唁益甫子赵寿伒信,交全泰盛,洋百元未寄。

初十日庚戌(12 月 26 日)

伟如来。

十一日辛亥(12 月 27 日)

伟如送《乌目诗存》十部。嵩伒送杨见山、朱修庭诗来。伟如来。济之送水仙廿头。

十二日壬子(12 月 28 日)

得张丹叔信。夜小雨达旦。

十三日癸丑(12 月 29 日) 雪

发京信,彭、陆、李、王、徐。

十四日甲寅(12 月 30 日)

复云台。沈仲复来。得柳门、芍庭信,即复。

十五日乙卯(12 月 31 日) 甚冷

伟如来。运来。陶民来。敦先及妹婿顾鹿鸣来,未见。

十六日丙辰（1885 年 1 月 1 日）

送汪惟清入泮礼，拓本三张。少安之子也。

《功顺堂丛书》：姚彦士、俞曲园。又《功顺堂丛书》送眉生二部。以殿板《左传读本》赠眉生。

十七日丁巳（1 月 2 日）

叶鞠常交来查翼甫信，并《广均》《竹友集》，直名世元也。眉生赠《砖塔铭》，松下清斋物也。

十八日戊午（1 月 3 日）

以书直交鞠常三百五十金，合洋五百。得耕娱太夫人讣、张振轩讣，知文星崖去世。

十九日己未（1 月 4 日）　　似有雪意

伟如来。署臬田芝庭来。

二十日庚申（1 月 5 日）　　小寒节。午后雨

二十一日辛酉（1 月 6 日）　　夜雨达旦

送嵩俭《松壶集》，未复。送芝庭联幅。雨。

二十二日壬戌（1 月 7 日）　　夜雨

复张丹叔，并跋其诗。唁王耕娱，有幛。唁张振轩之子蔼卿华奎，有幛。伟如来饭。得朱丙寿信。

二十三日癸亥（1 月 8 日）

复云台。复朱少愚。汪燕庭诗二百廿洋，已付百洋，馀约定今日付。广安来。硕庭来。漱萩斋账百洋清结。

二十四日甲子（1 月 9 日）

二十五日乙丑（1 月 10 日）

广安来。得子良信。得仲田、小山信。夜雨达旦。

二十六日丙寅（1 月 11 日）　　雨，午后雪大

复刚子良、凤石、仲田、筱珊。

二十七日丁卯（1 月 12 日）　昨夜雪甚大

送广安《功顺堂丛书》一部。四叔来。

二十八日戊辰（1 月 13 日）

伟如、济之来。

二十九日己巳（1 月 14 日）

复镜如，交伟如。复黄漱兰。送入泮礼。吴本斋运子，联、幅、朱拓三。叔重，朱拓三。钱薮文、顾端文、志询雅南叔祖曾孙，朱拓三、俞《四书》批本。汪鹤龄，朱拓三、《恩福堂》。吴应鼎子述长子，朱拓工、《西夏纪事》、《说文古本考》、《士礼居》。徐慧生宝晋、吴广安来。

三十日庚午（1 月 15 日）　大冷

复吉云舫。赠振民、钱伯玛、钱调甫、刘海峰《孟涂集》四函。

十二月

丁丑朔辛未（1 月 16 日）

发京信，彭、陆、缪。郭南池来。伟如送《江西诗征》。莼斋送《古逸丛书》二部，全矣。

初二日壬申（1 月 17 日）　晴暖

济之送风鸡、燕笋，以风鸡、白菜送伟如。刘继送《广列女传》，未见。

初三日癸酉（1 月 18 日）　夜雪

入泮日。振民送菜四，送伟。

初四日甲戌（1 月 19 日）

陈荣叔、讷生、伟如、运斋来。振民来。

初五日乙亥（1 月 20 日）　　大寒节

初六日丙子（1 月 21 日）

复卢菽圃。汪开祉来。

初七日丁丑（1 月 22 日）

曹叔彦元弼、戴绶之、姜福来见，赠以《滂喜斋丛书》《说文古本考》《士礼居题跋》，又先公《年谱》《墓志》及《马贞女碑》。

初八日戊寅（1 月 23 日）

辛芝来。

初九日己卯（1 月 24 日）

复刘仲良。吴卓臣本斋来见，运斋子也。言运斋昨到沪，十三四可到粤。济之来。复苟庭。

初十日庚辰（1 月 25 日）

手复涑兰，并序王彦威节母《焦尾阁稿》。

十一日辛巳（1 月 26 日）

至白善桥观音庙眼目司拈香。送陈荣叔《西夏纪事本末》《眉山诗案》《墨妙亭碑考》《士礼居题跋》。吴仓石来。董彦和、汪眉伯未见。伟如来。许星台送辣菜，以送眉生。

十二日壬午（1 月 27 日）

李笙渔以古玉三件求售，却之。济之说师趁鼎，以乏资未取。

十三日癸未（1 月 28 日）

伟如、谱琴、广安来。伟送熏鱼、糟蟹。

十四日甲申（1 月 29 日）

发京信，彭、陆、王、徐。寄运斋信，托购苏合丸，交培卿。为心岸写敏德堂"心月山房"扁又一联。助吴子重十元，交西圃伯。

十五日乙酉（1 月 30 日）

得叔平、廉生、凤石信，复之，二十日发。至界石浜。孙文起来,答之。

十六日丙戌(1月31日)

至四叔、香禅、谱琴、伟如处留饭。香禅相左,书板领回。陶民来。

十七日丁亥(2月1日)

复云台。

十八日戊子(2月2日)

唁陈伯潜,送幛。陆馨吾送风鸡、燕笋。

送三姑太太十元、五姑太太五元、二姑奶奶五元、何姑太太四元、小畲贺分十元。

十九日己丑(2月3日)　　立春亥刻

二十日庚寅(2月4日)

得仲田、廉生信。叶师润敬百金。香禅属刻调生《赏奇集》六十家,内有西圃伯、吴子实、许鹤巢、辛芝、椒坡诗,辞以力不能矣,其直百六十千。

二十一日辛卯(2月5日)

借抄彦士《乾象新书》卅卷、《知不足斋》,又申耆藏本,是日抄毕还之,送《乌目诗》一部。抄《乾象新书》、装补《通考》二函、《一切音义》一部,裱《高丽王碑》,共十八元六角。广安来。沈亘之师三十两。陈嵩佺来,云文小坡欲来见。暖。夜小雨即止。

二十二日壬辰(2月6日)

送陈芝泉夫人十元。雨竟日。手复子材。

二十三日癸巳(2月7日)

送锡之《芷林题跋》、朱拓《裴岑》、《经石峪摩崖》、扁、联、锡器二匣。送彦士《栝苍金石志》、泰山铭集联一匣、貂帽沿爪仁领荷包一匣。送祁翰香先生孤寡十元。又钱叔美《仙海螺舟》一幅送锡之。送陈嵩佺印泥、笺四匣,食物四色。复李孟和福沂,赠以《功顺堂》,子材亦赠也。香禅来。以花四盆送眉生。祀灶。

二十四日甲午(2月8日)

送讷生二色。送培卿二色。为亢铁卿树滋书敏慎堂扁。为石君秀题《石梅孙自寿》手卷,"枌乡祭酒"四字皆香禅代。以玉堂富贵一盆送伟如。伟如送梅花四盆。冷。设席请叶师。李世兄、瑜伯、文小坡来。伟如来。世锡之送梅花、橘、食物、火腿、马褂料。

二十五日乙未(2月9日)　姝冷

《茶磨诗》十部,送鞠常一、汪振民一、文小坡一,又香禅三,又陈嵩佺二,又眉生一,又曲园一。

瘦羊送来《贞烈编》五部:眉生一、曲园一、陈嵩佺、杨见山、朱修庭。

济之来。复少耕,送食物。卞宝树求助一元。彦士送铜佛、铜鼓、酒、蟹。送伟如酒二坛、野鸭、橄榄、醉蟹,即少耕所送。得马光勋、筱沅信。得凤石信。伟如信云,法昨由川石山掠领水人,径由北行。

二十六日丙申(2月10日)　姝冷

以凤石《马贞烈女诗》交香禅。广安送鱼膘一片、小种茶四,还其《新定续志》《中兴馆阁续录》《吴郡图经续记》三种,皆宋椠,莐圃物也。答以糟鱼、海参。广安来。有人以鸟集木咎作父癸宝尊彝敦来,直二百四十金,乏资却之,怀米山房物。硕庭来。宋椠《纪事本末》六匣,装一大匣。《古佚丛书》二部六匣,装一大匣。梯云送食物二。以食物二送曲园。

二十七日丁酉(2月11日)

信未复者,皆本年来以目疾未复。

马光勋、孙儒卿、宜霖、福通、高承基、庞庆麟、联绥、刘兰洲、张朗山、施均甫、邵小村、曾劼刚、岐子惠、刘锡銮、徐巽卿、郭筠仙。

叶师以《篇》《均》各二见示,《广均》宣德本,又元余氏双桂堂本;《玉篇》魁本,宏治刻,又元本,颇精。吴仓石以彭姑钟拓见示,伪。

今年所见古物:册册父乙角、尚方竟、金涂塔,皆未收。

所见松壶画《心田种福》横、《西溪移居图》为张仲甫作,皆笙渔物,一廿、一百金,均未收。曲园送日本空海墨刻卷及印泥、日《朝阳阁集古》。眉生属书《南诏碑》二册签,又称汪兆曾佳士。敦成百二。手复漱兰,赠以《功顺堂》《滂喜斋丛书》。以黄诗交香禅。以左绍佐交前。王引之送濮院绸、锡器。

二十八日戊戌(2月12日)

狮林寺祖妣汪太夫人三十周年礼忏。四叔云向于是日,忌辰是廿九日也。信未复者,王引之、陈少希。狮林寺未刻归。怡琴、太官未到。客另记。文小坡乞书并索题西台墨迹,又赠香光山水、煦斋奏草,余向不收字画,拟却之。培卿说运斋昨方到粤,有电来。闻法兵艘六去淞百里。酉刻小雨即止。

二十九日己亥(2月13日)　阴冷

汪太夫人忌辰。还文小坡二件。叶先生题《古埧释》,邈字甚精。小雨。伟如来。朱修庭观察幅六,送青筱扁,广安代求。又写文小坡横幅,又为题李西台临《坐位帖》一页,有眉生长跋,此册余疑不真,西台时《坐位》未行也,何以临之?草草为书数字而已。闻法船又南行,援台南洋五艘犹泊浙之镇海。

三十日庚子(2月14日)

恭悬喜神、设供。天晴冷。送瑜伯百金,来谢。眉生还《盂鼎释文》一本。汪兆曾号少符，仪征人，眉生说，曾在雨生处。送还文小坡西台册及横幅，又缴其世愚侄名片。再致书伟如，还其电报。四叔送咖啡茶一小瓶，云以绢包煎，汤加白糖。许星台送新会橙、山东面、《松江府志》。酉初接灶神。信未复者，吕宪秋。

中国近代人物日记丛书

潘裕达 潘 佳 整理

潘祖蔭日記

下

中华书局

光绪十一年（1885）乙酉^①

正　月

朔辛丑（2月15日）

宜霖信即答。伟如、瑜伯、宝谷、吉甫、安甫、崔龄、仲全、眉伯、辛之、小畲、佑之、屈师竹、元谷、彦士、生甫、干卿、陶民、四叔、济之、春畴、眉生、志恢^②刘家浜，仰连、敦先来。

初二日壬寅（2月16日）　雪

六世祖妣汪安人生忌。汪沐懋少甫、汪恩锦绚之，百花、汪寅生陶民子、衍谷、子牧、铜士、振民、子开、麟生、熙年、陶子蒂、汪鸿祚敬叔、和甫、志恢来。

初三日癸卯（2月17日）

高祖考贡湖公生忌。修谷、志樾少霞、汪惟嵩少安子、陈荣叔、泉孙、嵩伀、小坡、太官、叔九、汪崔书五妹子、汪毓瑛苇村子来

初四日甲辰（2月18日）　雨水

鲁岩、平如、英庭叔遵垓，刘家浜、汪宗度、子容、陆国祥礼之、曜彦侍庭、志晖、戴祖芬揖青、志愉、万、绵、勋谷、玉韫玉守之、讷生、介

---

①原稿本月起用蓝格稿纸，有"乙酉"二枚、"喜"、"晚姓轩"、"吉祥喜语"、"羽琤山馆"、"如愿"、"红蝠书堂"、"八喜斋"印及一满文印。

②"恢"字旁有小字"惠"。

祉玉荀、陶景弼子芾子、敬谷、志鄂、汪福年来。是日亲戚内眷来。

初五日乙巳（2 月 19 日）

汪鹏、骏生、费幼亭、程一琴、伟如、辛芝来。

初六日丙午（2 月 20 日）

至宗祠，又各宅拜影堂，四叔、伟如留饮。遇谱琴，彼此未值。寄善征信，交眉生。《功顺》三，善征、莼斋、仲武。郭南池、贝伟如来。夜雨。

初七日丁未（2 月 21 日）　　大雪

星台来。得花农、亚陶信，并《马贞烈诗》。秦大来。

初八日戊申（2 月 22 日）

答客，并拜三处影堂刘浜、任蒋、天官坊。阴小雨。复竹年。怡琴来。承悦来。

初九日己酉（2 月 23 日）　　阴雨

答客鲟门等处。安甫来。小松乞橘红。

初十日庚戌（2 月 24 日）　　晴

复运，交培卿。叶师到馆，舆迎设馔。高祖姒汪夫人忌。钱道宝传京砚来。广安来。复缵廷。泉孙来。

十一日辛亥（2 月 25 日）

答客。晤伟如、广安，退楼二周也。送星台，明日行。硕庭为大公望鼎作缘，却之。

十二日壬子（2 月 26 日）

广安来。星台送眼竟、烟壶。叔母及内眷来。眉生约，午后遇之。曲园来。阴。晤伟、镜。

十三日癸丑（2 月 27 日）　　晴

镜如来。任石芝、陈少希来，即答。眉伯来。喜神前上灯，果花礁。

十四日甲寅(2 月 28 日)

答粮道王韵和。晤曲园,赠以峨眉铜佛、骆越鼓,托寄丁松生《滂喜》《功顺》各一。

十五日乙卯(3 月 1 日)

至宗祠,喜神前供元宵。至百花巷。得仲田十五信。广安来。晴暖。

十六日丙辰(3 月 2 日)

至界石浜。阴。午晴暖。伟来。得仲饴信。

十七日丁巳(3 月 3 日)　　晴

复仲饴,交廉生。李质堂来,即答。访讷生不晤。许子原、戴绥之来,各赠《功顺》一部。得丁少山书,即答,交廉。竟如来。

十八日戊午(3 月 4 日)

敬收喜神。阴风。送曹叔彦《功顺》。

十九日己未(3 月 5 日)　　惊蛰酉初

发京信,彭、陆、王、胡子英、吴仲饴、丁少山、徐。晤仲复。龚梓材世潼来,云可补昆山。程尚斋桓生来,即答。风。

二十日庚申(3 月 6 日)

送眉生《皕宋楼》《咫进斋》二书。送叶师《管子纂诂》。仓石、仲复、炉青来,即答。陶民来。得秋樵信,称弟子。夜雨。

二十一日辛酉(3 月 7 日)　　阴

梅垞伯母九十诞,狮林念经。送眉生《藤阴杂记》《蜀輶日记》。

二十二日壬戌(3 月 8 日)

先君二周年,狮林念经。得朗斋信。冷。四叔、眉伯、瑜伯、小畬、彦和、陶民、少甫、辛泗生、笏南诵威、树庭、礼之、干卿、竞如、伟如、振民、广安、谱琴、怡琴、香禅、鲁岩、荣叔、沈旭初、眉生、小雅、安甫、泉孙、硕庭、熙年、㱭生、培卿、志晖、景叔、修宝、勋谷来。范樾甲午,荫侯来。

二十三日癸亥(3月9日)

谢客。百花见四叔、济之,眉生处留面,午后归。送眉生《啸亭杂录》《群峰集》。得运信及代购丸药。冷。窓寄纸十,参廿支。

二十四日甲子(3月10日)

复运、窓,交培卿。送眉生《武林掌故》八函、《国朝文征》四函。得云台信。

二十五日乙丑(3月11日)

复云台,送以联、屏、横。容叔、叔彦来。姓仍冷。眉伯、㱭生来。送振民《乙巳占》等书卅八本。送眉生《蛾术编》、龚孝升《定山堂集》三函。

二十六日丙寅(3月12日)

范荫侯樾来,今年七十九。洗蕉老人戴青书卿送马贞烈七古,恽次山之室也。诗交香禅。冷。

二十七日丁卯(3月13日)　冷

《金石萃编》送叔彦,此眉生去冬赠者。送眉生《亨甫诗选》八本徐小勿刻,又《京江鲍氏三女史诗》少海所赠。济之来。朱璞山守和来,伯华父。本家歙心存尚志来。

二十八日戊辰(3月14日)

伟嫂六十,送烛、酒。泉孙来。夜雨。送振民书七本。

二十九日己巳(3月15日)　雨

伟如来。申初晤伟如,明日赴湖,竞如赴沪。

三十日庚午（3 月 16 日）

抄《北堂书钞》五十七万馀字，二十八元。从申季借叶先生所借。送眉生《功顺》白纸一又二、强赓廷一、汪少符一，共五部。

二　月

己卯朔辛未（3 月 17 日）

至界石浜，至百花巷。送申季《楞严蒙抄》，眉生所刻。郭文垲来，得莘卿信，即答，并致仲田、凤石、廉生、秋樵、筱山、花农，明日发。送匊常郝《尔雅》《山海经》二函。毗生、志绵来。

初二日壬申（3 月 18 日）

发京信。属许子原书文叔、易安二文。候眉生，是日眉生留髯。子原来，赠以白纸《滂喜》一部、石印三枚。得兰孙、仲田信，即答，并入前函，明日发。

初三日癸酉（3 月 19 日）

答田炽庭、郭文垲。狮林寺先舅卅周年。暖。炉青来。得凤石十九、廿九信。玉兰、盆梅盛开。

初四日甲戌（3 月 20 日）　　春分酉正。寅正二大风雷雨，冷

送炉青。晤彦士。振民来。彦侍来，乞书"馀福堂"。得花农信、丹叔信。

初五日乙亥（3 月 21 日）　　晴

送眉生《尊闻居士集》《支遁集》及《琴操》。送叶先生《慧琳音义》九十九本三函。复丹叔。济之、小畲来。

初六日丙子（3 月 22 日）

复曲园湖上信。洋水仙开。访广安，遇费芸舫。复黄花农。

王懋斋师德来。奇暖。夜大风。

初七日丁丑（3月23日）

玉兰盛开。阴冷。四叔送洋水仙一盆。陶民来。伟如函招邓尉，云梅花大放，辞之。严缃生来，徐花农寄白果十六颗、梨四十。夜小雨。

初八日戊寅（3月24日）　阴冷

答客。晤眉生，留饼。申刻雷。眉生送《经籍纂诂》，却之。

初九日己卯（3月25日）　阴寒

至百花，晤济之。四叔来。文卿来。亥刻二，地微震。风雨达旦。

初十日庚辰（3月26日）　阴冷。雨仍未止

问谱琴病，答文卿，晤培卿。伟如来，余尚未归也。五点钟后伟如又来。

十一日辛巳（3月27日）　阴冷

伟如于十一月廿五奉赏假两月，期已过，将北行。子原来交二册，送以澄泥砚、印泥二、汪松泉拓四、文恭公额一、《十三行》一、伯足对一。眉伯、中复来。

十二日壬午（3月28日）

送仲复十四行，送以丛书二种、鼻烟四喇、旧料壶一匣，托寄书板八箱、木器七匣。晤伟如，云十六行，又云二十行。晴，大风，冷。送培卿对又幅。夜小雨。田炽庭乞书对，又送一联。

十三日癸未（3月29日）　晨小雨

送叶先生联又幅。托伟如带书箱，不允。广安来。得凤石卅日信。夜雨。段泾先定明日祭，四叔改期，以雨也。

十四日甲申（3月30日）　阴雨

发京信，彭、陆、徐、李、翁。淙淙不已，檐溜如绳。得仲田并

《搢绅》。又以仲田信托中复。

十五日乙酉（3月31日）

至庄祠、钮巷、百花，归辰正。阴冷。叔九、宝谷来。送伟如火腿、点心，十八行也。夜大雨。

十六日丙戌（4月1日）

至界石浜，清明祭。送子原文夌一、石印七、木印。阴雨，午牲。李宪之臬使来。夜雨。

十七日丁亥（4月2日）

同仲午段泾浜春祭，到者四叔、二琴、济、均。风，阴冷。送伟如不值。答李臬。为讷书"云住阁"。

十八日戊子（4月3日）

送伟如行。候曲园，未起。伟如云今日申刻行。日色赤。暖。吴培卿来。送眉生芮长恤《匏瓜录》，送振民《养一斋札记》，方宗诚《志学》《俟命录》，刘开《广列女传》。总兵江万川来，川人，号晴波。得仲田、凤石、秋樵信，即答。夜阴雨。

十九日己丑（4月4日）　清明亥刻雨

发京信，彭、陆、殷、李。谱琴来。曲园、广安来。风冷。申酉雨更大，夜雨达旦。

二十日庚寅（4月5日）　雨

访眉生，未正归。雨益连绵。候曲园、子原。夜雨。

二十一日辛卯（4月6日）　夜雨达旦

复镜如，亘之师以书局恐裁其人，欲托中丞告以不可。函询嵩佺，云无虑也。阴冷。眉生书云清明后冷如此，吴中亦稀有。夜雨。

二十二日壬辰（4月7日）　子正二大雷雨。阴冷。辰巳间雷雨

送叶先生《癸巳类稿》。芸台来。午见日光，仍阴。复柳门。

未申暖。子刻大雷雨。

二十三日癸巳(4月8日)　阴雨不止

手复耕娱,并送其夫人祭幛。雨中广安来。雨竟日不已。夜雨止。

二十四日甲午(4月9日)　阴冷

为屺怀跋《龙兴寺胆巴碑》,仁山师旧物也。李孟和来,即答之。午姝,夜风。

二十五日乙未(4月10日)　昨暖今辰又冷,此地寒暖真不测也

叶先生送徐兴公、陆其清书目。《左氏补注》刻成。巳刻又雨。田炽庭来。嵩佺送《尚书要义》,答以《蜀轺日记》。送眉生红印《左氏补注》。送叶先生《藤阴杂记》。得伟如廿四上海信,即复。

二十六日丙申(4月11日)　阴

送嵩佺杨耐轩士达《古文钞》及《吏事识小录》。日赤,暖又将雨也。嵩佺来。眉伯来。眉生书云,赵惠甫索所刻书,告以行李戒矣。托叶先生从屺怀借《知不足斋丛书》,不得。藻热。

二十七日丁酉(4月12日)　阴

沈廷杞楚卿来,丙子副榜,丁丑八旗教习,大兴人,山东侯补府,现在臬幕。振民来。从屺怀借《凌次仲集》。午后见日。写仲田、凤石、伟如、兰荪信。惠甫昨以《石鼓纂释》来,字小不能看,即还。陈贞寄茶菰、草菰并信。

二十八日戊戌(4月13日)　子正大雷电、风雨,小雨达旦

以二联送仓石,前来见所求也。雨又不止。王篆五振铃来。蒋干臣国桢来,无为人,浙道,督销盐局。曲园来借《丹泉海岛录》。作函与子英。小雨竟夕。

二十九日己亥(4月14日)

以凌次仲二文乞子原书之。仓石来。答炽庭,候眉生,留面。归,知竟如来,即往,未值。知伟如廿六上船。姓。曲园来。

三 月

庚辰朔庚子(4月15日)

至界石浜。风冷。发京信,彭、陆、伟、李、胡。送叶先生《戴子高集》。百花见四叔、济之。访广安,又病不能见客。镜如送炮式二包。讷生、竟如来。李笙堂嘉宾来,丁丑教习。沈藻卿翰、王篆五来。以《功顺》寄尚斋。泉孙来。夜子正雨。

初二日辛丑(4月16日) 阴雨

送讷生、南屏对。李宪之笙堂、沈楚卿乞对。沈藻卿乞对、屏。答蒋道,吊椒嫂。见西圃伯、辛玉春兄弟,晤竟如。炽庭辞行,即送之。得仲田、凤石廿一、廿四信。

初三日壬寅(4月17日) 阴

交仲田,文星岩、龙兰簃、冯金鉴送幛。又写凤石信。培卿属书"瑞芝堂"扁。冷。答培卿、曲园,晤;广安不晤。郭钟麟来,乞书"清立堂"。得清卿信,即复拓本三纸。午后晴。又作伟如书。

初四日癸卯(4月18日) 晴

作廉生拓本二纸、仲饴《捃古录》、酱菜二书。朱道福清来,即答。至百花,见四叔、济之。晤彦侍,见毛公方鼎,却伯卣、敦二盖一,器皆真;《凤墅》残帖八卷;《顺陵碑》全,义门、渊如、映山藏。小坡送画《指福图》。发京信,陆、彭、伟、王、吴、仲饴。复斋来,乞一扁一联。夜半雨。四叔送莼菜

初五日甲辰（4月19日）

晨起阴寒。以纯送眉生。以《双钩夏承》还彦侍，是巴俊堂蟫藻阁刻本，否则梁瑶峰也。曹叔彦来。己午小雨。广安病疟旬日，问之尚未愈。未申暖，沉阴。送四叔酱菜二、苦瓜四。复运斋信。

初六日乙巳（4月20日）　谷雨卯正三阴

知伟如初一抵津，初三由水路赴通。子原来。送眉生《新疆舆图风土考》，即《遐域琐谈》，在眉处面，借庄氏《古籀疏证条例》一本来校。济之来。费幼亭除服，送礼。彦侍来，不值。子原乞书对二付。

初七日丙午（4月21日）　姓

还眉生庄珍艺《说文古籀疏证条例》，周孟舆从刻本抄者，发甫之子也。亘之师来。得花农二月廿三日书。函致彦侍，问子尹《汗简笺证》。彦侍来，以《涪州石鱼文字所见录》属序。又讷生函，招初九日。

初八日丁未（4月22日）

为彦侍作序，彦侍送拓本。容叔送《裕昆要录》。狮林寺西圃伯母廿周忌。以柏二盆、松二盆、黄杨一盆送眉生，眉生交来莫善征送淮局刻《韵会》《巢经巢》五种。得竹年信，即复，并谢送火腿、笋脯。眉伯来。晴风冷。山茶二盆，一红一白，甚佳，洋枫亦佳，黄天竹尚好。

初九日戊申（4月23日）

讷生约辰巳间。复陈容叔，交骏生。洋水仙亦盛，开粉红、大红、深浅蓝、白四色，无黄者。讷生招茧园，南畇先生旧园，所过看菜花甚好。振民来、骏生来，未值。晴。能谷来。骏生又来，即辞行赴鄂。张桐以函求助五十，以函交竟如，属带十元，竟如于初六已行矣。

初十日己酉（4月24日） 姓

以梁斗南、曹福元、曹叔彦所作马贞烈女诗交香禅。李铁琴庆恩来，李村堂弟，曾拜门生，现同知，自上海来。至百花，见四叔、济之。彦侍《涪州石鱼文字所见录》中序文改数行，函致之。知京中换凉帽十五日。问广安，尚未愈。

十一日庚戌（4月25日）

梁檀浦以《乔梓京兆图》乞题。彦侍送文僖遗著六种。钮氏《说文校录》刻成，嵩佺送来，其篆即出嵩佺手。小畬来。送眉生、菊常各一，以其抄本交菊常还其孙钮惟善。此事十年始成，为之一快。济之来，属书宋川人培楠《读管子寄言》书面。郭南池来，以刘氏《叔器父鼎》来看，拓本也。姓，风，申刻后阴。

十二日辛亥（4月26日） 姓

以题檀浦图及复函，属子原书之。子原来。四叔来。熙年来。《补注》尚欠十五元有零付清。复檀浦，交枭寄。沈楚卿、李笙堂来，送以八言对各一，笙堂明日行。

十三日壬子（4月27日）

庄祠春祭，寅正二去行礼。培卿迁居仓桥，送二席。送眉生《左氏补注》《论语孔注辨伪》各一部。

眉生竹二白一，菊常竹一白一，泳之竹一，屺怀竹一，翼甫竹一，申季竹一。眉生处藤花盛开，绣球亦将放矣。存斋三种，各以其一送鞠常。

晤眉生归。检参二小支送去。存斋来，不值，送《秋室集》《仪礼古今文异同》《三续疑年录》。得仲田初三、廉生二月望、仲饴去冬书。热可单衣。

十四日癸丑（4月28日）　阴

《左氏补注》《释地》《孔注辨伪》送彦侍各一、曲园各一、嵩侄各一。答存斋，送以《功顺丛书》一部，《补注》《释地》《辨伪》各二部。还存斋史载之《方石林奏议》又《翰苑集》一册。送眉生《秋室集》《仪礼异同》《钱补疑年录》。写复仲田、仲饴、廉生信。曲园荐董姓太平船，告以不用。引之来。二沈书，叔彦竹一、绥之竹一。钮非石亲书《说文》稿本，上有龚定庵手校款，本日由嵩侄索回，交鞠常交其孙惟善。钮《说文》一送存斋。得凤石初二信，竟如信，张莼生十元已付。酉大雷电雨，亥止。

十五日甲寅（4月29日）

至界石浜。寅正二阴。至百花，见四叔、济之。得秋樵、展如信，手复之。复凤石。钮惟善号心泉。大风，冷，前二日可单衣，今日又重棉。午姓。谭序初送《古逸丛书》二部，即复。

十六日乙卯（4月30日）

曲园以《茶香室续钞》属写书面，其前集亦余书面。存斋来。吴卓臣来。存斋，吴兴七才子之一，旧知子高、施均甫，询其四，则凌子与瑕、姚宗谌、俞竹、王承羲，王已亡。蓼生丈、贝汇如来。答蓼生、引之丈、吴培卿皆不值。前《韵会》及《巢经巢》五种乃莫仲武所赠，子偲之子，名绳孙。得容叔信，又寄《裕昆要录》十本，并云廿日后即赴鄂。文卿、陶民来。

十七日丙辰（5月1日）

文小坡乞"瘦碧行窝"扁一、对一。贝汇如对二①。仓石来。访眉生，绣球已开。得子材信，即复，答以对一、横幅一。培卿来，

---

①"贝汇如"前作"贝伟如"。

亦不值。大风,午后渐暖。

十八日丁巳(5月2日)

发京信,彭、陆、王、吴、殷、赵。晨阴风冷。

叶先生借查氏书送看,翼甫名燕绪。《伯生诗续编》茇圃本精、《李翰林集》宋本、《九经直音》不经见;《陈众仲集》拜经楼,有茇圃手札二粘后;《论语句解》李公凯未著录有陈仲蔚印;中统本《史记》拜经楼、《南部新书》兔床抄本、《世说新语》宋本、《近思录后钞》宋刻,精。

陈同礼润甫来,帖晚生,壬午、癸未庶常,致堂之甥,怀宁人。修脚。得镜如十六信,即复。

十九日戊午(5月3日) 晴

斋中山查犹盛。答陈吉士。至百花,见四叔、济之。香禅属书"精舍"及"双凤双虎砖研斋"扁,送贝子木、张研孙诗五部,即送曲园、存斋、嵩侪、眉生、鞠常。午后又奇暖,藻热。张桐去世,助以廿元,即由信局寄沪。雨,又藻热。

二十日己未(5月4日) 阴雨

存斋已归,昨信由济泰当寄去。辰正后晴,藻热。临《书谱》一张。胡芸台属书绢屏四张,交信局寄。熙年来。送眉生《裕昆要录》二本。穿两单,热极,柱础皆蒸湿。得檀浦复信。酉初雷电雨。

二十一日庚申(5月5日) 立夏西初一

四叔送牡丹八盆。振民送"一团和气"笺,答以笺二种。阴。叶先生送铁华馆刻《文子》《列子》《群经音辨》《新序》《佩觿》《字鉴》。临《书谱》二张。辰见日,仍藻热。以蒋氏书六种一部送眉生。问广安病,尚未愈。志潮、志鸿来。贞孚之子,号海秋、逵秋,乞书对。济之来。手复青士。得凤石、黄花农信。月季白者颇佳。

二十二日辛酉(5月6日)

得兰孙信。晤曲园、眉生。绣球、藤花甚盛。李传元来,不值。妌,藻热。途遇游顾氏园者不绝,申初自眉生处归。得竟如信十八日。

二十三日壬戌(5月7日)

手复黄花农。复兰孙。临《书谱》一张。钮心泉来,年五十馀,还其原书二部,并送以局新刻一部。王永升来,巡查都司,未之见。陆馨吾来,即答之。陆师母、徐夫人今年七十,六月正寿。龚仲仁、陈嵩佺、张东荣、许子原、沈楚卿来。嵩佺乞书屏一、对一。得兰孙信。眉生送张文虎诗集。

二十四日癸亥(5月8日)

复檀浦,交张沇清,送以书钮、沈三部。送曲园食物,明日赴湖。曲园送《茶香室续抄》二。答仲仁,晤彦士,见其宋、元本:

小字《纪事本末》一本,汪、大字全部《撮要》黄、大字无注《通鉴》二本,汪,又全、《玉山雅集》元刻,全、《玉台新咏》明、宋板《脉经》黄、元板《伤寒百问》明袖珍,方、宋板《魏书》、《唐六典》、元板《通志》、十行本《榖梁》、元板《松雪集》、宋小字《山堂考索》、宋小字《左传》、元板《春秋集传大全》、宋板《孟东野集》黄、影宋《韩非》黄、顾、宋板《圣宋文选》黄、宋板《崇古文诀》、宋板《尔雅注疏》、《颜氏家训》黄校、《太平乐府》黄校、元板《罗豫章集》、宋板《新唐书》、《柳集》冯柳东物,元、《韩文考异》元、影宋本《江湖小集》五十本毛。又一极大铜鼓,有"建武十八年伏波造",字精。

复心岸十五信。得庞小雅信。送叶先生《续抄》一部。送彦侍钮《说文》一部。彦侍乞书《啸堂集古录》《铁桥金石跋》封面。泉孙来。藻热,酉初雨,戌初大雷电雨。

二十五日甲子(5月9日) 雨

得芸台信。阴冷。临《书谱》二张,午前无事又临一张。以铜鼓拓寄廉生。复兰孙,明日发。眉生送《三龛记》、《千文》、《九歌图》、《集古稿》日本。世锡之乞书屏六、对一,以书板十四箱、书五箱托寄。得仲田十七信。

二十六日乙丑(5月10日)

椒坡夫人开吊,在花桥。发京信,彭、陆、王。李另发。晤培卿、禄生、李传元、眉生,未初归。讷生送笺一包。眉伯来。莫善征来,未值。彦侍来,未值。

二十七日丙寅(5月11日)

答善征。晴,风凉。《左氏补注》《论语孔注辨伪》:善征各一、莼斋各一、仲武各一。张东荣辞行。问广安病,未愈。至百花四叔、济之。答文小坡,不之见也。收拾书箱十二只宋外金石书,又二大匣《唐书》,又《古逸》初印本一大匣,大字《本末》一大匣。

二十八日丁卯(5月12日) 姓

曹叔彦来。临《书谱》三张。风冷。收拾已裱、未裱拓本书箱九只。腹泻已二日。

二十九日戊辰(5月13日) 姓

石盆二架送眉生,去夏以六元一个得之者。晴,风仍冷。得徐花农信。鹤龄乞书扁一、对一。遣人问富仁坊,无信。

四 月

辛巳朔己巳(5月14日)

至界石浜。至百花,四叔、济之留饭,归巳刻。得存斋信,并师望鼎拓本、朱晦庵尺牍墨刻。大雨,湿蒸。即复存斋。夜雨。

初二日庚午(5 月 15 日)　雨

得心岸、仲田、凤石廿一等日信。发京信,彭、陆、伟、徐、王。晤广安。雨不止,风冷。访眉生,长谈,未正归。培卿来。陈嵩佺送篆、隶对、幅。培卿乞书扁、对,扁曰尤氏"秋荫义庄"。夜雨。

初三日辛未(5 月 16 日)　雨

复谢嵩佺。培卿扁、对交去。拓《石湖田家杂咏》,五元交叶先生。陈伟杰来。答培卿、彦侍,彦侍赠铜鼓全形拓、梁氏《兰亭》,又写《啸堂》封面。济之来,以沈廉卿对、屏乞书,又一对。李超琼紫璇,拔贡。

初四日壬申(5 月 17 日)

送均初之子小韵、培卿之子讷士幅一。送眉生洋枫二盆。任石芝焕奎来。瘦羊来。晴。访眉生,长谈,未正归。振民、郭南池来。

初五日癸酉(5 月 18 日)

叶先生之母甥、仲午同学、李文钟伯英之父少华开吊。答任石芝。至百花,见四叔、济之,留点。晤瘦羊。为醴如子,号子乐志渝,书对。子厚、广安来。得子英信,秦权拓本。蓼生乞对。陶民来。复子英。作颂田、凤石书。

初六日甲戌(5 月 19 日)

得心岸信,即复,交富仁坊。得程尚斋信,即复。王禹皋廷典来,蓬州人。禄生对写好送去。临《书谱》一张。得陈骏生信,云秋间入都,未复。得仲田廿七信,内梅少岩信。禹皋乞郭、夏二道,芝岑、定轩对,送以对、幅。收拾书箱四只。

初七日乙亥(5 月 20 日)　姓

昨酉正将睡,广安来,云即赴金盖山乞仙方,须四五日归。得香涛信,即复,并寄二沈书三部,一若农、一豹岑。临《书谱》一张。
晤眉生,午正归。蘅病,韵泉来诊。京信明日发,彭、陆、胡、伟。

初八日丙子(5月21日)　　小满卯正一

延韵泉来诊。送叶先生膏秣之资百,又庄书《疏证》百。送韵
泉八言对。得芍庭信,即复,交讷生。陈嵩侄来。得竟如信,即复,
云又将赴闽。叶拓《石湖》七分八元,船钱在内。

初九日丁丑(5月22日)

王禹皋来辞行。嵩侄为乔骏翰卿代求对,即书送去。韵泉来
诊,送以《乌目》《松壶》《秋室集》《蚕桑》《医斋别录》五种。济之
来。蕴苓三秦来。马筱沅来,送以对、幅。李眉生来。眉伯来。秋
谷书匦十二,全送还榴官。

初十日戊寅(5月23日)

《石湖田家石刻》昨面送眉生。韵泉来诊。以墓志二分寄香
涛,交培卿寄。藻热,午初雨。史陈善雨林来,乙酉,史藻之侄。叶
先生送来《大唐类要》校本一本,《乾象通鉴》廿四本,温陵张氏旧
藏。未正雨少大。热甚。得凤石初三信、檀浦信。收拾箱六只。

十一日己卯(5月24日)　　阴雨

以唐述山房书匦八只送眉生。延玉荀来诊。今日又凉。作复
凤石信。香禅以鲁伯俞医来,索二百四十元,还之。榴侄来。作致
伟如信。振民来。又作仲田信。

十二日庚辰(5月25日)

又作致王廉生信。甡。玉荀来。小渔来。崔龄来。祥麟号寅
生。榴官号葵生。熙年来。书二架,连书寄李氏,托叶先生与前四
架及书存一处。泉孙来。得孔赞唐信,即答,交信局。得心岸初一
信,即答,交富仁坊。

十三日辛巳（5月26日）　阴雨。辰初大雨

发京信，彭、陆、王、伟，明日发。玉荀来诊。柳门信，即复之。藻热。王鲁芗来，即答之。济之来。

十四日壬午（5月27日）

未初奉先君神主进钮巷祠堂。来客自四叔以次及亲友，抚、藩、臬、司、道、府、县共客八十八人，单另记。得运斋信，即日复，交培卿寄。沈楚卿来。

十五日癸未（5月28日）

寅正二奉先君神位进义庄宗祠。至百花。玉荀来诊。复竟如、黄花农信。巳正后谢客，午正归。

十六日甲申（5月29日）

谢客数十家。至花桥，见西圃伯、辛兄、玉春弟、熙年、葵生侄。韵和七十，送礼送席。汪九史陈善乞书，还之。四叔、济之物受半。刘承锡送，但收茶。汪鲁岩茶、腿，受半。振民送席，受。竹年送，收半。玉荀来诊。马筱沅来。小畬送礼，收半。眉伯来。眉生要去和合笺。刘承锡来，号子蕃，云开生其堂侄也。广安送朱竹石《刍言》来看。

十七日乙酉（5月30日）

至界石浜。雨。李铁琴庆恩来。玉荀来诊。讷生送扇、笺，并以《江山风月》册归还，香生所寄。励甫夫人送，收茶。眉伯送，收茶。胡荣桂林一送，收茶。小雅送四肴酒二，收。文卿来。子原送菜点。陈绚堂康祺来。得廉生、仲田初七信。送眉生兰花五盆。得心岸信，即复交富仁坊。

十八日丙戌（5月31日）　寅正雷电雨

送陈绚堂《年谱》、《墓志》、《贞烈编》、二沈书。辰初雷声殷

殷,檐溜如绳。玉荀来。素服十件及衣帽送硕庭。瘦羊、济之来。
为绸堂写《壬癸藏札记》书面。梯云送,收茶。李寿彭送,收莲心。
晤眉生,未正归。振民、小雅、培卿来。长太看船。手复驾航,交许
之珏。韩国祥送杨氏书缉及墨、茶、磁、屏等,还之。小亭之子。夜
雨。南湾子四只六十元。送眉生桂,极大四棵。

十九日丁亥(6月1日)　夜大雨达旦

玉荀来诊。

三姑太太卅元、五姑太太二十元、何姑太太十元、胡三林一姑
奶奶二十元、陈芝泉太太卅元、董太太廿元、汪三太太廿元、三姑太
太留轿子、沈亘师卅两、八姑太太前年会银五十两,即送。

雨中至百花,见四叔、济之,留点心。嵩伶、广安来。荫甫送食
物。眉伯来。许子原、任石芝来。广安送徐同柏、张石匏拓册,《十
七帖》。汤鼎煊来,甲戌散,安徽建平,现起服。陆曜彩国祥,收茶。
吴培卿来。手复张东荣。

廿日戊子(6月2日)

至娄门段泾辞墓,同仲午。送玉荀四十元、袍褂料、活计。函
致叶先生行期。致瘦羊一函。玉荀来。狮林时轩卅周年,十月中
预做。世锡之来送,却之。卫静澜招廿二,辞之。一府、三县、织造
辞行。晤锡之、培卿。谭、李、王招廿二怡园,手书辞之。佩鹤来。
韵和来,并送廿元。彦侍来。再复静澜。瑜伯五十两,亘师来
送,收。

廿一日己丑(6月3日)

至界石浜辞墓。至双泾拜安、朱、黄老姨太太墓。巳初归。鲁
岩来。序初、宪之、鲁芗处辞行。晤香禅,交东赈百两,四百元。至
百花,贺叔父母。培卿来,交二百五十元易银。朱福清礼四玉。汪

南官毓焕来。西圃、未谷拓诗文_{时鱼}，收。委员通判陈嵩屏来，荔秋堂弟。孙蕴苓来。辛芝、玉春送，收。

廿二日庚寅（6月4日）

静澜处辞行。

眉伯十六元、小畲十六元、仲全十六元。

至百花，四叔留饭。至花桥，拜别西圃伯、辛、春、硕、榴。访管叔壬、申季。费幼亭送百元_{颂阁送}，屺怀交仲午。静澜来，赠二沈书。陶民来，同。锡之送燕菜席。朱修庭来。陈嵩佺、费幼亭、培卿、文小坡来。史雨林来，又以散盘来看，伪。沈楚卿来。手复陈绹堂。手复静澜。

廿三日辛卯（6月5日）　芒种亥刻

至义庄、钮巷、石子街拜祠。至百花、颜巷，拜别叔父母、谱琴。眉生以李超琼子璇所赠《高丽王碑》四本送来。送苏邻《十七帖》、参二枝、书匦二个。谱琴、怡琴、叔重来。四叔、济之、三弟、九弟、子开、辛芝、熙年、玉荀、广安来。陈伟杰来，号少奇。百花三人侄来，《裕昆》三本。郭南池来。彦侍、序初来。二沈书，振民、序初、西圃、辛芝、谱琴。吉甫、安甫、崔龄、子开、振民来。鲁艻、小雅来。吴子寔来。笙鱼、丁经生兆基、小农堂兄吴卓臣来，竟日。汪开福来。任石芝、魁文农来。培卿、瑜伯先押行李行。得芸台信。引之来。叶缉甫来照料。泉孙、汪干庭来。得仲田、心岸望日信。手复鲁艻、序初。沈楚卿来，致宪之信。

廿四日壬辰（6月6日）

丑刻祀神。缉甫、广安来。寅正到舟。卯初中丞、织造、司、道寄圣安，即用利川、救生两火轮拖带三舟。陶民舟送，叶师、熙泉在第三舟。眉伯已押行李昨日行。送至沪者培卿、瑜伯、小畲、陶振

济。卯正宝带桥窦、樊各统领带队送,并演旱雷、水雷。魁太守、任
大令舟送。巳初二过昆山。舟行无事,以李紫璈所赠《高丽广开土
境王碑》阅一过,以眉生札粘上。此碑去冬为眉生跋,此本较余本
多二百馀字。子翱,济之同年,送横幅识别。培卿、济之、陶民、振
民、瑜伯、小畲。未初过泗江口。未正过黄渎,副将余兴恭、将张兴
元来见。申初二野鸡墩。四下二小火轮浅住。八下三刻泊马头三
景园久之。熙、泉去,瑜、培来。胡芸台、黄承乙、邵小村来。十下
钟睡。又王叔蕃、苏元瑞来,已睡未见。

廿五日癸巳(6月7日)

丑正二起。寅刻答招商局马眉叔、张敬甫、邵小村、莫善征、谢
佩之、胡芸台、黄明府,皆不晤。小村来挡驾,以无会客处也。卯刻
上海晏轮船计大餐间六间一百六十两,官舱六位九十两,统舱十一
位一百十八两八串。马眉叔、张敬甫必欲见,见之,善征挡驾,托电
致花农。胡芸台必欲见,见之。巳初济、瑜、畲、陶、振、祥、麟均辞
去。昨眉叔派照料者吴茂春树斋,洞庭山人。培卿、王念劬来又陆
雨生,又账房陆雨生。交培卿四百。小村送席,收。善征送书,收。
黄承乙送书、茶,收,辞腿。福建道唐景星来。办开平矿者袁恭宏
来,未见。李铁琴来。葛绳孝、黄承乙来,未见。善征、小村又来,
见。芸台又送书件,收,申初又来,见。四点钟展轮。

廿六日甲午(6月8日)　夜风雨

善征所送《顾氏遗书》,顾观光,号尚之,精算学及校勘。

黄承乙,号芝山,所送《明夷待访录》《思旧录》二书以赠叶师。

胡芸台所送书,点石斋之本《子史精华》《康熙字典》《通鉴辑
览》《篆书五经四书》。

马眉叔送茶、腿、蜡蜜枣。由账房今日送来《武陵山人遗书》

二部，以其一赠叶师。《六历通考》《九执历解》《回回历解》，《算剩初编》、《续编》、《馀稿》上下，《九数外录》《神农本草经》《周髀校勘记》《伤寒论补注》《吴越春秋校勘记》《华阳国志校勘记》。

今日东北风，挂帆三道，申初风大。

廿七日乙未（6月9日）

丑刻过黑水洋。辰刻大雾。昨在熙泉房遇张鸿禄叔和，广东道佑之亲家，即办南漕与局员朋比者，闻合肥亦知之也。曾问之广安，云即流匄。今日可抵烟台。十二点钟舟中具餐，焯时鱼、羊排骨、火腿旦、鸡粉、薯子、糖油点心、鸡旦糕、甜鸡旦饭、红酒、梅子酒、加非茶。见其船主，名安弍碌。又杨望洲之二子同张叔和北上者寿棠、寿棣。三点钟到烟台，六点钟开行。东海关道方又民汝翊来，秋谷同年。税务司和德持片请安。张叔和送收茶使一元。午后牷。

廿八日丙申（6月10日）　有风不大

三点钟进大沽口，丁汝昌、方伯谦来见。申正在马家口浅住。申刻花农来接，以小轮一带一小太平，亥刻到招商局。八小船付花农二百六十两，次日付。合肥同窗及司、道等见于局。

廿九日丁酉（6月11日）

答客。窬斋处长谈，合肥亦来谈，即至合肥处，留饭，同窬斋。盛杏荪、周玉山、张樵野、汪子常来。季士周、万培因来。严小舫信厚来。朱其诏来。窬斋又来。朱伯华来。胡云楣来。章洪钧来。申初刻合肥又来，即开行。天津县陈以培送席。盛杏荪、黄花农送席。锡席卿持千辞行。合肥以小火轮送行。窬斋赠子璋钟拓，又一小钟拓本。藻热而不雨，盖此地不雨久矣。司道以下又送行，挡驾。窬斋又送鲥鱼、点心。申刻至红桥，小轮浅住，辞去。炮船送。

七下钟泊北仓口,行三十里。

三十日戊戌(6月12日)　三点钟雨即止

自红桥以上粮剥船停者枅比,闻海运前日起程矣。挂帆而行,仍用纤,水浅故也。作福箴亭、彭仲田、心岸信,俟到通发。辰初二过浦口,已行三十里。午初小雨。午正过杨村,有队接。据云已行六十里。提督王恒凤、武清县李均豫接,均辞谢,席还。杨村巡检路联奎。未初二又小雨,过香庄。申初过禹垡,申正过大渔庄。酉初晚姓。酉正三泊蔡村。

五　月①

壬午朔己亥(6月13日)

寅初开行。姓。取眉生所赠《高丽广开土王碑》阅之,即李子翱物也,较余所藏本多前数行二百馀字。开行李单:大小衣箱九十五只,铜器、书画、磁器箱一百九十只,木器、花卉零星四百五十件。挂帆行。姓。已正过河西务属武清。午后已热,舟小日光甚逼,水以上愈浅,云拟泊香河。香河去顺天一百二十里,河去城八里。戌初二泊此。

初二日庚子(6月14日)

寅初开行。寅正二舟搁浅。阅《石湖田园杂兴诗》,其书酷似元度、元长,俊爽可喜,兼得出于沈传师者也。午过潞县马头。闻长年云前年八月,自张家湾以下之苏家庄冲开河一道,至通可近三

---

①原稿本月起用红格稿纸,有"吉祥喜语"、"乙酉"二枚、"喜"、"丹枫草阁"、"千载一时"、"如愿"、"晚姓轩"、"红蝠书堂"、"八喜斋"、"快哉轩"、"日报平安福"、"铜鼓斋"印及一满文印。

十里。未初二过长莹。未正二榆林庄。申初二苏庄,舟子饭半时许。由苏庄后出新河。热。酉正二过张家湾,至五家窑,向来粮船候提于此,至通州卅馀里。知州高建勋差接。

初三日辛丑(6月15日)

丑正三开行。凡夏日舟居,晨则东晒,夕则西晒,然巨舫不可耳。辰初二询之,云去通州八里。凡水内有泡起处,或云下有泉眼。巳初二抵通。舟泊东门外复兴店门首。薛抚屏东门、郝近垣南门、高星槎来见,即答,并往唁八妹及其嗣子李老六。午初归遣安福进城,分送各函福、彭、心岸及兰荪函,又胡子英一函。炮船二回去赏十四两。邀叶师、眉伯、熙年、泉孙至东门外福兴馆吃面,用钱两千一百文。

初四日壬寅(6月16日)

丑刻自通起程。辰初尖双桥,遇兰荪所借之车马。巳初到寓。心岸、仲田俱来。仲田为收拾房屋。心岸为具一日之食。午正往访兰荪,遇锡之。申刻兰荪留饮。叔平往访同坐,上灯后归。叶师、熙年、泉孙、眉伯俱到。

初五日癸卯(6月17日)

叶师处贺节。行李昨日发,今日进城。心岸、凤石、席卿、汪范卿、胡子英、子牧来。发南信,四叔、济之、振民、陶民、三姊、辛芝、谱琴,附熙泉信。莱山来。菱舟、缉廷、康民来。

初六日甲辰(6月18日)

先君生忌。兰荪、经伯来。子英来。容方、斗南、峄琴、莳卿来。蔚庭来。秋樵、安圃、小山来。张振卿、英麟来。

初七日乙巳(6月19日)

承厚、龚颖生、陆之干、心岸来。凤石、沈曾植、子英来。陆宝忠、仲复、秋坪、蔚若来。张赓飏翰卿来。胡子英二百，又二百七两，又七十两。王遵文、劳启捷来。江介夫来。松寿泉送酒席。菱洲来。

初八日丙午（6 月 20 日）

张成勋麟阁来。寄窓斋信，交眉伯。仲田、郑听篁、长允升来。又黄花农信，交眉伯。晤兰荪。李擢英、赵展如、雷瀛仙、廷用宾、陈雅农来。孙燮臣、张子青来。钱心伯、马东垣来。王引昌席收。

初九日丁未（6 月 21 日）

眉伯赴津。承厚、张成勋送酒席，玉。张赓飏酒席，玉。亚陶、六希、高紫峰来。何寿南崇光、会东樵、松寿泉来。吴炳和来。徐致靖、敬子斋来。五下钟苏拉广林送安折来阅，并牌子一个。子斋送酒食，收。《功顺堂》：兰荪、仲饴、少山、廉生、佩蘅、益吾、莆卿、叔平。

初十戊申①（6 月 22 日）

请安。辰正二召见于养心殿。奉上谕：仍在南书房，署兵部尚书。钦此。壶天点心。谢客。申正归。晤佩蘅、子青。刘博泉来。

十一日己酉（6 月 23 日）

具折谢恩。入直。上大高殿时应宫祈雨，碰头。常服、挂珠，有抪雨缨。谢客。星叔来。晤树南、仲华。伟如来。晤兰荪。

十二日庚戌（6 月 24 日）

入直。到任巳初。雨辰正作，午后姝。谢客。伟如不值。子英来二百，医二。郝近垣送先著四。

十三日辛亥（6 月 25 日）

入直。送近垣、抚屏《功顺》一。谢客。书田寿昌、佩蘅、树南

---

①日记另册，换红版格纸。

送席。花农送肴点。云阶、高紫峰来。皞民、康民来。

十四日壬子(6月26日)

入直。寅正大雷雨。到署遇云阶。锡菊泉恩来,沂州守,送以扇、对。谢客。朗斋送马。得南信。

十五日癸丑(6月27日)

入直。送紫峰屏、对。向含英购抓笔二。次日还之,换一支。晤兰荪。子英来。

十六日甲寅(6月28日)

入直。到署。派写小西天等处扁九面。晤廉生。谢客。丹初、花农来。

十七日乙卯(6月29日)

直日。派写六字真言一件、十一言对二付。晤廉生,送以钮《说文》《西夏纪事本末》。耆彬语堂来。子英来。阶平来二百。寄济之、培卿、广安、振民信,眉生信。又讷生、瘦羊信。得扬敦崔。

十八日丙辰(6月30日)

入直。到署。谢客。热。子静来。子英来。

十九日丁巳(7月1日)

入直。晤廉生。谢客。以《功顺》《左补》《孔注》《士礼居》《眉山》《百宋》《纪要》送伯希。以平斋《尺牍》题跋送廉生。以《晒书堂集》《证俗文笔录》四种送叶先生。以《左补》《孔注》《眉山》送兰荪。安徽、江苏公局,先辞。寿蘐招,辞。李次青来。叔平来,以《左补》《孔注》《西夏》《眉山》《石湖田家石刻》《秋室先生集》送之。仲田来。次青送其集,并《南岳志》。

二十日戊午(7月2日)

入直。到署。谢客。晤心岸,遇朗斋。小雨。耆语堂送土宜。

得讷生信,即复,为南官事。雨中答次青。晤兰荪。耆语堂送土
宜。陆寿门送磁四色。送崧镇对、屏、席。送朗斋对、幅、《潩书》。
崔阶平来,留《石田集》,还《胡传》。石查以二水画索百金,还之。
夜雨达旦。

二十一日己未(7月3日)

入直。晤廉生。石查来。昨子英来_百,伯嗣敦之直也。寄清
卿砖拓六纸,交子静。

二十二日庚申(7月4日)

入直。到署,遇达峰。德静山来。子牧来。朗斋送石燕刘平
国石刻、烟壶一枚。博古来杨。

二十三日辛酉(7月5日)

入直。是日本是祀雨,改廿五报谢。派写慈宁花园贴落一件。
答静山。晤廉生。博古杨姓来。心岸、马子祥五十、子英来。送心
岸、子静、子牧、熙年、泉孙、斗若横幅。

二十四日壬戌(7月6日)

入直。到署。谢客。发培卿、谊卿、彦侍信。又眉生。午初访
兰荪不晤。送蔬《左补》《孔注》《功顺》《西夏》《说文古本考》。送
兰《眉山墨妙》、平《尺牍》、《茶香丛抄》。日赤。

二十五日癸亥(7月7日)　　小暑辰正二。六月节

入直。上是日谢雨。晤廉生。直日。得竟如信,十四日发。
子英来,以煦堂羊首卤来,索四百,还之。陈梅村秉和来。

二十六日甲子(7月8日)

入直。到署,遇达峰。心岸偕朗斋来。博古杨来。马子祥以
一彝、十小币、一策马来。彝者,盒□山农物。子英来。夜风。小雨。

二十七日乙丑(7月9日)

入直。晤兰孙。松子久长来。马子祥来。

二十八日丙寅（7月10日）

入直。到署。答于荫霖。博古杨姓来，二百五十二两清。崔阶平以宋小字《礼记》看。笔彩来。得莫宴均信。复四叔、济之、竟如、辛之、硕庭、振民信。酉刻大雷雨。

二十九日丁卯（7月11日）

入直。晤廉生。廿八李氏妹来。心岸、子静、子牧俱来。胡子英、崔阶平来。亥大雷电雨。

六　月

癸未朔戊辰（7月12日）

入直。派写河南淅川扁一面。到署。贺朗斋桂抚。发南信。笔彩来，二百。子英来。心岸来。申刻阵雨未成。子初大雷雨达旦。

初二日己巳（7月13日）

冒雨入直。辰正冒雨归。交子静，寄清卿、合肥《功顺》各一。又送秋坪《功顺》及土宜。送斗南土宜。懋勤刘送鼻烟，回以二百千。李兰孙送顶好鼻烟二瓶一匣。马子祥来，付百卅千清。酉刻雨。

初三日庚午（7月14日）　初伏

入直。阴雨到署。午初大雨如注。子英来，羊首卤三百。雨未正后又大。送兰孙苏刻二纸、近人二纸、板桥一纸、平斋二纸。大厅及西厢漏。申酉雨更大，至夜止。

初四日辛未（7月15日）

入直。直日。晴。命拟船上三字、四字、七言、五言扁、对各十二分。崔阶平、石查来。苏来。

初五日壬申（7 月 16 日）

入直。发下《忠义传》。到署，遇云阶。酷暑。子英来。

初六日癸酉（7 月 17 日）

入直。晤廉生。热。

初七日甲戌（7 月 18 日）

入直。到署。复芍庭。福箴亭、伟如来。马东垣来。陆寿门来。热。

初八日乙亥（7 月 19 日）

入直。晤廉生。赠伯熙拓十六纸。文锦如来。马子祥、胡子英来。子英送看方爵。热。

初九日丙子（7 月 20 日）

入直。文宗诞辰。到署。晤兰孙。石查来，以《江山风月图》乞张吉人篆。廉生乞益甫《丛书》二函。永宝送看《方舆胜览》，还之。申正大雨。

初十日丁丑（7 月 21 日）

入直。出西华门，谢客数家。复清卿、谊卿，交金太盛寄。得济之、陶民、谱琴、广安、瘦羊、竹年信，初一发，又振民信，即复，十三发。子英、阶平来。苏来。联纲、佛升额来。

十一日戊寅（7 月 22 日）

入直。派写仪凤舸等扁、对七件。晤廉生。到署，遇云阶。子英、阶平来。阶平送看百衲《史记》。子英议卣、爵十字。得清卿信，再复拓十纸，交全泰盛。叔美画廿两《三生同听一楼钟》十二，交阶平俵。

十二日己卯（7 月 23 日） 大暑丑正初

入直。直日。昨派写对，俱改小字，不及一寸。心岸来。子英、阶平来。子英五百卤、爵六数。杨荫北来，书扇以赠。

十三日庚辰（7月24日）　中伏

入直。夜起甚凉。唁恭邸子澄贝勒，送幛纸四箩。唁孙燮臣，悼亡。到署。晤兰孙。

十四日辛巳（7月25日）

入直。晤廉生。手复仲饴。到署。心岸昨署黔抚，今日来，留饭去，云今日住黄酒馆。寄清卿卤拓一，交子牧。得培卿信，并会银五百七十五两，曹平。送廉生涿字小币一。电报叶荔裳十三故。秋坪招庆和堂看荷，辞之。发南信。笔彩来。殷秋樵、朱一新来。

十五日壬午（7月26日）

入直。加班。壶天遇秋坪、芷庵。贺廖仲山、白桓主试。小雨。送心岸召对。晤兰孙。文山、子英来。苏来。博古来。潘峄琴来。子英再来。

十六日癸未（7月27日）

入直。到署。贺心岸，不值。许崔樵来。寄清卿拓本六、单钟一、爵二、方爵一、延煦堂卤一、一字盦一，交信局寄。博古、子英来。

十七日甲申（7月28日）

入直。晤廉生。答鹿滋轩、朱一新数家，又李次青、王益吾。苏来。还一爵，"𤳳父"二字，留一料壶，五十千。笔彩持仲殷敦来。永宝持阳文卤盖来。阶平百四十两票。益吾来。热甚。送心岸五律一章。送益吾书八种。酉刻后大风雨，竟夜小雨未止。送芷庵土宜。

①原稿天头有"𤳳父"。

十八日乙酉(7月29日)

入直。阴雨。到署。顾若波沄《半舫听雨图》七两,交子英。松壶《三生同听一楼钟》画帧裱,直二两。交阶平敦直五十两,全清。李次清来。尚欠阶平廿六两。顾缉廷来。子初后雨。

十九日丙戌(7月30日)

丑初冒雨入直。晤廉生。得四叔、济之十一信。笔彩来,百两,敦尚欠廿两。

二十日丁亥(7月31日)

入直。到署。遇达峰、小云。直日。顾井叔来。酷暑。送伟如寿礼,对七十。送沈鹿苹母吴太恭人六十对、席。子英、马子祥来。曾树椿怡庄来,丙子乡试复试一等第四,兵部员外。

二十一日戊子(8月1日)

入直。酷暑。派三海船上扁、对各一,又窗格眼、春条十馀件。复清卿十五信,交心岸。作眉生、培卿、谊卿信,即发。又作四叔、济之信,又曲园。

二十二日己丑(8月2日)

入直。到署。酷暑。送李次青对、幅、《功顺》。送秋樵对、幅。酉刻雨,微雨竟夕。

二十三日庚寅(8月3日)

入直。寅初小雨。兵部加班,带领引见五班。雨午初未止。阶平来百,售铜鼓。

二十四日辛卯(8月4日)

入直。派写沪尾天后扁。到署,遇达峰。晤兰孙。心岸来,留饭。裕竹村来。惇邸及内监皆蓝袍,以花衣前一日也。子英来,以拓本五十五张属装册,携竟一。

二十五日壬辰（8月5日）

入直。辰初宁寿宫听戏二十九刻，未正三散。得清卿、讷生信。复讷生、竹年，又振民。

二十六日癸巳（8月6日）

递如意，赏还。辰初上御乾清宫受贺。辰正宁寿宫听戏二十八刻，申初散。蟒袍、补褂、罗胎帽，御前万丝帽。赏如意、磁铜、袍褂、荷包、铜手炉等八件。从兰孙借孙高阳字，即还。又前数日借赵侪鹤尺牍，即还之。

二十七日甲午（8月7日）　立秋酉正二

入直。到署。晤兰孙。得高崇基信。复清卿，内拓本六纸，交心岸。送朗斋团扇二。

二十八日乙未（8月8日）

入直。晤廉生。晤仲华，留饮。萧小虞允文来。石查来。笔彩来。发南信。王曾仁号潞泉，振录之子，送骒。花农来。

二十九日丙申（8月9日）

上诣太庙，乾清门侍班。罗胎帽、花衣、补服。入直。到署，遇达峰。复曲园，借《三侠五义》，交花农。穆特亨额来，号琴舫。连日仍热，早凉。胡子英来。

七　月

甲申朔丁酉（8月10日）

入直。答立山、熙敬，贺于太夫人寿。陆和让景濂来。笔彩来，一敦，还之。夜子初雨。

初二日戊戌（8月11日）

丑正冒雨入直。送伟如请训。直日。到署。雨不止。送叶师

赆五十两。又交邵小村信及书、对，荐张福也。子英来。闻崔阶平
去世，廿九日。张迪先篆铜鼓斋印，连石二金交子英。石查送来二
水画、鸿宝字。为李伟卿贻隽书扇、对。

初三日己亥（8月12日）

入直。晨大雾。上幸北海。晤廉生。会馆拜严子范兴杰未
晤，子范为鞠裳权馆也。鞠常昨日行，同心岸。晤心岸并送行。寄
四叔托购各件及药物，付张福。复运斋、清卿，交心岸。又寄眉生
信，交鞠裳。为沈小宛《荆公诗注》事饯鞠常，请子范二侄、仲午
陪。心岸来，留饮三杯。崇地山招初四，辞之。容方、子牧来。雨
通宵不止。

初四日庚子（8月13日）

冒雨入直，冒雨归。遣人送心岸。闻停止北海二日。手复
子静。

初五日辛丑（8月14日）

入直，泥涂难行。派写"牵牛河鼓天贵星君""天孙织女福德
星君"神牌。送次青。访兰孙，途遇之，兰孙来。子英来。为容方
写扁六面，松寿泉太史第一面。

初六日壬寅（8月15日）

入直。上诣南海。到署。酷暑。

初七日癸卯（8月16日）

入直。上诣南海。到署。酷暑。晤兰孙。苏来，付料壶五十
千。董標送川土宜，小楼润之子。朗斋送车马，伟如所用也。得奎
乐峰信，送燕菜、台席。酉刻大雨。

初八日甲辰（8月17日）

入直。藻热。上幸南海。访廉生，痢不晤，作书问之。子

英来。

初九日乙巳(8月18日)

入直。到署,遇达峰、云阶、季瞻。藻热。容方来。得清卿初六日信。

初十日丙午(8月19日)

入直。直日。到署。以平斋《两罍轩尺牍》送益吾、伯熙、仲饴,仲饴信交廉生。子英、周鹤亭来。子正雨。

十一日丁未(8月20日)

入直。到署,遇达峰。答容方不值。送仲华《功顺》、碎铜、五铢、砖。晤兰孙。

十二日戊申(8月21日)

入直。藻热。作四叔、济之、伟如、培卿、辛芝、吴子重外廿元信,即发。复清卿,内卣拓二纸,即发。又鞠常、辛芝,交泉孙。子英来,卣盖百。苏来。得振民信。

十三日己酉(8月22日)

入直。换蓝袍。藻热更甚。到署,遇云阶。饭银处点张北兰。兰孙示清湘老人《乱叠奇峰打草稿》卷,索玩二水画、倪鸿宝画、尤子求《九歌》册。石查示黄石斋《周忠介神道碑》墨迹卷子。得济之、谱琴、瘦羊、陶民、振民、三姊信,初四发。复各信。作心岸信共七函。申初刻雷雨。兰孙取观《高丽广开土境好太王碑》。

十四日庚戌(8月23日)　　处暑辰正三

入直。派写"郑金华母"扁。中元祀先。兰孙索观智永《千文》、《平百济碑》。晤廉生。永宝崔来,阶平廿九去世之弟,敦一还之,送对、书。于次棠荫霖、锡清弼良又号梦如、裕竹村昆、耆语堂斌、萧小虞允文、穆琴舫特亨额。

十五日辛亥（8月24日）

入直。赏燕窝。热。到署。发南信，共七函。子英来。酉刻容方来，已睡矣。

十六日壬子（8月25日）

入直。派写山海关海神庙扁。寄清卿，内畲立戈一、古陶二。夜雨。

十七日癸丑（8月26日）

入直。到署。晤兰孙。送还子英立戈畲，直云百金。子英来。兰孙借宋拓《四欧》去。徐亚陶、薛抚屏来。丹初送南园拓本。夜大雨。

十八日甲寅（8月27日）

冒雨入直。答薛黼平。答丹初退谷拓本。直日。薄热。容方、展如来。得培卿、芍庭信。

十九日乙卯（8月28日）

入直。到署。送子青退谷拓、《古泉丛话》。子青招廿一福寿堂，辞之。陈骏生其镴来。复芍庭，交仲田。寄培卿信，内叶先生、心岸、辛芝信。叶先生五十金，托仲田会寄，并吴子重廿元前款。送骏生菜点二。骏送铜手炉、烛、柿二、酒二。

二十日丙辰（8月29日）

入直。加班。晤廉生。子英遣人送纪盉。凤石来，送到张伯颜《文选》，直六十。崔嘉桓来。

二十一日丁巳（8月30日）

入直。到署，遇徐小云。复涂伯音传德，交其子宗瀚，并对一付、《洗冤》三种。于次棠来。

二十二日戊午（8月31日）

入直。派写信阳城隍扁。热。晤兰孙。答于次棠、冯伯申。

得清卿信。酉初三雨，戌大雷雨。

二十三日己未（9月1日）

入直。到署。己初大雨，午止。复清卿，内山农、运斋信。

二十四日庚申（9月2日）

入直。特派拟太极殿、体元殿、怡情书史、长春宫扁四十四面。笔彩来。陈骏生来，乙亥，孝廉方正。李乘时来，号秀峰，癸丑，汪少谷世泽之婿也。花农来。复曲园。

二十五日辛酉（9月3日）

入直。到署。得四叔、济之信，又彦侍信。含英来王仁煦。

二十六日壬戌（9月4日）

入直。直日。李雨苍来。送谭叔裕宗浚《功顺堂丛书》《眉山墨妙》《百宋》《纪要》《士礼居》《洗冤》《全生》《贞烈》书件。又送梁星海鼎芬一分，交斗南交去。廉生送壮布一。晤兰孙长谈。树南招廿九。雨苍交李希哲信，送之《功顺》《眉山》《全生》。得清卿信，并朱拓虢盘，即复之，送以小币拓本七纸。得鞠常十七信。

二十七日癸亥（9月5日）

入直。派写长春宫等处扁十二面。答雨苍。徐小云送《经籍访古志》，送以《功顺》《左补》《孔注辨伪》《眉山》《全生》《洗冤》《士礼居》《贞烈编》。

二十八日甲子（9月6日）

入直。派写体元殿等处扁十八面、对四付。到署，遇季瞻。张檠来，未见，孝达子，号君立。送凤石《左补》《孔注辨伪》《士礼居》《松壶》《全生》《百宋》《纪要》《贞烈》。兰孙借闲书五种，还二种。热甚。

二十九日乙丑（9月7日）　　白露戌正三刻

入直。派写扁九面。晤兰孙。树南招，辞之。载瀛送来画二幅,号春园,惇邸四子。庞省三来。含英王仁煦以卤阅,即苏姓送看者。

三十日丙寅(9月8日)

入直。派写共三十八件,今日齐备。到署。答省三。发南信,四叔、济之又二函、彦侍、鞠常、辛芝共六函。含英王仁煦来,付毛诗盉价也。

八　月

乙酉朔丁卯(9月9日)

入直。派署臣款扁卅五件。恭代皇太后御笔扁四、对四,交刻。赏帽纬一匣、大卷二联。凤石山东学。仲田以银二百八十两还。得清卿信,即复,拓本十三纸,又竹朋拓本四纸。

初二日戊辰(9月10日)

入直。上欠安,看方请安。到署。晤廉生。晤容方。黎子俊嘉兰来,东莞人,陕西候府攀镠之子。苏来,一伪盘,还之。方坤五连轸、陆凤石来。

初三日己巳(9月11日)

入直。请安,看方。到署。兰孙署吏左。

初四日庚午(9月12日)

入直。上幸北海。子授亦入直,昨奉旨也。兵部直日。桥右侍班。贺子授。贵午桥来。陈善琨来,号昆玉,丁丑八旗教习。容方来,择初九日丑刻修山洞桥南。花农来。

初五日辛未(9月13日)

入直。风冷。上幸北海。晤廉生、兰孙。寄清卿拓本十五纸。

收到印谱二函;柳门信,汉碑二;王符五信,乞对一。

初六日壬申(9月14日)

入直。奉旨正考官。辰正入闱。晤监临乌少云、沈仲复,提调杨蓉圃。午初后叔平、薇研丈、星斋俱到。商后,拜监试、同考、收掌。收掌陈槐林、雷祖迪,监试阿克敦、吴协中①。

初七日癸酉(9月15日)

掣房,翁韬甫坐十八房。拟策题交庞绸堂。翁斌孙应否回避,由至公堂奏。已正奉旨:毋庸回避。钦此。安折,杨丁丑定勇晨写,进呈。头场,黄梅岑丙子彝年写。二场,徐花农庚辰琪写。三场,汪镜青庚辰概写。策,绸堂三道,叔平策二道,农书、选举以现成者。

初八日甲戌(9月16日)

辰正命题《大学》、《论》、《孟》、《韵府》阳。到洪右臣良品、李少东岷琛、赵佑申培因中书,甲戌、黄梅岑彝年、黄仙培玉堂甲戌。“实能容之”三句,“子华使于齐”一章,“孔子尝为委吏矣”一节;“尽放冰轮万丈光”②。写题五分,印万二千纸。实到万一千三百八十一人。已正写毕。申正刻成。子初送出。写者子初印毕。开门进内帘。

初九日乙亥(9月17日)

经题、策题拟定,封恭缴御章、书籍。用黄签“光绪顺天乡试第壹大写场题,臣潘祖荫等恭拟”,叔平书也。共四签。明日开门时

---

①原稿本日天头记:“凡入闱阅卷簿以分房为主,再于各房各页注明某字号如贝字之类。计乡试贝、北、南、中、满、夹、承、旦、合及官,各占一页可也。若以每字号分簿,而以各房系之,则纷然难理矣。切记,切记。分房为簿,一房多不过占十页,会试则十八页耳。”

②原稿“光”字旁加△,意为得“光”字。

呈递,与题筒同。《春秋》题薇翁斟酌至四日,恐人用《胡传》也。

初十日丙子(9月18日)

辰正。外三擂鼓,内五点进。呈题筒,缴御章、书籍,递安折二件。写二场,涂海屏庆澜、庞绸堂鸿文、黄梅岑、陈伯双懋侯。内场先传点。

十一日丁丑(9月19日)

涂海屏、庞绸堂、黄梅岑、徐花农、陈伯双写二场题。辰初安折回。叔平备饭并监试。辰正写起,午正刻毕。昨实到一万一千三百七十五名。酉刻印毕。戌正送题:"六二鸣谦贞吉","先知稼穑之难乃逸","潜有多鱼"三句,"夏五月辛酉公会齐侯盟于艾"隐公六年,"祊之为言倞也"三句。腹疾。

十二日戊寅(9月20日)

三场,《论语古注》、《古逸史》、郑学、选举、农书。招三场写策。安晓峰、张肖庵、杨定甫、于幼棠、吴郁生蔚若、孔少沾、汪镜青、江韵涛、翁韬甫,共二席。薇研备饭。辰刻封题。备安折,开门时呈递。三场题午刻交会经堂发刻,自去看之。三场此日十二送刻。巳递,须早刻。盖前二场皆五块板,此则二块,是以十四日复催,至子正犹未印齐也。腹疾。

供事名单①:吏部书吏张金铭、户部书吏王学忠、兵部书吏丁世昌、刑部书吏张鉴、工部书吏董塑、都察院书吏童芬、通政司书吏金国瑞、大理寺书吏沈德培。

十三日己卯(9月21日)

进呈题筒、安折二件。辰正三刻开门内传五点。巳初二刻进卷

---

①原稿另附一纸,用朱笔记供事者名单。

九百八十三本。条记刻成,上堂。又进七百九十二本。未刻上堂,无荐卷。

十四日庚辰(9 月 22 日)

已初安折回。外传五鼓。卯正上堂,阅荐卷五十一本,酉初散。子正开门,送三场题。

十五日辛巳(9 月 23 日)　秋分卯正初刻

午后发三场题筒、安折。申正内传五点。昨进卷连前四千三百五十九本。今日阅荐卷四十七本。

十六日壬午(9 月 24 日)

寅正外鼓五发下宗室题书籍,即拟题,先刻前二行及诗韵。试者六十七人。未正大雷雨。阅荐卷三十七本。宗室进呈题,荫写。

十七日癸未(9 月 25 日)

丑刻偕叔平。刻文题、诗题。"序事"二句;"印沙鸥迹自成行"得沙字,薛昭蕴诗。申刻进内五点。午正小雨。呈题筒及安折。恭缴御章、书籍小签叔平写。安折回。寅正二百纸印齐。又印百不知何用。传外间索八百张,弗可解。卯刻外传鼓发题。亥刻三场。阅荐卷四十一本。计共进卷共一万八百四十八本。夜又进卷四百馀本。共一万一千三百二本。

十八日甲申(9 月 26 日)

安折回外鼓五。汉监临出闱。宗室卷进六十七本。已刻阅荐卷四十二本。分得宗室卷十七本。夜有风。

十九日乙酉(9 月 27 日)

阅荐卷五十一本。至公堂知照宗室中七名。宗室卷六十七本。请汪镜青写进宗室卷折一件。落卷加批签。风。

二十日丙戌(9 月 28 日)

知照至公堂宗室出榜日,粘名次,落卷加批签。阅荐卷四十四本。封奏折、安折卷夹板。

奏为进呈试卷事。本年乙酉科顺天乡试，蒙恩派臣等为正副考官。八月十八日据至公堂移送宗室卷六十七本，臣等公同校阅，谨遵钦定中额，选贴试卷七本，拟定名次，粘贴黄签，恭呈御览。命下之日，由至公堂拆去弥封填榜。为此谨奏。光绪十一年八月二十二日。

至公堂送来上谕，内有湘阴饰终上谕一道。

二十一日丁亥（9月29日）

辰刻内点五发。安折、奏折及进呈宗室卷七本。天已凉可穿棉矣。二场已进七千馀本。阅荐卷二十七本。

二十二日戊子（9月30日）

安折回。午初雨即晴。未初后至公堂拆封填榜，发落卷。阅卷二十七本。开门知宗室中式名次：瑞贤、普勋、玉源、载昌、阿林、祥璜、灵耀。已荐卷三百六十七本。

二十三日己丑（10月1日）

阅荐卷十一本。午正头场阅毕，同考归房阅卷，共荐三百七十八本。二场一万一千二百五十三本。

二十四日庚寅（10月2日）　夜风甚大，冷矣

属伯双、弢甫各看本房文。蔚若、绹堂来。属洪右臣看本房二本。伯双收改本交来。绹堂撤回贝字一本。于幼堂荐南皿四本。

二十五日辛卯（10月3日）

换季。绹堂来，交北皿一篇，发刻。弢夫来，交承字首、三二文，发刻。张肖庵来商一本。一房撤回贝一本。

二十六日壬辰（10月4日）

肖庵房卷改来，交刻。叔平中皿十二房一卷，通场之冠。赵佑

申合字一卷,首、次二,交刻。右臣来,改文二本,尚有一文未来。十二房连二场荐一本一贝。十五房连二场荐二本。一贝一南。六房撤回贝一本。叔平与星、薇商元卷改本及乾隆四十四年上谕。

二十七日癸巳(10月5日)

二房、四房、六房、十四房、十五房二场荐卷来。来者又九房、七房、十二房、一房,共九房二场卷。又十一房、十七房。十五房补荐南皿一本。三房补北皿一本。

二十八日甲午(10月6日)

请监试、同考上堂,以房首交磨对。最迟十三房、八房。于换季以来天转热,夹衣犹挥汗,殆将雨也。十三房仍未齐。九房补荐贝一本。

二十九日乙未(10月7日)

催三场。定房首最难,余处四房贝,以《易》艺雷同,易薇处北皿。薇处十四房,始以越幅,继以三场淳化字,今日再易矣。午刻十三房二场卷仍未来也。十三房二场始来。

九　月

丙戌朔丙申(10月8日)　　寒露午初三刻七分

以诗付写。自廿八、廿九、初一,皆应自行磨对前十本及句读。拟第六南皿十二房,次、三场极佳,荫处一房中皿。今日八房贝字、叔平处合字,三场极佳。八房补荐贝一本。

初二日丁酉(10月9日)

阅三场荐卷,已正尚有五房未来。商定因次题事奏稿一件。申刻各房三场俱齐。吴时斋来,商初四发中卷事。六房补荐南皿一本。

初三日戊戌（10 月 10 日）

叔平重定前十本，奎童处亦因之更。三房补荐南皿一本。请写折二件，汪竟青。请写前十名批语、名次，黄枚岑、杨定甫、安晓峰、徐花农及汪竟青。午正请写，未初毕。刻字匠应登彩来钉。渠自道光乙巳即任是役。钉连三卷，申初二毕，以大砖压。叔平中卷尚须定。晚在薇处三杯。

奏为进呈试卷事。本年乙酉科顺天乡试，蒙恩派出臣等为正副考官。入闱后准至公堂移送试卷一万一千二百十九本。臣等率各同考官悉心校阅，遵照例额，拟取如数。谨将前十名试卷酌拟名次，黏贴黄签，恭呈御览，伏候钦定。为此谨奏。光绪十一年九月初五日。

初四日己亥（10 月 11 日）

商定官字号中卷，巳初二刻定。北皿官已散，叔平有一本。绹堂来换贝一本策四用韵。申刻发安折进呈，卷箱、卷十本、封奏一件、奏折一件。午初时各房中卷交监试发各房磨对，连不在内六本，共七十本。今日甚热，单袍褂犹挥汗。定本人名下副榜十六名誊录，本年加倍取，应每人取六十五名。风。

奏为请旨事。查乾隆四十四年顺天乡试，题为"子曰毋"三字。是科举人于海裕将"家宰"误认为"公臣"，语意与传注不合，钦奉谕旨训饬。并指出元魁卷中"因制天恩御摩，天家诏禄取富"等句。通行晓谕在案。今科次题为"子华使于齐"全章，各房所荐佳卷，以此题为全章，作法与三字题不同等语作为波澜陪衬。若枕行沙汰，则各卷中十居八九，几至不能如额。臣等公同商酌，除将误会题解，如乾隆年间于海裕之以"家宰"为"公臣"者悉加摈斥外，若就注中"禄"字仅止引用经书中字面，既于文体无妨，势不得不凭文录取，即如进呈前十卷中间有"驭富诏精"字样。其应否取中之处，臣等未敢擅便,恭候钦定,谨奏请旨。光绪十一年九月初五日。

初五日庚子(10月12日)

卯初小雨即止。风。定甫来,换中皿一本,策第二、三不对题,骈文。

贝矜八	八房大	南阮九十八	十二房明
贝饭二十二	十房光	贝夕七十四	七房光
北纮六十六	二明	南伦四十五	三大原第二
贝佳四十六	十六大原第一	满答四十七	六明
合审三十六	五正	南阮六十一	十五光

申刻开门。安折回,另有旨。戌初开门。奉旨:准其取中。夜大风。

初六日辛丑(10月13日)

绚堂、少沾、枚岑、花农、定旉、晓峰、海屏、蔚若来。风雨。吴时斋来。夜大风。

初七日壬寅(10月14日)　风冷

中卷磨勘讫者,未初始有十四房送来,尚有四房未来也。第八房于直至戌正二始送来。此次各房均迟。

初八日癸卯(10月15日)

卯正钉连三卷,先从余处起,即印衔条,巳初毕。将中卷发各房加批,副榜亦印钉连三,印衔条。午初手填草榜,叔平、星翁为排次,二人唱名,一人书之。未初毕。各房加批,申初交来。明日请写名次者,陈伯双、张肖庵、黄仙裴、枚岑、杨定甫、花农、蔚若、孔少沾、汪竟青、翁弢夫共十位。发条于十一日,叫车马来,于十二日子刻到贡院门。申刻叔平招薇丈、星翁同饮,酉刻散。付榜加批,酉初眷录,取定二百六十名,由薇处定。

初九日甲辰(10月16日)

请同考十位书卷面名次,填闱墨名次。冷。辰初上堂同吴时斋，将各卷散归各号，仍照草榜一一呼名，十卷一束，已正毕。然后请十位上堂写毕，即写副榜名次。以复命折请汪镜青写。名次填讫，时午刻。星斋装鼻烟。初五封奏及旨拟明日移交至公堂。午后公服拜监试、各房，及雷、陈二收掌，皆来答。写条，兵部笔帖式十二至本宅领复命折、安折。

　　开发名单：书箱金等五十千。又抄文十千，又卅千家中取。刻字应登科二两，又刻字二两，又二两家中取。监试家人卅千。委官家人十六千。收掌家人十八千。剃头十二千。香厨十六千。堂皂八千。茶房八千。水火夫八千。搬行李四千。夜大风。

监试	每十千	共加十	付
委官	每四千	共加八	付
收掌	每六千	共加六	付
剃头	十二千		付
香厨	每四千	每加四吊	付
堂皂	四千	加四吊	付
茶房	四千	加四吊	付
水火夫	四千	加四吊	付

共九十六千又廿千。共领钱百三拾千①。

初十日乙巳（10月17日）

发落卷。乌少云数日前云能丑初填榜为妙，以是夜即须进呈御录也。阅报，知换戴毡冠、绒领、绵袍褂。偕叔平手写榜字及晓谕。

十一日丙午（10月18日）

丑初起，候监临、提调、弹压。填榜亥刻讫。子刻对御录讫。

----

①原稿夹纸，记开发数额。

余及翁、童、吴、阿及同考仍宿闱中。

十二日丁未（10 月 19 日）

寅初出闱。兵部程志清、张畹九来，交以复命折、安折。兰荪、斗南、益吾俱来。风石来。星叔来。门人张謇、玉源、恽毓嘉、尚其亨、延煜、延燮、马步元、许之荣、沈瑞庆、徐德概来。芷庵、樵野、刚子良、嵩书农、王贻清、少沾、伯双来。

十三日戊申（10 月 20 日）

上幸南海。皇太后过。均在德昌门外桥侧碰头。晤廉生、兰荪。玉均、延兰、赵执诒、仪年、梁济、周行录、连文澜、杨志立。门人王贵祥、刘常棣、王德祖、鹿瀛理、瑞贤、王守训、吴勋、梁于渭、方孝杰、阿林、丁述曾、祥璘、吕贤堃、沈曾桐来。

十四日己酉（10 月 21 日）

入直。开发内廷节赏。上幸南海。赏大卷六件、帽纬一匣。缪小山、何崇光、于幼棠、志颜、黄仙裴来。门人王诒善、余诚格、启绥、耆昌、熊登第、恩麟、杨锐、项同寿、载昌、崇谱、秦庆元、贵诚、钱骏祥、于宗潼、陆钟岱、琦、任毓桢、熙元、屠寄来。朱琛、汪凤藻、欧阳衔、吴蔚若、张肇镳、耿士璟来。

十五日庚戌（10 月 22 日）

入直。复清卿，并寄谊卿墨、题名。发南信，四叔、济之、辛芝、瘦羊、广安，墨十二本。复仲饴，墨二本。晤廉生，墨四本。尹良、崇良来。裕昌、郭恩赓来。容方、李丹崖来。林万涛、黄昌耀戊辰教习，瑞兰之子来。尹良、崇良、水宝煜、瑞启、刘元辅、宝谦丰、宝巽丰、钟广、张毓冀、蒋晋、蒋志廉、邓应潢、梅文明来。薛少云、涂海屏、陆蔚庭、钱子密、宝成癸酉，刑部来。

十六日辛亥（10 月 23 日）　霜降未刻

入直。朗斋、花农、方作孚、王桐荫槐、郭光熵、吴昌坤、李景旸、陈景墀、张渭、郝植东、党佩莲、刘泽溥、传世炜、颜钧、施启宇、常光斗、安圃、蕴苓来。送伯双盂鼎拓,枚岑《左补》《孔辨》《全生》。

十七日壬子(10月24日)

入直。晤兰孙。蒋式芬、张澂、菽芳来。右臣、少东、朱楗之、方孝杰、荣禧来。江仁葆、王焯来。

十八日癸丑(10月25日)

入直。送伯兮盂鼎拓本。又别拓三分交廉生,又杞侯盉拓本。继良来,前户部宁夏守丁忧。寄清卿杞侯盉拓,培卿墨一分。培卿乞书节孝二分扁,即寄去。刘家荫来。胡来三百。安晓峰、周庆榜、马亶望来。复培卿、鞠常。傅增淯来。陈智,郭发源、恩寿二司官来。郭号少兰,恩号益堂。

十九日甲寅(10月26日)

入直。换羊皮冠、黑绒领、珠皮袍褂。到署。汪回生来。复清卿横幅、子静墨四本。裕祥吉臣、杨星伯、炳源、胡景桂月舫,癸〈未〉、张一麟伯仁来。李春泽、张祖辰、濮贤慈来。

二十日乙卯(10月27日)

入直。兵部带引见五名。恭题皇太后画梅四幅。冯学彦来。姜秉善、华学澜、瑜璞、豫威来。王寯颐山西县,癸酉来。王莆卿来。寄知无信、墨,内心岸信、墨,交汪回生。

二十一日丙辰(10月28日)

入直。寄裕寿山墨,《左》、《孔》,信交回生。胡景桂、锡良来。送子授《左补》《孔伪》《松壶》。容方来。董研秋之子维干来,号仲岩。

二十二日丁巳(10月29日)

入直。赠廉生《杨广乐太守碑》。凤石来。梁锦奎来。到署。

午风。嵩书农来辞行。耿士璟小宋来辞行。董文伯橒来，小楼子。武景炘来。

二十三日戊午（10 月 30 日）

入直。喑舜臣。董仲岩辞行。子英来_百。笔彩来。

二十四日己未（10 月 31 日）

入直。晤廉生。荣福、黄埧、王锷、廷栋、汪回生来。杨定甫来。换银鼠褂。

二十五日庚申（11 月 1 日）

入直。派写恰克图关帝庙"德周泽洽"扁。大风，冷。胡来_百。陈恩荣、崔宜、杜华凤、章钰、昶赓勋、王芝理、董锡光来。鹿瀛理来。寄王鲁芗对、皮甬，济之墨四。

二十六日辛酉（11 月 2 日）

入直。派写河南鹿邑汲县关帝庙、城隍庙"泽敷涡颍""三川保障"扁。振民墨二，陈嵩佺盂鼎、墨，皆交眉伯。又陶民二，又诹生、辛芝。胡来。

二十七日壬戌（11 月 3 日）

入直。冷。眉伯行。刘文治、穆星沅、李嘉祥小轩子、瑞麟、德寿来。胡来，借兰孙得天四言对交刻，廿九日以原本还兰荪。

二十八日癸亥（11 月 4 日）

入直。冷。寄彦侍墨，盂鼎、舅盉、唐墓志等共六纸。石查来_百。陈治宣、张元钰来。胡来。庞绸堂来。

二十九日甲子（11 月 5 日）

入直。爱吾庐晤兰孙。水宝煜来。得振民、嵩佺信，即复。换洋灰鼠。胡来。

三十日乙丑（11 月 6 日）

入直。上诣太庙，乾清门补褂侍班。祀先。崇文山来。到署。

午刻微雪后小雨。

十 月

丁亥朔丙寅（11月7日） 立冬未刻

卯正二坤宁宫吃肉，补褂。直日。晤廉生。李钟瓒来，菱洲子，副榜，号仲卣。李念若来。刑部奉天司来言，刘若曾之贤，其盐山同乡也。朱锦云甫、陆绍周粹甫来。子英来。仲荣来汉军九名。

初二日丁卯（11月8日）

入直。派写长春宫水门扁、对十分。十八房请文昌馆，辞之。容方来。孙宝琦来，子授令郎也。十八房送文昌酒席，以送刚子良。夜大风。换染银貂冠。

初三日戊辰（11月9日）

入直孙未。换白风毛。派写凝秀宫对一联七言。派写阅是楼格眼三件。

初四日己巳（11月10日）

入直。风冷。晤兰孙。吴树梅新直南斋，来。容方又来，看勤工处所。

初五日庚午（11月11日）

入直。带吴䫻辰入直。冷。惇邸送神肉第二次。胡子英来。朗斋、兰孙送礼。骏生送木瓜。文山送烛、酒，璧。杨蓉甫送酒、腿。

初六日辛未（11月12日）

入直。昨戌刻职方司不戒于火，寅初到署，知已办，折本日奏。据称即即时扑灭。万寿圣节赏袍帽料六个及帽纬。住壶天，仿仪征茶隐之例。闻冯伯申亦住对面房。午初到署，本日折，奉旨依议。约廉生来壶天未初去。冯伯申来，其值班亦寓此也。廉生以位西注《四库总目》来，阅即还之。

初七日壬申（11月13日）

入直。得济之、谱琴、三姊、清卿、广安信，即复。发谊卿、培卿、清卿、济之信，内仲午吉期事。刘姓来，并同郝贵来。

初八日癸酉（11月14日）

入直。晤兰孙。徐国桢尧圃子、赵梦奇来。苏崇阿来，新举人。胡来二百。邀石查，未来。

初九日甲戌（11月15日）

入直。购袁氏书、朱泽民《存复斋集》、《中吴纪闻》、《颜山杂记》、《陈伯玉集》杨春刻、元板《瀛奎律髓》，共四十四两。张天瓶“明月直入，清风徐来”小对刻成，送兰孙红、蓝拓各一分，共拓蓝五分、红八分。石查来，送一爵。秦钟简来，号舸南，新放兖沂曹道，戊辰。法源寺书渐取回。

初十日乙亥（11月16日）

入直。皇太后万寿圣节，慈宁门行礼，递如意，赏还。借兰孙申文定题王百谷《万年青》一幅；潘莲巢摹云东逸史《万年青》一幅，有梦楼题，付子英钩刻。王树堂寓颐来。胡子英来百，郑钟清。郭升带去清卿、谱琴、济之信。夜大风。

十一日丙子（11月17日）

入直。孙未到。风。兵直日。斗南函致，伊胞兄病故。

十二日丁丑（11月18日）

入直。梁未到。方长孺为刻三小印，皆不见工。午初到署，尚无人。石查送一银钵，有五都司工字，索五十两，还之。字疑从平斋大钺集出者。子英来，一敦史族。还兰孙申文定题王百谷《万年青》一幅。武闱外场今日复命耀、薛。内场明日放本，列翁、祁次日派祁、孙、孙子授、孙莱山、徐秉蘅、周小棠、梁斗南、恽、李端棻，共九人。李秀峰乘时来，孝廉方正，分发安徽。沈树人来新举。

十三日戊寅（11 月 19 日）

入直。还兰孙莲巢画《万年青》一幅。孙入武闱，梁未到。斗南借卅金。陆寿门送茶杯、壶四件。又张公束鸣珂寄林仁肇钟拓，并索《滂喜丛书》。

十四日己卯（11 月 20 日）

入直。命拟水仙花盆上三、四、五、七言，及五言、七言绝。招徐花农、骏生、泉生写片，留饭。晚饯严先生。仲田来告，芍庭于十三亥刻去世。发清卿、谊卿、培卿、济之、谱琴、辛芝、竹年信。童薇研招十五，辞之。胡子英来百。张樵野来。

十五日庚辰（11 月 21 日）

入直。晤廉生。严子范辞行。送黄枚岑《滂喜》一部。又高紫峰、嵩书农、刚子良、张樵野、陆寿门来，未见。子英来，属装自藏器拓四十三纸。马子祥故，助四十千。

十六日辛巳（11 月 22 日）　　小雪午初一刻

入直。大风。写对五十付。送朗斋一联、一大司马石章。李恂伯癸酉维诚、英荷亭煦山东主试来。午正到署。

十七日壬午（11 月 23 日）

入直。晤廉生，代购铲币卅枚，直一百五十馀。贺归陶氏三妹五十。大风。送兰孙《东津馆》《江山风月集》。刘芝田、刚子良来。裕康来。严子万南归。

十八日癸未（11 月 24 日）

入直。派写湖北房县关帝庙扁"筑江昭佑"四字。晤兰荪。

子英来。世锡之家交来济之前月初四信件。

十九日甲申（11 月 25 日）

入直。答樵野、芝田、芷庵。晤廉生，交百金足市平票，又十六金票。兵部直日。换戴本色貂帽、貂领。博古送来《圣教》，励衣园物，良常跋，索二百，还之。王寓颐树堂、李乘时秀峰来。

二十日乙酉（11 月 26 日）

入直。进内。上幸北海。上过永安寺时侍班。兵部加班奏事，磨勘武乡试录一折。本日吏部亦加班。兵部则到者惟余耳。得鞠常信，又至申江而返。发叶先生、济之、辛芝、瘦羊、广安、清卿、谊卿、培卿信。寄眉生挽联。送芍庭挽联。

廿一日丙戌（11 月 27 日）

入直。请同考文昌馆，奎星斋办，及监临、提调、内收掌、监试，喜公班，酉初散。严修范孙来，壬午复试，癸未庶常。得吴仲饴赴渭川飞熊信。夜有流星自东而西、西而东。

二十二日丁亥（11 月 28 日）

入直。廉生又交来铲币十三、斗检封一、小即墨二、竟二。送枚岑、伯双、右臣《陶堂集》《东津馆文集》《桐江集》《江山风月集》。增寿寺芍庭家得信成服，往吊之。刘若曾、江容方、周龄、胡子英来。

二十三日戊子（11 月 29 日）

入直。上幸南海。晤廉生，交产币十五枚，直百四十金馀十金存用。梁斗南之兄开吊文昌馆，往吊之。得谊卿信。到署。张季直睿、殷秋樵、胡泰福、刘朴副榜来。

二十四日己丑（11 月 30 日）

入直。以《潀丛书》、《年谱》，小浮集、诗文，《士礼居》、《左补》、《孔辨》赠张季直。又《慎庵诗文》，又《陶堂诗文》。又一分赠刘仲鲁若曾。并属季直代撰进呈录前序。连文渊来。胡子英来。

二十五日庚寅（12 月 1 日）

入直。上幸南海之末日。兵部奏事。兵部加班，奏武覆试。侍班。容方择本日辰刻，云海巢之西廊动工，即余从前之书房也。胡子英来。刘仲鲁、张季直来。夜大风。

二十六日辛卯（12 月 2 日）

入直。大风冷。子授未入直。是日系礼部直日，渠又权礼部也。子青属为菊垞书对，又送醇士画一幅。送杨蓉圃对、书、帽架、朝珠、合茶、莲心。胡子英来，还之二百，携一破盉来。宝森送《五伦书》、元板《纲目》，还之。得振民十二日信，并汪退谷墨刻，又《十三行》。

二十七日壬辰（12 月 3 日）

入直。兵直日。十五件二片。复凤石，交戴毅夫处。胡子英来。送仲田四十寿石拓、帽纬、袍料、褂料、烛、酒、花袖共十件。

二十八日癸巳（12 月 4 日）

入直。孙未到，吴磨勘，班先散。寄张玉珊鸣珂《溽丛书》，交陆寿门。昨子英送看王孟津画一幅，绢本，即还之。大风，冷。柴阶来本科举人。赵宇文梦奇来，选广东大埔令。以《慎庵诗文》送廉生。曾培祺来，河南主考，号与九。

二十九日甲午（12 月 5 日）

入直。斗南销假入直，晤兰孙处，菊花犹甚好也。贺江容方选湖北盐道，廿七日去。昨外间喧传合肥有东坡海上之信，其实无是事也。发南信，济之、振民、辛芝、谊卿、培卿、讷生、叶鞠常共七函。

送左季高祭幛,交湖广馆,以楚人今日祭奠也。公请同考官,奎星斋办,派公分三拾一两二吊。到署,未初一刻归。在署见礼部来文,知初一日内阁会议陈宝琛在江西学政任内请以顾亭林、黄梨洲从祀孔庙。廿五日在南海遇延树南宗伯及荫轩谈此,意在驳之。苏来,伪匜一,玉壶、玛瑙壶料八骏壶,还之。写对卅付。又共四十付。得柳门信,言初四进沙窝门。

十一月①

戊子朔乙未(12月6日)

派写韩江闸大王庙扁"镜清昭佑"。复柳门,并函致松寿泉。陆寿门、穆春崖来。文邦从来辛酉川拔。

初二日丙申(12月7日)　大雪卯正一刻二分

入直。送赵宇文《文恭年谱》《思补》《东津》《洗冤》。子英来,一卣盖"子孙父乙母癸",还之。对昨廿付,今廿付。得廿一济之、眉伯、陶民信。昨得干卿信。

初三日丁酉(12月8日)

入直。复李孟和福沂。承墨庄翰来,湖北主考。毛绳武来。得培卿、鞠常、瘦羊信,嵩佺信。

初四日戊戌(12月9日)

入直。发南信,济之、培卿、嵩佺、陶民、鞠常、瘦羊、眉伯、干卿、辛芝。容方来。以《滂喜》及先刻《年谱》《思补》《东津》《功甫

①日记另册,封面印文有"□园""喜""读易堂""大阜村""□喜堂""□□馆""□睡居""吉祥喜语""日报平安福""盂爨斋""晚晴轩""八愿斋""分廛百宋移架千元""老学庐""晚香庵"印。

小集》《洗冤》《全生》送吴时斋。朱一新来。柳门到京。会户部奏二件。

初五日乙亥（12月10日）

入直。派复勘各省岁科试卷。至内阁，遇兰孙。礼部奏顾、黄稿，画另议。懋勤殿叔平来商。初二、初三俱来商，因顾、黄从祀事也。阅伯熙所拟奏稿，删改之。到署。风。吴颿臣遣人来告以痢，明日仍不能入直。刘纶襄来。汪柳门来。初八日祈雪。胡子英又送卤盖来。

初六日庚子（12月11日）

入直。复清卿，内得天四言对。谊卿送廉生蓝拓、得天对。直日。大风冷。

初七日辛丑（12月12日）

入直。济之托世锡之兄寄冬笋。陈嵩俆寄钮《说文》、《三国证闻》、《眉山诗案》，俱交到。在内见容方、柳门、崧锡侯。得张丹叔信。汪泉孙来。宝森来，收拾书二种。送兰孙《三国志证闻》。得嵩俆信。以钮氏《说文校录》一送廉生、一送伯兮。边润民来。胡子英来。杨容圃来。胡子英送腊梅八小盆、梅二小盆。

初八日壬寅（12月13日）

入直。上诣大高殿祈雪，未刻仍迁回养心殿。先是以收拾天沟，八月中移毓庆宫也。济之交沈兰台寄香稻一包收到。廉生为代购三布一幼泉，十一两。

初九日癸卯（12月14日）

入直。到署，午正二散。赵寅臣来。

初十日甲辰（12月15日）

入直。天安门礼部朝房复看各直省试卷。答柳门、润民。写

对五十付。子英来百。加班奏事。亚陶来。宝森来,《中吴纪闻》
装成。

十一日乙巳(12月16日)

入直。大风。刻好《万年青》二幅送兰孙。伯双送《常衮制诰
集》三蓝、《高传集》、《东越文苑》、《马石山志》及《周易明报》,以
《滂喜丛书》《士礼居》报之。写对卅付。黄秀生群杰来。亚陶来
诊姨太太。

十二日丙午(12月17日)

入直。上欠安,看方,请安。崧锡侯来。招花农来。

十三日丁未(12月18日)

入直。上已愈。看方,请安。唁庆邸、绵佩卿,吊子腾昨去世。
候廉生不值。施小山人镜送本日豁免江淮等处谕来。

十四日戊申(12月19日)

入直。出城,城根遇兰孙。兵部值日。亚陶、树南、雷瀛仙来。
写对六十付,又写廿付,共七十付。王赓荣来江西主考。唐椿森来,
以睡未见。

十五日己酉(12月20日)

入直。上微受寒,仍看方,请安。冬至夜祀先。对卅付,共三
百六十付俱全。

十六日庚戌(12月21日)　　冬至子初三刻

入直。仍看方,请安。冯文蔚来,已晚未见。

十七日辛亥(12月22日)

入直。仍看方,请安。晤兰孙。午初到署,未初散。答冯莲
唐。微雪,雪至半夜止。

十八日壬子(12月23日)

入直。看方,请安。壶天遇兰孙。会户部奏云南关边练军一

折。武库司沈惟诚来。黄枚岑来。若农来。

十九日癸丑（12月24日）

入直。晤若农，若农来。若农送鼻烟，送以蒸食二合。送边润民对及家刻。李荆南送明日同乡谢恩折来看，送以家刻。胡子英来百属装册九十八开，又十九开、十三开。兰孙得吏右。送冯莲唐以家刻六种。得济之、谱琴、振民信，即复。送若农以家刻六种。孙幼轩来。

二十日甲寅（12月25日）

入直。同乡谢恩。壶天，偕叔平晤兰孙。文叔平治、陈彦辅来。

二十一日乙卯（12月26日）

入直。偕翁、孙、二周、徐、盛、龙、奎、陈秉和议黄、顾从祀一折。年差始写福字四十、"出门见喜"等廿二件。得辛芝廿七信，即复。宝森来十二两。诚勋来，号果泉，库司，坐粮厅差满。本日另议一折，奉上谕：大学士、六部、九卿、翰、詹、科、道再行详议。胡子英来。若农仍入直。

二十二日丙辰（12月27日）

入直。写年差"天佑皇清"、十三言、五言、长寿，又寿八方。兵部直日。若农、柳门、钟宝僖来。冯莲堂来。送若农《左补》《孔辨》《士礼居》《百宋》《藏书纪要》。

二十三日丁巳（12月28日）

入直。写进上福、龙、吉、祥四字五分、春条十二件。寄清卿拓本卅二纸，有铲币。送柳门《左补》《孔辨》《贞烈》《秋审》《松壶》《慎庵》《桐江》《东津》《功甫》《东古文存》《士礼居》。齿病不见客。花农来。胡子英来，以金白芑拓、玉兰畦拓属裱。

二十四日戊午（12月29日）

入直。上祈雪大高殿。牙痛。发南信，共七函，又运斋信。诚果泉勋送十色，受酒及茶、糟鱼。送廉生《籀经堂类稿》。沈叔眉源深来，送以《思补》《东津》《年谱》《秋审》《洗冤》《正学》六种。赵宇文梦奇来，送以前刻六种，又一分属转送朱丙寿。

二十五日己未（12月30日）

入直。年差，余写一百十二件。兵部加班一件。傅云龙来，懋元，选司郎中。以内中节赏条幅三百卅件托斗南觅人书。胡景桂送魏《邹珍碑》、隋《南和澧水石桥记》，答以文恭、小浮先生《年谱》，《思补诗集》《正学编》。胡子英来，鼎议定。以《籀经类稿》送伯兮交廉生。刘燕臣来，云丁未刘毓敏之子，偕程小泉之子来京，云号乙斋。

二十六日庚申（12月31日）

入直。朗斋处送席，本日请训也。午初到署，未初散。胡子英送鼎来。兰孙借书七种。

二十七日辛酉（1886年1月1日）

入直。上欠安，看方，请安。本日上谕复王公官员俸饷一道。柳臣送酒、食物及《说文统系图》，受之，廿五。廉生送汉专、大字竟拓吉羊语一纸，即付装。泉孙送《岁朝图》一幅，昨日其生日也。若农送朝珠、香牌、蜜饯。

二十八日壬戌（1月2日）

入直。看方，请安。风。苑秋舫来。以新得鼎拓送廉生及伯兮。刘滋楷来。七十一，名承德。胡子英来，裱册送来。牙痛至今未愈。

二十九日癸亥（1月3日）

入直。看方，仍请安。漱兰来，适未归，送廿四金。沈叔眉送礼八色，璧，收笺。未刻上谕：工部尚书着潘祖荫补授。钦此。花农来写折。花农再来。工部司务厅中衡来。黄仲楣来，送家刻各种。得济之、三姊信、鞠常信。

三十日甲子（1月4日）

入直。具折谢恩。贺阁、张大拜，候莱山。吴皞臣来。朝房遇福箴亭，得协揆、司农，叔平调司农，芷庵补工尚，文山调太宰。各衙门官员谢复俸。本定今日以堂衔更换，改定明日。额小山总理兵部。发南信，四叔、济之、三姊、培卿，谊卿二函，鞠常七函。柳门来。斗南送吕宋烟草，焚之以治牙痛。殷秋樵来，送以家刻七种。

十二月

己丑朔乙丑（1月5日）　　小寒申正

入直。公折谢恩，乾清门外磕头。恭代御笔开笔，乾清、坤宁、养心殿福字四件。到工部任。贺额小山嫁女。拜客数家。梁经伯来。若农送一席，以送崧锡侯。得窦斋廿六、廿七二函。手复清卿，谢惠牙疼药。林维源来，号嗣甫。

初二日丙寅（1月6日）

入直。派管理火药局事务。晤兰孙。再送朗斋席。陈骏生送《岁朝图》一幅。漱兰送《习学记言》、试牍、茶料、漆合，收之。笔帖式廉兴、清平送谢折来看。廉生处存件取来七箱，送去各省闱墨五本。若农要顺天闱墨二本。芷庵来，送以家刻六种。工直日。

初三日丁卯（1月7日）

入直。具折谢恩。答芷庵，吊子腾。外国新年会晤，第三班偕福箴亭、续燕甫、沈中复一点半德馆，二点和、比馆，二点半美馆，三点英馆。申正后归,已酉刻。赏大卷。得李贡山璲信。

初四日戊辰(1月8日)

入直。送张朗斋行。莱山招未刻,辞之。送兰孙《桐阴论画》二本。王可庄来。汪容方来。午正到署,同芷庵,未正散。得清卿信,云初七到京,属为崇文门照料。

初五日己巳(1月9日)

入直。派写丰宁县关帝庙"神威普佑"四字。朝房遇兰孙、寿泉。以清卿进城,面托寿泉、荫轩、芷庵。赏耿饼。寄廉生件已取齐。手复凤石,交毅夫。初三熙续庄示牙痛方,昨已试之。昨容方一方有槐麻者,无从觅也。云染坊有,询之亦无。交斗南六十四两。仲饴寄《捃古录》、酱菜,即复,并寄以朱拓《万年青》二种,交廉生。

初六日庚午(1月10日)

入直。大风。遣人迎清卿,并属壶天。壶天遇柳门,柳门送《说文统系图》裱好者二幅、《泰山》四纸、《琅邪》二纸。送柳门朱拓《万年青》二种。复伟如十八信,交沈子敦。胡子英来。得逢润古信。

初七日辛未(1月11日)

入直。孙未。大风,冷。朝房晤祥仁趾、清卿。午正到署,未初散。山东门人刘纶襄、李端遇、高彤瑄、傅潜、陈秉和、梁锦奎送酒席,送清卿。手复邹岱东,送以《左补》《孔辨》《士礼居》。得承惠信,河南府,号枫亭,即复。

初八日壬申(1月12日)

入直。冷。上祈雪大高殿。石查来大衍。奏事、批本。条对十五分,乞寅臣令郎书之。清卿、朗斋来。王同愈胜之来。胡子英来。郭升到,得谱琴、振民信,发南信。

初九日癸酉(1月13日)

到火药局任。发四叔、济之、谱琴、振民、运斋、广安、辛芝、麟生信。晤清卿、兰孙。送阿小山、克达春礼四色,《正学》《洗冤》二种。得李觉堂信。王守训乃其甥也。手复胡辑五,送家刻三种。手复朱少愚丙寿。朗斋信。

初十日甲戌(1月14日)

入直。直日。大风,冷。赏燕窝。皇太后赏福寿字。吏部引见时碰头,以赏回王公俸银故也。得济之十四信、谊卿二信、辛芝二信并《谱》凡例。刘家荫来,收程正伯送字卷《梦溪笔谈》,宋本也,还之,以已有也。

十一日乙亥(1月15日)

入直。大风,冷。汪柳门来,得阁学。内中送火锅三两、帽珠四千。阿小山、克达春来。胡子英来百。送柳门《功顺丛书》。得彦侍信、拓本。

十二日丙子(1月16日)

入直。送刘樾仲家荫家刻六种。午正到署,二刻散。总署来文,知十四俄国会晤改于十六。写春联及云阶对件。惇邸又送素菜八色及蒸食。明日以朱拓四申、姚《万年青》,张得天对,《说文图》及食物六色答之。

十三日丁亥(1月17日)

入直。干冷。送方孝杰《丛书》四函,又《正学》等五种。李维诚《洗》《正》二书。梁彤云廷栋。随张朗斋工主。徐亚陶来。胡子英来。汪柳门来。崇文阁以《墨妙亭》抄本全函来,索二百金不成,荐之若农,若农得其书数种。

十四日戊寅（1月18日）

入直。松寿泉招未刻，辞之。先后助斗南百，又卅，又四十口，又廿四黄。赠廉生十行本《尚书注疏》，汪孟慈物也。午后雪。复王苻五，送以《思补》《蚕桑》二种。陈兆奎来。得隽丞信，并古陶二件。得刘永锡信、沈守廉信。夜大雪。

十五日己卯（1月19日）

入直。写御笔天喜神之神位、漏子。江容方来。牙痛，明日俄国会晤已行文感冒矣。松江守恩兴来，号诗农，本纪保举。雪至申后渐止。

十六日庚辰（1月20日）　　大寒己正

入直。赏福寿字，引见时磕头谢恩。得仲良信，燮臣面交。是日俄国会晤，以感冒行文不克到。大风冷甚。得豹岑信，余诚格送来，其甥也。廉生函来，欲同伯兮见招于廿二日前，告以齿病不能到。胡子英来，夊季良父壶拓，疑伪，与筠清馆不同。熙麟来癸酉。工部笔政彦寿等送折七件来看。

十七日辛巳（1月21日）

入直。午正到署，未初散。慕慈鹤来。写福，大十七件，小廿五件；对十一付。胡子英来百。芍庭开吊文昌馆。

十八日壬午（1月22日）

入直。斗未。上诣大高殿谢雪。派题《群仙祝寿》画、寿字幅三件、竹梅幅三件。斗南车翻马惊以致腰疼。工直日。又助斗南大衍。得鞠常信。

十九日癸未（1月23日）

入直。斗未。上办事后幸北海，同乡谢恩叔未。皇太后赏貂皮十张、大卷八个。晤兰孙。属若农书足轩扁。午正后，南书房送来赏袍褂料各一、帽纬一匣。若农即写扁来,且作赞甚工。得赞廷信。得王作孚信。

二十日甲申(1月24日)

入直。斗未。上办事后幸北海。芝庵招廿一,辞之,送以文宗御笔对朱拓及《说文统系图》。送容方行,送以自书对及食物四色。贺柳门。是日巳刻,工部封印,清吉甫到。苏来。胡来大衍。夜雪达旦。

二十一日乙酉(1月25日)

入直。晨雪,巳正后晴。上办事后幸北海。派写浙江海盐观音大士扁"自在真如"。斗南已愈,燮未。贺燮臣子完姻,送六两。晤廉生,见其崔青蚓《岁星图》及黄石斋、倪鸿瑶大草直幅,又建义大造象一。兰孙家朱拓《万年青》二纸。容方来,明日行,并看马号等处。柳门送端木子柔疏稿来看,即还之。手复宗子材。胡子英来,携来一斝,八十。以宋本《唐子西集》付其重装,以年内为限。苏来,爵卅。宝森来,以元本《存复斋集》二本、《瀛奎律髓》交重装,限以年内得。方子听来。刘樾仲来,送《家语》《列子》《群书治要》。

二十二日丙戌(1月26日)

入直。赏黄米糖。以福寿字乞若农署款。若农所著《撼龙注》《元秘史注》皆可传。石查来百,以《道因碑》索售,廿四金,云朱子涵物也。以朱椒堂、秦谊亭《岁朝图》二幅属其重装。兰孙送阅倪鸿宝画石手卷,有吴荷屋跋,无上上品也。上幸南海。笔彩来,其帐帖还之。苏来,付五十两昨爵四千。石查送来《丙戌岁朝图》,极工妙无比。泉孙送殿试策来看。戴绥之姜福来。冯开勋送韭、紫蟹、银鱼、回网鱼等,以送若农。

二十三日丁亥（1 月 27 日）

入直。上幸南海。得驾航信。送柳门韭黄、腐干、香蕉、自制粽四色。松寿、伦五常来，即着伦查火药局。托若农在粤家伙。送清卿食物及自制粽共四色。清卿来。子授来，索《左传》八十两，并言增价。兰孙索观石查画。得张南浦信。祀灶。甚冷。工部送廿五加班三件来看。

二十四日戊子（1 月 28 日）

入直。上幸南海末日。清卿于本日请训，在内未见。明日工部三件，二件报销，一件更换河道大臣也。闻吏部黄漱兰处分，亦明日上。斗南送食物六色。伦梦臣查局来复。得子授复，《左传》八十两已交前□，《唐子西集》得自崇文阁。送寅臣令郎袍褂、磁茶壶、铜手炉。柳门送酒二坛、食物三色。胡子英来大衍。李若农送粉角子。骏生送牡丹二盆。又泉孙、熙年送天竹、迎春、梅花、水仙各二盆。文邦从来。

二十五日己丑（1 月 29 日）

入直。大风，冷。工部加班奏事三件。传心殿与芷庵语。清卿送点石盂鼎拓五纸。仲华开复处分。得济之、广安信，即复。又复彦侍信，即发。送清卿以文宗对、得天对、《万年青》朱拓二、袍褂等六色。廉生送高君善业泥，苏常侍、景龙残石各拓。送以盂拓、问鼎拓。胡子英来，画得《岁朝图》，设色鲜明。漱兰降二级。清卿来。得春崖信。

二十六日庚寅（1 月 30 日）

入直。过年祀神。得鞠常信，即复，交熙年。松寿、继昌来，为琉璃窑事。伦五常来。孙子授招毓庆、南斋同事，以牙痛、胃痛辞未到，闻斗南亦不到也。叔平亦未到。以《高碧湄集》五部寄倪豹岑，

交余诚格。胡子英来，《唐子西集》装好。宝森所装《朱泽民集》及
《瀛奎律髓》亦装成。吴清卿遣人来拓齐镈钟，拓去三分。得成允
信。都水司交到水利银百四十两。得香生信。得谭进甫信。

二十七日辛卯（1月31日）

入直。赏貂皮荷包、手巾。送若农《陶堂集》二部。贺廖仲山
得兵右，即漱兰缺也。开发内廷赏条、对。兰孙借《唐子西集》《中
吴纪闻》《净土安养集》三种阅之。陈骏生来，送以《东古文存》、
《年谱》二、《桐江集》四种。文书田来，报昨日去世。以拓本廿四
纸交方长孺，送方子听。得汪眉伯信。吴燮臣送云峰山拓廿种，又
十八种，及食物二、帽架一，答以汪退谷《十三行》、家集、《年谱》
二、《功甫小集》、《全生》、《秋审》、《东古文存》、《洗冤》等书，《正
学编》一部。胡海帆祥林来，交到云楣信。发下狍鹿赏。胡子英
来，铲币廿四个。

二十八日壬辰（2月1日）

入直。上诣太庙。乾清门蟒袍、补褂侍班，归时磕头。得子健
信。荫轩亦穿貂，见余等补褂乃易之。朝房遇露圃、树南、受之、小
云、仲山、春崖、恩宝廷佑、芷庵，俱貂褂碰头。胡石查来六十。访兰
孙不值。开发内廷节赏。送芷庵、四叔花卉拓本二幅、吉羊古拓横
幅、申文定《万年青》、王良常《桃花源记》六幅。江槐庭来，复查估
事。以币拓四送廉生阅。胡子英来，还铲币二枚、小币公一、梁币
一、安邑币一、𢆍币一，俱伪也。得济之初九、振民、眉伯、瘦羊信。
李次青、程小泉信。答立豫甫、徐花农食物。朱咏裳善祥来。雪。

二十九日癸巳（2月2日）

入直。赏荷包五个。恭代御笔福神、喜神、财神、贵神、天喜神
之神位五分。开发苏拉。又黄酒馆自五月至今，每月四十千合银

廿两,付之。梁经伯四十两。又太监料套红壶十两、藻草玛瑙壶珊瑚盖廿两。苏来十六两。廉生送来卣器盖拓,云陕周姓得奇物也,又郐爱拓。韩荫楽送花,以文宗对、点石盂鼎、得天对、《说文统系》、《思补诗》、《年谱》二、《正学》。花农来八十。赏香橙。得文卿信。芷庵送熊掌、鹅、野鸡、鱼、小鱼蟹,答盂鼎,以送仲华。竹村信。小村、谷宜信。以日本《群书治要》送廉生。胡子英来一百三十二金,欠廿八金,铲币直也。以叔妣敦盖来,索百五十金。卅日付清子英。

三十日甲申(2月3日)

入直。赏龙字。懋勤殿跪春军机到同跪春,礼、额、阎、张、许、孙、李、梁、吴。上御保和殿,出乾清门时貂褂、蟒袍,挂荷包,谢恩并春帖子赏。军机未侍班,是日李耀奎一起,军机无。送莼客食物四色。子望信。莼客答食物四色,以送若农。石查廿四两《道因碑》。胡子英来。笔彩樊来古镜十七两,付清。仲华送鹿肉、奶饼环、田鸡、银鱼六色。以鹿肉、田鸡送骏生。接灶祀先。陈少希信。

光绪十二年(1886)丙戌^①

正　月

庚寅朔乙未(2月4日)　立春

寅正进内,前门关帝庙拈香。辰初三慈宁门行礼。上御太和殿受贺,懋勤殿开笔,递如意,回赏。诣惇、恭、醇三处。夜雪。

初二日丙申(2月5日)

入直。风冷。得张承爕信。军机团拜送席,辞。

初三日丁酉(2月6日)　大风冷

请假,赏十日。函致芷庵。若农、斗南、爕臣来。发南信。

初四日戊戌(2月7日)

叔父廿八寅刻去世,龙泉寺念经,成服。兰孙、柳门、申之、仲田、沈兰台、范卿、毅甫、萧卿、蕴苓、王胜之、蔚若、斗南、吴树芬、崔巢、缉廷、李菊庄、张芝圃来。

初五日己亥(2月8日)

祀神。复芷庵,派琉璃窑事。以骏生所送鹿肉、哈什玛二碗送若农。

---

①封面有"足轩"、"南斋供奉"、"丙戌"二枚、"喜"、"如愿"三枚、"千载一时"、"滂喜"、"红蝠书堂"、"铜鼓斋"、"说心堂"、"文字之福"印。

初六日庚子(2月9日)

得运斋电,问吉期。胡来。夜风。

初七日辛丑(2月10日)

得青士信。斗南来,付以修理帐房费卅两。送若农钮氏《说文》。电复运。兰孙来。得成子中信。

初八日壬寅(2月11日)　大风

子禾来。茀卿祖冥诞,法源寺。得辛芝十二月十四信,次日复。

初九日癸卯(2月12日)

龙泉念经。漱兰、陶竟如、黄仲弢、杜庭璞、寅臣、芷庵、若农来,竟日。寄清卿信。

初十日甲辰(2月13日)

复世锡之,琉璃窑溥善、江槐庭。

十一日乙巳(2月14日)

四叔二七,龙泉寺念经。江容方、翁斌孙、殷李尧、陆继辉、江槐庭、中衡、张正堉①、吴燮臣、蔡世杰、汪泉孙、王孝玉、杨崇伊、连文渊、陈秉和、徐宝谦、徐琪、庞鸿文、吴荫培、子授、沈曾植来。方勉甫来。

十二日丙午(2月15日)

加班奏事,注假。斗南、若农、廉生来,借《探路记》即还十五。都察院安徽本日、九卿安徽馆俱辞。

十三日丁未(2月16日)

十四日戊申(2月17日)

销假入直。上出内右门,请安。谢东城客。送王莲塘《陶堂

---

①后文又作"张正�"。

集》三部。

十五日己酉（2月18日）

入直。辰正,保和殿侍宴。蟒袍、补褂,共　人,斗南讲官班。送兰孙点石盂鼎。

十六日庚戌（2月19日）

入直。午正,乾清宫廷臣宴礼、额、恩、福,崇假,延、乌、锡、麟、昆、伯、阎、张、徐、翁、毕、许、潘。赏大卷、蟒袍、鼻烟、如意、花瓶。赏元宵。冷。壶饭。

十七日辛亥（2月20日）

入直。谢客数家。晤兰孙。刘瞻汉来。胡子英来四十。容方来。

十八日壬子（2月21日）

入直。容方来借马。松寿、伦五常、蔡世杰、张正�、中衡来。仲华来。征厚来。

十九日癸丑（2月22日）

入直。得涂伯音信。自十五始,上办事后幸北海、南海,本日止。闻冯申之卒。

二十日甲寅（2月23日）

入直。换染貂帽、正穿褂,发十四日济之信。

二十一日乙卯（2月24日）

入直。卯刻开印徐。辰初前到署。

二十二日丙辰（2月25日）

法源寺念经,先君三周年,来客另纸记之。石查送看《潞公卷》三百。

二十三日丁巳（2月26日）

入直。谢西城客。吊申之。万德崇来。许仙屏来,送以《陶堂》廿部。

二十四日戊午(2月27日)

入直。谢客。贺容方子棣圃忠振完姻。石查以古泉、《易》、《诗》来三百。

二十五日己未(2月28日)

入直。工部奏派查桥梁,圈出。子英来,寿平□松壶暂留。壶天晤兰孙。得辛芝十二月三日信,即复。

二十六日庚申(3月1日)

入直。宗树椿、鲁恒祥来。到署午正。得济、竹、麟、陶、振五信,即复。又寄辛、麟信,交熙年。

二十七日辛酉(3月2日)

入直。工部直日。晤兰孙。李和生来。次日发济、竹、运信。

二十八日壬戌(3月3日)

入直。未初到署。晤芷庵。

二十九日癸亥(3月4日)

入直。派写承德府"檀城保障"扁一面。谈长庚来。石查料壶一、板桥画一。

三十日甲子(3月5日)　惊蛰亥正二

入直。伦五常、赵鸿猷、石查百来。苏、胡来。得丁介帆信。

二 月

辛卯朔乙丑(3月6日)

入直。崔冠卿、贺继元来。

初二日丙寅(3月7日)

入直。王维城、王玉山来。

初三日丁卯(3月8日)

入直。会馆祀文昌帝君。小雨微雪。复辛芝、鞠常、谊卿信，又致培卿。复清卿。刘世贤来。刘仲鲁、张季直来，询团拜，告以期服。黄玉堂、阎志廉来。陈彦鹏、花农、柳门来。

初四日戊辰(3月9日)

入直。坤宁宫吃肉，补褂。续鉴、回长廉、瑜琦、石查来。午正到署。冯琁、冯谦崇、袁际瀚、傅佩珩、王思明、泉孙来。

初五日己巳(3月10日)

入直。派东陵另案工程敬、潘，西陵松、毕。壶天坐。芷庵约商三音布各差到阁。斗南、宋震坤来。得济之十二信，即复。

初六日庚午(3月11日)

入直。叔平商奏底，芷庵商缺。李坤戊午、李崇谨、韩宗献、赵致中、陶步瀛、张庆昌、张礼来。

初七日辛未(3月12日)

入直。派写新民厅柳河神"安流告稔"扁。晤兰孙。成月坪来。步其高、门应麟、张芝圃来。复伟如。阿震之子英来。

初八日壬申(3月13日)

入直。复亘之师，交仲田银卅两。薛如璋、丁方镛、刘培葛、毓芝、庆升、王惟勤、杨松龄、侯镇藩、周之骧、黄埧、霍汝堂、李崇儒李村子、王锦荣、容方、柳门、赵思澎、诚厚、松寿、梦臣来。

初九日癸酉(3月14日)

入直。派写兴化"晋安昭佑"扁。答芝圃，贺皞民母六十。苏懋宗、孙鸿猷、刘锦荣、王绍唐、田鸿文、太史桂、陈之炳来。复吴、叶信。得硕卿信，即复，交蔚若。

初十日甲戌(3月15日)

入直。到阁，无稿。观音院李问樵周年。蒋传燮、高焕计、履端、李伯川、李建章、郭维翰、心存来。

十一日乙亥(3月16日)

入直。到阁画另奏。范嵩庆、刘腾跃来。唁陈梅村,丁外艰。赵次山尔震、陈忠伟、李景侗、黄树桂、史菡、吴恒瑞、刘自然、王绍廉乙亥覆试,癸未庶常、春生、王钧。

十二日丙子(3月17日)

入直。贺颂阁、月坪、次山。晤兰孙。到署。昆小峰十六到工尚任。刘彤寯、韩涛、王之鉴副榜、赵寿之、杨绍宗、冯品、张肇魁、康倬、庄国贤、高寿祺、丁述曾见过、谷连升、李世芳、杨启明、子英来。

十三日丁丑(3月18日)

入直。候序初。王玉泉、李荣、何其厚癸酉、李福龄、张遇恩、何玉如来。颂阁来,留面,仍入直。子英来。

十四日戊寅(3月19日)

入直。发济之、广安、瘦羊、运斋、辛之信。玉衡来。郑德舆、赵曾棣、李德钧、方崟运、徐鄂、殷崇光来。

十五日己卯(3月20日)

入直。派写燕郊行宫等处扁廿七面。经伯修丙寅、许景堂、豫咸、徐桂林、赵毓奎、王履贤、吴曾瀛观澜、赵景新、岑次黯、吴腾骧来。

十六日庚辰(3月21日) 春分子正初刻

入直。顾、黄会议仍另奏翁领衔。上谕:毋庸从祀。昨日事。唁廉生。答小峰及客。杜钟英、于式珍、胡浚、陶荣、赵昶、苏之纯、李家驹、杜彤、缪光笏、刘嘉琛、姜士寓、容藻芬、钟敬存来。清吉甫招,辞。

寅正入直,辰初先散,自寓起身。午初栅栏店轿夫尖。未刻到
燕郊。斗南同住,随带瑞隆、伦五常、彦秀、惠霖、德升俱来。南书
房太监来①。

十七日辛巳(3月22日)

巳入直。派写燕郊等对六件。候少荃。午刻到署。柳元俊、
李炳章、殷柏龄、刘笃敬、何寅清、王镜溪、黄泽森、王恩瀚、武延绪、
谭序初、子英来。送若鱼翅。

十八日壬午(3月23日)

入直。贺地山嫁女。昆到任。卯大风沙。李棠、胡千里良驹来。
己酉团拜,未去。

十九日癸未(3月24日)

入直。冷。吊申之。送序初联、幅、先集、蚕、桑、折稿。送赵
次珊同,并托带伟如信件。穆清舫特亨额放兖州,来见。梁湛泉、关
胜铭、王廷槐来。穆送对、屏、《正学》、《秋审》。朱仲我孔彰来,骏
声之子。岑春泽云阶,彦卿子,新举。斗南送椒酱、橙豉。答黄精。
送若农熊掌。

二十日甲申(3月25日)

入直。晤兰孙。送若椒酱。梁效成、韦佩琼、项同寿、张煦、招
翰昭、罗贞元、梁寿祺、邓礼贤、杨崇伊、柯逢时、子授来②。佘昌宇
道来,号澄甫。

二十一日乙酉(3月26日)

入直。贺莱山嫁女。工直日。石查、何维棣、王拱辰世愚侄、马

---

①本段出自《东陵日记》。本年二月十六、二十七日至三月初七、十一月十二至
十八日日记出自《东陵日记》,其与稿本同日日记有异的,另段附于稿本日记下。

②原稿本日上粘红签,记:"十八未来者尚四十二人。"

銮光、于钟霖来，带见。何达聪、王守训、王怀忱、秦化西保纯来。
王松畦送《中吴纪闻》、文登石。

二十二日丙戌（3 月 27 日）

入直。汤鼎烜甲戌庶，大庚县、仲韬、子元、韩启酉钦子、左廷麟、
唐烜、高拱桂、子英、张僖来，号韵舫，友山子。沙兆洽来。

二十三日丁亥（3 月 28 日）

入直。到署辰刻。督修派松寿、江槐庭。少荃相来。复培卿、
谊卿、鞠常信。刘同鹤俊升来。博野撤任已久。吕定子、子英来。
为若农木器托寿泉。陆馨吾来。

二十四日戊子（3 月 29 日）

入直。吊廉生，送幛、联、十两。乙酉团拜，未到。席二送序
初、曲园。仲韬、子英来。工加班。

二十五日己丑（3 月 30 日）

入直。子英来二百七十，西泉。小宇来一百十，高。发清卿信，拓
十三纸竟五、钵一、敦盖一、临菑四朱一、五铢范一、戈一、泥封一。张宗德
来，号少云，问畲之婿。

以下《东陵日记》。

二十七日（4 月 1 日）

上卯正起銮，未初到行宫。皇太后未刻到行宫。皆侍班。

二十八日（4 月 2 日）

上午刻到行宫。皇太后未正到行宫。皆侍班。申初行。戌初
到桃花寺。

二十九日（4 月 3 日）

上午初到行宫。皇太后未刻到行宫。即行。申正到隆福寺。
连日门帐均遇树南、少希、寿蘅、仲山、燕甫、恽次远、长乐初、赵粹

甫、裕寿田、钱馨伯。

三　月

初一日（4月4日）

上卯初启銮，辰正到行宫。皇太后巳正一到行宫。赏南书房蒲桃一篓。赏克什。

初二日（4月5日）

寅初到定东陵。上巳初行大飨礼，朝服。巳正礼毕，返隆福寺。上于酉初还宫。皇太后于酉刻还宫。

初三日（4月6日）

入直。门帐听事后即行。辰刻抵桃花寺。冷可穿裘，午热不可当，一棉已足，山中气候以阴晴为冷暖耳。

初四日（4月7日）

辰初上门。上卯初启銮，辰初到。皇太后巳刻到。不候起儿即行。未初到白涧。昨到桃花寺后了无一事，亦无人可谈，翻阅《古泉汇》竟日，乃知竹朋之陋，然已不易得。其所释桃字、韩字，俱是乘字。释梁字则余所释也。至充充，则与寿阴小布之寿字同。小布、铲布俱是地名，断无间文，以是知安臧文货□□之非。未正大雨。

初五日（4月8日）

上巳正刻、皇太后未刻到白涧行宫。即行。住夏店。赏南书房酱莴苣笋一瓶、酱茄一瓶、彩蛋半桶。

初六日（4月9日）

上卯初启銮，午正到烟郊行宫。皇太后申初到行宫。侍班后行。酉初进东关,抵通州李宅,晤八妹、外甥及老六。

初七日庚子(4 月 10 日)

丑刻行。雨不止。巳刻始到寓。

巳刻归。兰孙来,汪瑜伯来。

初八日辛丑(4 月 11 日)

入直。雨。斗南分校。承敦甫厚来。陈日翔来,台湾凤台人,张星锷之门人。工主陈增玉来江西,号吕如。朱琛来。子英、苏来。李仲若、王云清来。复伟如,交折差。

初九日壬寅(4 月 12 日)

入直。到署。管廷鹗士一、廷献士修来。子英来。百五十,产币直。苏来,还其一盂。于钟霖来。

初十日癸卯(4 月 13 日)

入直。直日。陆继德馨吾来。苏来。子英来百。

十一日甲辰(4 月 14 日)

入直。派写"般阳绥佑"扁。惇邸福晋上祭。答李菊圃。苏来,古器三,俱伪。阿克占来。

十二日乙巳(4 月 15 日)

入直。请安,看方。云阶、子英来。

十三日丙午(4 月 16 日)

入直。请安,看方。子英来四十,石斋卷。刘宗藩来。其弟乙酉举人。辛白来。

十四日丁未(4 月 17 日)

入直。请安,看方。热极。到署辰初。薛师十五六到任。答定子、辛白。于钟霖、花农来。蒋嘉霖来。祥瑸来。

十五日戊申(4 月 18 日)

入直。请安,看方。大风冷。巳初雨。童德中、吕定子来。子英来。

十六日己酉(4月19日)

入直。请安,看方。陶子方来。胡子英来。四十,临崙小权、文信泉。李士鉁来丙子覆试,癸未庶,嗣香。

十七日庚戌(4月20日)　谷雨午正初

入直。辰刻到署。答陶子方。子英来。

十八日辛亥(4月21日)

入直。值日。派查估河道,同敬信。李若农借《四欧碑》。瑞莆侯璋、李菊圃用清来。子英来。夜雨司员松寿、济善、小峰、伦程、志和、乐庵。

十九日壬子(4月22日)

入直。请安,看方。晤廉生。苏来。百七十,盉,付四两。子英来,还破壶、残戈、小币、倪画伪。发辛芝、瘦羊、鞠常信,交熙年。松崔龄来。李润均来。夜雨。

二十日癸丑(4月23日)

入直。朝房晤敬子斋。答云阶。贺徐小云招赘。吴荫培、王子献继香、袁渭渔宝璜来。庞鸿年、陈彦鹏、陈翼谋、阿克占、陈与同来。王诒善、潘誉征来。

二十一日甲寅(4月24日)

入直。请安,看方。引见时请安。李福、汪凤瀛来。杨聪、杨锐来。到署辰正二。邵小村、杨奎绥来。杨守敬来送八种。孙翰卿、宋光裕、邹福保、顾有梁、胡廷琛、张宗德来。子英来。四十。借仲若汉碑六、西泉倪字陈戈。

二十二日乙卯(4月25日)

同子斋查估西直、平则、西便、广安、右安门,未初归。屠寄、水宝煜、刘元辅来。苏来,伪敦一,还之。许子原、柳质卿、张清泰来。恩兴、子英来。林时甫维源来辞行。

二十三日丙辰(4月26日)

辰初到右安门官厅。子斋昨、今俱直日。辰正二同查永定、左安、广渠、东便、崇文、正阳、宣武门,未初归。韩镜孙送河豚白。西泉刻二印,润八两。子英来。

二十四日丁巳(4月27日)

卯初三抵朝阳门。同子斋查朝阳、东直、安定、德胜门,至松林闸止,已正归。得济之、竹年、振民、瘦羊、小雅信。复吴清卿,陈侯戈拓一、匋阳小币十三。

二十五日戊午(4月28日)

入直。看方。传心殿晤子斋。辰初到署。雨。刘倅婿来。

二十六日己未(4月29日)

入直。看方,请安。工部直日。答瑞莇侯。邵小村、尹子威来。

二十七日庚申(4月30日)

入直。请安,看方,第二方。再得运信,复。有薛抚民、冯培之、杨保彝、子英来。

二十八日辛酉(5月1日)

入直。请安,看方。看廉生。刘锡璋、张焕章、子英来。

二十九日壬戌(5月2日)

入直。请安,看方。到署辰正。

三十日癸亥(5月3日)

入直。上诣太庙,乾清门阶下请安。补服侍班,例也。御前惇邸、滢贝勒同。本日无方。王绍曾、陈贞、柳门、子英来。送仲若果子狸。答春崖。

四　月

癸巳朔甲子(5月4日)

入直。请安,看方。展如来。到署,遇清吉甫。运斋到京,遣人照料门上,即往送二席。发济、竹、辛、振、鞠信,彦侍信拓本九。发清卿信杞盖一、敦盖一、东西周丰货、古泉十二、铢一。

初二日乙丑(5月5日)　立夏亥正三

入直。到署。请安,看方。派复勘会试卷。答培之以振民件托寄。谊卿来。赠培之屏、对、物件并小峰信。文小坡、吴本斋卓臣、子英来。

初三日丙寅(5月6日)

入直。到署。请安,看方。发济之、培卿、景瞻、振民信。曲园、培之、子常、怡卿来。又振民书一包,交培之。

初四日丁卯(5月7日)

入直。直日。派查估天坛等处工程,同福珍亭。司员迈拉逊、中衡、江、张正�。邓蓉镜来。汪濠生、胡景桂、高钊中、刘卓杚怿平,春轩子来。

初五日戊辰(5月8日)

入直。看方。看廉生。陶子方来。

初六日己巳(5月9日)

入直。在奏事处阶上失跌。到署,议张折,昆、薛、徐到,以事不至清师。汪瑜伯来。未初小雨。

初七日庚午(5月10日)

夜雨达旦。仲午过礼,大媒仲田、熙年。若农来。

初八日辛未（5 月 11 日）

行至顺治门而归。柳门来。

初九日壬申（5 月 12 日）

入直。与针亭①。子斋面商查估。贺颂阁明日嫁女。

初十日癸酉（5 月 13 日）

入直。复奏闸坝工程一折，偕敬子斋。仲午巳正完姻，客来不备记。派盘查银库，睿、豫、肃、徐、麟、潘、奎、徐、薛、崇礼。

十一日甲戌（5 月 14 日）

入直。会亲吴氏桥梓、陆松生、柳门、仲山，仲山、松生俱辞，未正散。致清卿并济阴等四十八纸。

十二日乙亥（5 月 15 日）

入直。到署。直日。查库带联福、锡纶、崔国霖、何乃莹假。候吴、汪、廖，用大帖。

十三日丙子（5 月 16 日）

寅正起身。答谢惇邸。到署。行文礼部，侄尚志中式，磨勘阅卷，应否回避。辰正查库，四十万，午初散。晤兰荪。斗南来。荣坤芝田，军兵旧属来。江丽生来。瑜伯即日行。

十四日丁丑（5 月 17 日）

卯正二到署。辰正查库，只十万。分早晚班，早班午初散。发济之、辛芝、瘦羊、广安、嵩佺信。文恒荣、小坡来，以《功顺》、庄《疏证》、沈《石湖注》赠之。又寄嵩佺。尹次经来。

十五日戊寅（5 月 18 日）

卯正到署。辰正查库。席卿到。早班午初散。心存、曲园、锡

---

①"针亭"，日记又作"箴亭""珍亭"。

清、弼良来。吴树荼、易佩绅来。

十六日己卯(5月19日)

入直,查库。早班午初散。雨。运斋、何唐生来。

十七日庚辰(5月20日)

入直。派阅覆试卷。迈、江、张来。若农来。

十八日辛巳(5月21日) 小满午正初刻

入直。派散馆拟题。"王者之道如龙首"赋,以题为韵;"珠宫含饴"得"章"字。至礼部朝房,覆勘画奏稿,无应议。到署辰刻,查库,早班散。杨钱江、卢萩圃、陶浚宣来。鹿瀛理来。仲鲁、季直来。

十九日壬午(5月22日)

入直。派阅散馆卷。昆、奎、祁、李、徐、孙、沈、译、额、敬二本,七十八本,一等卅二名,二等四十二名,三等略。午初三散。佩蘅来。

二十日癸未(5月23日)

入直。派殿试读卷福、张、翁、潘、景、徐、廖、沈,事详《礼节日记》。

二十一日甲申(5月24日)

朝服行礼后住传心殿。

二十二日乙酉(5月25日)

阅卷及各处卷。

二十三日丙戌(5月26日)

定十本及黏签,交供事。

二十四日丁亥(5月27日)

进十本。巳初召见并带引见十名,即至阁填榜。子英来。

二十五日戊子(5月28日)

卯初二上御殿传胪,读卷官班外朝服行礼。状、榜、探归第,均未到。发南信济、竹、鞠、辛、葵生。巳初到署。锡清弼来横幅。邵硕甫、穆清舫、魏应枚丙之子来。

二十六日己丑(5 月 29 日)

到署。晤廉生。巳刻查库,毕,画稿。恩荣宴颁阁补服到。小畲来,住桥南。熙年、泉孙同住。发济、谱、三姊信。

二十七日庚寅(5 月 30 日)

入直。查库复命。皇太后赏蓝直径纱一匹、酱色实地纱一匹、银灰芝麻纱一匹、鸵色直径纱一匹、漳纱二件、葛布二件、帽纬二匣、折扇一柄、燕窝一匣。到署。兰孙不值,晤运斋。徐致靖来。兰孙来。

二十八日辛卯(5 月 31 日)

入直。工部直日。赏袍褂料、纱、葛、帽纬,引见时磕头。送廉生古匋三百纸。毕光祖枕梅、陈贞来。子英来。督修东便门下朝房,松、赵。

二十九日壬辰(6 月 1 日)

入直。派阅朝考卷徐、昆、麟、潘、祁、许、潘、李、徐、孙、廖、乌,申初散。送仲良书信,交濠生寄二姊信。①

五　月

甲午朔(6 月 2 日)

入直。到署。以庄书、沈注寄鞠常。纱、葛、研、扇、笺送寅臣

---

①原稿本页附纸,记三十人姓名:"吴郁生、汪朝模、徐琪、方恭钊、江澍畇、陈昌年、吴均金,顾肇熙、新,严玉森、陶见曾、蒋宝澄、张人骏、李文田、梁耀枢、吴树梅、汪鸣銮、王颂蔚、戴锡钧、王同愈、刘传福、江人镜、沈维鐕、费德保、朱潪、汪元庆、许玉瑑、彭福保、胡永昌、孙承鉴、心学。"

之子。席送运斋。严修、汪濠生、何世兄毓祥、子英来。沈曾桐来。缪佑孙、徐鄂、杨锐、赵之炯、曹再韩、运斋来。杨云清、华学澜、凤章、史悠咸乙酉、上官基来。

初二日甲午(6月3日)

入直。晤兰孙。赵展如来。苏连来三日,皆伪物,还之。送展如扇、对、书。复竞如。送沈子培、子封《庄证》《范注》。送再同二沈书。又送廉生《高伯足集》四分。冯煦、柳门来。复王苻五横幅。

初三日乙未(6月4日)

入直。派写大沽口海神、菩萨、天后扁底。辰初到署。陈日翔来,送以家刻,并送张星锷。恽炳孙来。复彦侍送庄、沈书。兰孙送烟,答以琴峰画册。陆寿门送纸,答以席。

初四日丙申(6月5日)

入直。辰初到署。得杜绍唐信。

初五日丁酉(6月6日)　　芒种寅初三刻

入直。答东垣横幅。

初六日戊戌(6月7日)

辰初同福箴亭率司员查估天坛等处工程,巳正归。

初七日己亥(6月8日)

入直。直日。丁未张之万、徐宋杰树钦、李培佑请乐春园,辞之。许子原、梁权智益谦教习、刘应熊广东琼州,杜绍唐门生,言语不通、魏应辰[①]丙之子,与以驾航信,并寄近刻书、陆寿门来。换麻地纱。

初八日庚子(6月9日)

入直。卯正二到署。晤兰孙。六点钟雨。子英、程乐庵志和、

①前作"魏应枚"。

尹次经来。

初九日辛丑（6月10日）

入直。答善厚斋、立豫甫，贺萩圃漕督。运斋来。程、阿克占来。酉刻大雷雨。

初十日壬寅（6月11日）

入直。到署。巳初小峰方到。风。晤廉生。傅哲生来。寄怂斋信。卓臣来读。迈新甫来。目风吹红瘴。

十一日癸卯（6月12日）

未入直。经伯写折。莲塘处上祭。函致廉生，告以目瘴。

十二日甲辰（6月13日）

请假，赏十日。存斋寄《石林奏议》，即复，并庄、沈、《东古文存》。运斋来。

十三日乙巳（6月14日）

曾挚民、傅哲生送席。

十四日丙午（6月15日）

兰孙、胡、苏来。复仲饴送以庄、沈、《东古》。阴。

十五日丁未（6月16日）

苏来鼎百十两。寄振、辛寿字，榴官书件。交熙年、泉孙。

十六日戊申（6月17日）

苏来酬以五两。柳门取于氏书去。运斋来。得济、竹、辛、麐初六信，即复。

十七日己酉（6月18日）

换亮纱袍褂。花农、叔平来。热。

十八日庚戌（6月19日）

斗南、若农来。热。喑菊常信。

十九日辛亥(6月20日)

风。中、江、张来迈已放。子英来。

二十日壬子(6月21日)　夏至二十日戌正二

派查估沟渠,同敬信司员松征诚、启梁、李润均、张叔煐、王瓘。次经来。山东马姓来,尹荐。

二十一日癸丑(6月22日)

江丽生来。松崔龄来。寄廉生信并拓三百一。

二十二日甲寅(6月23日)

斗南、兰荪、赵寅臣、联福、那益三、刘盛芸、曾挚民来。运斋来。尹彦钺子威左仪来。许子原来。子英来。托曾挚民带伟信、《寒香馆帖》、庄、沈、《东古》《古泉话》。

二十三日乙卯(6月24日)

销假,请安。直日。晤兰孙。送曾扇、对、鼻烟。熙年、泉孙南归。庄钟济、叶在琦、冯芳泽、罗光烈、承德、蔡金台、王荫槐、贺沅、渠纶阁、黄绍曾来。周荟生、汪柳门来,荐程蒲孙孝廉炳铦于柳门。

二十四日丙辰(6月25日)

入直。到署。葛振元、张星吉、阔普通武、盛沅、杨森、李端桀、徐受廉、荣庆、瑞洵、吴庆坻、陈昌绅、梅汝鼎、高熙喆、刘学谦、朱延熙、姚丙然、吴鸿甲、连捷、马芳田、周承光分发主事、郑祖焕散、董宝诚、张南浦、张树德丁丑誊录,浙、余赞年、李焕尧、孙综源、沈曾桐、黄子寿、福箴亭、徐世昌、杨天霖、韩培森、陈通声、江希曾、刘云彤年侄、鹿瀛理、刘玉珂、刘安科、王新桢、姜自驹、孔宪教来。胡来。夜雨。

二十五日丁巳(6月26日)

入直。答子寿、南浦。石镜潢朝考一等、王廷相、柯劭忞、林仰崧，李子荣、茂，倪继恒、林鉴中、张燮堂、尹殿飏、彭述、陈志喆、华学澜、凌芬、孙锡第来。胡来。夜雨。

二十六日戊午（6月27日）

冒雨入直。到署。子英来付百十两，二敦。

二十七日己未（6月28日）

入直。换万丝帽。伟如信，曾交来。于齐庆、卞绪昌拔、高觐昌、丁良翰、刘樾仲、秦树声新工部、宋滋兰来。

二十八日庚申（6月29日）

入直。到署。雨。程蒲孙秉铦、恭振奎来。复苻五，送团扇。亚陶、李襄廷经藩、沈维善、宋育仁、心存来。送心存八两。

二十九日辛酉（6月30日）

入直。请皇太后安，看方前五日无起。发济、竹、辛、鞠信寄还熙泉家信。杨福臻癸未、格呼铿额、刘启襄、江德宣工、王荣先来。为眉生诗作序，寄其子庆猷。

三十日壬戌（7月1日）

入直。请安，看方。到署。李玮堂、刘自然、刘果礼、张元奇来。于书定议，柳手△。

六　月

乙未朔癸亥（7月2日）

直日。陈厚德秩卿子、周爱谀、钟大椿、回长廉来。

初二日甲子（7月3日）

入直。工部偕少云、小云考试保送军机。《唐宋枢密使同不同论》送八人，王彦威、马步元、继昌、张正煦、胡德铨、何乃莹、周暕、霄翔。谢崇基来。许子原、张钧铁斋侄孙,宗德之侄,浙拔来。夜雨。

初三日乙丑(7月4日)

入直。请安,看方。晨小雨。何维栋唐生之兄送《颐素轩印存》。柳门六百欠一来。徐敏中来。叶大琛工主来。

初四日丙寅(7月5日)

入直。请安,看方。到署。晤兰孙。张树德来。复济之、竹年、广安、振民信,又熙年、泉孙。

初五日丁卯(7月6日)

入直。请安,看方。贺运斋移居。运来。还柳门一器,全清。

初六日戊辰(7月7日) 小暑未正一刻

入直。派阅卷,偕福箴亭、麟芷庵、薛云阶、徐寿蘅,辰正入闱,午刻俱到。内监试达崇阿仲升、李士琨次瑶。晤专司稽查奎星斋。到时查察大臣昆、钱尚未到。雨。礼司员那桂、瑞珽、魁麟、李世璜、赵庆舫、李浚送席四千。雨竟日。同人乞书扇。发南信,济、辛、振、麟生、彦侍拓本十四纸。委员王恩爵。

初七日己巳(7月8日)

辰刻查察大臣送书籍,跪接寿文写刻一分。"辞达而已矣",赋得"荷香雨过天"天。印一千八百张,印至申初三毕。亥三送题,补服实进。一千八百张。其法,五张一折角,五十张一束。放题纸亦省事。

初八日庚午(7月9日)

安折二分折一件,恭缴御章、书籍。出题处四书贴黄签。未初发安折。酉刻进卷,直、江西、湖南各廿五本。夜直百、江四十、湖二十。次早直廿五、湖卅二、江廿四、八旗廿六本。夜雨达旦。由监试分省。

初九日辛未(7月10日) 雨殊,风

巳正余分三百廿七本。安折回。阅直、江、湖卷毕。再阅八旗

卷毕。晨甚凉,午后热。同人彼此来谈。

初十日壬申(7月11日)　晨阴

复阅各卷。夜子刻,雷雨。云丈川二卷,余处江西二卷。以文论名士也。

十一日癸酉(7月12日)

饬吏粘签、填名次。诸公午亦阅毕。云丈尚未粘签。子初大风雷雨。

十二日甲戌(7月13日)　晨凉

入,进呈卷箱,三等卷不包,交礼部。箴亭招午饭。看覆命折、夹片、等第单,恭呈御览。委员王恩爵行奖励,拔委一次。书吏六名行文奖励。有安折。是日包各卷,午初毕归。

十三日乙亥(7月14日)

辰初钱、昆二公进内,即交卷箱,出闱。陈容叔来。运斋来。容叔送《经苑》、椒山十二幅。

十四日丙子(7月15日)

入直。递安折、覆命折,又列衔礼王等公折,恩亲政后仍训政,又醇折,又伯等折。福面商查估五坛一折,明日奏。到署。柳门来,送柳门礼十六行。

十五日丁丑(7月16日)

入直。偕福箴亭奏查估天坛等处一折。送柳门行。晤兰荪。夜大雷雨,达旦。殷还浦来,托寄伟如信,银镶椰杯一匣、麓拓、画书四种;又省三信,《功顺》及闱墨。

十六日戊寅(7月17日)

入直。辰初至内,阅画再恳训政稿。到署与小峰面商缮司去年十月马德春、王恒起通永木植免税事,司员记过。掌印三音布已去任。拔贡兰维烜、董系和来。王裕宸、余坤、高焕然、顾缉廷来。子英来煦堂小币百。

十七日己卯(7月18日)

入直。直日。晤兰孙。许子原来。仲韬、严子犹良勋、李华年、易子猷来。送黄子寿《功顺》及各书。

十八日庚辰(7月19日)

入直。礼王等公恳训政折。又醇王一折。又锡珍等，又润△等。洗象。辰正又大雨。藻热异常。答仲韬。雨时作时止。子英来百，煦刀币清。大雷电，雨至子时止。徐望之来号仲池,沈藻卿之姻。

十九日辛巳(7月20日)

入直。雨。晤兰孙。芷庵、寿蘅、云阶招廿日庆和堂,辞之。

二十日壬午(7月21日)

入直。得鞠常信。花农、次经、陈兆葵、运斋来。寄廉生拓本百十三纸。

二十一日癸未(7月22日)

入直。寄济之、竹年、瘦羊庄《疏证》、辛芝,内复鞠常、振民信,交小畲明日行,又三姊信。檀浦、子英来。夜小雨。

二十二日甲申(7月23日)　　大暑辰初三

入直。到署。晤兰孙。答檀浦。小畲南归。松寿、承厚、启绍来。

二十三日乙酉(7月24日)

入直。到署。复伟如,交天顺祥。夏慎大、段书云来。陆继辉、陈厚德来。卢震、高廷修、祝惟培、周儒臣、雅宾来。

二十四日丙戌(7月25日)

入直。大公所醇邸、枢廷、户、工议筹办铜斤加炉鼓铸,午初散。孙子授、少云、莱山各以差未到。复廉生拓本十八纸。阴雨通夜不止。

二十五日丁亥(7 月 26 日)

宁寿宫听戏。大雨竟日。辰初二入座,申初三刻散。罗胎帽。作济、竹、振、辛、广安信。住壶天。大雨连宵。

二十六日戊子(7 月 27 日)

辰初三入座。上御乾清宫受贺,雨檐下行礼,蟒袍、补褂、罗胎帽。递如意,赏还。宁寿宫听戏三十二刻,申正散。工部田司启绍、锡等来,回事。寄廉生信。赏如意、袍褂料、帽纬、花瓶、手烟、洋漆盘、荷包八件。雨时作甚大,仍住壶天。

二十七日己丑(7 月 28 日)

入直。徐、梁、吴不到。直日。因前二日推班,明日亦推班。住壶天。启、锡二君来,木税及闸坝事。发南信。

二十八日庚寅(7 月 29 日)　　中伏

入直。同直一人未到。金鳌遇斗南。何奏虎、吴文坦、林景贤、王彦威。

二十九日辛卯(7 月 30 日)

入直。上诣太庙,乾清门侍班,回班雨湿衣冠,罗胎帽、蟒袍、补褂。上万丝冠,御前亦万丝。张濂维来。竟日雨。陈浏、袁玉锡来。田星五来。贺辉玉、范泽廉、赵寅臣来。

七　月

丙申朔壬辰(7 月 31 日)

入直。访兰孙不值。卫时勷静澜侄,副来。欧阳柄荣、李华年、韩景琦、胡可愿来。卞绪昌来。董系和来。唐彝藩、岑春泽、宫子行来。

初二日癸巳(8月1日)

入直。到署。晤兰孙。寄廉生泉币、刀拓十五纸。兰孙借观椒山十二幅。勒深之、孙点来。徐森、夏书绅、章光国来。丁惟禔、惟晋来。

初三日甲午(8月2日)

入直。辰刻偕子斋查估皇城右左翼沟渠、地面,午正散。陈萱荫、黄秉湘、甘大璋、迈拉逊、单启藩、胡裕培、孙子授、姚茂坤子维锦,拔、尹次经、陈方鉴、沈允章、毛绳武来。复南信。

初四日乙未(8月3日)

入直。遇子斋,略谈。到署。田星五、卢咸颀来。寄窊斋拓本十五纸。

初五日丙申(8月4日)

入直。子斋面定奏稿。送伯兮、荟生邵徐钟拓,伯兮鼎拓、泉拓五十一纸。又寄窊斋拓三纸。派写"牵牛河鼓天贵星君""天孙织女福德星君"神牌。贾裕师、陈吴萃、吴庭芝、王曾礼米。李棠、张云、廖玉墀来。

初六日丁酉(8月5日)

入直。赏燕窝。到署,遇清、徐。庆元、倪度、胡远灿、陈霖、王之桢、徐承焜、徐垚麟、倪锡庚、郭昭、暴箭云、焦锡龄、王钧、千祺、贾纶龢、鲍增彦、姚炳熊、孙凤藻、程佑孙来。孙宝琦来。江肇丰、徐宗溥、祁晋晫、戴式尊、陈庆荣来。

初七日戊戌(8月6日)

入直。直日。又木税一片。陆笃斋学源、董玉卿、吴增仅、党述、沈锡龄、叶振遬、陈寿昌、朱益藩、汪嘉棠、段书云、高焕然、刘其伟、张树萁、高蔚桢、曾鉴、张家照、龚世清、葛嗣棻、侯鉴涵、陈廷鉴来。李春浦、贺柏寿来。张砚秋、李廷飔来。侯维鹏来。

初八日己亥（8月7日）

入直,到署。覆奏沟渠厢白、正蓝缓办一折,旨依议。昨戌刻大雷雨。送隽丞、迈新甫、奉叔、彰岐、子孟对、扇、屏。梁经伯、陈澍霖、张履喆、李梦莲、张文澜、耿葆清、童光海、姚惟寅、叶扬俊、王树鼎、雷补同、陈廷炘、邓莲裳、毕恩溥、孙诒绩、朱勋来。子英来付四十。

初九日庚子（8月8日）　立秋子正初。末伏

入直。晤兰孙。陈庆萱、松寿来。子英来十二。周锡光、谢鉴礼、周文桢、许福桢、吴鸿宾、张寿祺、卜永春来。送容叔南园、祁文端朱拓及家刻。

初十日辛丑（8月9日）

入直。在内画户部会奏稿铜政。寄廉生拓本剑、瓦四、瓮一。严子猷良勋来乞对。田智枚、罗邦彦、薛鸿先、申辚、何安行、陆寿臣庶、张奎汉、吴海、李广年、王桂林来。王元之号伯恭,父莲棠,泗州人来,送诗文。省旃属来见。兰维煊来。酉正二刻雨。丑正又雨。

十一日壬寅（8月10日）

入直。到署。陈容叔、许子原、杜秉寅、尹兆麟、王泽霦、扈于高、曹垣、李清芬、刘汉、靳琦来。凌福添、周易、谢汝钦、伍亮寅、萧开启、夏同彝、叶意深、段友颜来。周绍暄、邹兆麟、赵之蔺、卞绪昌、谢维阶、谢霖来。曹穗来。

十二日癸卯（8月11日）

入直。画户部收龙折片。戈炳琦、寅臣、李菊圃、子英来。方

子听索十钟又七拓去。王炜来。

十三日甲辰(8月12日)

入直。到署。商应璧癸酉副、徐花农乞题"竹汀消夏""吉光萃羽"、曹竹铭来。赵世骏、王浚中、王安中、尤大镇来。函致昆小峰。张润来。丑刻雨。

十四日乙巳(8月13日)

入直。醇王等会奏泉法,旨依议。到传心殿,晤昆、乌、徐,同到署。撤恩溥、馥桂主稿,调司。藻热。何现璋丁丑、香山,武、李有琨、叶承祖、周之济、陈正源、张世麟、宫兆甲、裘祖谔小华子、启承斋绍,调水司、子英来刀四,直各十。夜大雨。送方子听拓廿八纸。

十五日丙午(8月14日)

入直。卯正上诣奉先殿,随事蓝袍。工部直日侍班昆注清假。晤兰孙。巳午间大雨。再为子听拓廿六纸。得济、辛、麟、小畬信,即复,十六发。子原来。夜大雨。

十六日丁未(8月15日)

大雨如注,行至半途而返。复王元之,送以家刻。复方子听,送坝、师遽方尊拓。寄仲饴内若农字,交兰孙。

十七日戊申(8月16日)　　大雨

未入直。复方子听。陈隽丞来辞行。运来。午后甡。

十八日己酉(8月17日)

入直。乘舆到署。拔贡团拜,廿三才盛,辞。刘成杰来。

十九日庚戌(8月18日)

入直。上幸北海,传办事,后至廿四。为子听索古匋拓书"缀遗斋"孙惠蔚语。齐语浚、李士珍、窦居恒、赵诒书工部,新县。何现璋以其弟纶章事求,申饬之。王伯恭、胡子英、杨崇光即同颖来。夜马号墙倒,毙一伤二。

二十日辛亥(8月19日)

入直。雨。内阁画上尊徽号稿。为子听拓古匋三百五纸。大雨竟日。水司在内请点,派主稿、帮稿李润均、赵尔震、曾鸿才、王豫修、许佑身。通夜雨。

二十一日壬子(8月20日)

以雨未入直。送子听卤四十纸,答以拓廿纸。细雨竟日。陈兆葵来。送隽丞席。

二十二日癸丑(8月21日)

未入直。送子听卤四十纸。容叔辞行,送以袍褂、纱料、雨缨。王虎卿来。

二十三日甲寅(8月22日)

入直夜雨。程乐庵、宫子行来。

二十四日乙卯(8月23日)　处暑未正一

入直。送子行对、家刻、磁器、锡器,送朗斋椒山十二帧,交子行。徐开钦、运斋来。

二十五日丙辰(8月24日)

入直。复李朗辰信,并寄还苏邻诗稿。陈庆祖来号小田,新选松滋,己酉之子。启绍、那谦来看奏稿及癸未料估所稿请三万。送盛伯兮、周荟生齐镈拓前则邿钟、沇儿钟。子英来。

二十六日丁巳(8月25日)

入直。小雨。辰初到署。梁旭培、刘植卿来。

二十七日戊午(8月26日)

入直。卜永春、王守训、德泰放惠潮嘉道,刑属吏、陈廷炘、宜子望、文淖、邹兆麟、赵之蔺来。小宇交铲币五十。

二十八日己未(8 月 27 日)

入直。辰初到署。子原来。夏慎大、袁玉锡、曹善臻覆试未取、阿克占来。夜雨。

二十九日庚申(8 月 28 日)

入直。雨。晤兰孙。雨竟日。

八 月

丁酉朔辛酉(8 月 29 日)

入直。初五日上徽号。内阁会议来知德。得济、辛、麟、振、三姊信，即复。沈允章、蒋楷、曹景郿、毕光祖、孙治绩、商廷修来。刘应熊、施启宇、千祺、韩荫荣来。运来。

初二日壬戌(8 月 30 日)

入直。直日。奏催金砖二尺方，一千六、二千五，依议。韩鄂田荫棣来。李士芬①、窦居恒、李焕尧、王小宇二百五十，五十铲来。余赞年、子英来。

初三日癸亥(8 月 31 日)

入直。卯正到署。卫时勷、姚丙然来。送荟生孟鼎拓。缪佑孙、董系和来。送荟生卣廿八、鼎一、盉一、尊一、戈一、杞敦一。前代香涛送荔。徐承焜、夏书绅来。送兰、运荔。

初四日甲子(9 月 1 日)

入直。雨。辰初到署。周之济来。余诚格、李振鹏、沈维善、钮家焕来。李菊圃来。徐宗溥来。

---

① 前文作"李士珍""李士鉁"。

初五日乙丑（9月2日）

入直。请上徽号公折。张星吉来。吴庆坻、荣坤来号芝田，军兵属吏。华学澜来。运来面交伟如五十。于钟霖来。宋育仁、龚世清、周承光、高熙喆来。

初六日丙寅（9月3日）

入直，晤廉生。到署，遇少云。罗光烈、倪锡庚、李有琨来。送廉生汉石滕县出土拓，唐石拓一，又产拓五十五。送仲若汉、唐拓各一，马氏《志》。恭邸送《萃锦吟》。送兰蒸食四合。

初七日丁卯（9月4日）

入直。派题皇太后御笔兰八幅、菊四幅。送荟生卤拓全，又廿九纸罤、盉、匜、盘。李子荣、李子茂、邓莲裳、段友颜、萧开启来。王裕宸来。

初八日戊辰（9月5日）

入直。到署。派写啤嘞埠关帝庙"如日中天"扁。送荟生九纸。孙综源来。徐子静来。邹福保、周荟生、叶承祖、党述、刘樾仲、齐功成来。

初九日己巳（9月6日）

入直。晤兰孙、陈吴萃、方子听。派复核朝审。运来。

初十日庚午（9月7日）

入直。上诣奉先殿，工直日，内左门外侍班。王安中、景厚、刘卓杖、徐受廉、尤大镇、赵寅臣、吴炳来。赏帽纬一匣、蓝缎一匹、绛色缎一、驼色二、石青二、蓝片金缎一、紫片金缎一。

十一日辛未（9月8日）　白露丑正二

入直。到署。李士鉁、窦居恒、冯煦来。送荟生钟拓三、敦十五，子听钟三。闻南屏病故，即往看仲田。史悠咸来。

十二日壬申(9月9日)

入直。开发内廷节赏。许子元、赵仲莹、孙蕴苓来。寄伟如石庵字并信,交仲莹。卢聘卿初次、戴式藩来。

十三日癸酉(9月10日)

入直。到署。晤廉生。送子听敦拓十五,荟生医、簠、盦十八纸。汪范卿来。李青士慕来,昨助以六十千。送廉生小币拓百纸。花农来。刘恩霖来壬子年侄,云南卿堂弟。得济、竹、麟生、泉孙、三姊信,即复,并寄辛芝。子英来八十。

十四日甲戌(9月11日)

入直。命作荷花墨莲诗廿首。陈六笙璥、花农来。运来。

十五日乙亥(9月12日)

入直。赏瓜、果、饼,派写善福寺扁。贺运。子英来廿。

十六日丙子(9月13日)

入直。壶天遇兰孙。送子听斝、盉、般、匜拓。送荟生方尊二,壶、觯、瓿拓。程乐庵来。

十七日丁丑(9月14日)

入直。午到署。宜子望、成竹铭来。

十八日戊寅(9月15日)

入直。直日。晤兰孙。徐宝晋来。赵寅臣、丁惟晋、许涵敬分发山东来。

十九日己卯(9月16日)

入直。晤廉生,遇伯熙。赵寅臣、刘卓枙来。夜风雨。

二十日庚辰(9月17日)

入直。内阁会议《会典事例》折,会奏驳来知德从祀折。雨。晤廉生。巳正馀到署。雨竟日。李宪之来。

二十一日辛巳（9月18日）

入直。答宪之、六笙。眉伯行寄。

二十二日壬午（9月19日）

入直。命作竹、石、墨竹廿首。振民江料八骏壶。壶天晤兰孙。叔平来谈。花农来。湖南通判赵长纶小溪来，为米咸庚寄信。覆勘朝审折，复命。

二十三日癸未（9月20日）

入直。题皇太后御笔兰一幅、菊三幅。雨。到署午正。发济、竹、辛、振信。运来。席卿送冬笋。

二十四日甲申（9月21日）

入直。送周荟生敦拓、鼎拓全分。送伯兮拓全分，与荟生同，但无卤。

二十五日乙酉（9月22日）

入直。辰正到署，取则例馆所编《事例》十九本极薄，嘉庆至道光止。丁立干来。刘谨丞瑞祺来。交小字十四两，叔美画《秋山试茗》。李振鹏来。寄仲饴《古文疏证》《石湖诗注》，交廉生。刘雅宾来。

二十六日丙戌（9月23日）

入直。晤廉生。直日。送荟生、伯兮甗、角、爵拓全分。送子听甗、角、爵五十五纸。崇地山来。孙凤藻来。

二十七日丁亥（9月24日）

入直。晤兰孙。

二十八日戊子（9月25日）

入直。天安门外朝审班，午正二散。

二十九日己丑（9月26日）

入直。天安门朝审班，巳正散。到署。送伯兮卤拓八十纸。

送荟生豆、觯、瓠、罍、鬲拓卅七纸，送子听卅六纸，同荟。送端木子柔、祁子禾《滂喜丛书》各一。方子听来。

三十日庚寅（9月27日）

入直。晤兰孙，送伯兮豆、觯、瓠、罍、鬲拓卅七纸。得济、辛、磨、振信。子英、永保来。午后风。

九　月

戊戌朔辛卯（9月28日）

入直。贺吴雨轩、颂阁、孙燮臣喜事，曼生六旬。送荟生钟一、鼎五、敦十、盉一、卫壶、斧二拓本。送伯熙拓本，钟一、铎二、鼎三、敦十、尊一、壶一、盉一、鼎十九、斝一、盘一、方尊一、尊二。壶天遇兰孙、佩卿。张苣堂来。永宝来即墨、安阳四字齐，共廿枚。陈六笙来，所赠面却之。

初二日壬辰（9月29日）

入直。吊赵粹甫、彭南屏。送方子听，答张苣堂。永宝来刘。子英来卅。张督叔俨来。

初三日癸巳（9月30日）

入直。晤廉生，长谈至午初。到署。永宝来。

初四日甲午（10月1日）

入直。直日，督修松寿、王瑾。派题皇太后荷花四幅、菊二幅。永宝来百卅。江丽生、王廉生来。子英来。

初五日己未（10月2日）

入直。龚颖生携一卣来，"且戊"二字，索直千金，即还之。徐庆安来，号月波，苏令，丁丑教习。

初六日丙申（10 月 3 日）

入直。晤廉生长谈。午初到署。复张季直并卢萩圃，交张叔俨詧。子英来。

初七日丁酉（10 月 4 日）

入直。上欠安，请安，看方。张叔俨辞行。雨昨夜雨。南屏开吊。王伯恭来。李宪之来。子英来。

初八日戊戌（10 月 5 日）

入直。派题皇太后兰四幅、菊一幅，又绢幅一，臣款。发济、竹、麟、辛、谱、振、泉信，彦侍信六朝二石。子英来。石二，六十，付五十。初九云五十已可。玉双来广东道。

初九日己亥（10 月 6 日）

入直。派写顺德九龙神庙扁"人和年丰"。午初到署。食壶天。访廉生。子英来。

初十日庚子（10 月 7 日）

入直。派题皇太后兰花八幅。壶天遇佩卿。启绍、志靖、海康、夏玉瑚、田其年来。送廉生尊拓一伯一荟。寄香涛《功顺》，无信。寄柳门拓二，交田星五。

十一日辛丑（10 月 8 日）　　寒露酉初三

入直。壶天饭。晤廉生。午初到署。星五来。得陆存斋信。子英来。齐功成来，为题如琼女史花卉册首卷，首其妇也。

十二日壬寅（10 月 9 日）

入直。直日。派题皇太后画兰四幅。佩蘅招廿二日以期服辞。贺子授、朗斋两家婚嫁。晤兰孙。为李宪之题《摘椿采苊图》二绝句。《续考古图》送廉生、伯熙、若农。伯熙送一石。若农送蚝豉。子英来尊，百卅，清讫。

十三日癸卯(10月10日)

入直。风。派题皇太后兰四幅、菊一幅。得振民信。省斿来。毛绳武来。运来。

十四日甲辰(10月11日)

入直。派题皇太后画兰四幅。《续考古图》送若农、伯兮、廉生。午初到署。壶天饭,晤廉生。善星垣来。煜辉来拔,贵州知县。省斿假三百,告以无有。

十五日乙巳(10月12日)

入直。贺培卿子讷士完姻,函件交运。送伯兮、荟生拓本,尊一、杠头一。小字送中勤盘拓本。送莆卿《续考古图》。王仁斋瑞麟来,山东道,壬子同年北堂之子。欧阳衔来。

十六日丙午(10月13日)

入直。派题皇太后画菊三幅。得济之、麟生信,即复十八发。丹初七十,到门投刺。荟生未刻来报去世。晤兰孙。王荫槐来。子英来。陈庆祉来季之子,松滋县。

十七日丁未(10月14日)

入直。壶天饭。晤廉生。到署。送韩耀曾入学礼,纸、墨、笔、研、袍褂、印石、《思补笔记》。得鞠常信九月十八葬,送以绋敬卅元,托培卿。又广安信。张安圃丁忧。孙慕韩来,《丛书》二分,一分送蓉生。韩耀曾来,号伯彭。吴卓臣、王伯恭来。王忠荫来。发济、麟、叶、广安、振民信。

十八日戊申(10月15日)

入直。派写建昌城隍庙"龙山保障"扁。吊周荟生、张安圃。徐出闱。张芑堂来。李荆南方豫来,执贽,却之,放黄州守。张子彝端本来。朱益藩来辞行。子英来。

十九日己酉（10 月 16 日）

入直。壶天饭。晤佩蘅，辞廿二日招。晤廉生。巳正到署。雨。送苣堂对、屏、书三种。

二十日庚戌（10 月 17 日）

入直。派题皇太后画荷一幅、菊二幅。晤兰孙。江丽生来。天坛等处覆估，添派启绍、景星、赵尔震、王瓘。子授来。

二十一日辛亥（10 月 18 日）

入直。大雾。送黄仲弢拓百四十七纸。徐宝晋来。永宝刘来毕姬鬲、元板《欧阳》。送乌绍云眼药。送崇地山对、屏。子英来十两。刘谨丞来，送对、屏、书。

二十二日壬子（10 月 19 日）

入直。壶天饭。为锡厚庵作序。晤廉生，借青蚓《岁星图》。大风骤冷。换夹衬衫。永宝刘来。

二十三日癸丑（10 月 20 日）

入直。上幸北海看箭，十六起，本日止。兰孙借青蚓画。阴冷。兰孙送看李复堂画册。若农借去《安南志略》《辍耕录》二部一原本、一毛本。复陆存斋又魏、齐二石拓本。

二十四日甲寅（10 月 21 日）

入直。派题皇太后画菊二件。仲弢作《丰字考》，送仲弢敦拓四十九纸。壶天饭，晤廉生。午初到署。王小宇来，以崔青蚓《岁星》属钩刻。送成竹铭屏、对、书三。答谢运斋、斗南。杨凤梧来。陈厚德来。换羊皮冠黑绒领银鼠一套。

二十五日乙卯（10 月 22 日）

入直。壶天与兰孙长谈。阴冷。若农送翅子鹌鹑羹。吴乃斌来薇客之孙。子英来。得伟如八月廿日信。复伟如，交沈子敦。

二十六日丙辰（10 月 23 日）　　霜降戌正

入直。阴雨。永宝刘来。邓小赤来。华凤章来。中衡、启绍、江丽生来。

二十七日丁巳（10 月 24 日）

入直。派题皇太后画兰四幅、菊一幅。壶天饭，寿蘅来。晤廉生。巳正到署。花农来。

二十八日戊午（10 月 25 日）

入直。阴雨。晤兰孙。发济之、竹年、辛芝、广安、振民信。得朗斋信。宝森堂送来《唐六典》明板。永宝刘来。换灰鼠褂黑袖头。

二十九日己未（10 月 26 日）

入直。上出乾清门，补服侍班。派题皇太后画菊上诗堂四幅。派题皇太后画钟馗上“来欢致福”四字、光绪十二年九月二十九日御笔字一行，又七绝五首。陆费煦号子石，老八之子，曾官教谕来。得济之、竹年、三姊信，即复，明日发，并泉孙、广安信。竹年女适广安子，十月十九日喜事。又振民、辛芝信。永宝刘来。宝森来。

十　月

己亥朔庚申（10 月 27 日）　　夜雨达旦

冒雨入直。坤宁宫吃肉，卯正二刻，共三十五人，绍祺未到。恩承、奎润武殿试。派题皇太后画钟馗一幅一轴题二诗，又三诗，臣款。雨至未正犹未止。

初二日辛酉（10 月 28 日）

入直。壶天少坐。巳正到署。奉上谕：潘着充会典馆副总裁。

钦此。正额、阎、恩、张，副锡、翁、延、乌、麟。运来。

初三日壬戌（10 月 29 日）

入直。公折谢恩内阁具。派题皇太后菊四幅。永宝来，以荐若农。送仲弢邰钟、齐镈拓本。晤兰孙。杨锦江来乙酉连捷，县。成竹铭来辞行。子英来。得张承燮信。

初四日癸亥（10 月 30 日）

入直。引见时碰头谢恩同乌达峰。还王小宇钱竹汀篆对。永宝刘来。汪范卿来。黄仲弢来。胡子英来①。

初五日甲子（10 月 31 日）

入直。上御太和殿，朝服谢恩。壶天同清卿饭。晤廉生。到署，送清卿一品锅。永宝刘来。子英来。

初六日乙丑（11 月 1 日）

入直。派题皇太后画菊二幅。皇太后赏袍褂六、帽纬一。本部加班奏事。

初七日丙寅（11 月 2 日）

入直。派题皇太后画钟馗一轴二幅诗二首，一"福自天来"，二"天中纪瑞""鸿福开云"。汪太夫人八旬冥诞，清卿、谊卿、崔巢、范卿、董彦和、徐花农、方勉甫、戴毅夫、王莘卿、杜四世兄、陶竟如、刘雅宾、彭仲田、蒋迪甫俱来。

初八日丁卯（11 月 3 日）

入直。派写上海捐赈公所扁"心存济物"。壶天为兰孙写窗心十六幅。晤廉生。答谢清卿、谊卿、莘卿、江澍畇、蒋迪甫、花农、毅夫。午初到署。复吴培卿界石浜坟丁螟蛉养息酌赏钱文事。永

---

①原稿本页夹二小纸。其一记："杞伯敦、姑冯句鑃、晋公盦。"其二记："送毛少爷银廿五两。"

宝刘来四两,离。送若农熊掌二对。王伯恭来。

初九日戊辰(11月4日)

入直。派题皇太后菊一幅、兰四幅。皇太后赏菊一幅、兰四幅、袍缎四、锦二。世锡之信,托仲韬,即作函。窭斋来,借姑冯句鑺拓本一轴去。邬纯暇来。胡子英来。

初十日己巳(11月5日)

入直。慈宁门行礼,递如意,赏还。小雨。拟南斋公谢折,若农写、工部递廉兴。永宝刘来。斗南来。方燕昭来,子贞之孙,养性之子,捐道江苏。

十一日庚午(11月6日)

入直。公折谢恩。壶天饭,为兰孙书格眼廿九纸。晤廉孙。午初到署。得济之、瘦羊、泉孙信,即复函。致辛之、广安。胡子英来。锡之交到香稻石坛,又广安、鞠常信,复广安。

十二日辛未(11月7日) 立冬戊正初刻七分

入直。晤兰孙。仲若送鹌鹑、蚝豉,答以汉画象拓本。送世锡之席、酒票各一。永宝刘来。振民寄到笺五百张,即复。发南信。鹿乔笙来。

十三日壬申(11月8日)

入直。贺吴太亲母生日。晤窭斋、运斋、卓臣。晨阴小雨。子英来。卢咸顼来。夜雨达旦。永宝来四十。

十四日癸酉(11月9日)

入直。壶天饭。晤廉生。巳刻到署。细雨竟日。

十五日甲戌(11月10日)

入直。为兰孙题文勤册观款。送仲谡拓本百五十六纸。送廉生新拓本五纸。永宝来。陈次亮炽来。

十六日乙亥(11 月 11 日)

入直。至天坛待珍亭,至午初以不来告,冒雨而归。邓小赤来。

十七日丙子(11 月 12 日)

入直。徐蕙生、吴卓臣来。蓉生来。子英来。得陈嵩佺信,茶壶、茶杯。

十八日丁丑(11 月 13 日)

入直。派题皇太后指画菊、兰二幅,十日指画于延春阁十思堂之南窗。各三诗,命全忠代书,以荫目疾不能作细楷也。壶天饭。候六舟,晤廉生,已刻到署。岑春荣、运斋来。祝袁廷彦母寿。

十九日戊寅(11 月 14 日)

入直。晤兰孙。林万涛乙酉来,赴唐景崧馆,送《笔记》《洗冤》《全生》,并送唐一分。得陈骏生信,云十一月月初来。子英来廿两,半盒之半直。宝森来。

二十日己卯(11 月 15 日)

入直。派题皇太后画菊一幅。引见时碰头谢恩,前赏画。若农借《鬼谷子》江都秦刻。永宝来。还鼎一、敦一,皆煦堂物,真而不精,字俱蚀。

二十一日庚辰(11 月 16 日)

未入直,续估天坛,未正始归。珍亭及立豫甫欲留饭,辞之。得毛子静信,由六舟来,六舟来未直。宝森、子英来。

二十二日辛巳(11 月 17 日)

入直。风。派题皇太后画菊一幅、兰四幅。壶天饭,晤廉生。已正到署。子英来。永宝来。

二十三日壬午(11 月 18 日)

入直。派题皇太后画菊一幅、兰四幅。送仲戣方尊十三纸、壶

拓廿三纸。伦梦臣来。仲午生日，陶民甥来。得小畬信，云三姊病
甚重。子英来。

二十四日癸未（11月19日）

入直。派写甘肃平凉城隍扁"仁敷鳞得"。派题皇太后画兰
四幅。壶天饭。晤廉生。已刻到署。贺子禾孙完姻。得济之、广
安、振民、琴兄信，即复，廿五发。宝森、永宝来。

二十五日甲申（11月20日）

入直。工直日。派题皇太后画兰四幅、画院画洋蝴蝶一幅。
火药局奏验火药，派善庆、色楞额，定廿七已刻查验。八额驸在假内，
管局者只一人到。伦梦臣来，给团牌查局。永宝来，奓鬲索百七十
两，面斥之而去。沈中复遣增盛木敞送大卓二个来，当即付直七十
二千，并送汉画象、六朝石、董帖拓本各一。宝森来，《读史管见》
《百段锦》《广成集》还之。

二十六日乙酉（11月21日）

入直。派写天坛斋宫十一言对："克践厥猷，聪听祖考之彝训；
无斁康事，先知稼穑之艰难。"派题皇太后画兰四幅。送六舟屏、
对、《全生》、《洗冤》、《笔记》。宜子望同。晤兰孙。王松溪寄专拓，
复谢，交廉生。子英来三破石，刘二者。兰孙借《梅花草堂笔谈》《人
记海》二书。缮司主事倪士林送礼六色，却之。得仲饴信，并《律
例通》及酱菜，又丁少山唐石经《周易》。

二十七日丙戌（11月22日）　　小雪酉初初刻

未入直，到火药局定巳刻。送三姊奠分卅元。发济之、小畬
信。复仲饴，《滂喜》二部、《石林奏议》二部、《陶堂遗集》二部、庄
书、《范注》一部、六朝石拓二、造象拓二、唐志一、董帖一，交其家
人。子英来造象二、唐石一。

二十八日丁亥（11月23日）

入直。派写苏州城隍"崇台巩护"、长洲"茂苑垂慈"、元和"绣壤敷仁"、吴"胥山永固"扁。壶天饭。晤廉生。巳正到署。花农来。王小宇刻好崔青蚓《岁星图》。仲田四十，送袍褂、烛、酒。樊恭煦来。王元之、岑春泽来。子英来。

二十九日戊子（11月24日）

入直。永宝来《杜集》六十，刘须溪点、黄鹤注；奢敦百五十五。兰孙借《在园杂志》。永宝又来《杜集》、奢敦。火药局看折。天坛查估看折。王彦威来。

三十日己丑（11月25日）

入直。火药局奏办火药。偕箴亭奏天坛查估工程。珍亭至懋勤殿来谈。晤兰孙。以节赏屏、对各三百卅付托张蔚增工主，广东人交斗南。送若农明钞一纸。子英来。兰孙送黄花鱼四尾。

十一月

庚子朔庚寅（11月26日）

入直。徐道焜来。复陆存斋拓本百四十七纸，交陆学源。复毛子静拓本卅八纸，交天成亨。陈六舟来。永宝刘来。汪范卿来。兰孙送蒸食。小宇送书"瑶菊斋"额。

初二日辛卯（11月27日）

入直。壶天饭。晤廉生。到署午初。傅云龙懋元来，索《潆喜丛书》，又"纂喜庐"额。宜子望、端午桥来。

初三日壬辰（11月28日）

入直。送若农《杨秋室集》二本。清卿来，以专拓四十纸去。

永宝来。花农同欧阳鸿济来,号平叔。子英来,付六十,二造象、一唐志、"来府君"连额。

初四日癸巳(11月29日)

入直。壶天饭。巳正到署。端方具呈辞山东差委。清卿请训。在内晤遇伯夔。晤廉生。送清卿大理石一方、木器一筒及袍褂、食物等共十包。永宝刘来,付百两票,尚欠百五十五两。运斋、梁巨川济来。为黄仲弢《宁寿古鉴》稿本题签。前门始开行。

初五日甲午(11月30日)

入直。许隺巢来。还清卿山农拓又第二函,送虢钟拓。陈骏生自汳来。永宝来。

初六日乙未(12月1日)

入直。饯清卿,同坐者子千、谊卿、骏生、仲午、廉生,午正散。若农送《明稗类钞》来,即还。颂阁送《传奇汇考》看。得廿六南信,明日复。

初七日丙申(12月2日)

入直。派题皇太后画菊二幅、兰四幅。送欧阳平叔屏、联、《潆喜》、《思补》、《全生》。壶天饭。晤廉生,送爵、瓠拓。巳止到署。发南信,济之、竹年、瘦羊、辛芝、广安、眉伯。润古至壶天,一凫尊伪,一敦无字,还之。茹古以叔心室尊彝残器来,直四十八两,一矛头八两。王伯恭来辞行。胡景桂、许子元来,以《潆喜》一部交胡景桂送定州王氏。以《笔记》《全生》《洗冤》送胡景桂。夜雪。闻世锡之去世。

初八日丁酉(12月3日)

入直。送清卿行。晤兰孙。得伟如信。欧阳平叔来辞行。清卿来辞行。子英来。还若农《宝翰堂藏书考》一函。还颂阁《传奇备考》。王伯恭札知清卿未与同行，即赠卅金。

初九日戊戌（12月4日）

入直。派题皇太后画菊一幅。送伯希《滂喜》一部，存成均。送胡景桂月舫《滂喜》《功顺》各一部，属转交定州王灏号文泉，其侄延绂廪贡，工屯田员外。沈楚卿廷杞来。骏生到，即被窝，送以廿金。

初十日己亥（12月5日）

入直。派题皇太后荷二幅、兰四幅。壶天饭。内阁画徽号稿。晤廉生。巳刻到署。伦梦臣来。得李福沂信。

十一日庚子（12月6日）

入直。工部直日。晤兰孙。大风。廷用宾来，放承德守。永宝刘来。付六十，欠一百五两。茹古来。一破器四十八两，一戈八两，付二十两。司务沈成来。中衡、江丽生来。

十二日辛丑（12月7日）　大雪午正初刻六分

入直。大风。冷。具折请训。派题皇太后画菊四幅。《传奇备考》四本还颂阁。在内晤子斋。伦梦臣以高慎德呈来。王延绂来，号青友，文泉之侄。子英来。付足百两，全清。李荆南来辞行。程乐庵来，复奏桥梁闸坝一折，看奏底。

以下《东陵日记》。

十二日（12月7日）

请训。同行司员松寿、伦五常、征厚、梁有常。昭西陵神厨东库一座五间，景陵皇贵妃园寝西配殿五间，定陵东西朝房二座十间，端悯公主园寝西朝房一座三间。同派敬子斋礼侍。

十三日（12月8日）

辰初行。午初食栅栏店。申正宿夏店，计八十里。渡箭杆河，半时许，草桥未成也。住大兴店。

十四日(12月9日)

寅初启行。辰正尖段家岭,即行四十五里邦均。未正三刻抵濠门,廿五里。沿途潢潦甚多。住邓万和店。

《途中口占》

今年两度桃花寺,无数群山亦有村。路远忽逢樵子问,顺风相送到濠门。

十五日(12月10日)

卯刻行。辰初过隆福寺。巳正到真武庙,拜承办事务衙门载迁、荣毓。至马兰镇,拜英介臣总镇廉。

十六日(12月11日)

寅刻昭西陵大红门外谒陵。行装膝地。昭西陵神厨等处收工。出西峰口,辰刻尖濠门。午初过蓟州。未初过邦均。遇叔平于白涧之东,立谈片刻。住段家岭。

十七日(12月12日)

寅正起身。辰刻尖夏店。未刻抵通州,寓天井胡同李宅,晤八妹、菊人、子森。

十八日丁未(12月13日)

寅初起身。巳正一入城。

巳正二刻归寓。程乐庵以南西门外桥座工程折来看。子英、永宝刘姓来。得张丹叔信。汪柳门寄到红木器,由粤海交到。伦梦臣来。画行查估大臣稿。程乐庵、那谦来。得南信。

十九日戊申(12月14日) 大风,冷

兰孙来。永宝刘姓来。发南信,济、竹、振、辛四函,又复硕庭、熙年、泉孙。许子元来。

二十日己酉(12月15日)

送子斋雉兔、蜜益母膏。送若农蜜膏。蒋实英伯华来,骏生妹

婿。李润均来。梁航雪、吴卓臣来。运斋、子斋、子英来。施小山
来。廿四同乡谢恩。

二十一日庚戌（12 月 16 日）

复命派题皇太后画兰八幅，派题研海四字二分，又诗二首。召
见于东暖阁。到署。清卿来。劼刚来。

二十二日辛亥（12 月 17 日）

入直。派写平谷县"瑞屏昭佑"扁。写年差，祥喜字四十件。
吊世锡之。答劼刚、窊斋。晤兰孙。伟如寄《红崖碑》，即复。交
折差。花农、王伯恭、宜子望来。永宝刘来。沈楚卿来辞行。崇文
阁来。《周书》价五十金，尚未付。方汝翙①来。子英来，以《红崖》
交装。

二十三日壬子（12 月 18 日）

入直。派写陕西太白庙"威宣招矩"四字，又写年差福字四十
件。永宝刘来，携大栅栏一鼎、一敦，索五十两。以磁州拓本全分
送若农。吴炳和来，号协甫，乞书对及名刺。陆寿门送纸及夏布。
梁航雪辞行，送以拓十七纸及驾航信，又崔青蚓画拓，又赠航雪十
金。茹古送来三代吉金一匣，内阿武戈、汉铎、宋公左阳幼衣斧及
汉钩，黄小松、翁覃溪所题，皆伪也，即还之。岑春泽来。王同愈
来。蔡宝善来，麟洲之孙。

二十四日癸丑（12 月 19 日）

入直。同乡谢恩，偕叔平、颂阁乾清门叩头。年差恭代上进皇
太后福、寿、龙等件。壶天饭。晤廉生。午初到署。候小村。廉生
处见宋板刘元起十九字十行《后汉书》、明初本《元史》。亚陶来。

---

①后文有"方汝绍"。

永宝来，昨件议价不成，还之。又以鼎拓来，直二百。永宝又来。

二十五日甲寅（12月20日）

入直。写年差毕。晤兰孙。明日上诣斋宫，卯正二刻阅祝版，第一次南郊大祀。吴燮臣住寓中，并招李、梁小酌。子英、永宝来。恽彦琦次远来。熊登第芙青来，乞写其父献县殉难对。豫东屏来。

二十六日乙卯（12月21日）

上诣天坛，卯初二刻，宿斋宫，蟒袍、补褂。午正一刻，侍班。瑞德堂翁、孙、徐、李、梁、吴同饭，银四两。晨同梁、李、吴同去。永宝以鼎来。纸，二两。方燕昭来。梦臣来。

二十七日丙辰（12月22日）　冬至卯初二

入直。蟒去，朝回不侍班。工直班。派题皇太后画四幅。送荣公、迁公、英介臣总镇，交敬子斋初一带去，以答其食物也。敬子斋东陵收工，月朔请训。程乐庵来。永宝来，其鼎还之。得王益吾信。韩景琦来，南和拔贡。子英来。

二十八日丁巳（12月23日）

入直。壶天饭。晤廉生。午初到署。张仲模楷来，新放汾州府。送清卿对、幅礼六色，貂领袖、漆器、燕菜。方佑民对、屏、书三种，豫东屏对、屏、《功顺堂》，张仲模对、幅、书三种。谊卿送日本鲍鱼。永宝来。雷其蔚来，号质卿，西圃之子三，其兄台北府。顾芹来，台州拔贡，号楚英。邵小村来，送以席。子英来。

二十九日戊午（12月24日）

率司员征、伦、程，又承修之、中衡，至右安门之石桥、莲花池之坝，又各处水簸箕收工。送子斋联幅。送小村联、屏、《湝喜》。送福少农润联、屏、书三种。以日本鲜鳆送若农、斗南各二瓶。永宝、茹古来。海缬廷来。

十二月

辛丑朔己未(12月25日)

入直。派恭代皇上御笔开笔，福字四方。派题皇太后画菊花四幅。答海缳廷鼻烟、口麻、山查糕。寄济之信，交清卿寄。子斋今日请训。迁公号俭斋。荣公号养之，名颐。英总镇名廉，号介臣。子英来，千秋万岁残瓦四枚。梦臣来，复带记名。又志彭、许仲韬钤身来。陈景墀来。文邦从来。清卿来。

初二日庚申(12月26日)

入直。壶天饭。午初到署。晤廉生。江苏全省在安徽馆，苏府在长元吴馆，请清卿写，不克到。傅云龙懋元、张端本子彝来。申后风，宜有冷意，连日本太暖也。熊登第之父海珊，名存瀚，祠堂对昨已写好，付之。本日递年差。吴燮臣覆带京察记名，今日有引见碰头。工部记志彭、伦五常，不记溥善、征厚。

初三日辛酉(12月27日)

入直。赏袍褂料各一。晤兰孙。风少觉冷。吴清卿本日请训，在内晤之。吴燮臣、陆寿门、高文翰、王遵文来。崇文阁来，送来《桂洲集》、《救急良方》、△△、《新论》，俱明本，还之。

初四日壬戌(12月28日)

入直。同乡谢恩，翁未行礼。招清卿、谊卿。隆禹门面求拓本，许以来年。清卿赠全形拓本四幅。子英来。

初五日癸亥(12月29日)

入直。卯正上诣奉先殿，出内右门磕头谢恩。派题皇太后画兰四幅。壶天饭。巳刻礼部朝房覆勘各省学政试卷。到署。送清卿行。永宝来。鼎付一百两,欠五十两。茹古来。一爵冉字,索八十金。缪小山来,送《顺天志》八套,正始、咸亨造像拓本各一分。子英来,还高文翰诗一部。

初六日甲子(12月30日)

入直。工直日。送李小轩廷箫对、幅、书三种,现归德府,其子乙酉副榜。送仲韬对、屏、书三种,交子元。许子元来,赠以一联、春卿一幅。清卿来辞行,手赠旧料宝烧红烟壶一枚。茹古斋。又还廿两,尚欠十两。又一铲币五两。派宝泉局工程,同景善,随带司员中衡伯权、景星月汀、启绍承斋、程志和乐庵、赵尔震铁珊、许佑身子原,木厂恒顺高慎德、聚丰种永顺。监修笔政德升、惠霖。

初七日乙丑(12月31日)

入直。覆勘各省试卷,覆命,赏耿饼。中衡伯权来。子英、王延绂来,送王文泉所刻书八套号青友。

初八日丙寅(1887年1月1日)

入直。壶天饭。午初到署。传心殿见景福庭。晤廉生。得朱少愚信。永宝来。付五十两。送仲饴朱拓《岁星图》,即复其寄《郭有道碑》、猴头蘑,交其家人。卓臣来。缉庭来。得德小峰信。

初九日丁卯(1月2日)

入直。冷。送王文泉屏对、"平为福"扁、《岁星图》朱拓。王青友联幅。送敬子斋二菜、二点。为张允勤再写"留耕堂"扁交廉生。送胡月舫景桂联幅、"平为福"扁。卯正二上诣大高殿祈雪。阿克占来。子斋送点心四匣。夜大风,大冷。

初十日戊辰(1月3日)

入直。偕子斋奏闸坝收工折。寄仲饴对、屏、幅。又若农对,交其家人赵姓。许子元来。子英来。运斋来。延树南子续弦,送礼未去。

十一日己巳(1月4日)

入直。派题皇太后画菊四幅。壶天饭。晤廉生。润古送卤至壶天一字。午初到署。启绪、周暳递说议黄河，见来文。醇王、军机、户、工大公所会议河事，见来文。十四日外国拜年。宝泉局十五午刻开工。永宝来。赏燕窝。王松溪寄乌鱼穗。

十二日庚午(1月5日)　　小寒亥刻二刻九分

入直。大风冷。晤兰孙。运斋为张度、朱涵等振册捐四十千。赵尔震来。绍秋皋夫人，送以幛，未去。

十三日辛未(1月6日)

入直。磕头谢恩赏。壶天饭。润古至壶天。午初到署，遇徐小云。杨士燮、周暳延请赵尔震，各有说帖。十四日外国拜年，行文注感冒。陆寿门来辞行。志蔼云之孙毓麟来告廿三迎妆。送陆寿门点心四匣。送毓麟果席票、酒票。

十四日壬申(1月7日)

入直。工部直日。派题皇太后画兰四幅。派内仓工程，司员溥善、征厚、那谦。江槐庭、梁有常、李润均木敞恒顺高慎德来见，同茂李逢源、溥善、征厚来。外国拜年，未到以感冒行文。复胡辑五，送以对、幅。吴卓臣来。发南信，济之、竹年、辛芝、振民、泉孙信□云十六行。得叶贯卿信，未复。王壬秋来。润古斋来卤五十五两，全清。永宝来。得沈守廉信，未复，徐小云处来。江丽生来。

十五日癸酉(1月8日)

入直。派题皇太后画菊四幅。懋勤殿吃肉。大公所醇邸、军机、户、工同议河务，未初散。徐小云、清吉甫、景福庭、二孙未到。宝泉开工，未能去。子英、陈伯双来。得张沆清、林启信。江丽生、李慕来。

十六日甲戌(1月9日)

入直。工加班。派写山东益都"福佑云门"四字,派写御笔底子"璇闱集庆""万方介寿寿无量,两度书春春倍长"。赏福寿字,引见时磕头。壶天饭。晤廉生。午初到署。朱其焯来,丁丑教习,原名敏修。夜子正大雪。汪朝模送花四盆。

十七日乙亥(1月10日)

冒雪入直。巳初雪犹未止。廉生送茶花一盆,遣人挑担往取。闻陆凤石本生外丁忧。含英送花八盆。得岱东信,即复,赠联幅、《石林奏议》、《陶堂诗》、《范注》、《庄证》。得济之、瘦羊信,十一月廿三所发。世杰送蟒袍、螺钿、对、笔、墨、酒、画泉。得马东垣信,赠以联、幅。雪至申未止。

十八日丙子(1月11日)

入直。大雾。皇太后赏福寿朱拓、御笔钟馗。壶天饭。巳刻到署。永宝来。付五十两。张瑞本来。十五日验放,补郎中。自十九至廿三日,上幸北海。子英来,以赏件交裱。得王锡九梦龄信,送联幅。

十九日丁丑(1月12日)

入直。工部加班。赏袍褂料、帽纬。卯初二上诣大高殿谢雪。巳初上幸北海,出神武门,磕头谢恩。巳正皇太后出神武门,磕头谢恩。酉初熙麟来。江丽生来。张尧农来。豫东屏来。得邓蓉镜莲裳信。王青及〔友〕延绥来,并文泉书《平播》《明史纪事》二部,索去《广阳》《唐本》。运斋来。阴,小雪时作时止。

二十日戊寅(1月13日)

入直。封印未去,小云去。内仓开工未去。耀年请假五日。巳

正散时雪又作。贺运斋五旬,先二日往贺。晤兰孙。写江小云清
骥寿对,庚子年伯江丽生之父也。子英来。付四十,爵欠十两,瓦器六
件,欠十两。卓臣来,送阅振济勤捐信稿。欧阳衔来。

二十一日己卯(1月14日)

入直。派恭代御笔龙字一方、虎字一方。壶天饭。晤廉生。
巳初到署。大风甚冷。送若农肚鸡鳆一盘、熏鱼一盘。得合肥信。
成月坪信。廿四俄国拜年,行文云感冒。花农来。茹古来。缪小
山来。得李维诚信。得颂臣信。得王作孚信、裕禄信。

二十二日庚辰(1月15日)

入直。派管理沟渠河道。工加班,议复黄河分流会奏。翁邸
送火锅,四菜二点,即送朱曼伯。总办,松、溥、启、伦、江、程,添赵
亮熙。监修,彦秀、隆保、钱良。监督,中、阿、志、张、王、许,添景星、梁
有常。茹古来。付廿两,全清。得李希莲信。以案上姜所送蒸食四
合送兰孙。启绍来。

二十三日辛巳(1月16日)

入直。甚冷。晤兰孙。张蔚增代书联、屏,润敬卅两,交斗南。
经伯润敬五十两,今年端节、中秋俱未送,且写信不及十函,信亦均
未答也。李金镛来,号秋亭,吉林知府。张仲模、朱曼伯来。赏黄
米糖。熙麟来。永宝来。济阴一,二两。崇文阁来。付五十两,尾三
两。运斋、斗南来。斗南放山东。送李秋亭对、幅。

二十四日壬午(1月17日)

入直。赏大卷八个、貂皮十张。答贺斗南。送仲华、芷庵、昆
小峰节礼,并答肃邸。中伯权、江丽生来。子英来。五十两裱价。
陈骏生送花四盆。蒋伯华送花八盆。运斋送花二盆。许子原送花
四盆。得豫东屏信。笔政智龄来。得莲新甫信,并乞书对二付。

益珍斋来。付四十两,欠廿馀两。送蒋伯华联、幅、食物。胡翔林来,得云楣信。

二十五日癸未（1月18日）

入直。阴冷。送立豫甫山节礼。恒顺送花八盆。李秋亭来,送以书三种。仲田送牡丹、碧桃四盆。吴载勖求助,以廿两,梅梁之孙也。若农以曹庭杰《东北边防要略》来看,即还。得李殿麟、邵小村信。送若农节礼。

二十六日甲申（1月19日）

入直。冷。送德静山节礼。晤兰孙。许子原来,并以方方壶、唐六如、王雅宜手卷来看。王介艇廉来,新放凤颍泗六道,送以《洗冤》《全生》《思补》三种。仲华送节礼,答以联八言、七言及屏四幅。松鹤龄寿来。病甫愈,来见。王赓荣来,新选广西浔州府。德静山寿来,新放浙运使。银六两,料黄烟壶直,还太监黄元庆。尊一,字模糊,还子英,索直四十两,还以十六金。崔国霖来,号春江,辛未安徽。李莼客礼四色。吴均金礼四色。冯开勋送银鱼等物。

二十七日乙酉（1月20日）

丑刻祀神。入直。开发内廷节赏。赏貂皮、荷包、手巾。同乡谢恩,翁、钱、廖未到。壶天饭。已正到署。兰孙送窝窝头、薄饼、银鱼,又为锡之代刘毅斋乞书对。送敬子斋礼四色、《岁星图》一幅。亚陶来。仲韬来。得济之、辛之、振民、眉伯信,柳门、杨菽芳信。

二十八日丙戌（1月21日）

入直。派卯正恭代御笔,福神、贵神、喜神、财神之神位,及本年本月本日本时至德尊神五分。辰初上至中和殿阅祝板、蟒袍、补褂侍班,若农貂褂来,属换之。回时磕头谢荷包赏。至壶天,开发银票廿四两二纸一十六两,一八两。子斋送节礼。盛伯熙送牡丹、梅花各四盆,答以食物四色。答花农四色、《岁星图》一幅。答亚陶四色。汪范卿食物四色。得程小泉信,答以对、幅。顾缉廷食物四色。张燮臣送酒二坛。宝森来,付十六两。得许仙屏信。子授以所书《心经》属代交进。

二十九日丁亥(1月22日)

入直。上诣太庙,始亲行礼,不侍班。派拟九言对,切钟馗者。何润甫乃莹来,送《岁朝图》一幅,其女所画。徐花农来,送以大衍。得毛凤清,即荐与顾缉廷。运斋、李小轩来。得振青、朗斋、胡芸台信。永宝来。杨苏拉来,交付五十四名赏项。姚枰甫送果四。赏狍、鹿等领到,赏荷包大小领到。李莼客答礼四色。

三十日戊子(1月23日)

入直。赏龙字。上御保和殿,出乾清门时貂褂、蟒袍,谢荷包赏、龙字赏。不站,回班。阁未到。答运斋。贺兰孙元旦生日。陈少希信。胡子英一品锅。永宝来。付四十两、欠卅三两。送骏生十二金。复朗斋信,送以香光手卷。运斋、斗南来。祀灶、祀祖先。益珍四十两全清。

光绪十三年（1887）丁亥①

正　月

壬寅朔己丑（1月24日）

子正入内，前门关帝庙拈香。辰初三慈宁门行礼。辰正三太和殿行礼。懋勤殿开笔，递如意，赏还。诣惇、恭、醇。午正三刻归。若农送鼻烟，以吴闰生菜四色答之。阴而不冷。

初二日庚寅（1月25日）

入直。壶天饭，临帖三幅。辰正三到署。军机处送席。

初三日辛卯（1月26日）

入直。发信，济、竹、辛、麟、振。赵寅臣来。

初四日壬辰（1月27日）

入直。游汇东来。送运席。

初五日癸巳（1月28日）

入直。大雾，有雾淞。派拟四川西充等处扁七面。晤兰孙。复柳门，交运斋。函致清卿。申初雪，入夜未止。中伯权来。

---

①封面有："晚甡轩"、"喜"二枚、"吉祥喜语"、"丁亥"二枚、"宝菊斋"、"如愿"三枚、"说心堂"、"千载一时"、"日报平安福"、"出吉入和"、"报国在年丰"、"红蝠书堂"印及一满文印。

初六日甲午(1 月 29 日)

入直。雪止而未晴。派写"南岷昭佑""绥边锡福"扁二面。派拟四川新津等处扁五面。德静山送鹿尾等四色。仲饴寄果子狸、松腿。子英来。

初七日乙未(1 月 30 日)

入直。派写"威振西川"扁。派题皇太后御笔画菊四幅。上诣太和殿看祝版,乾清门侍班,补褂。仲午拜年。复卫之、二姊信,交汪范卿寄。复仲饴,交公柜盐店,内拓本八纸。

初八日丙申(1 月 31 日)

入直。派题皇太后御笔画兰四幅。壶天饭。晤廉生。巳正到署。安徽九卿团拜,分廿吊,以疾辞之。子元来。许仲韬、王伯恭来。

初九日丁酉(2 月 1 日)

入直。都察院团拜,未去。送昆小峰太夫人七旬晋六幛、对、烛、酒。子英来。

初十日戊戌(2 月 2 日)

入直。总理衙门外国会晤,未去。晤兰孙。工部加班奏事。卓臣来。得王忠荫荩臣信。子英来,以二水绢直幅来,看"翠阁丹楼不计重"绝句,索十二金,暂留。

十一日己亥(2 月 3 日)

入直。懋勤殿跪春,发下春帖子赏。运斋来。

十二日庚子(2 月 4 日)　　立春巳刻

卯初二祝版。午初上诣祈谷坛、斋宫,侍班,蟒袍、补褂、染貂帽。瑞德堂,颂阁东,未刻散,同翁、孙、二南斋四人。马东垣来。

十三日辛丑(2 月 5 日)

入直。壶天饭。派拟山西洪洞等处扁。辰正二到署看折。明日加班。斗南来。晚招谊卿、子千、桎甫、伯华、骏生、卓臣同饮，借桎甫厨。得丁介帆信。

十四日壬寅（2月6日）

入直。派写"惠普西河"扁，赏元宵。晤兰孙。杨蕲芳、胡子英来。

十五日癸卯（2月7日）

入直。皇上亲政。辰初二慈宁门行礼。巳初太和殿行礼，俱朝服。午初保和殿侍宴，蟒袍、补褂、染貂帽，子禾同坐。到家未初。晚约运斋、卓臣、子千、经伯、骏生小酌。恩诏各加一级，十七日由内阁公折陈谢。

十六日甲辰（2月8日）

入直。壶天饭。午正赐廷臣宴。乾清宫先碰头，门槛内谢加级恩，即磕头入座。东边额、恩、福、锡、乌、麟、昆、绍、祺，西边伯、阎、张、徐、翁、毕、许、潘。赏如意、蟒袍、磁瓶、袍褂、鼻烟，并撤膳以赐。是日酉初月食。得丁芥帆、李次青信。

十七日乙巳（2月9日）

入直。内阁办公折谢加级恩。上于本日幸南北海，至廿日止。大风冷。得南十二月廿日信。

十八日丙午（2月10日）

入直。风冷。祝昆小峰大空栋鄂太夫人寿，同颂阁俱到。安徽馆团拜十九日，辞之。复济、竹、广安、辛芝、瘦羊、硕庭、熙年、泉孙、振民、眉伯。

十九日丁未（2月11日）

入直。同颂阁、若农、燮臣公饯斗南，用桎甫厨，午正散。

二十日戊申（2月12日）

入直。上召见于东暖阁。晤兰孙。大风。换染貂帽、白风毛裓。工部廿六请,辞之中衡、松寿、溥善、那谦、志彭、启绍、征厚、诚镇、阿克占。黄花农来,送以对、屏、席。

二十一日己酉(2月13日)

入直。花农送伊祖爱庐行述、诗集并鱼翅、香肠等食物。杨渭春士燮来。刘培送熊掌。

二十二日庚戌(2月14日)

入直。壶天饭。巳初到署。候豹岑。王壬秋索书扁曰"紫琅玡馆",对曰"连苔上砌无穷绿,王母桃花千遍红",即书之。又乞叔平书。刘樾仲来。卓臣来。张竹辰来。

二十三日辛亥(2月15日)

入直。答竹晨,送斗南。招兰孙饮,有柽甫、骏生陪。午刻徐花农来。斗南来,属赠张蔚增子高对、幅各一,去年冬写赏对者也。杨渭春来,为王伯恭筹家用,四十金属渭春交。子英来。

二十四日壬子(2月16日)

入直。晤兰孙。何寿南来。何云裳荣阶,得御史,丁丑来。小宇送武梁祠拓本。王伯恭来。运斋、秋樵来。得仲良信。

二十五日癸丑(2月17日)

入直。派拟天津等处扁。晤廉生,遇朱澄。壶天饭。午初到署。豹岑来。得子仲信。

二十六日甲寅(2月18日)

入直。派写"百流归德"扁。工部奏随扈,派乌。吴卓臣、许子元来。子英来。

二十七日乙卯(2月19日)

入直。工部直日。晤兰孙。遇筠庵,即送筠庵明日行。江丽生来。得伟如信并雄精杯,即复。得济之、振民、陶民初六信,即复,明日发。

二十八日丙辰(2月20日)

入直。派写善果寺扁。晤廉生。到署。午初樊恭煦来。

二十九日丁巳(2月21日)

入直。派恭题皇太后画兰四幅。徐花农来。

三十日戊午(2月22日)

入直。徐念馥来,号桂芬,新斋丈之铭之孙。崔国霖来。宜子望来。江丽生来。

二　月①

癸卯朔己未(2月23日)

入直。坤宁宫吃肉,卯正二刻。招伯兮、廉生、仲弢、再同、砚秋来看书并骏生,申刻散。

初二日庚申(2月24日)

入直。派写赏劻贝勒五十"宗潢受佑"扁。壶天饭。午初到署。雷其蔚来。王壬秋来。中伯权、张尧农来。胡子英来。

初三日辛酉(2月25日)

入直。长元吴馆祭文昌。大雪。同兰孙招豹岑及柽甫,庖人则李、姚二家共为之,颇佳。徐亚陶来。午后雪止。闻内中云,昨酉初东方天关。

初四日壬戌(2月26日)

入直。命拟怀仁县等处扁。午初到署。壶天饭。晤廉生。冯

---

①二月初六至十五日,潘祖荫随扈赴西陵,留有《西陵日记》,现将日记内容,另起一段附于各日后。

开勋来，其子冯国琛，滁州吏目。运斋来。

初五日癸亥（2月27日）

入直。工部直日。兰维垣来，为其姊李兰氏节烈乞文。

初六日甲子（2月28日）

入直。西陵行宫扁、对、贴落等共八百馀件。廖炳柜来，号紫垣，教席，乾州判文恪孙，父铭勋。胡月舫来。得驾航信。盛伯熙借去《铜琴铁笛斋瞿氏书目》。

派出随扈兼查道。

卯正自寓起身。巳初到长新店。午初到黄新庄。芍农同行。晤青丈、小山、星叔、莱山。

初七日乙丑（3月1日）

入直。派题皇太后御笔画兰一幅二首。壶天饭。晤廉生。巳初到署。胡子英来。得张祥答信，庚午优，敦煌县。

午正上至行宫，申初皇太后至行宫，侍班。申正行。亥正半壁店，督李、藩松送席，以后日日送。

初八日丙寅（3月2日）

入直。祝运斋夫人寿。阴有雪意。卓臣来。子英来。运斋来。夜大雪。子授出内庭。

午正二上到行宫。申刻皇太后到行宫。

初九日丁卯（3月3日）

入直。递西陵扁、对、奏片。辰初上诣中和殿看社稷坛祝版，补褂侍班。壶天饭。辰初雪止，夜大雪。巳初到署。晤兰孙。梁有常、钱骏祥来。冯开勋及伊子国琛来，付以关山信。

午刻上至行宫。未正皇太后至行宫。申正抵梁各庄。

初十日戊辰（3月4日）

入直。大雪寅刻起，巳正未止，未初仍未止。函寄清卿，交谊

卿。得济之、竹年、振民、泉孙廿二信，即复。又广安、辛芝。胡子
英来。

辰刻上门。巳初上至行宫。午正皇太后至行宫。邹振岳、刘
树棠、恩良、合肥、松峻峰、叔平、燮臣、颂阁来。

十一日己巳（3月5日）

入直。辰初一上至中和殿阅文昌祝版，补服侍班。派写善缘
寺、广灵寺扁。派写黄新庄秋澜等处三十馀四。松鹤龄、若农、陆
蔚庭来。胡子英、兰维垣来。程乐庵来。

上寅正二、皇太后卯初二起銮谒陵，例不侍班。上午刻、皇太
后申刻还宫，俱跪安。申正三散直。

十二日庚午（3月6日）

入直。派写半壁店、梁各庄、永福寺等处扁四十馀六面。辰初
一，上至中和殿阅关帝祝版，补服侍班。赏香橙。叔平来，至殿寻
若农话。壶天饭。闻廉生病，晤。巳正到署。翁鹿卿曾荣到部。
子英来。颂阁送熊掌，交骏生。

寅初起身。慕陵大飨礼，随同行礼。上寅正启銮。皇太后未
往。上未刻自九龙峪还宫，侍班。申初行。酉正到秋澜。寅刻偕
孙、徐至李帐房，随豹尾后，至东口子门分路去。上到时，仅一刻。
食于营房。上侍皇太后九龙峪。申初上先归，召见军机毕，传散，
众皆散。

十三日辛未（3月7日）

入直。直日。奏改派随扈大臣，又乌拉布之母请旌，派潘祖
荫。派写扁四面、贴落八件。送朱曼伯席、德静山屏、联、普洱茶、
沧酒、蜀锦二端。运斋来。子英来匀敦百卅金。夜雪。

上巳初、皇太后午正到。

十四日壬申（3月8日）

入直。派写佛堂二件、对十八付。又派拟皇太后逐日写吉祥四字。玉印一还小宇。得毛子静凤清，即复，交提塘。永宝来一觚〇字，屡来，欲索廿两，还之。

上午刻，皇太后未正到，侍班。申初行。

十五日癸酉（3月9日）

入直。派拟嘉义县等处匾。壶天饭。辰正到署。晤兰孙。中伯权、徐花农来。陈贯生冕来。得硕卿信。子英来。

上午正到，皇太后申正到。荫申初行，戌正到家。晤仲华、珍亭。珍亭为留彰仪门也。

十六日甲戌（3月10日）

偕福珍亭续估先农坛。复硕卿，交运斋。得南信顺、济、辛之。

十七日乙亥（3月11日）

入直。派题皇太后画兰四幅。工部加班四件。箴亭至懋勤殿面商折稿。吊乌绍云。复顺伯、济之、辛芝，二函小畲。陶氏夫人去世，属济之送十元。剪足指爪。江槐庭来。辰正后雨，午正后大风。陈恒庆来。得九兰信并拓本。运斋来。

十八日丙子（3月12日）

入直。壶天饭。巳正到署。陈钟岱来，补学正。叔平送汤纪尚《纪事稿》。再寄顺伯、培卿。以冠英贫老，寄廿金，交运斋寄。复梁于渭，交法华寺本宅。又清卿，交谊卿。复陈九兰并《功顺》及《篁斋外编》三本，交陈屯田恒庆。

十九日丁丑（3月13日）

入直。箴亭往估地坛。昨递西陵差使，赏大卷二。子英来四寒。骏生烹熊蹯熟，拟明日招运、曹子千、卓臣、骏、柽、伯华，并借姚庖。许子元来。王延绂来。

二十日戊寅（3月14日）

入直。引见时磕头谢赏。巳初到署。招曹、吴、陈、蒋、姚同饭。午正饭。以叔平所助吴子重廿金，面交运斋，又顺伯信。手复斗南，交折差。手复顾俊叔，交王莆卿。

二十一日己卯（3月15日）

入直。工部直日东麟、徐郙，西昆、曾。又奏请宝源工程。晤兰孙。顾缉廷、运斋、张承熊来。

二十二日庚辰（3月16日）

入直。派拟三海等处扁九十五件、对八十五件。候合肥。胡千里送书及物四色。

二十三日辛巳（3月17日）

入直。派题皇太后画兰四幅。巳初到署。胡千里、阿克占、运来。朱其焯来。

二十四日壬午（3月18日）

入直。递派拟三海西园门等一百八十件。子英来。

二十五日癸未（3月19日）

入直。派阅御史卷廿二本，同福、祁、童，张安华第一。巳正到署。岑春泽来。得镜如信。

二十六日甲申（3月20日）

入直。同珍亭奏续估地先农坛工一折。工部加班二件。晤兰孙。复清卿，内拓本二纸。李少荃来。丁丽生来。喑凤石并祭幛。

二十七日乙酉（3月21日）

入直。派写“钧天普庆”等扁十面。丙午、己酉文昌江苏财盛团拜，均未去。子英来一百，崇文阁元板《广韵韵略》送看。丁未张、徐二丈卅日福寿堂招。

二十八日丙戌(3月22日)

入直。派写南海等处对十付。辰正到署。萧韶来,送以联、屏、书。运来。子英来。寄毛凤清《滂喜》,交缉廷。送缉廷联、幅礼六色。树南去世来报。

二十九日丁亥(3月23日)

入直。派写勤政殿对二付、贴落一件。贺庆邸五十寿,直其未归。得济之、瘦羊信,即复。并辛芝一函,卅日发。卓臣来。

三十日戊子(3月24日)

入直。派写瀛秀园扁一面。吊树南廿八去世。唁席卿内艰。福寿堂张、徐丁未请自往,辞之。时巳刻,主人尚未到也。发南信。丁立翰来。顾桐华来。

三　月

甲辰朔己丑(3月25日)

入直。上诣奉先殿。晤廉生。辰刻到署。晤兰孙。苏来。洪福来,号海如,求写扁,歙县人。吴移香来。豹岑来。

初二日庚寅(3月26日)

入直。贺仲华补都统。壬子团拜,未到。为洪氏宗祠写扁、联。小宇信。张宗巘守峒同山来。林万涛来,赴台湾道唐纬卿幕。松鹤龄来,为衡司事。子英来。胡寿祺来,安徽解饷,孝廉方正。

初三日辛卯(3月27日)

入直。辰刻到署。花农、缪籥岑、子英来。花农送菜。徐念馥来。

初四日壬辰(3月28日)

入直。工部加班,带引见四排六名,奏事三件。换毡冠、蓝绒领、棉袍褂。晤兰孙。崔国霖来。德静山来。恽宝桢来。中、启、程、赵、许来。宝泉工竣，明日行文。派从耕大臣肃、克、庆、徐、翁、奎、麟、潘、祁、熙、廖、奕杕，后改派黄体芳。

初五日癸巳（3月29日）

入直。巳正到署。丁丽生送笪江上字卷。兰孙送食物。松鹤龄来。得培卿信。

十六日甲辰（4月9日）

以上《西陵日记》①。兰孙来。许子元来。运斋、小宇来。松鹤龄、伦梦臣来。陆廷黻来。伯权、乐庵来。子英来。

十七日乙巳（4月10日）

入直。全牌子请安。派拟永福寺等扁八面。工直日。户会议鼓铸，与福翁懋勤谈。得郭寿农树榕信。李润均来。苏来。宜子望来。薛尚义来，为欲得印结局。卓臣来。派查估雍和宫，后派翁、松、松、启、溥、征、那、江、程、赵、李亮熙、润均。江槐庭来。万际轩来，号云生，椒坡门人。杨渭春来。

十八日丙午（4月11日）

入直。晤廉生。巳初到署。晤兰孙。吴德贞来，癸西、丁丑教习，分发河南。高文翰来。王守训来。陈景墀来。谢小洲来。

十九日丁未（4月12日）

入直。先农坛演礼。冯开勋送河豚，送兰孙。夏玉瑚来。沈曾桐、崔国霖、胡寿祺来。胡以阿藩、张臬信去。送沈曾桐昆季《功顺》二部。

二十日戊申（4月13日）

入直。派写随州"福佑唐城"扁。晤廉生。辰正到署。看廿

---

①三月初五至十五日《西陵日记》缺。

二加班折二件。寄仲饴,交廉生索全拓。朱其焯来。寄窈斋高氏瓦罐拓九纸。

二十一日己酉(4月14日)

入直。派题皇太后菊花八幅。亚陶、鹿乔生来。张兆奎来,癸酉分发福建同知。高文翰来,付二百,尚欠式百七十三两。运斋来。胡寿祺来。傅云龙来,索《功顺》《古籀疏证》。

二十二日庚戌(4月15日)

入直。上诣中和殿看祝版,乾清门补服侍班。午刻先农坛演礼,未初二散。工部加班。督修国子监,松寿、梁有常。子青云张钟赤。吴炳和来,直候补道,仲仙子。子英来,言汉洗及刘之千石四、五砖,洗大衍,石、砖各五金。

二十三日辛亥(4月16日)

未入直。寅正二上诣先农坛。辰正耕耤礼成,蟒袍、补褂,庆成宫庆贺,三跪九叩,序坐一叩,进茶一叩,辰正二散。阴晴错。吴蔚若来。运斋来。交张子清丈助吴冠英廿金,又顺伯、培卿函。黄花农来。子英来,洗大衍付四十两,欠十两。

二十四日壬子(4月17日)

未入直。偕续燕甫及所带桂文圃、高寿农、文康孔总署刑司及工部九人查估雍和宫工程,卯初去,辰初到,午初归。苏来。寄清卿瓦、缶拓九纸,交谊卿。徐念馥来。龚荫培来,号又勉,履中之子,蓟州,现署大兴。上诣北海,至廿六日止。

二十五日癸丑(4月18日)

入直。派写吉羊四字扁廿五分。工直日。韩镜孙送豚白,以赠若农。晤兰孙送豚白。

二十六日甲寅(4月19日)

入直。派写黄新庄行宫、卢沟龙王庙、永福寺等处扁八面。若送南花菇。晤廉生。巳初到署。传心殿与燕甫面商查估。寄刘仲良、崧锡侯屏、联，交徐桂芬念馥。高文翰来三百卅两全清，送对一付，彼送印谱一部又为觅大兴护照一纸。

二十七日乙卯（4月20日）　谷雨酉初三刻

入直。偕小峰、子斋、吉甫到署，面商衡司一折，巳正散。廉生借《戚少保年谱》，送四虾、一砖。复济之、竹年、辛芝、振民、广安、硕庭、熙年、泉孙。吴德贞来，要刘觐臣信。发裕寿山信，交寿田。发江容方信，交子元。交星叔，为顾允昌也。向花农索火腿。恽宝桢来，号钧石，伯芳之子，乞书廉让堂扁又对，所赠却之。花农送火腿二、子元十。征厚、启绪、松寿来。换季。

二十八日丙辰（4月21日）

入直。风，清明日风则无日不风。许子元来，交还容方信，交莱山。苏来。王莆卿、徐花农来。倪豹岑来。张丹叔来。子英来，洗付四十，欠十。

二十九日丁巳（4月22日）

入直。上出乾清门，补褂侍班。偕续奏查估雍和，续召见。风。以高文翰印邮送骏生。以所得高瓦片、造象、砖拓十四纸送廉生。谢小洲送印盒、搬指、磁烟壶、端研四色。丹叔送四色及书。

四　月

乙巳朔戊午（4月23日）

入直。辰到署。答张丹叔、长少白庚、松森。苏来。瓦付十六两，欠四两。送廉生瓦、缶拓九纸。吴德贞来，取信去。

初二日乙未（4月24日）

入直。加班，奏衡司吏吴启曾交刑部。仲华来，留饭。冯莲塘来。得花桥信。陆继高来,号峻甫,少愿师之子。

初三日庚申(4 月 25 日)

入直。辰刻到署。子英来。

初四日辛酉(4 月 26 日)

入直。工部直日。晤兰孙。赵蔼臣时熙来,选平乐府。得清卿信,黄戊拓一,即复,造象三、汉洗一、专四。

初五日壬戌(4 月 27 日)

入直。借仲弢所得仰山古器拓二本,即还之,送以古匋拓九、洗拓一、瓦拓六。缪右岑来。子英来,刘姓以窬欲售十一石,真狡。得济之信,即复,并寄辛芝、振民、熙年、泉孙。高熙廷来,视川学。张次云承熊来。

初六日癸亥(4 月 28 日)

入直。辰刻到署。晤廉生。寄彦士信,内拓本卅二纸。王伯恭、吴卓臣来。

初七日甲子(4 月 29 日)

入直。派题皇太后御笔画兰八幅。上召见。寄清卿函,交运,运来。

初八日乙丑(4 月 30 日)

入直。到署。考张钟赤其父名昀,河南粮道,己卯。恽钧石宝桢来,发安徽知府。屏、联送长少白庚、张丹叔联桂。王曾仁来,振录之侄。周生霖、高抟九来。子英来,付六十六两。刘三石十一件全清。

初九日丙寅(5 月 1 日)

入直。答周生霖、陈维周。送长少白屏、联、《思补》、《洗冤》。风。癸酉、乙酉团拜,辞不赴,送席二以送张丹叔、谢小洲。又二席,一送陆峻甫,一送高抟九。延旭之煜来。陈庆禧来,号棨门,辛未庶常,选楚雄县。雷纬堂正缩来。

初十日丁卯(5月2日)

入直。答雷纬堂、旭之。冯开勋送河豚。梁经伯、兰维垣来。

十一日戊辰(5月3日)

入直。晤廉生。辰正到署。谢小舟来。子英来。运来。

十二日己巳(5月4日)

入直。工直日。上诣大高祈雨。张丹叔、素礼廷来。王艺庵遵文来。笔彩来。夜雨。

十三日庚午(5月5日)

入直。夜雨达旦。派写美属冈州会馆关帝庙"海宇澄清"扁。得仲饴信及《郭有道碑》,阮对拓,子苾对拓。复仲饴,匀敦、瓦缶、砖拓十五纸,《探路记》一部。雨竟尚不止。送廉生笺六束。函寄清卿砖四方一匣,穆宗集一部,内钵拓七纸,拟交谢小舟寄。为谢小舟书屏、联。陈炽次亮改号用洁,属书对。雨竟日,止亥刻。

十四日辛未(5月6日)　　立夏寅正二刻八分

入直。辰正到工署。雨后道难行。王荩臣忠荫、彭如泉漱芳子,溥孙、子英、孙胜非堪来。胡月舫来,以王氏丛书目呈阅,又一钟无字,三安阳币,一垣字泉,还之。酉刻雷雨数点。吴康寿幼乐送黄叶村集及土仪。

十五日壬申(5月7日)

入直。晤廉生。以肴二点二送吴康寿。吴幼乐来,云号颐斋,慕驺之堂弟、时轩之联襟也。朱其卓来,分发河南。济寄阜长画元宝一、猪一。邹紫东交来。

十六日癸酉(5月8日)

入直。户部会奏两局铸制钱存储备用一折。辰正到署。明日加班二件,看折。郭光燨来,乙酉举,分湖北县。运斋、冯莲塘来。子英来。

十七日甲戌(5月9日)

入直。工加班二件。晤廉生。花农、子英来,瓦档四两。发南信,济、竹、广安、鞠常。夜雨。

十八日乙亥(5月10日)

入直。常雩大祀,午初上到斋宫,未初散。蟒袍、补褂。同直四人,食瑞德堂。卓臣来。为子涵写扇。晚大雷雨。

十九日丙子(5月11日)

入直。黄建笕寄到济之寄来肺露,一滴无存。辰到署。运斋、邹紫东嘉来。得济、竹、辛芝、瘦羊、泉孙信,即复。

二十日丁丑(5月12日)

入直。工部直日。上幸北海至廿四止。笔彩来,鼎一大衍。交运清卿信,内秦鼎拓一。小宇以两面武、两面安藏、一济阴一安藏来,还之。子英以刘二之鼎来。派查估供用库工程。

二十一日戊寅(5月13日)

入直。派写东台县"海安昭佑"扁。晤兰孙。贺莱山得孙弥月。笔彩来,鼎五十,清。以交鼎寄清卿,交运。

二十二日己卯(5月14日)

入直。到署。查估松、启、景、程、赵尔震、何乃莹、书吏杨秀峰。寄时轩、五嫂寿分八元,交熙年、泉孙,由济之会。又广安、振民各《月季花谱》一本。尚昌懋来,号仲勉。陆峻甫继高、子英来。子英来。运来。热。

二十三日庚辰(5月15日)

入直。发南信并《月季花谱》八本济、竹、信、振、广、泉孙、瘦羊,又二本送若农、运斋,又四本送子青,骏生二本、兰孙一本。王念庭来,送瓦一、铅人一、潘押一、拓一包,送以《谱》一本,又一送伯兮、一送廉生。子英来,付百,鼎直也。以刘二簠来,交去收拾。高熙廷、卓臣来。

二十四日辛巳(5月16日)

入直。吊福绥庭。送廉生秦鼎拓一、伯熙一,念庭又瓦片拓一。苏来。为吴颐斋、赵蔼臣写屏、对。寄清卿拓并瓦片廿五纸,交运,信写廿九日。曹福元来。

二十五日壬午(5月17日)

入直。派管理八旗官学大臣。本日改早衙门,到署,属许子元写谢折。寄成竹铭信、对、横幅,容方信、《月季谱》、景梦寺陀罗石刻、崔子忠《岁星图》,均交陆峻甫继高。子元、峻甫、王艺庵来。

二十六日癸未(5月18日)

入直。具折谢恩。阴小雨。晤徐荫轩。遇长允升。晤兰孙。王世骥来,工部,号星寰,孝凤之子。陆钟岱来,要去丛书二部。子英来。

二十七日甲申(5月19日)

入直。引见时碰头谢恩。辰正到署。贺季和、莱山嫁娶。长允升来,管学官。朱其焯来。张树冀京官来。

二十八日乙酉(5月20日)

入直。工部值日。荫轩来。运斋、孙诒绩来。长允升来。陈其敬来,号璞如,厢白,丁丑教习。

二十九日丙戌(5月21日)

偕嵩犊山查估供用库,并拜管学官,午正归。高勉之来。端午桥来。子英来,以刘姓铸子叔黑姬簠来看。裁缝铺以阳文六字大敦来看,拓而还之。

三十日丁亥(5月22日)

入直。派拟扁一百面、对九十五分。候王文锦。到署。晤兰孙。王可庄、福少农来。曹秉浚来。曹秉哲来。鉴古来袁姓△博古。苏来。

闰四月

朔戊子(5月23日)

入直。赴仲华招,同子和、荫轩、兰孙、子禾、小峰,归已申初。文卿来。鉴古来角盖一、卣一,二百。拜管学、文和、升允。

初二日己丑(5月24日)

入直。带引见宝源局六名,杨联桂一名、张钟赤一名。换实地纱文。寄清卿角盖拓一,交运斋。鉴古袁来,付一百两足文。

初三日庚寅(5月25日)

到镶黄旗官学,到者荫轩、洛英、允升、云舫、吉甫升允、文礼云、福幼农,午刻散。苏来,付瓦四两,全清,鼻烟十四两。吴卓臣来。赵尔震来。

初四日辛卯(5月26日)

辰初至景山正黄旗官厅,候敬子斋,率同司员分东西皇城沟道收工。到署。得辛芝、济之、振民信,即复。又寄清卿卣拓。若农来。鉴古来,一趱卣索七百,不能成。

初五日壬辰(5月27日)

入直。派写鉴古楼、嘉柯殿等处扁廿面。朱其焯来,付刘苌臣信。骏生述及徐王子钟,云是柯太史托询,宜昌出土,去年杨守敬曾索直一千,须先付银,恐难成也。吴卓臣来。鉴古来,一醇士伪卷,还之。德小峰来。

初六日癸巳（5月28日）

入直。工部直日。派写对七副。晤兰孙。复凤石,交毅甫。恽钧石宝桢取阿笑山、张竹辰信。徐花农来。子英来。

初七日甲午（5月29日）

入直。到署,遇生霖。端方来。鉴古来。子英来,篆议成,二百。未正后雨。

初八日乙未（5月30日）

不入直。雨。西四旗官学到任:厢红学头发胡同,管王仁堪、翰江澍畇;厢蓝西斜街,管福枨、翰陈懋侯;正红报子胡同,管长萃、翰洪思亮朗斋;正黄祖家街,管高钊中、翰徐致靖,俱到。卯初到,巳刻毕,冒雨而归。李经羲来,号仲仙,少荃之侄,选永宁道。苏来。烟十刺,每刺卅两。鉴古来,议遇卣。得萩芳信,即复。运来。

初九日丙申（5月31日）

入直。到署,遇生霖。子元来。《花谱》兰二本、陈四本、子元二本、小宇二本。小宇来。王穆之号仲皋,伯恭之弟来。胡月舫送来鼎,伪;《宣公集》明板,还之;刀笔,暂留,次日还。杨渭春来。赵增荣、子英来。

初十日丁酉（6月1日）

寅正起身,卯刻到厢黄官学,文礼和、刘次方、钟洛英、王云舫、王可庄、高勉之、升吉甫、长季超先后到,福幼农后到,同饭,巳正先散。欧阳润生霖来,河南降调府,丙午年,癸丑世谊。运来。鉴古来。得眉伯寄济、振、泉孙信。

十一日戊戌（6月2日）

入直。到署,遇生霖。谢公祠答德小峰。问徐小云病。同敬子斋奏皇城左右翼查估收工折一件。苏来。得伟如信。天顺祥来。又八妹信，即复。鉴古来。卣四百，先付四十。子英来。付簠足百两，欠百。子刻雷雨。

十二日己亥（6月3日）　子刻雷雨

入直。子青又招福寿堂，辞之。晤廉生。得仲饴自公柜盐店寄来信，并《濂南集》，即复，并寄以簠、叔尊盖、匀敦、残匋，二百两字共四拓，又《月季花谱》一。午刻雷雨，至申止。端午桥来。

十三日庚子（6月4日）

入直。遇生霖，到署时辰初二。晤兰孙。发郭树榕、益龄、绍石安、杨雪、朱丙寿、德泰、李璲信。王伯恭、王小宇来。鉴古来。付二百。发南信，济、振、振、泉、辛五函。

十四日辛丑（6月5日）

入直。工直日。辰正小雨。汪范卿来。鉴古来。

十五日壬寅（6月6日）

卯初到镶白官学，洛英、林赞虞、云舫、可庄、礼和、勉之、允升、吉甫、幼农到。饭后先散。午刻归。端午桥、孙胜非、孙子授来。小峰送礼。崔国霖来。鉴古来又付豆银一百两。

十六日癸卯（6月7日）

入直。寅正后大雨。入直。惟若农到。晤廉生，还胥姓十九两铸银二纸，又一两丰货。到署。岑春泽来。苏来，二觯皆伪，还之。函致若农、文卿，荐骏生、伯恭。子英来。

十七日甲辰（6月8日）

阴雨。与荫轩约定到正蓝旗学，王云舫、罗锦文郁田、荫轩、可庄不到。罗则翰林官，查学应到。辰正散。花农、伯恭、乔联宝号小鹤来，送胜非屏、对。

十八日乙巳(6月9日)

入直。到署,同小峰、生霖派大婚典礼司员,满、汉各四十员,午初散。候湛田。雍和宫报廿日全完。批镶白课卷。

十九日丙午(6月10日)

入直。传心殿晤子斋。燕甫到署。晤兰孙。送湛田席。许仲韬来。

二十日丁未(6月11日)

查正白官学,管升允、翰林朱百遂未到。可庄、云舫、允升、勉之、洛英、礼云、幼农陆续到,饭后散。素礼庭来。湛田来。发济之、辛芝、熙泉、硕、广安信。崔国霖来。

二十一日戊申(6月12日)

右安门石桥收工。子斋未去。拟明日奏,又供用库亦明日奏。方子严来。答许筼庵,晤兰孙。伯权、承斋、菉生、尧农同来。鉴古来。王莪庵辞行。

二十二日己酉(6月13日)

入直。工部直日。松森招廿六音尊,辞之。若农来,并晤骏生。惇邸送素菜点十色。手复荫轩,订五月三日面商。若农函询廿四召见事。复济、辛、振民,又致广安,再为仓石。批镶黄课卷。

二十三日庚戌(6月14日)

查估雍和宫收工,卯刻到,巳刻归,同续燕甫。赵尔震来。苏再来。鉴古来。卣盖"子孙",索六千。尹彭寿来。已睡,送壶陶片廿一片。

二十四日辛亥(6月15日)

入直。派写"福佑恒农""惠溥茅津""威宣碐石"扁三面。到署。孙胜非、钮家焕来。笔彩来。许子元来。以《经籍访古志》属骏生抄其目。苏来。"玄中"二字伪,还之。不必见器,定为伪也。若农来。鉴古来。付四十两。

二十五日壬子(6月16日)

入直。偕续燕甫复奏雍和宫收工折。寄清卿一函,内次经所送伪壶拓一。徐子静、倪豹岑来。次经来。

二十六日癸丑(6月17日)

入直。到署。子英来,以方子听、王念庭拓本交之粘册。申初交到。皇太后赏绛色缎一匹、绛色芝麻纱一、漳纱二、帽纬二、驼色缎一、驼地直径地纱一、葛布二、燕窝一匣、扇一柄。子英来。曹吉三来,新放河北道。

二十七日甲寅(6月18日)

入直。引见时两斋磕头谢恩。梁经伯、启迪斋来。文卿来。得毛子静信。燥热。遣人问仲华足疾,送《月季花谱》。

二十八日乙卯(6月19日)

入直。到署。换亮纱。候兰孙不值。赏袍褂料、葛纱、葛布、帽纬等十件。鉴古袁来。付足一百两,尚欠十两。胡月舫来。运斋、子英来。

二十九日丙辰(6月20日)

入直。到署,遇生霖。晤兰孙。芷庵送八合,诚镇送八合,送仲华八合。

五　月

丙午朔丁巳(6月21日)

入直。上看祝版,乾清门侍班,回时磕头谢赏。工部值日。升

吉甫、刘次方来。方长孺来。赏角黍。若农、颂阁节礼,答之。又
送緦臣。

初二日戊午（6月22日）　夏至丑正二刻二分

入直。到署。巳初雨即止。润古来,以鼻烟一求售,还之。惇
邸送奶卷二盘,以送兰孙。开发内廷节赏,又苏拉五十六分。

初三日己未（6月23日）

未入直。至镶红旗官学,与荫轩面商一切。洛英、礼云、云舫、
允升、幼农、勉之、可庄、吉甫俱到。发去若农书,《说文建首》四百
分,痧药等各十瓶,喉药廿分,万应定各十瓶。子英来。刻《说文建
首》卅两,付清。又《全生集》八分交洛英。笔彩、苏来,方子听拓本、
苏泉范均还之。王伯恭来。

初四日庚申（6月24日）

入直。到署,遇生霖。送骏生廿两。黄酒馆二百七十千。送方
子严菜点八合。

初五日辛酉（6月25日）

入直。贺节。运来。蒋文英礼玉,受家集,申甫之子。豹
岑来。

初六日壬戌（6月26日）

入直。晤廉生。小峰、绍云、莱山、吉甫、生霖俱到。大婚添派
汉司员十人,满八人。得济、竹、辛、振四月廿八信,即复。又麟生信,
得知跌伤也。子英来,若农《说文建首》八百分已齐。

初七日癸亥（6月27日）

入直。晤兰孙。《说文建首》卅分、巴鱼子、凤头菜送若农。
以《说文建首》四百分交洛英分致八学。送兰孙虞恭公楹联集字
一分,徐小云一分又《月季谱》。热而不雨。答蒋文英号梦岩,申

甫之子。笔彩来,铲币二,索廿五两,一枚还之。绍石安荣来见。夜大雷雨。

初八日甲子(6月28日)

入直。派写"钧天普庆"瀛秀园扁。到署,遇生霖。文卿来。夜雨。

初九日乙丑(6月29日)

入直。工部直日。陈增寿来,骏生之兄。王伯恭来,索去《滂喜斋》一部。

初十日丙寅(6月30日)

入直。朝房晤寿山。到署。辰正小雨。苏来。仲饴寄古砖六。余诚格来。

十一日丁卯(7月1日)

入直。晤兰孙。梁航雪来,送琼州章鱼,即送若农,答其茶滓治癣。

十二日戊辰(7月2日)

入直。到署,遇生霖。子元来。亚陶来。曾景剑来。鉴古来。

十三日己巳(7月3日)

入直。鉴古来,还其卣盖。昨以荔支、枇杷送兰孙。得熙年、泉孙、小渔信,火腿、月季花等件。卓臣来。

十四日庚午(7月4日)

入直。到署,遇生霖。复济之、泉孙、熙年、小畲、培卿、振民,又辛之为培卿书吴氏宗祠扁等三件。申正雨数点。程藻安子名庆祺,号赓云,送茶榄四色。得柳门信,《端州石室》一纸。

十五日辛未(7月5日)

入直。上召见于东暖阁。巳初雨数点。吴德张来,田司,号廉泉。复柳门,交谊卿。复凤石,交毅甫。兰孙送荔支,送谊卿廿枚。运来。

十六日壬申(7月6日)

入直。到署。复杨思赞同福,赠以拓百四十八纸,又十六纸,交曾鸿章。仲华送惠泉水,答欧虞公集联。恽次瑷来。苏来,追鼎,装座架甚精,伪也,还之。杨同榭来。已睡未见。

十七日癸酉(7月7日)

直日注差。到象鼻坑厢白,钟洛英、管学同人陆续到,已刻散。陈冠生来,交之潘振声民表九十千。交文礼云药费十六两五分。

十八日甲戌(7月8日)

入直。到署,遇生霖。兰孙招,同豹岑、湛田、子禾,未刻散。致程尚斋为伯恭并文恭公三种。

十九日乙亥(7月9日)

入直。到署,看加班折。伯恭来,送以十六两,云廿一行。

二十日丙子(7月10日)

入直。加班奏大婚事宜,黄面红里一折二片,彩绸、棕毛印片也。引上届成案请旨。倪世林来,号莱杉廿六岁,豹岑之子。桎甫来。

二十一日丁丑(7月11日)

入直。到署,晤生霖。答廖谷士。晤兰孙。花农、卓臣来。热甚。廿四日上祈雨。

二十二日戊寅(7月12日)

入直。寄清卿专拓三纸,交谊卿。得熙年、菊常信。杨同榭来,号调甫,丁亥门生。

二十三日己亥(7月13日)

入直。到署,遇生霖。程庆祺来,号赓云,藻安之子。发南信,济、竹、辛、麟、振、硕、熙、泉各一，并若农《说文建首》一分。又寄鞠常信，交运。

二十四日庚辰(7月14日)　初伏

入直。卯正上诣大高殿祈雨。热甚。送对、屏、扇，豹岑。晤兰孙。送对、扇，湛田。又陈芙生增寿、欧阳润生、蒋梦岩文英、杨调甫同櫑。又廖谷士菜四色。

二十五日辛巳(7月15日)

入直。工部直日。八旗官学阅奏稿，教习专以县用正折、乡会场准代馆期服亦给假代馆奏片，定廿九日奏。运来。仲羧索沇、鄌钟拓。热甚。督修大高殿，派松、王瓘。

二十六日壬午(7月16日)

入直。到署，遇生霖。彭仲田选甘肃秦安。属骏生校升吉甫所刻《左氏读本》以付官学，校出错字五十处。润古来，一觚一匜，皆伪。热甚。

二十七日癸未(7月17日)

入直。王延黻来，为书《畿辅丛书》签面，是青友文泉之侄。润古冰筒，付十一两，欠四两。廖谷士来。热甚。

日井十九度未，土井廿二度八分未，木角五度一分辰，火参九度□十六分申，金张四度五十一分未，水鬼三度三分午。

二十八日甲申(7月18日)

入直。八旗官学送看一折一片。卯正二阵雨。到署，小云销假。雨中归。辰正三刻，晴。陈芙生增寿来。得容方信。未刻又阴，雨至子刻止。

二十九日乙酉(7月19日)

入直。八旗官学奏事，召见于东暖阁。是日颂阁亦召见。晤兰孙。许子元、梁航雪来。亥正后大雷,风雨即止。

三十日丙戌(7月20日)

入直。到署。复容方,《岳雪楼鉴真帖》、《探路记》、自集温虞公四、《说文建首》四,交其家人陈福。

六　月

丁未朔丁亥(7月21日)

入直。晨晡可庄于黄酒馆。屏、对、扇、书,德小峰。对、横、扇、书,绍石安。对、横、扇、书,廖谷士。运来。裕寿山来。答陈建侯仲耦、王肇镇、陆费煦、程庆祺。岑春泽来。黄仲弢来,借去《积古》《筠清》二函。对、扇、《探路》、《岁星》,徐棣华鄂。函致荫轩,为江陵《四书讲义》,复以志在必成。梁航雪来。

初二日戊子(7月22日)

入直。到署。陈仲耦来。汪范卿来。送寿山席。仲田来。

初三日己丑(7月23日)

直日。到厢蓝学,荫轩、幼农、可庄、伯双、洛英、礼云先后到,未到者吉甫、云舫、勉之、允升期未到。区海峰谓云来辛未庶常。豹岑、胡月舫来。送陈建侯仲耦对、横、扇。岑春泽送腿、酒。

初四日庚寅(7月24日)　中伏

入直。到署。丑刻雨,黎明晴。题杨忠愍身后墨迹,交月舫,其各跋卷可删,宜勒石谏草堂也。又不全宋板《诸臣奏议》,索制钱十千一本,还以一两一本。得仲饴信,己君盉拓一纸。得振民信。复仲饴信,温虞碑集联一分、沈儿钟拓一、遇卣拓一,子孙卣拓、斝盖各一,交仙源局。申初大雨。雨中复振民并济之、竹年、辛芝信，又广安、瘦羊。

初五日辛卯（7月25日）

入直。答裕寿泉、长寿山。道路已难行。厢黄头馆教习王榆英来并递呈。得清卿信，拓八十五纸，即复，卤拓、簠拓。王益吾寄书五函。

初六日壬辰（7月26日）

入直。传心殿晤荫轩、王榆英，所递呈属云舫、可庄查办。王定夫肇镇来，任蒋桥信甫之婿。发南信。未刻寒暑表九十五度。夜雨。

初七日癸巳（7月27日）

入直。辰正到署。兰孙送荔支。钦天二次封奏。花农来、运来。

日初四午宫井廿九度午，月轸十一度辰，土井二十三度未，木角五度辰，火井五度未，金张十三度四十九分，水井廿四度未。

初八日甲午（7月28日）

入直。工部加班奏供用库一折，派福、徐。晤兰孙。午初大雨。卓臣来，并培卿信。至夜四次大雨。

初九日乙未（7月29日）

入直。卯正三到署。孔昭乾来。夜雨。子英来。

初十日丙申（7月30日）

入直。雨时作时止，归途大雨。

十一日丁酉（7月31日）

入直。工部直日。奏大婚彩绸核减三分之一折，并开单。留中，次日发下，依议。道路难行。子英来。爵大衍，未付。酉雷雨，不大。

十二日戊戌（8月1日）

入直。辰正到署。杨同棚来辞行。陈仲韬送自刻《篆隶说文提要》、荆洛银耳。得王益吾信，又大衍。江槐庭来。夜小雨。

十三日己亥（8月2日）

入直。晤兰孙。复王益吾。梁经伯来。申初大雷雨。写复济之、振民、辛之、熙年、泉孙、硕庭信，广安信。子英来。夜雨。

十四日庚子（8月3日）

入直。寅正时大雷电，冒雨而归。运斋来。文卿订定骏生，并函告其多开丸药扶阳下淋之类。

十五日辛丑（8月4日）

入直。辰初到署，遇小峰。得南信，济、辛、镜如、瘦羊、小畲各函。发南信。得陆心源信及《金石学录补》。蒋梦岩文英来。寒暑表又九十八度。缪籛岑、陆蔚庭来。

十六日壬寅（8月5日）

入直。再函郑嵩龄。高梅孙功成来。复陆存斋，寄以《建首》、温虞、盂鼎、铸簠、遇卣一、古匋九。海康来，瑞亨之子，工部员外，号仲安。曹朗川来。寒暑表九十三度。

十七日癸卯（8月6日）

不入直。到正蓝官学，勉之、荫轩、幼农、吉甫、云舫、洛英、礼云先后到。季超期艰、可庄《心经》差，未到。赵尔震来。以飞龙丹各三瓶交八学，又荫轩三瓶。交子授静澜信，为方升。寒暑表九十七度。

十八日甲辰（8月7日）

入直。派拟万寿山前后殿三字、四字廿面。辰正到署。蒋梦岩文英来。苏来，爵二，还之，一文已不真，一字小而模糊，索一枚六十金也。函致静澜,为孔广钟接前任亏空事,交孔昭乾。子英来大衍。

十九日乙巳(8月8日)　　立秋卯初三刻十二分

昨夜大雨不止,入直,冒雨而行,辰止。工直日,奏大婚减成之彩绸、棕毛,交苏、杭织造彩绸各一万一千五百匹,棕毛交江督廿二万五千斤。赏燕窝。夜大雨五次。

二十日丙午(8月9日)　　雨时作时止

征厚、程志和来。夜雨不止。

二十一日丁未(8月10日)

入直。辰初到署,看廿三加班二折一件、两库月折一件,核覆古北口练军等项。送卓臣对"桂宫修月夸金管,兰砌怡云咏玉笙"。送骏生"万里槎游推博望,百层楼上属元龙"。归途遇雨。得程尚斋、廖谷似信。夜雨。

二十二日戊申(8月11日)

入直。连雨五日不晴。手复程尚斋,《说文建首》、温虞公字联、《月季花谱》各二分。赵蔼臣来辞行。

二十三日己酉(8月12日)

入直。工部加班奏事。寄清卿河间辽经幢、《金石学录补》、温虞集联、《月季花谱》,交蒋梦岩。送骏生对。太白廿三日辰初二刻二分入辰宫翼七度。殷秋樵、佛升额、阿克占来。

二十四日庚戌(8月13日)　　末伏

入直。辰正到署,遇小峰。运来。仲田来。送卓臣喜礼另四两。

二十五日辛亥(8月14日)

阅是楼听戏。辰初入座,三十二刻未正三刻散。住壶天。罗胎冠。廉生来。

二十六日壬子(8月15日)

递如意,赏还。辰初上御乾清宫受贺,辰正入座,三十三刻申正二刻散。阅是楼听戏,赏如意、帽纬、袍褂料、花瓶、手炉、蓝料碗、荷包八件。仍住壶天。廉生、伯熙来。

二十七日癸丑(8月16日)

入直。小雨。徐、吴未到。晤兰孙。得南济、竹、辛,辛又四函《飞龙》《唐赋》等件。《飞龙》千六包、《唐赋》二百,即复即发。卓臣来。午又雨。张僖来,号韵舫,友山之子,玉山之侄也,捐福知府。得友山信。

二十八日甲寅(8月17日)

入直。本日推班。辰初雨。恩铭来,号新甫,癸酉,山东同知。杨渭春来。

二十九日乙卯(8月18日)

入直。上看祝版,乾清门侍班。罗胎、花衣。上万丝。辰初到署,小雨。长允升来,交去《飞龙》百分、《唐律》十部。运来。刘佛卿岳云来。熊登第来。初三各学俱《飞龙》百分、《唐赋》十本。

七　月

戊申朔丙辰(8月19日)

入直。工直日,遇仲华于朝房。辰巳间又雨。函致容叔,《岁星》、《石湖》、温虞、《月季》。复凤石。陆寿门送纸二束。雨竟夕。上自本日至初六办事,后至北海。

初二日丁巳(8月20日)

入直。上召见东暖阁。王青友、崔国因惠人来。

初三日戊午（8月21日）

到厢红官学，可庄、洛英、允升先到，荫轩、吉甫、勉之、云舫后到，幼农、礼云未到，巳刻散。换罗胎帽、蓝纱袍。饯骏生、卓臣，长元吴馆共饯，洪、彭、顾、孔未到。陆寿门来。午后雨。

初四日己未（8月22日）

入直。辰初到署。

初五日庚申（8月23日）

入直。派写赏张之洞扁"筹边锡福"。派写"牵牛河鼓天贵星君""天孙织女福德星君"神牌。芝庵、文卿来。裴大中浩亭来，上海令送以对、幅、书，安霍丘人。对、屏、书，谭文卿。对、幅、书，谭进甫。姚莘甫，对，《洗》《全》。恩新甫铭，又张僖韵舫，友山之子。

初六日辛酉（8月24日）

入直。辰初雨。晤兰孙。送湛田行。得清卿信，拓廿纸，复，即交运斋，内古匋拓廿二纸。送寿山扇、对、书。送世振之扇、对、书。雨至申初未止，夜雨达旦。

初七日壬戌（8月25日）

以腹疾未入直。许子元来。得济之、辛芝、麟生信，即复，初十发。缪佑孙櫋岑来。夜又雨。

初八日癸未（8月26日）

入直。辰正到署。小雨。孙子与点、骏生、卓臣辞行。苏来烟一刺，廿两。花农来。

初九日甲子（8月27日）

入直。工部直日。仲父母八旬冥诞，龙泉寺念经。骏生行，送珊瑚盖兰花烟壶、蓝玻璃壶各一枚。鲍孝愉号仲馀，花潭子，盐大使。

初十日乙丑(8月28日)

入直。招文卿、仲田、谊卿、范卿。答谢谊卿。曹朗川来。

十一日丙寅(8月29日)

入直。上召见东阁,派写惠孚寺扁初十日。上自本日至十六幸南北海。交仲田。济,鼻烟、燕窝;辛,欧虞恭公集联及祁对等;振民,书籍及陈仲耦等拓、河间经幢等拓。归途雨。送仲田对、扇、书。文卿十八日行,与卓臣偕,十二日行。午未后大雨,至夕止。卓臣来辞行。

十二日丁卯(8月30日)

入直。朝房晤黎莼斋。晤兰孙。裴景福来,号伯乾,浩亭子,拔贡刑、进士户。

十三日戊辰(8月31日)

入直。辰初到署。肃邸赠拓本六纸,报以二百七十一纸。黎莼斋来。胡子英来。

十四日己巳(9月1日)

入直。柯逊庵来。姚厨十两又卅馀千。

十五日庚午(9月2日)

入直。端午桥来。大顺广道罗锦雯来。黎莼斋送书,送以席。送莼斋扇、对七言、八言、屏四幅。

十六日辛未(9月3日)

入直。辰初到署。送莼对、扇、屏。送孙赓云对七,《全生》。送方子严对、《功顺》、《全》、《洗》、《年谱》。陆寿门锡康来。

十七日壬申(9月4日)

工部直日,注差。到厢黄官学。惟斋、勉之未到,巳刻散。运来。恩新甫铭来辞行。曾景钊送鼻烟、宋绍兴十八题名、《陶集》。二俱明板,明翻本。

十八日癸酉(9月5日)

入直。伏魔寺吴太翁冥诞。晤兰孙。裕寿山来。子宜来。方子严来。孙子与来。送子宜食物,子宜送腿、茶、印、酒、扇。

十九日甲戌(9月6日)

入直。辰初到署。小雨。运来。复曲园并为《茶香三抄》书面,交花农。陈浏来。

二十日乙亥(9月7日)

入直。工部加班。朝日坛一件。查估徐桐、敬信。刘幼丹心源来,送《年谱》《思补诗》《全》《洗》《唐律赋抄》。胡子英来。八妹来。

二十一日丙子(9月8日)

入直。派写徐州关帝庙"仁周淮泗"扁。付姚厨二两。蒋伯华来。苏来。付十两,欠十七两。发南信,济、辛、振。又交张福寄食物、参须。陈仲耦来。

二十二日丁丑(9月9日)

入直。辰正到署,遇吉甫。运来。得济之、辛芝、硕庭信,即发,廿五日发。又瘦羊、硕庭信。

二十三日戊寅,(9月10日)

入直。晤兰孙。小宇索《全生》《洗冤》。苏来。付四两,欠十三两。李泗渊一口杭音来,据称壬子李焜之子、李润均堂弟。陈浏偕其舅湖南宁远县信,名扬、号曜仙来,所赠却之。郝近垣来。

二十四日己卯(9月11日)

入直。贤良寺吊翁仲渊其家人,辞。辰正到署。已初雨。苏来。付十两,欠三两。孙子与来。

二十五日庚辰(9月12日)

入直。雨。工部直日。林万涛来。缪籥岑辞行。陆寿门来。

崇文门额已。

二十六日辛巳(9月13日)

入直。陆寿门来。

二十七日壬午(9月14日)

入直。辰初到署。晤兰孙。换麻地纱。谢元福来,辛巳翰林,江苏侯补道。孙子与来。

二十八日癸未(9月15日)

入直。在内遇黎莼斋,荐孙子与。蒋伯华、汪范卿来。黄耀庭来。延曾来,有德静山信。

二十九日甲申,(9月16日)

入直。送秋皋对、屏,答海棠、木瓜。还四十两古月轩泥金红玻璃壶,二两明瓷碟二个,二两洋瓷碗五个,七两景泰砝蓝盆个,五两明霁红青花嘉靖瓷一个。得清卿信,即复,交谊卿。

八　月

己酉朔乙酉(9月17日)

入直。辰初到署。孙子与来。送锡之屏四幅,答其龙城石刻。苏来。付二两,全清。又鼻烟八两。刘佛卿函荐黎莼斋。运来。郝近垣送《郝氏丛书》全部。

初二日丙戌(9月18日)

入直。

初三日丁亥(9月19日)

入直。上看祝版,乾清门侍班。是日翁仲渊开吊,长椿寺送分,未去。到署,明日直日。晤兰孙。鲍孝裕来。未刻运来,仲午

生子名树擎,字字甫,号孟多。张僖来。李润均来。兰维垣丙卿
来。发辛、济、竹年信。

初四日戊子(9月20日)

未入直。工部直日,注差。卯初到厢蓝学,复核教习之优生三
人,各一讲一六韵诗。识字一人、讲解一人。同人俱到,午正散。
运来。孙子与来。得熙年信。

初五日己丑(9月21日)

入直。晤兰孙。送莼斋七种各二分。许仲韬来。张钟赤来,
号少林。送兰孙黄、白月季二。

初六日庚寅(9月22日)

入直。辰初到署。得苑秋丞、张沈清信,济之汇《毛诗》信。
汪子常来。胡寿祺来,与以何关山信。子宜来,与以静澜信。

初七日辛卯(9月23日)　　秋分西初二刻

入直。会吏部覆胡俊章题本迟延一折。贺仲复。答子常。子
常送月饼、火腿等件,答以扇、对七言、八言、横幅。得仲饴信,即复,
赠以燕窝、云雾茶、金珀烟壶、镂金带板,交来价廉生处。江苏降补
陈荣来,号朗山,理庵姑丈之侄婿也。

初八日壬辰(9月24日)

入直。换实地纱。为征和斋厚书对、幅。汪眉伯来。兰孙、若
农、芷庵送节礼,答之,并答颂阁、谊卿、緦臣。派覆勘朝审。复培
卿,交谊卿。

初九日癸巳(9月25日)

入直。辰初到署。得宗子材信,答以屏、幅、扇、联四事。孔昭
乾来,得伟如信并八妹信,交天顺祥,即复。

初十日甲午(9月26日)

入直。为黄耀庭作书致仲良、锡侯,交仲约。罗郁田、许子原

来。运来。费德保来。苏来。廖炳枢来。写曾、左祠扁、对,寿蘅求。

十一日乙未(9月27日)

入直。到署,考张翊宸亮基之子奏留,散遇徐小云。龚颖生来交仰蘧信。开发内廷节赏,均由钱仍改归银。十千作一两。商言诗来,贵州,峄琴门人,误拜者。作济之、竹年、辛芝、麟生札。

十二日丙申(9月28日)

入直。工部直日。赏帽纬、大卷六件。发南信。函致伟,交子宜,子宜本日以知府引见。朝房见福珍亭,定十六收工。见荫轩。

十三日丁酉(9月29日)

入直。晤兰孙。柽甫送菜四色,以其二送兰孙。付柽厨二两。付黄酒馆廿两。多付四两归入下帐。得李贡山信。乐道堂送《萃锦吟》,答以《潡喜》四函。

十四日戊戌(9月30日)

入直。懋勤殿设席。叔平过谈。

十五日己亥(10月1日)

入直。子宜来。得济之、瘦羊、泉孙、陈容叔、骏生信。运米。即发济之、麟生、嵩佺、辛芝、骏生、泉孙、小畲信。赏瓜果、月饼。又适得嵩佺信,即复,并题其缩临《九成宫》。延煜辞行。朱少愚信。

十六日庚子(10月2日)

至祈谷坛收工并查海墁,未初方归。箴亭巳刻到。

十七日辛丑(10月3日)

到正白官学,官学考梁步瀛之官学生教习,不留。文礼云未到。马筱沅光勋来。酉刻雨。

十八日壬寅（10 月 4 日）

入直。辰正到署十六改晚衙。连文渊来。陈冠生来。刘佛卿来。夜雨。付眉伯、松峻峰信，并屏、联。

十九日癸卯（10 月 5 日）

入直。晤兰孙。覆勘朝审会奏。岑云阶春泽来，得彦卿信。午初三刻又雨即止。王瑞麟来莅之之子，号仁斋，自山东候补道来，去年九月十五曾见。

二十日甲辰（10 月 6 日）

入直。工部直日。若农来。徐花农来。王仁斋送礼六色，收茶叶、汴绸。

二十一日乙巳（10 月 7 日）

入直。召见。朝审班未去。眉伯辞行赴保定。清秘送来敦一盖五字、杠头一。毕勋阁诒策来，孙帆之侄孙，济之内侄也，有静澜、济之信。得济、竹、辛、麟、硕信，即复。闻宝谷、承锏去世。又发振民信。运来。子英来。陈礽颐来，号朵峰，乙酉拔贡，住易州。闻郑州决三百丈。

二十二日丙午（10 月 8 日）　　寒露子初二刻五分

不入直。朝审上班，卅七起，巳正散。到署，同徐小云。孙子与来。崔国霖来。清秘来。付一百五十两，全清。敦一、杠头一、镐方一。

二十三日丁未（10 月 9 日）

不入直。寅初三赴地坛，辰初到，珍亭辰正来，散巳初。送乐初屏、联。苏来。一无字小铜器，二刺洋烟，还之。宝源昌来，三刺洋烟一大二小，还之。送静澜屏、联、横幅，交子宜。联、《笔记》、《年谱》，陈朵峰、王仁斋。兰丙卿来。

二十四日戊申（10 月 10 日）

入直。贺运、卓臣完姻。晤兰孙。换戴暖帽。子宜来，云廿六

行,交以静澜屏、对、幅。宝恒昌来。一百两,鼎已付。欠共廿八两,欠
一铜器,五字八两,烟。吴丹盟攀桂来,孝廉方正。陈景墀来。

二十五日己酉(10月11日)

入直。寅微雨。带宝源局监督引见。张翊宸、岑春泽引见。
招刘佛青来。杨味春来。王忠荫、岑春泽来。褚仲约成博来,正蓝
翰林官。运来。清秘崔来,一鼎、一无字汉洗,还之。

二十六日庚戌(10月12日)

入直。贺续燕甫嫁女。晤廉生。辰正到署。江槐庭来。子
英来。

二十七日辛亥(10月13日)

入直。叔平到懋勤殿谈。刘佛青、杨渭春来。子英来。胡翔
林来。

二十八日壬子(10月14日)

入直。朝房晤叔平。沈守廉来。工部直日。叔平以折稿来商。

二十九日癸丑(10月15日)

偕叔平封奏。召见。兰孙招同子和、子禾、荫轩、锡之、仲华饮
北学堂,中刻散。

三十日甲寅(10月16日)

入直。辰正到署。派写养心殿、毓庆宫贴落三件。命拟养心
殿对七言一件。换夹袍褂。马筱沅来。运来。复清卿札,敦一、鼎
一、杠头一。申刻大雷雨,竟夕。

九　月

庚戌朔乙卯(10月17日)

入直。辰刻仍小雨。派写养心殿七言对一付。未正二雷。明

日树孳侄满月,运丈抱剃头。

初二日丙辰(10月18日)

入直。贺德公善嫁妹,照公之子。晤仲复。长元吴馆苏府公请仲复,未初二刻散。子英来,以寿卿拓十二册属装六册。八月廿六交清卿拓一百十一张。廿七交山农拓一百廿九张。是日女客数席,男客未留。

初三日丁巳(10月19日)

卯刻赴正黄学,辰初出题。赴考者七十二人,荫、翁及诸君先后到,礼云未到,到散。得郭树榕信。

初四日戊午(10月20日)

入直。奉上谕:潘祖荫着兼管顺天府府尹。钦此。辰刻到署。贺兰孙礼尚。谢运斋及同乡。王莆卿来。许子原来,属缮折。欧阳润生来。朱潏来。夜雨。

初五日己未(10月21日)

冒雨入直。具折谢恩。朝房晤抟九。晤兰孙。世敬生春来。运来。发济、竹、辛、麟、振、熙年、小畲信。王忠荫署粮马、杨春元候县、查光太治中、赖永恭宛、张如梅大、于文光经历来见。张少林钟赤来。

初六日庚申(10月22日)

入直。工直日。到顺天府任,晤抟九。候何小亭。陈伯农送课卷来七十三本连清文,即交高勉之。县熊以功、鲁人瑞来候补。王芝祥来为祖蔡中和难荫事。郑沂来丁酉,前治中,鲁南。子授来。缌臣来。

初七日辛酉(10月23日)

入直。复培卿信,交运斋。苏来。铲币二,还之。启迪斋、田季瞻、劳锡田心农来。高抟九来。王仁斋来，付以豹岑信。

初八日壬戌（10月24日）　霜降丑正一刻二分

入直。辰初到署。兰孙来。密云高醴泉六十二岁来浙人。莼斋来。运来。

初九日癸亥（10月25日）

入直。答戴毅夫、莆卿。铁香、邹咏春来。发辛、麟、济、竹信。许台身子衡，行二、许祺身行四子来，子元胞兄弟。苏来。铲二，廿一两。陶见曾来曼生子。陈象瀛登甫，北厅来。管近修琢堂，江宁，南路，辛未来。

初十日甲子（10月26日）

入直。朝房晤福、李、徐荫、翁、曾。到工部，无人，招乐庵、菉生、寅臣来商顺天号舍屋事。金星在巳翼一度九分。发卫之、二姊信，交汪范卿，又德静山信。送黎莼斋、王仁斋行。以王南陔《说文段注补》属刘佛青代作序，并赠以《功顺堂》又《重论文斋笔录》一本以备考。中伯权衡来。仲韬、何小亭、梁锦奎、薛繘平来。

十一日乙丑（10月27日）

入直。朝房晤抟九。奏覆勘贡院增添号舍折。谢客。答仲韬、繘平诸君等未晤。刘佛青、麟芷庵、何其翔现任大兴来。仲韬来。

十二日丙寅（10月28日）

入直。同乡谢恩。答汪子常。花农来。仲韬来。子英来。蒋伯华来。赵钦舜来三河。

十三日丁卯（10月29日）

入直。高抟九至朝房商购买民房增号舍。答客王景贤、徐寿蘅等。王青友延绖来。苏来十五两二十五分，鼻烟全清。以《唐大诏令》校抄善本交青友，致文泉。王瑾、程志和来。

十四日戊辰（10 月 30 日）

入直。工部直日。答客。荫轩招同兰孙、锡之、仲华、小峰、子禾，未刻散。恩良来。沈宗谟霸、蔡寿泽宛署昌、陈鸿保良来。中伯权来。

十五日己巳（10 月 31 日）

入直。顺天府贡院奏勘估承修饬工部，又买民房卅二户三百零柒间，由薛奏款内拨价事。朝房晤抟九，又偕之与福、翁商河南拨款原库平事。辰初到署。恩良来。得伯恭信。

十六日庚午（11 月 1 日）

入直。晤廉生。杨锡元来保定县，己未。许子元来。刘佛青来。刘兆璋来，补三河。复胡云楣及《说文段注》订序，交胡翔林寄。子英来。

十七日辛未（11 月 2 日）

卯正起身，到镶白官学。洛英、吉甫、可庄、勉之、云舫、允升、荫轩陆续到，午正二刻归。陈镜清来南路，山东人。运来。

十八日壬申（11 月 3 日）

入直。工部加班四件。函致荫轩商厢黄管学。赖永恭来。张兆丰来通州。范履福来江西，宝坻查实。得振民信。刘枝彦来武进，涿州。欧阳霖来。

十九日癸酉（11 月 4 日）

入直。答客。辰正到工署。俞彬来。苕臣来。

二十日甲戌（11 月 5 日）

查正蓝官学，褚伯约、洛英、可庄、季超先到，云舫、勉之、幼农、吉甫、清锐翻译后到，午正二散。苏来。岑春荣来。张如枚、马序东来。昆小峰来。赵仪年来。

二十一日乙亥（11月6日）

入直。送沈中复。张璞君来。复王伯恭，送对、帖，交杨味春。王芝祥来。龚荫培来蓟州，福。朱联芳来浙湖候县，通差。胡子英来。复眉伯。

二十二日丙子（11月7日）　立冬丑初二刻

入直。工部直日。黄折一件。招荫轩、兰孙、仲华、子禾、锡之饭，未正散，小峰辞。侄光宸、张邦庆文安署、刘中瀚固安、汤钊署香河来。得辛三函、济一函、瘦羊二函，硕庭、小畲各一，即复。

二十三日丁丑（11月8日）

入直。阴雨。辰正到署。为成禄函致豹岑，子中交仲华。为光宸函致静澜。博古袁来，借十两盘川。吴家王管来，带辛、济、竹、振信，即复之。佑之来辞行，原名福宸，号臻伯，今名光宸。

二十四日戊寅（11月9日）

入直。换羊皮冠、黑绒领、白袖头。寄星台，为沈振铨石门主簿，沈宝青所恳，交刘樾仲。送中复枝山大草手卷、犀尊一匣、沉香杯一匣、斗南送洋烟一匣。唐典来。题署香河。袁又来，取六两去，连昨十六两。宫兆甲来工拔，京官。兰孙招往，即往晤。正蓝学送卷来，即写名次，发给温虞集联十九分。崔国因、文邦从来。欧阳霖来。

二十五日己卯（11月10日）

入直。工加班五件。顺奏事五件。蒋实英、杨味春、岑春荣来。运来。郝近垣、石赓臣、张驹贤、子英来。

二十六日庚辰（11月11日）

入直。晤吴雨轩。增寿寺邵师九十冥诞。答运斋。苏来。以丙卤器盖、匣、架，全挥之。换藏獭冠、瓜仁领、银鼠褂。马序东、查光泰、裕寿泉来。雨轩、宋有恒蓟州吏目来。

二十七日辛巳（11月12日）

入直。辰刻到署。晤兰孙。送裕寿泉屏、幅、对、书及席。仲华招廿九，辞之。刘佛青来。运斋、王芝祥、李少东来。

二十八日壬午（11月13日）

入直。丁予勤戊午，永清、钟德骈平谷、花农来。杨殿森送折看，举吴毓春为厢黄管学。

二十九日癸未（11月14日）

入直。卯正二刻上出乾清门，补褂侍班。官学处递折，旨依议。晤兰孙。运来。

十 月

辛亥朔甲申（11月15日）

卯正二刻坤宁宫吃肉。奎润、松森未到。送兰孙行，遇锡之。清秘来。汉洗索皕，还之。

初二日乙酉（11月16日）

入直。送兰孙登车。菽芳送米十石。发济、竹、瘦羊、辛芝、振民信。子英来。付百，瓦罐二四千，装潢直六十。陈寿椿来荫廷，大城，浙。子青洋貂褂，直卅五两，即付。

初三日丙戌（11月17日）

辰初到厢红官学，可庄、荫轩亦到，洛英、季超、雨轩、吉甫、云舫、幼农、勉之陆续到。讷生去世，送幛、联，今日艾圃在增寿寺念经一到。换黑袖头、灰鼠褂。寄石查信，交静澜，官封。王锡九书，即复，答以对、屏。高姓文翰来。王言昌来。云南，戊午己未举，现查永清,去岁文安。袁遂来。吴县人,宝坻。运来。熊登第来。

初四日丁亥(11月18日)

入直。顺天府奏二件—通坝,一蔡寿椿获盗加一级。巳初到工署。胡月舫、孙慕韩、徐棣华来。沈洁斋来仍以道用。

初五日戊子(11月19日)

入直。宝恒昌。付五十三两,又铜鼎一,全清。付姚厨郭。六两六分,共付七两五分。送沈洁斋对、席。童薇研招初六,辞之。送拮九对、屏。张璞君文子又送礼,受之,馀俱辞。长允升、王荩臣来。

初六日己丑(11月20日)

入直。皇太后赏帽纬一匣、袍褂料六卷。李子和来辞行。高文翰来。苏来。兰孙家报托寄。

初七日庚寅(11月21日)

入直。花衣。答李子和,送菜四色。答运斋、若农。姚石山渭生礼咸以豹岑信来催银,即复以已发。蒋伯华来,索去豹岑信,言及蓬史珣。王曾彦懿德曾孙来候补令。方照轩耀、刘渊亭永福来。博古袁又来。

初八日辛卯(11月22日)

入直。辰刻到署。发南信,济、竹、辛芝、瘦羊、振民各函。复香涛、清卿,交谊卿。函致子彝。苏来。追百馀字鼎一、水晶水注一、昌化笔架一,还之。兰孙固城,初六官封。高文翰来。付三百两。凌道增来。候县,新留顺,安凤人,马令请留。送方照轩、刘渊亭各一席。

初九日壬辰(11月23日)

入直。朝房晤珍亭、仲华、子斋、受之、荫轩。许子原、唐典新任香河,辞行来。刘渊亭送礼八色,受食物四色。巡检吴世长来江宁人,门口村团防局。熊登第来。运来。

初十日癸巳（11月24日）

入直。皇太后万寿，慈宁门行礼，递如意，赏还。祝季和五十。博古袁又来借钱，未付。谭澍来。前署武清，今办抚山东历城，其父兵部、总署，名谭金照举。

十一日甲午（11月25日）

入直。工直日。派写"南极赐寿"四字漏子，命拟吉祥四字卅分。贡院派昆、许。发南信，济之、麟生、振民、辛芝。为兰孙发官封。子英来一鬲。

十二日乙未（11月26日）

入直。仍是灰鼠袍褂。火药局明日奏。派伯王、芬车。派点放大臣折同扎拉丰阿。十三日崇授之招饮于其寓。寄清卿韩涅阴币一，即旧所谓卢氏涅金。高文翰来。一匜三字，不精，十两。葛嗣溁来拔，户，小京官，浙嘉。

十三日丙申（11月27日）

入直。派写吉祥话十分。辰正到署。崇受之招，同子禾、仲华、小峰，未正散。子英来。

十四日丁酉（11月28日）

入直。啃奎星斋，吊麟芷庵内艰。大风。管近修来调东路。

十五日戊戌（11月29日）

入直。与抟九在爱吾庐长谈。吴德张来。花农来。袁来。一卣盖付四十，苗香共五十六。尹次经来。曹作舟来。顺义县，绩溪人，海舫甲班，乙丑庚辰。子英来。还其鬲，属作鼎座。

十六日己亥（11月30日）

入直。为劳莘农启田写对。天甚冷。为兰孙发官封，内致兰孙一函、张季直一函。苏来。一觯有伪文，索一百廿两，还之。渭春、张子与来①。高文翰来。付三百,欠六十。得许、张、章、平家瞳合龙。通坝亦竣。

十七日庚子(12月1日)

到厢白旗官学,时辰初,洛英、荫轩、勉之、雨轩、云舫、季超、吉甫俱到,幼农、可庄未到。苏来。运来。复抟九。

十八日辛丑(12月2日)

入直。会典馆奏事一折。辰正到署。毕勖阁诒策来。付静澜信,送对、幅。张汝梅来。粮厅到任。李屺三登瀛来,兰孙之侄。王咏霓来。谭澍来六日辞。

十九日壬寅(12月3日)

入直。工部带街道引见庆毓、隆恩,见张炳琳、赵增荣、松寿、夏玉瑚,致泽海福,又世兼、锡銮。直日。派写柳州真武庙"龙城神守"四字。许仲韬来。督修贤良祠松寿、王瓘,德盛刘天枢。运来。高文翰来。

二十日癸卯(12月4日)

卯刻会典馆开馆,蟒袍、补褂。辰正伯王、芬车到火药局。高抟九、查如江、曾景钊、赵以珚、熙麟、张子彝、王荩臣、高文翰清、胡子英来。

二十一日甲辰(12月5日)

入直,以前洋灰鼠。端方来,火药局覆命伯、芬衔。刘枚彦来。涿州,为牛。临《书谱》五十张。为兰孙发信。

二十二日乙巳(12月6日)

偕犊山供用库收工。送善厚斋行。陈鸿保来为牛。王继武来

---

①"张子与",前有"孙子与"。

候县,五批解饷。得济、竹、瘦羊、辛芝信,即复。恒寿来。临《书谱》五十张。

二十三日丙午(12月7日)

入直。派写"潮白河神""潞堤保障"扁。召见东暖阁。朝房荫轩面商福、钟任满。大雾。辰刻到署。吏张以廉手画,董荫堂署河西务。曹秉浚来。银号交广东电条。临《书谱》五十张。

二十四日丁未(12月8日)

入直。以广电万金交挦九。顺府奏事钱粮价借旗租现审未完一案。岑春泽来。高慎德、刘天枢来。运来。

二十五日戊申(12月9日)

入直。上诣醇邸。郑人瑞来江西教习,直县。董荫堂来署河西巡,绍。杨令春兄来东安冬抚。

二十六日己酉(12月10日)

入直。八旗官学奏报销折,旨依议。辰正到署。子英来。鼎作座,亭长专作座。为兰孙发官封。

二十七日庚戌(12月11日)

入直。工部直日。偕嵩申供用库查估完竣一折。火药局偕扎拉丰阿奏造夯药一折、演药一折。会典馆奏章程卅五则一折。赵尔震来,以请假折交去呈递。

二十八日辛亥(12月12日)

具折请假,赏十日。子元、谊卿、廉生来。

二十九日壬子(12月13日)

三十日癸丑(12月14日)

遣人送世春。

十一月

壬子朔甲寅（**12 月 15 日**）

发兰信。

初二日乙卯（**12 月 16 日**）

赏香橙。子元、谊卿来。

初三日丙辰（**12 月 17 日**）

廉生来。得兰信、南信。

初四日丁巳（**12 月 18 日**）

复清卿，范拓廿六纸。

初五日戊午（**12 月 19 日**）

工部值日。子元、经伯、谊卿来。送周玉山席。

初六日己未（**12 月 20 日**）

续请，赏假十日。

初七日庚申（**12 月 21 日**）

发南信、兰信。得柳门信，十一复，范拓廿六纸。

初八日辛酉（**12 月 22 日**）

得伟如信，十一复。是日冬至。午刻，宁河谢锡芬来。

初九日壬戌（**12 月 23 日**）

瑞瑾号式良。子元、经伯来。

初十日癸亥（**12 月 24 日**）

发伟如、柳门信。

十一日甲子（**12 月 25 日**）

端午桥来。发兰信。子英来。

十二日乙丑（12月26日）

复锡之，问疾。三河赵钦舜、仲华来。赵寅臣、长润、延清来。

十三日丙寅（12月27日）

工部直日，户、工会议张曜请帑一百八十七万修川字河折。松鹤龄、伦梦臣来。抟九送看冬抚完竣并张、吴筹款一折，十六奏。子元、经伯来。

十四日丁卯（12月28日）

武清杨臻来，号益之。得仲田信，即复。午刻邹岱东来。

十五日戊辰（12月29日）

运来。小宇来。那益三来。程乐庵来。大风。

十六日己巳（12月30日）

大风。以续假折交笔帖式。发兰信。发南四信。复广安。廉生、王振录来。

十七日庚午（12月31日）

续假，赏五日。寄清卿寔敦拓，柳门马曹拓四纸。李觉堂来，送以菜点。吴飀臣、吴谊卿、胡子英均来。

十八日辛未（1888年1月1日）

手书并拓本廿七纸寄李少云。又毛鼎、马曹寄毛子祥，交觉堂。得高均信。

十九日壬申（1月2日）

中伯权来。复容方散盘一、马曹二、古雪浪湖一。房山文邦从来。书房安槅扇。得朗斋信，库平五千两。

二十日癸酉（1月3日）

自复朗斋信并函致抟九。抟九来，即将五千库平面交，计千两五张，三百两一张。赵铁山来。盛伯熙来。

廿一日甲戌（1月4日）

经伯、子英、易实甫润鼎来。

廿二日乙亥（1月5日）

续假，赏假五日。函致荫轩得复。子元、江小涛德宣来。德宝来，送看二戈，次日还之。运来。

廿三日丙子（1月6日） 小寒

写济、竹、辛、麟、振、硕、熙泉、小渔信。小宇送叔美梅，并印"梅花喜神馆"木印。小宇来，还账三百欠一百。飂臣来二百。恩雨田来。子英来六十。河南信初六日所发，内有桐西信，廿五发，共十五函。

廿四日丁丑（1月7日）

廉生、月汀、经伯、午桥来。补宝坻县汤钊川人来。

廿五日戊寅（1月8日）

笔政来，领安折。乔生来送《石柱颂》。发南信。叔平、荫轩、运斋、若农来。

廿六日己卯（1月9日）

销假。上召见。遇周玉山、李觉堂，遇荫轩。到署。运斋、王青友来。良乡陈臻伯、经伯、云阶来。代理永清王言昌来。发南信。钱锡采来，杭人，甲午之孙。同乡谢恩。

廿七日庚辰（1月10日）

恭代御笔漏子扁"一堂喜气""欢天喜地""福寿仁恩"，福字四十方。答宝、荣、高、徐、翁、孙、昆、敬。晤抟九、佩蘅、仲华。送玉山屏、联、《功顺》，幼甫《功顺》，云楣《功顺》，觉堂联、幅、集笔记录，易实甫屏、联、集笔记。刘樾仲、冯开勋来。三次送食物。钱青选来涿州判。

廿八日辛巳(1月11日)

入直。到署。派坤宁宫十一言对、长寿字、福四十方。答客数家。冯梦花、汪仰山补东安、徐璟吴县,洞庭候补、查如江、朱子涵、董开沅来。汪仰山号鲁瞻。徐璟号晓珊。运来。子英来。

廿九日壬午(1月12日)

入直。恭代上写漏子扁三面"又日新""矫轻警惰""寿比南山"。恭代御笔进太后吉祥四字扁五分。恭代御笔进一太后福寿、龙字红笺各一方,龙笺各一方。工直日。送航雪拓本卅七纸。隆斌西山来潮守。经伯、胡月舫来。花农、运斋、王荩臣、谭澍来。

十二月

癸丑朔癸未(1月13日)

恭代御笔开笔,福字五方。何其翔、许子元、邹岱东来。子英来。复王振录,为函致子彝。

初二日甲申(1月14日)

入直。派写盛京奉化"临潢普护"一面。刘兆章来。湖北人,号玉田,署三河。赵钦舜来。三河,署永清。得兰、仲诒信。王振钤、易实甫来。

初三日乙酉(1月15日)

入直。上祈雪。卯正后雪。顺天府奏资善堂并参谭澍。晤荫轩。送乌少云祖母入节孝祠。陈象瀛来。运斋、子英来。

初四日丙戌(1月16日)

到正白学。荫轩假,幼农目疾。洛英、吉甫、吴雨轩、云舫、可庄、勉之、允升俱到。顺天府报雪二寸,工部引见,均注差。熙麟来。赏袍褂料。

初五日丁亥（1 月 17 日）

入直。递年差。派拟吉祥话各四十分,共一百六十分。辰刻到署。暴蔚云、尹子勖来。

初六日戊子（1 月 18 日）

入直。呈递吉祥话一百六十分。送子勖菜。江韵涛来。张朴君来。得兰孙信,复之。梁航雪来廿金。运斋来。阿克占来。

初七日己丑（1 月 19 日）

入直。顺天府京察过堂,一等查光泰。晤仲华。候云阶。汪仰山鲁瞻、李卓如烘来。薛云阶来。

初八日庚寅（1 月 20 日）

玉粒纳神仓,辰时同季和、拽九,共五谷二表七斗九升五合二勺。工直日,注差,巳刻工部京察过堂,未正散。得南信。发南信济、辛、麟,内为立山祭幛。许子元来。汤钊补宝坻、杨春元来。皆解饷。丁予勤戊午举人来。前永清,撤。

初九日辛卯（1 月 21 日）

入直。派写四字吉祥语,共百六十分。经伯来。龚右勉来,交郑东甫。关贵、运斋来。

初十日壬辰（1 月 22 日）

入直。晤廉生。刘佛卿来。启承斋、端午桥、夏渭泉来。张子虞来。运斋来。复清卿鼎一、戈一。李秋亭金镛来。

十一日癸巳（1 月 23 日）

入直。送秋亭菜点。子勖辞行。子英来。夜雪。

十二日甲午（1 月 24 日）

入直。大雪。朱潘、李云从辽幢八。胡子英鼎白。欧阳衔来协修。

十三日乙未(1月25日)

入直。召见抟九,上见第二起。顺天府报雪,又贡院恳加拨一千五百两。为查如江作序。宝佩蘅、曹再韩来。

十四日丙申(1月26日)

入直。辰刻到署。李煐带崧锡侯、延旭之信。文贡三琳来,质夫之弟,行四。赵之营来。丁丑,涞水人,厢蓝。潘光祖裕堂、杨昧春来。胡子英来五十。

十五日丁酉(1月27日)

派写广教寺斗子扁。入直。晤兰孙兵部朝房。端午桥来。

十六日戊戌(1月28日)

入直。派写河西务"流安岁稔"扁。工部带引见成霡一名。李卓如来。王茛臣来,往蓟州,审王姓占崇公地一案。

十七日己亥(1月29日)

入直。赏福寿,引见时磕头。航雪、延清来,增校对八人。张钟赤来。

十八日庚子(1月30日)

入直。派写"功存垂瓟""谷城保障""寝城淳佑"扁。

十九日辛丑(1月31日)

入直。派恭书御笔"延年益寿"漏子。顺天府月折,八旗官学保正白保锡鋈钟署,厢蓝保吴,厢白保蒋艮。辰刻到署。点协修、校对各十人。蒋实英来。运斋来。曾景钊来。

二十日壬辰(2月1日)

入直。子原、岑春泽云阶来。候管学官蒋仲仁。发樵野信。吴子蕉浚宣来。

二十一日癸巳（2月2日）

入直。皇太后赏福寿字、大龙字。懋勤殿跪春莱山假。卯刻进《春山宝座芒牛图》，同挼九。朝服。礼部薇研照料。发下春帖子赏。赏大卷八件、貂皮十张。派充经筵讲官，具折谢恩。发南信。运斋来。连捷仲珊，丙戌来。

二十二日甲辰（2月3日）

入直。沈子培、丁立干桐生来。仲华来。

二十三日乙巳（2月4日）

丑初起身。陆天池钟岱来。廉生交《大德》《汉堂》，索二百八十金，还之。仲仁来。祀灶。陈景墀来。

二十四日丙午（2月5日）

入直。文安张邦庆来。

二十五日丁未（2月6日）

入直。招客二席，未正散。

二十六日戊申（2月7日）

入直。花农来写折。陆天池来，为《杜诗》二匣事，东桤一物。怀柔李天锡丙子丁丑、耀初贵州来。子原、石赓臣来东安。何心泉德源来，少东之门生，云南人，发贵州教习知县。

二十七日己酉（2月8日）

入直。赏荷花、貂皮、手巾。派写福、喜、财、贵神之神位，及本年本月本日本时太岁至德尊神。节赏开发。吴飈臣、王子范、运斋、江菉生来。花农送画，月舫食物，子原送花。

二十八日庚戌（2月9日）

入直。上阅祝版，回时碰头。补褂、蟒袍。寅初敬神。请客，未初散。风冷。

二十九日辛亥(2月10日)　冷

上诣太庙,不侍班。赏燕窝。赏大小荷包。还黄酒馆九两四分,欠一两四分。晤廉生,还二百三十四两,欠卅六两。经伯来。梁航雪来。

三十日壬子(2月11日)

入直。派写"福寿绵长""人寿年丰""新年大喜""新春大喜"漏子。赏龙字。上御保和殿,出乾清门时貂褂蟒袍,叩头谢,不站回班。夜祀先。

光绪十四年(1888)戊子①

正 月

癸丑朔,月甲寅(2月12日)

寅正关帝庙拈香。慈宁门行礼。太和殿行礼。懋勤殿开笔,递如意,赏还。候三邸。未初归。

初二日甲寅(2月13日)

入直。吴门生招,辞。官封发黄花农、刘芝田信,兰孙信。

初三日乙卯(2月14日)

入直。辰初雪。

初四日丙辰(2月15日)

入直。雪颇大。皇太后派题寿福禄图十二幅。上派写吉祥四字漏子十一件。子原来。

初五日丁巳(2月16日)

入直。拜年未刻。顺天报雪。

初六日戊午(2月17日)

入直。同乡谢恩。拜年午初发兰。到署。沈宗谟来。范履福来补良。陈镜清来。

---

①函套记:"先文勤公日记,清光绪十四年手稿本。侄孙承弼谨装。"封面有"龙威洞天"、"如愿"、"吉祥喜语"、"梅花喜神之馆"、"喜"二枚、"戊子"四枚印。

初七日己未(2月18日)

入直。皇太后派题寿星十七首、朱崔二首。拜年午初。启绪、袁遂来。

初八日庚申(2月19日)　雨水

巳正二上诣祈谷坛,侍班,花衣,补褂、染貂冠。李云从来十六,以航雪信。瑞德同李、吴,未初散。拜年。运来,吴葆长良县丞,江宁、马涿、张大、赖昌、蔡宛来。抟九来。

初九日辛酉(2月20日)

入直。辰初上自坛回。辰正二上阅太庙祝版,侍班,补服。雪二寸。周承先晓渐、汤钊来。郝近垣西、张璞君通、唐典香来。管近修来。谢锡芬、高醴泉来。

初十日壬戌(2月21日)

入直。派写"郇城昭佑"扁。晤廉生。会典馆拈香。子青招福寿堂,未正行。陈象瀛、陈寿椿、赵钦舜来。子英来。文子义来。

十一日癸亥(2月22日)

入直。顺天报雪。大雪。派题皇太后画鹤八首、凤五首。辰刻到署。龚右勉、刘枝彦来。

十二日甲子(2月23日)

入直。刘兆章来三河。王言昌、刘中瀚、许仲韬、李天锡来。曹作舟、谢裕楷来。徐琭、常荣通州粮马通判、华堂、理藩来,樊庆寅癸酉,房山教来。

十三日乙丑(2月24日)

入直。顺天府奏雪高召见。顺天团拜,同抟九招机、户、内,颂阁、受之、云阶,共四席,到三席,申正先归大雪。劼刚招十五福寿,辞。

十四日丙寅（2 月 25 日）

入直。唔子斋。谢锡芬、沈宗谟、胡月舫来。招运、子千、伯华、莆、范、彦和。

十五日丁卯（2 月 26 日）

入直。顺天报，雪深透。辰正，保和殿宴，蟒袍、补褂、染貂帽，巳初三散。何德源基①来礼贤丞。马序东、龚右勉、汪仰山来。

十六日戊辰（2 月 27 日）

入直。壶天，麦花五个。午初二乾清宫廷臣宴，午正散礼、额、恩、福、锡、奎、乌、昆、伯、张、徐、翁、许、潘。赏如意、蟒袍、瓶烟、袍褂并席。子英百，鼎欠五十、张邦庆文、唐典香、赖永恭昌、文邦从房来。

十七日己巳（2 月 28 日）

入直。上召见。顺天奏，春抚三万石。唔抟九朝房。辰正到署，刘兆章来。殷秋樵、阿振之来。松寿鹤龄来。

十八日庚午（2 月 29 日）

入直。派题皇太后画凤诗二首。熊登第来。方惟禔来。罗鼎焜广西，武清，其父安南县来。夜雪。

十九日辛未（3 月 1 日）

入直。小峰慈寿，送烛、酒。张正焴、杨臻武、志彭来。蔡崔君寿椿、阿振之、中伯权来。

二十日壬申（3 月 2 日）

顺天府演耕。贺小峰太夫人寿，未刻归。征厚、启绪、徐琪、王忠荫来。

二十一日癸酉（3 月 3 日）

入直。周承先来。运来。

---

① “何德源基”后作“何德源心泉”。

二十二日甲戌(3月4日)

入直。皇太后赏画松崔一幅。派题寿福禄图十四首。九卿团拜,以家忌不到。到署,点派伦五常所遗各差。得南信,即发。子英小币卅,欠册、鲁人瑞、熊以功来。

二十三日乙亥(3月5日)　惊蛰巳正一刻十二分

入直。派题鹤十幅。奉上谕:照旧供职。钦此。招王文锦、徐会沣、蒋良、王仁堪、高钊中、曹鸿勋、李培元、若农、飍臣、抟九,未初散。颂阁辞。

二十四日丙子(3月6日)

入直。派题梅一幅、兰三幅、崔三幅、凤三幅。招月舫、花农、子原、航雪、寅臣,经伯辞。王锡九遣价赵来见之,钱锡采、余坤川拔来。

二十五日丁丑(3月7日)

入直。派题皇太后画,凤一、崔二、荷花七,共十幅。王青友、冯梦华来。张兆珏来号〈幼〉和,怡山之子。蔡右年、何其翔、蔡寿臻、荣恒候州来。俞志贤来。

二十六日戊寅(3月8日)

入直。公折谢恩,引见时碰头。派题皇太后荷花十一幅。巳初到署。得兰孙十七信,即发。徐寿蘅招湖广馆,辞。冯开勋来,号春浦,送以许文恪对、幅及《洗冤》《全生》《产宝》。姚虞卿来。桐城通判。伯昂,石浦侄孙。杜锡九来。廉生荐,古泉十一、宝化刀一、齐刀范二,付以十二两九钱。

二十七日己卯(3月9日)

入直。派题皇太后画兰八首、梅一首、鹤二首、凤一首,共十三幅。工部直日,颂阁以京察未到。鲁人瑞来。代理怀柔。闻步军统领衔门出示大钱权成。

二十八日庚辰（3 月 10 日）

入直。曹福元、丁予勤来。金倅铨来。代理霸，号霞堂，杭人。赵钦舜署霸、罗鼎焜武清来。黎荣翰来。

二十九日辛巳（3 月 11 日）

入直。昆小峰、吴蔚若来。王荩臣来。辞往顺义，那王氏一案。

三十日壬午（3 月 12 日）

入直。派题皇太后画，鹤四幅、寿星跨雀一幅。召见。顺天府封奏一件。辰刻到署。子英来四十。邵实甫来。贵东道。

二 月

乙卯朔癸未（3 月 13 日）

朔入直。卯正二刻坤宁宫吃肉。辰初三至顺天府演耕，午正散。崔惠人来。刘锡元来保定。

初二日甲申（3 月 14 日）

入直。谢裕楷来新派发审，陕人。丁予勤来署顺义。运米，得镜如信。为领道照信五纸，实收三纸，交运斋。由百川通来。薛黼平来。运又来。

初三日乙酉（3 月 15 日）

入直。发南信济、竹、辛、麐、振、熙，清卿信，拓二纸赵梦奇。刘枝彦来署大兴。查如江来。子英来五十，全清。

初四日丙戌（3 月 16 日）

入直。辰刻到署。范履福来。宛平，二百四十里，黎园岭村，验梁正德来。赴良乡本任，尚练氏一案。得兰孙、仲饴信，复之，初六发。

初五日丁亥（3月17日）

入直。上看社稷祝版，补服侍班。啀子青丈之子同苏去世。朝房晤抟九。工直日。端午桥来。陈小亭来。

初六日戊子（3月18日）

卯正赴厢白官学，蒋、钟俱在。吴、吴、王、王、长、高、荫轩先后到，福幼农亦到，巳正散。杜锡九来，念庭父乙觚，还之；还胡戈一、剑一。蔡崔君来。范履福来禀辞。子英来。张如枚来。

初七日己丑（3月19日）

入直。上阅朝日坛祝版，补服侍班是日忌辰。得济、辛、麟生、硕庭、小渔、广安信，即复。寄麟《郭有道碑》。

初八日庚寅（3月20日）

入直。派题皇太后画鹤六首、凤二首。寅刻上诣朝日坛，过会典馆，应侍班，以有差，偕李、吴，均未去。巳初到署，祝运斋夫人寿。刘枝彦、运斋来。

初九日辛卯（3月21日）

入直。曾廉访鈝来。沈宗谟来。冯锡仁星垞以谭文卿信来。

初十日壬辰（3月22日）

入直。晤廉生、赵松峰、中伯权、江菉生来。为东甫函致王禹臣言昌。

十一日癸巳（3月23日）

先农坛视农器。派拟扁、对四百馀件。送曾怀卿对、屏。复绥之。若农来。子英来。

十二日甲午（3月24日）

入直。卯正顺天府会奏保甲。上视文昌祝版，补服侍班。派拟船名十二、殿名十、洋楼四字十二。送曾怀卿席。辰刻到署。许子元、李耀初天锡来,以东甫事告之。子英来三百廿,欠卅。

十三日乙未(3 月 25 日)

入直。辰初上看关帝庙祝版,补服侍班。皇太后派题菊二幅、牡丹二、玉兰一、梅一、蓉桂一、荷花二又洋楼三字扁十二分。工直日。何德源心泉教习,贵知县,来。廿四日交以伟如信、许朱拓。陆天池来。吊张同苏。看缪小山,到门,其仆辞。庞国珍来,号小芙,训导,其父掌运。

十四日丙申(3 月 26 日)

顺天府演耕。辰初到午初散。曹作舟来。调临城,赵州属。韩景琦来。乙酉直拔,山西。丁振铎来。辛未,巩昌守,徇卿。

十五日丁酉(3 月 27 日)

入直。派拟洋楼三字、四字扁各十二面。熙麟来,送梦臣、怀卿、实孚三皆有屏、韩景琦少蔚对。蔡崔君来。翁道鸿号仪臣来。恩雨田来。

十六日戊戌(3 月 28 日)

入直。派题皇太后画梅一、菊一、兰一、藤花一。派写“安澜艑”三字。乌达峰、奎星斋、清吉甫、兴诗海、景黼庭招十七文昌,辞。运来。马信芳同、芮家荃目禀留袁遂。

十七日己亥(3 月 29 日)

寅正赴正黄学大考八旗,钟、徐致靖先到,长、吴、吴、王、王、高、蒋后到。未初先散。中伯权、松崔龄、吴飐臣来。石赓臣右皋来。

十八日庚子(3 月 30 日)

入直。派从耕。睿、郑、克、锡、曾、续、孙、麟、潘、松、黄、廷、禧十二人。辰正到署。琉璃,中衡、张正垶,满派联福、王瑾。冯寿松号崔巢来浙湖州,前固安。长允升来。袁镜荪来。

十九日辛丑（3月31日）

入直。唁顾皞民、康民。王小宇、高拚九、沈宗谟来。寄辛芝《说文统释》、《音同字异辨》、许文恪仁师朱拓二分、汉专二分，又瘦羊、硕庭汉专二分。兰维垣来，送沧酒。杨味春来。

二十日壬寅（4月1日）

入直。到署。唁伯双。招伯兮、廉生、佛青、梦华、子培、小宇、仲弢、天池，辞者再同。丁予勤、李润斋来。

二十一日癸卯（4月2日）

入直。工部直日。带引见，景星、那谦、清朴、伊凌阿、毕棠、区谔良等。杨传书奏留。送陆梅孙、天池对、幅。派题皇太后画耄耋富贵一、松雀一、荷花二、山水二、寿星雀二、桐凤四、竹凤一、海屋添筹一、灵仙祝寿一、松雀一，共十七件。陈瑞伯鸿保来。

二十二日甲辰（4月3日）

入直。晤廖谷似朝房。派题皇太后画路丝一、柳燕一、松鹿一、牡丹一。蒋芝庭嘉霖来。朱子涵来。子英来廿，欠十。曾景钊来。执小门生礼，所赠宋本《国语》、鼻烟、研、《书谱》皆却之。赵钦舜、庞国琛来。寄青士对、屏。又庞小芙索豹岑信。

二十三日乙巳（4月4日）　　　清明申初一刻二分

入直。派写霞曙楼贴落二件。得兰孙、仲饴信廿六，复，又豹岑信。运来。华尧封来已七十八。隆斌、汪范卿、恩雨田、马锡之序东来。寄清卿拓本交运。运办寿器九十。

二十四日丙午（4月5日）

入直。寄清《阳明集要》、《说文统释序》、《音同义异辨》、《悲盦诗》、许拓、《雪浪》、柳《探路记》，三书同，许、《雪》同，交隆酉山送对、《洗》、《全生》。辰刻到署。廿五安徽团拜，辞之。邵实孚积城辞行。交伟如信并人参。王叔贤继武查通州地案，辞行。运来。

二十五日丁未(4月6日)

入直。派写"惠洽丹川"扁面。顺天府奏月折，开复谭澍。先农坛演耕。同孙燮臣、抟九、何小亭饭。心存侄锡聘之来。廖谷似来。

二十六日戊申(4月7日)

入直。派题皇太后画鹤一、蟹二。送华尧封席。喑薛云阶，答谷似、尧封。杨味春属作《颜氏》《春秋》二书序，书还之，付之。送梁航雪拓本二纸。运来。苏来。赵寅臣来。韩景琦来。交刚、张、嵩《笔记》《口集》《洗冤》。

二十七日己未(4月8日)

辰初天坛、先农坛收工，午初散，箴亭因丰泽园侍班未到。心存寄到济之信件。若农送烟，还二次。子元、鲁人瑞卸怀柔来。运来。张少林来。梦臣、再同来。

二十八日庚申(4月9日)

入直。查估，偕箴亭覆命。换毡冠、棉袍褂，摘白袖头。派写扁六十三面已写四十四。先农坛演耕，上阅视祝版，乾清门补服侍班。未正三刻小雨。得济、竹、振、麟信，廿九发，即复麟拓二分，又辛信。冯春圃送河豚、黄花鱼。

二十九日辛酉(4月10日)

寅正二上诣先农坛。辰初礼成，蒴以从耕，抟九进鞭兼接鞭。得仲饴望日信，官封，初一复，交兰孙。杨味春来。

三　月

丙辰朔壬子(4月11日)

入直。派写扁三十三面、对一副。晤廉生。到署。端午桥来。

杨增来卸武清,房山缺。心存来。运来。曾怀卿来。仓尔爽来在平,号寓臣。谭澍、董开沅来。崔惠人来。

初二日癸丑(4月12日)

未入直。卯初正红旗查学,长、吴、洪、钟、吴、高、王、蒋、王先后到,巳初先散。石右皋、刘竹坡、陆天池、吴荫培来。岑云阶、王苌臣来。竹坡属题吴柳堂遗墨。

初三日甲寅(4月13日)

入直。派写扁二面上、南、对廿三副。心存侄搬住桥南。未至申小雨。龙泉寺伯父母十周年。沈洁庵来。谢裕楷、王曾彦来。解郑工十六万销差。癸酉、乙酉文昌团拜,辞之。送仓尔爽隽臣、廖谷似席。送沈洁斋席。李云从来。赵国华菁衫来乙酉门人恩澄号丹来之父。运来。

初四日乙卯(4月14日)

入直。顺天府奏雨二寸。辰刻到署。答赵菁衫、沈洁斋。大雨午后止。

初五日丙辰(4月15日)

入直。顺天府奏雨四寸。送赵菁衫席。张益禧小沧,癸丑名文澜之子来。王禹臣言昌来卸永清。朱卓英来。送赵菁衫对、书。送华尧峰对、书。

初六日丁巳(4月16日)

入直。派写"养正毓德"及南、上蜡笺扁。晤抟九。长允升来。张璞君来。华瑞安学澜来。复绥之,交运斋。寄瘦羊送再同拓八十二纸。

初七日戊午(4月17日)

入直。到署。许子元来。乐庵来。地山来。江蓑生来。

初八日己未(4月18日)

入直。直日。派题皇太后兰二、鹤二、诗八首。发南信,辛、麟、济、竹、振、曲园。寄清卿造象十二纸。寄郭寿农、田星五、赵梦奇信。卫荣庆来。荫通判,广阳江人,佐邦之孙。赏袍褂料各二端。

初九日庚申(4月19日) 谷雨子初三刻一分

入直。派题皇太后梅五、菊一、松芝一、海屋一、鹤二,共十首。江苏团拜才盛馆,未到。送如江、玉亭、鹤君、竹坡对、幅。送天池拓。送佛青、梦华盂鼎拓。张兆珏来东安,春抚。徐孙麟承祖来。张肇镳来。逸群①,府经,宝坻春抚。陈小亭来。

初十日辛酉(4月20日)

入直。派题皇太后松二、梅二。到署。玉亭、竹坡、鹤君来。胡蕲生聘之、蔡右年松峰来。花农来。

十一日壬戌(4月21日)

入直。派题皇太后梅花四。工加班奏帘子库事。运来。发南信,济、瘦羊。得石查信,并《岁朝图》,即复,并钵拓十纸交其家。李佐周桢来湖南。

十二日癸亥(4月22日)

入直。派题皇太后梅花七。贺运、清秘,答李桢。曾景钊陶山来。朱敏斋靖甸,戊午、已未来。蒋醴堂嘉霖来。

十三日甲子(4月23日)

入直。麟芝庵六旬正寿,送烛、酒。送翁仪臣道鸿席。雨。李端遇鸿正来。

十四日乙丑(4月24日)

入直。顺天府报雨一寸。辰正,到工部署。朱联芳来浙县,通

---

①"逸群"后文作"楫琴"。

帮审。鹤巢来。赵菁衫、蔡世杰来。吴树荣来。

十五日丙寅（4 月 25 日）

入直。运斋来。祝茀卿祖母七十。茀卿、天池、陈瑞伯来。已酉十九团，又福箴亭、师曾、嵩申、巴敦甫、崇星阶福寿堂招。赏袍褂料、大卷四联。崔惠人、武幼毅景炘，乙酉付来。

十六日丁卯（4 月 26 日）

入直。派题皇太后竹四、梅二、海屋添筹一、山水三。安徽馆同颂阁、生霖、传九、子授、燕甫，劳恺臣庖，燕甫承办票演，共四十两。复镜如电。

十七日戊辰（4 月 27 日）

到厢蓝官学。吴运、长、徐荫轩、高、吴、蒋陆续到。王云、王可未到。卯刻雨，午初止。复清卿，有颛蔡轩赠拓。送天池拓本。赵钦舜霸州、王彦盛来。李佐周来。

十八日己巳（4 月 28 日）

入直。辰刻到署。隆书村文来长宝道。张赓飏来。范履福六吉、许仲韬、王荩臣来。

十九日庚午（4 月 29 日）

入直。派题皇太后画梅五、兰二、竹二、菊二。得济、辛、麟、子宜、小畬信。己酉才盛、箴亭福寿堂，均未到。江亭、子禾招，同荫轩、漱兰、寅臣，申初散。送仓寯臣、徐孙麒、朱敏斋对、幅，劳凯臣对、扇。

二十日辛未（4 月 30 日）

未入直。顺天府五营合操，巳刻归。送天池拓六十一纸。得仲饴十二月十四信，复，交兰孙函中。

二十一日壬申（5 月 1 日）

入直。派题皇太后画荷三、兰三、凤二、鹤三。韩培森浙庶、运来。寄石查信,并为书幅四。

二十二日癸酉(5月2日)

入直。工引见二名彦秀、龙保。到署。运来。谷似来。仲韬来。寄镜如照六张,交运斋、念劬。

二十三日甲戌(5月3日)

入直。送廖谷似行。送天池廿五纸。发南信,济、瘦羊、辛、子宜、小奋、鞠常、泉、硕、熙。马东垣、丁予勤来。长麟,诗农,正黄来。杨保彝来。

二十四日乙亥(5月4日)

入直。工直日。贺劼刚嫁女。才盛馆丁未招,陪尧封,申初散。亚陶来。运来。寄清卿信,十布拓、“三百古铢斋”扁。

二十五日丙子(5月5日)　　立夏巳正一刻十一分

入直。唁姚柽甫。庞泽銮省三子,号芷阁、暴籥云来。蔡鹤君来。赵执诒、崔惠人来。

二十六日丁丑(5月6日)

入直。顺天府奏事。到署。阅熙麟课卷八本。沈宗骞来。送查如江孙完姻烛、酒。

二十七日戊寅(5月7日)

入直。管学正黄,奏派长麟。贺乐初杭州将军、诗农正黄管学。仓寯臣来。宜子望、刘兆章三河来。复李少云希哲。赖永恭来昌平。

二十八日己卯(5月8日)

入直。送佩卿行。王青友、熙小舫来。金蔚堂铨来卸霸州,完五十馀件。答林维源时甫对、屏、《功顺》,交许国荣。花农、佩卿来。送佩卿扇、对。王苠臣来。冯开勋送河豚。

二十九日庚辰(5月9日)

入直。运来。中江来,即派二人迎提金砖午正。江苏解砖委员何东桥浙宁波人应缓解一千五百砖,并以崧镇青信来,即往见中江。柯逊庵四百、胡月舫来。松崔舲来。

三十日辛巳(5月10日)

入直。上阅祝版,乾清门侍班。派题皇太后画竹三、梅二、菊一、寿意瓶花四。得南信,济、竹、麟廿九。寅臣来。

四　月

丁巳朔壬午(5月11日)

入直。到署。许子原来。得伟如信二月廿七。杨崇伊、石赓臣、王瓘来。朱潽来,未见。

初二日癸未(5月12日)

入直。工部带引见。直日。内廷节扇送赵梁写。陈瑞伯、熊寿笺号聘仙,登第兄来。文子义来。

初三日甲申(5月13日)

常云大祀,午初上诣斋宫,蟒袍侍班,未初散。得振民信,寄吴枚庵《杂抄》郭树榕鼻烟。徐、李、吴同食瑞德堂。

初四日乙酉(5月14日)

子刻张姨太太去世。花农来写假折。运斋来。发南电、南信。工部团拜,辞之。未刻大敛。复仲田信,伯衡、范卿来。手复欧润生。

初五日丙戌(5月15日)

请假,赏五日。

初六日丁亥(5月16日)

运斋、陆淡吾、抟九、华尧封、范卿、陈瑞伯代东安、莆卿、杜庭璞、廉生、何福海江苏道,丙午、庚戌,镜波、王青友、吴蔚若来。廉生来,以李少云拓本及彦士拓本去。韩荫荣、荫棣、张钟赤、刘枝彦、蔡寿臻来。中江来。运斋及董彦合、陶氏昆季、心存送三。彭氏昆季、胡月舫、伯华均来。

初七日戊子(5 月 17 日)

发伟如信,官封。毼臣、寅臣、兰维垣、朱靖藩、石赓臣、罗鼎焜来。石、罗祭席,璧。致仲饴,交兰十一发。

初八日己丑(5 月 18 日)

以安折交笔帖式。得竞如信,照已到,即复,并清卿信,为志嘉。高文翰来四、廿。

初九日庚寅(5 月 19 日)

具折请安。派写惇叙殿等对九言、八言、七言三分。手复豹岑、吾山,交兰孙,又仲饴十一。箴亭面商凤舆。到署。陈瑞伯、查如江、朱敏斋来。得兰孙卅日信。

初十日辛卯(5 月 20 日)

西苑门跪迎皇上卯初、皇太后卯初二,蟒袍、补褂,递如意,辰初散。赏收。丑正二在奏事房遇衍圣公孔令贻。运来写神主。吴蔚若来。江丈清骥、孔燕庭令贻来。

十一日壬辰(5 月 21 日)

入直。万善殿本日为始。工直日。同人俱至关防衙门并看礼器图册,面商凤舆,内务府图取归工部。巳初散。汪仰山、韩文钧子衡、高文翰四清、刘圣祥光福人,菊常中子、高晋墀用年侄帖,又北河州同大帖来。龚幼勉、杨蓉浦来。

十二日癸巳(5 月 22 日)

入直。到署。送对、扇、书何镜波、彭伯衡。送对、幅陆澹吾。

送对、书韩子衡。复济、辛、振、硕。发南信二次,并复。李佐周桢、杨增,房山来。管琢堂来。能谷来。

十三日甲午(5月23日)

入直。朝房晤拴九。顺天奏王宏裕、王玉升一案,春广、春二、普明、普玉一案原参奎家五虎。画十八奏稿,会都会馆二百六十三所。点主范卿,心存相题。送袍料。

十四日乙未(5月24日)

卯刻殡于龙泉寺,到者陶、董甥,蒋伯华、王莆卿、心存、能谷,辰正三回吉。

十五日丙申(5月25日)

入直。召见,派写颐年、含和殿扁、七言对七付。发南信,复济、竹、辛、麟、广安。函致康民请赴宝坻。函致兰丙桎事。关兴槎送橙,前送分璧。王小宇来。王荮臣、陈小亭来。致高阳信为桎甫。

十六日丁酉(5月26日)

入直。龙泉寺开吊,辰正到,申初归。

十七日戊戌(5月27日)

入直。派阅考试试差卷,同福、张、锡、徐、昆、童、徐、孙、乌,午正散。途中遇雨。伯武赴通。顾康民来,属赴宝坻。宝坻事函复拴九。李云从来,付十两。复航雪。张楫琴肇镳来。致意施子英、章定庵、袁敬孙。

十八日己亥(5月28日)

入直。派写扁六面。晤拴九,遇燕甫、箴亭、芷庵会都奏会馆。到署,遇吉甫。陈冠生来。黄再同、张叔俨督、林文伯绍清来。朱子清、熙小舫、吴蔚若、花农来。王世骏派帮稿上行走来。复拴九宝坻及北路缺。

十九日庚子(5月29日)

入直。工直日。答拚九。晤答如江。黄秉湘、卞绪昌、敬子斋来。函致如江,为送元卷事。官学奏留正红管学官长萃。

二十日辛丑(5月30日)

入直。派查库,同睿、豫、澍、滢、奕、谟、奎、麟、乌、续。高霞轩醴泉来。王小宇、联福来。石赓臣来。潘衍桐、崔国因来。

二十一日壬寅(5月31日)

入直。陈祜曾阜,寿卿孙。发南信济、竹、瘦羊、辛、振、顺伯。吴子重内子青廿两、叔平廿两、余廿两,共六十两,由济之交。刘竹坡来。

二十二日癸卯(6月1日)

入直。杨增来到房山本任。汤钊来宝坻,前香河,有案。李翰芬来少骏,广东人。柯逊庵来。运来。

二十三日甲辰(6月2日)

卯正到署。辰正二查库起四十万,午初散。潘峄琴来。查如江来。谢星海来。

二十四日乙巳(6月3日)

卯正二查库,辰正二散。每日二班八十万。长允升、刘佛卿、陆天池来。

二十五日丙午(6月4日)

卯正查库,巳初散,与上同。荫轩招明日,辞之。含英王姓来。夏味春来。杜锡九来。一爵一造象,直四十。未正交。赏直径纱四匹、漳纱二件、葛布二件、帽纬二匣、扇一柄、燕窝一包。复仲饴,又刘苌臣,交兰。

二十六日丁未(6月5日)

卯正查库,辰正二,四十万。函暗谢绥之并幛,交电报局。恩雨田八合以送芷庵,又黄绢二,又为装鼻烟。冯梦华来。得王振录复之、严书麟信,知王振铃去世。杜锡九来,付五十四两,五刀。据云张独鹇一鼎岁、一砖郑日高肯出售,须一器五百。张少林来。岑彦卿五月廿八日幛、如意。

二十七日戊申(6月6日)

卯刻赴库,巳刻散。许仲韬、石赓臣、刘中瀚、蒋伯华来。赵以埛来。

二十八日己酉(6月7日)

卯初到署。卯正赴库,辰正二散。曹福元、张璞君来。陆蔚庭来。杨味春来。彦卿六十寿,送幛、如意。赐寿"绥圻锡祜"。

二十九日庚戌(6月8日)

卯初赴库,辰正散。许子元、吴光奎户员,新湖广道来。得兰孙十八、仲饴信,初一复。李桢佐周、熙小舫来。

三十日辛亥(6月9日)

卯初赴库,辰正二毕。共五百四十五万馀两,盈馀四万七千二百廿五两。徐铨、王继武来。棍噶札拉参胡图克图嘉木巴图多普来。宜子望来。刘竹坡来为周祠函致叔平。赏袍褂料、葛纱、葛布、帽纬等十件如例。

廿八日未写(6月7日)

换亮纱。王荛臣来。运来函培卿。

五 月

戊午朔壬子(6月10日)

入直。查库第一次复命。开发内庭节赏。发南信,济、竹、辛、羊、振。岑云阶送彦卿信来。李乘时来解棕毛,第一批。赵寅臣来放贵州主考。

初二日癸丑（6月11日）

入直。夜雨达旦。辰正到署,陈协榁来号映垣,秋谷门生。杨味春、许子元来。王碑估来付九两八分,梁航雪所荐。航雪来十八金。王宝璐来。号子诜,辛芝亲家。仙庚之堂弟,山西静乐。庞绚堂来。

初三日甲寅（6月12日）

入直。顺天府奏雨一寸。于六部公所晤抟九。梁经伯卅金。送陈映垣扇、对。赵绍平润笔袍褂、纱葛。送黄泽臣席。

初四日乙卯（6月13日）

入直。润古来。鼻烟廿两,全清。笔彩来。四两,两峰五瑞。以焦秉贞画送劼刚,并索其画。含英王姓来。裴六古钵、造象。陆天池来。张少林送司寇良父敦、中姬鬲,还之。劼刚来。申刻地震。赏角黍。

初五日丙辰（6月14日）

入直。派写"洛学心传"四字扁福建。张肇镳来。送扇、对四分,交张。子英、敬孙、定英、一琴即张,为宝坻办工好以奖之。赏角黍。含英王姓来。裴六古钵三,千六;造象二,三百。此外陶片十七、砖一、竟二、幺布一,索昂,初七还之。

初六日丁巳（6月15日）

入直。辰正到署。顾缉廷来。

初七日戊午（6月16日）

卯正,查内库四十万,未正三散。竹坡、岑云阶来。郝近垣来。回心泉长廉来湖口县,送联幅。

初八日己未（6月17日）

卯正,查内库,分早晚班,巳初廿万,先散。运斋来。黄祖徽来。廉生来。

初九日庚申（6 月 18 日）

卯正，赴库，午初毕。看折。含英王姓来。付二百七十两，欠廿两未付。

初十日辛酉（6 月 19 日）

王秉谦吉甫，候通判，通帮审，常州人来誊录出身。冯梦华来。景方升来海运差。

十一日壬戌（6 月 20 日）

复命。寅正上看祝版，乾清门补服侍班。辰初到署。子元、启承斋、沈退庵守谦来。得窸斋信，内陈子良拓四十纸，答以古器、造象、瓦陶、汉画象六十一纸。唐典来香河，号子逈，求写对。

十二日癸亥（6 月 21 日）

唁袁镜堂夫人。杨彦规鸿度来，石泉之子，江苏道。寄伟如伽南十八子搬指、沉香暖手、蛇卷管镯，交寅臣。张督来。发南信，济、竹、羊、振、泉孙。

十三日甲子（6 月 22 日）　夏至辰初一刻

卯初查缎库。睿、王祭关庙，未到，辰初散。刘常棣来乙酉副，山东，号鄂亭。黄漱兰来福主。熊寿钱来。

十四日乙丑（6 月 23 日）

卯初查库，辰初散。天池来。松寿、征厚、中衡、惠裕、王瑾、许佑身来。柯逊庵来。寄黄花农信。

十五日丙寅（6 月 24 日）

卯初查库，辰初看折散。丑正初小雨数点，卯初亦然。天池、运斋来。冯寿松来。派审卓公芸公争窑一案。明日工部加班，彩绸、棕毛、绣片三折，注差。罗鼎焜武清、冯梦华、殷吉阶前文安，戊辰、丁卯来。

十六日丁卯(6 月 25 日)

工加班奏事。以德小峰信交张叔彦，并季直书。送天池拓四十二纸，又陕专足费七两连昨面交，共廿两。梦华来。

十七日戊辰(6 月 26 日)

因钦天监奏大婚回避字样，复命改迟一日。送对、幅、屏黄泽臣、谢星海。送对、幅、扇燕甫。蒋伯华、端午桥、李乘时来。岑春泽、佛升额来。得伟如信。

十八日己巳(6 月 27 日)

入直。查缎库，复命。辰刻到署。送古丽泉扇、屏。送杨彦规鸿度联、屏、扇。陶子方、周小卿承先、汪范卿来。

十九日庚午(6 月 28 日)

卯正查颜料库，辰初散。鲍承诏来花潭侄。范履福来。

二十日辛未(6 月 29 日)

卯正查库，辰正散，看稿。臻侄来。

二十一日壬申(6 月 30 日)

工直日，注差。派督修銮驾仪卫库启、海、梁、许、高、种。黄泽臣来。丁惠深、丁宝美来，雨生之子孙。寒暑表百度。

二十二日癸酉(7 月 1 日)

入直。查库完竣。复命。辰初到署。派题皇太后画寿星四轴、松鹤二轴、菊花一轴。发南信，济、竹、羊、辛、振、鞠。岑春荣来。缪小山来。

二十三日甲戌(7 月 2 日)

入直。派题皇太后画隺三轴、凤二轴、山水一轴。周克宽容阶，甘翁考、冯寿松、运来，伟如五十两付之。晤小荃。候伯双、梦华。

经伯、何金魁来星垣,少梅之威。复伟如,交天润祥。

二十四日乙亥(7月3日)

入直。派题皇太后凤三轴、鹤二、山水一、荷一。辰到署。复胡石查、协奥昌拓本十一纸。送小荃席。复马芝生,又寿山函,又函致静澜,又世敬生,为戴、何。

二十五日丙子(7月4日)

入直。梦华来。酉正二大风扬沙。

二十六日丁丑(7月5日)

入直。进福华。派题皇太后画灵仙一轴、海屋一、鹤二、凤一、荷一。上祈雨。派拟仪鸾、福昌殿扁五十馀件,对八件、贴落一千馀件。联福来。宝恒昌来爵还之。苏来留烟。运来。

二十七日戊寅(7月6日)

入直。顺天府奏事。朝房晤抟九。辰刻到署。旨:择优保奖,毋许冒滥。钦此。

二十八日己卯(7月7日)　　小暑丑初三刻

入直。静默寺候耕娱,不值。尹子威彦钺、余尧衢肇康来。丁予勤、查如江、徐花农来。济对、屏,竹对、幅,辛屏,振对,麟幅。

二十九日庚辰(7月8日)

入直。工直日。天池来。

六　月

己未朔辛巳(7月9日)

入直。辰刻到署。张一琴、王言昌、张子彝捐守雒署。耕娱来。送通永镇唐沅圃、吴乐山扇、对。

初二日壬午(7月10日)

卯刻赴厢红官学,王、长诗农、长允升、徐荫轩、吴、王、高、蒋续到,吴雨轩未到,午初散。溥善、长润、徐道焜来点张缺,祝、区。员外陈传奎、徐道焜。王定夫肇镇、中伯权乐庵来。

初三日癸未(7月11日)

入直。派写仪鸾殿、福昌殿等处扁十四面。交王肇镇、世敬生信。赵尔震来。曾纪寿号岳生来。交蒻斋寄《皇义疏》,即复寄以《石湖诗》《古籀文补证》《月季花谱》及许文恪仁山师拓。得清卿书,拓三纸,即复寄拓九纸。申刻雨。

初四日甲申(7月12日)

入直。顺天府报雨一寸。派写对二分。朝房晤抟九,辰正二到署。伯武明日行。得南信廿五,即复济、麟、泉,交伯武。苏来。润古、胡子英、崔惠人来。

初五日乙酉(7月13日)

入直。派写横幅五件。伯武归。得兰孙廿六、仲饴廿日信,即于次日复,并豹岑、吾山信。寿门送印书纸。浙江道黄祖经来号子畲。顾康民、刘竹坡来。

初六日丙戌(7月14日)

入直。上诣大高殿祈雨。发南信,济、竹、辛、羊、振。陶子方、章定庵署宝坻来。夜雨。

初七日丁亥(7月15日)

入直。辰正二署。蒋伯华、杨味春、高抟九来。夜风雨。

初八日戊子(7月16日)

入直。工部直日,带引见三名廷桂、恩溥、严庚辛。顺天府报雨,并奏蔡寿臻补北路同知。旨依议。派写寿光门扁一面。朝房晤抟九。酉初大风雨。

初九日己丑（7月17日）

入直。顺天府奏雨。上诣寿皇殿，卯正事下即散。陆寿门来。
王竹溪来，王振录之堂兄，山东，从九。潘莱章来号季英。许子元
来。藻热。

初十日庚寅（7月18日）

入直。藻热。增修銮仪卫，添派松墀、程志和，商人德盛刘天枢、益
升刘常荣。夜雷雨达旦。蔡崔君、梦华来，十二日行。

十一日辛卯（7月19日）

入直。藻热。王伯恭来。

十二日壬辰（7月20日）

入直。顺天府奏雨四寸。朝房晤抟九。寄张公束《功顺堂》，
并谢其高安铜器，并托觅，交寿门。送耕娱食物十匣、对、扇、幅。

十三日癸巳（7月21日）

入直。鳃臣典浙试，谢恩。上诣大高殿报谢。藻热。凌秋生
道增来，通州派审。得济、竹、辛信，即复。又凤石信。吴鳃臣来。
得藻安子程康祺寄来信件。

十四日甲午（7月22日）

入直。辰正二到署。送耕娱。王荙臣、胡子英来。

十五日乙未（7月23日）

入直。顺天会都奏棉衣。朝房晤抟九。花农、陈仲鹿芝诰、刘
焌川候县来。候周玉山来，玉山来时已睡。耕娱来。十七子青招福
寿堂，辞。

十六日丙申（7月24日）

入直。工直日。溥善、端方来。

十七日丁酉(7月25日)

入直。到正白学,陆续俱到。胡湘林来。宋育仁来。吴德张来。

十八日戊戌(7月26日)

入直。派写宁寿宫扁一,天庆堂对六付。派题皇太后梅花四、山水一、鹤一轴。送周玉山席。辰初到署。陈瑞伯、赵松峰来。

十九日己亥(7月27日)

入直。派题皇太后荷二、梅二、松一、菊一轴。惇邸招廿日庆和,以期辞。寿门来,送以《秋审》三本。与小峰信,送点心四匣。又玉珊信,《功顺》。陈弼侯与周来。谢端甫裕楷,固安来。王曾彦、石右皋、施之博来。夜雨。

二十日庚子(7月28日)

入直。派题皇太后梅三幅、松一幅、凤一幅、寿星鹤一幅。送廿四属《贯垣纪事诗》廿四本。姚虞卿来,派审礼部官地案,送以《年谱》《秋审》二书。端午桥、欧阳鸿济来利见之子。酉初大风雨即止。三侄女来信。

二十一日辛丑(7月29日)

入直。派题皇太后梅二轴、松芝一轴、海屋一轴、寿星一轴、山水一轴。刘侄婿之子来住,为之名,曰"荫福",曰"荫禧"。国子监朝房遇叔平,在阙门内新收拾者。辰初到署。寄兰孙、仲饴信。江梅生澄,敦叔之弟、刘泉孙侄婿用宾来。

二十二日壬寅(7月30日)

入直。工部加班,引见五名。祝、区、陈、徐、魏。銮仪卫工程,旨仍承修。顺天报雨月折。官学奏革生广福欧辱教习赛崇阿交部。运来。林绍清、张兆珏来。仲约典江试。

二十三日癸卯(7月31日)

入直。酉初大雷雨、雹，戌止。派写北海镜清斋等处扁七面。派写仪鸾殿对一付。启程、松墀、海康、许子元来，留子原饭。张一琴来。

二十四日甲辰(8月1日)

入直。若农、可庄仍进内以碰头故，办事后向不碰头。上办事后还宫。沈赓虞凤韶来仲复侄，苏候补守。花农来。毕光祖来。

二十五日乙巳(8月2日)

入直。顺天府奏得雨深透。晓抟九。宁寿宫听戏，辰正入座，未正一散。三十刻，罗胎冠。住壶天，燮臣均便饭。

二十六日丙午(8月3日)

递如意，赏还。晨晓抟九。上御乾清宫受贺，辰正入座，三十二刻，申刻散。龚右勉来。得南信十六。宁寿宫听戏，罗胎冠。赏如意、帽纬、袍褂料、花瓶、手炉、漆盘、荷包。壶天，叔平便饭。大雷雨，戌初起，亥初止。函商抟九，即复。

二十七日丁未(8月4日)

入直。卯正到署。发南信，济、竹、麟、辛、硕、振、鞠常。姚虞卿来查礼部地复。

二十八日戊申(8月5日)

入直。推班。夜戌刻雨。

二十九日己酉(8月6日)

入直。龚右勉、徐寿兹受之、丁惠深讱臣、丁宝英芝田、汤钊来。子刻大雷风雨。

三十日庚戌(8月7日)　　末伏。立秋午初三刻

入直。上看祝版，花衣、雨帽，乾清门侍班。雨中到署。范履

福来。沈久龄司狱、璞君、丁予勤、王言昌、尹彦铖、运来。

七　月

庚申朔辛亥(8月8日)

入直。卯初二上太庙礼毕,办事后回南海。交尹子威、朗斋信。江梅生澄来。交静澜信,初四行。王仁东煦庄来,接署厢红。恩雨田、查如江来,面订初六金台,并钱、凌二令。韩子衡文钧来。交清卿信钟拓。

初二日壬子(8月9日)

銮仪卫查工,同司员六人。送丁切臣、芝田扇、对、书,并卞颂臣、奎乐峰信。复清卿,内钟拓。并属松鹤、梅花喜神扁额。孙调吏右,徐转左,汪升右,童署。沈郑孙宗谟、唐典、李天锡、赖永恭来。武俊民用章、长允升来。刘佛青来。

初三日癸丑(8月10日)

入直。辰初到署。文子义、陆天池来。

初四日甲寅(8月11日)

到厢红官学,王煦庄接管,同人先后到,巳刻散。柯逊庵、高抟九、陆梅孙燮和、谢裕楷、崔惠人、马序东来。得南信,济、振廿六。顺天奏事,声明官学。

初五日乙卯(8月12日)

入直。工直日。派写"牵牛河鼓天贵星君""天孙织女福德星君"。内阁画会议上徽号奏稿。派拟扁五十四、对四。巳刻后雨时作时止。夜雨达旦。青友、张玉亭、竹坡、崔君、子原来。

初六日丙辰(8月13日)

金台院试,因雨大不果,封题,交查、钱、凌二令。发南信,济、辛、麟、振。

初七日丁巳（8月14日）

入直。子刻小雨。派写桐城、定远、舒城扁三面。贺柳门工右。寄清卿剑拓。查如江、钱亮臣来。

初八日戊午（8月15日）

入直。巳刻小雨，午刻大雨。伯兮来。长季超来。王荩臣来。雨不止。

初九日己未（8月16日）

入直。到署。王宜仁来，振录之子，号文珊。李燕昌来，广抚乙未，福太之孙。陈弼侯兴同来。运来。

初十日庚申（8月17日）

入直。派写芳华楼扁十一面。

十一日辛酉（8月18日）

入直。派写芳华楼对一付、贴落六张。蒋实英、罗宗鎏乙酉顺德副、朱联芳、文邦从、周玉山来。

十二日壬戌（8月19日）

入直。辰初到署。送伯熙、季超扇、对各一。运来。王荩臣来，又来。韩鉴来，号季仙，丙辰，本房韩钦之弟，行四守。

十三日癸亥（8月20日）

入直。工直日。上诣醇邸。周生霖、荣恒、蔡崔君、陆天池来交千五。

十四日甲子（8月21日）

入直。候抟九不直。贺星叔。答洛英。运来。张树德雨人，送对、幅、联福、小宇、抟九来。张一琴来委固安。夜丑初雨。

十五日乙丑（8月22日）

入直。派写赏醇王扁四面、九言对二付、七言对二副。上诣寿皇殿。本日换罗胎冠、蓝袍。林文伯绍清、钱亮臣、张少林、张子复祥龄,乙酉川拔来。子原来。刘竹坡、薛黼平来。

十六日丙寅(8月23日)　　处暑丑正一刻三分

入直。顺天奏宛、良、房、涿、固安被水并捐银千两。派写泰山扁一面,吉林关帝、城隍、龙神扁三面。召见,旨交部议叙。到署。运来。朱子涵来。张雨人、张兆珏、施子英、袁敬孙、张一琴、黄子畲祖经来。施、袁、张各送横幅。

十七日丁卯(8月24日)

不入直。到正蓝旗官学,同人陆续,王煦庄以生疖未到。工部笔政来领折。查如江、陆天池来。

十八日戊辰(8月25日)

入直。具折谢恩。朝房晤抟九,特来面商一切。汪仰山、董开沅来。

十九日己巳(8月26日)

入直。引见时碰头谢恩。伟如三电,捐万。晨雨甚密,入夜未止。伟如电,捐顺灾五千。

二十日庚午(8月27日)

入直。由福华门较近,惟顺治门须卯初开耳。发南信,济、辛、麟、振、鞠、熙、伯、武。汪仰山、蔡鹤君来。岑云阶来,捐千。张翰仙汝梅来。河南人,记名道,袁午桥幕府。

二十一日辛未(8月28日)

入直。工直日。奏催苏织造绣片,限八月。连文冲来,为庄、程三人要札,至涿掩浮尸。吴瀚涛广需来。永宝来。三百两,欠五十,叔匄敦。黄子畲祖经来。得振民信。如江、杨春元解银赴房。兰丙卿来。

二十二日壬申(8月29日)

入直。运来。张兆珏来。徐叔粲来昌彦,琴舫之弟。得芹舫信。王延绶来捐二百。金铨、陈兆葵复心、涂宗瀚号浩亭伯音之子、杜绍唐培庵来。

二十三日癸酉(8月30日)

入直。以户部一千,函致抟九,备文领。派写体顺堂原同和殿扁一面。刘幼丹心源、王弢夫彦威、熊以功、鲁人瑞、王裕宸来。

二十四日甲戌(8月31日)

入直。以荫轩、愿学一百信,函致抟九,备文领。张树德雨人来,付星台信。岑云阶来。三函致抟九,一周小棠祠、一奏门头沟等处、一查朱原函。连冲叔文渊、凌秋生来。董开沅来。谢绥之电复。

二十五日乙亥(9月1日)

入直。发南信,辛、麟、济、振、硕、伯武。林绍清、李燕昌来。

二十六日丙子(9月2日)

入直。顺天奏煤路、黔捐、棚座。八月八日领题月折。奉旨依议,知道了。朝房晤抟九、小亭。钱亮臣、朱子涵、葛树堂来。

二十七日丁丑(9月3日)

入直。辰刻到署。徐世昌菊存〔人〕、张赓飓来。

二十八日戊寅(9月4日)

入直。颂阁招劼刚、冠生、丙卿。钱青选来涿州判。鲁人瑞署顺、熊以功署固来。顾缉廷来。赏燕窝。

二十九日己卯(9月5日)

入直。招梅孙看古器,并天池、蔡松庵、经伯、月舫。连文冲、运斋、姚维锦、林履庄康甫、蔡崔君来。送《庄》郑兴贵肖轩,对、幅办善举,连之友。

八　月

辛酉朔庚辰（9月6日）

入直。刘焌、庄佩兰,号尊衔,丙午,攽之侄孙。办善举回送对、幅。双泰来优贡,荫方之子。复黎莼斋、孙子与,以崔青蚓《岁星图》。丁予勤、王梦龄、王焕黼臣震钧在廷、二人俱吉人邀。刘朴乙酉副丁来。杨春元来。

初二日辛巳（9月7日）　白露未正一刻二分

入直。顺天奏芦沟粥敞提前一月、周祠一折一片。奉上谕一道。辰刻到署。柯逊庵、胡月舫、潘峄琴、恩雨田、张玉亭来。天池、味春、王伯恭、姚虞卿、陈小亭来。运来。

初三日壬午（9月8日）

入直。招劼刚、颂阁、冠生、丙卿、周承先、黄煦、杨容圃、张少林、薛黼平、陈琇莹来。

初四日癸未（9月9日）

入直。候抟九,并见查、蔡、张一琴。殷谦、杨荫北来。葛树棠查宛西庄、李少东、许子原、钱亮臣、熙麟、张一琴、管廷鹗、孟宪彝金台第二、裕德、崇受之、王之春号爵棠,广东臬来。仲仁假归。函致一琴与子英专理煤路。

初五日甲申（9月10日）

到厢蓝官学,仲仁以假未到,荫轩诸公先后到。仲仁缺,王怀馨明德署。岑云阶、刘宜侍朴荐、潘衍桐来。罗鼎焜、韩鉴、刘焌、房山常述、苏振常来。

初六日乙酉(9月11日)

入直。本日还宫。派写"金门保障""泽普瀛垠"扁。到署。程金保受之、谢裕楷、崔惠人、许子原、劳锡田、荣仲华、王丕厘、何崇光来。运来。

初七日丙戌(9月12日)

入直。刘竹坡、谢端甫、曾景钊、运斋、胡廷干户部郎、刘佛青来。奉上谕：户部尚书着兼署。钦此。廷寄二道。

初八日丁亥(9月13日)

入直。丑刻请题。卯刻发下，谢恩。上出乾清门，补服侍班，还宫时磕头。题下，借莱山轿至贡院，已挤极。跟班轿夫赏十四两。工直日，奏督修国子监文庙神库工程。工价制吊三百十九吊八百廿一文，松寿、梁有常、高慎德。五百三十七两八钱八分八厘。谢端甫来。廷寄二道，人犯札，大宛私铸，委管近修。翁道鸿、高汝翰壬子，天宠之子，典史、陈小亭来。派沟渠河道大臣。徐花农来。查如江来。周生霖来。子英来。

初九日戊子(9月14日)

入直。到署。到户部任。小雨即姓。谢端甫来用印。蔡崔君来。广银万到，昨交如江百川通。今日香涛电，到即复电，交崔君。上今日用膳后还西苑。王梦龄来。

初十日己丑(9月15日)

入直。至兰孙寓。谢端甫来监印。交还查如江送卷费，九县共廿六两。又送劳薪甫横幅。又送李筱泩对、幅、扇、《功顺》。孙幼轩纪云来，交送刚、张、嵩等书。如江来，交去库上钥匙。收广电万金。拜熙孙子授。

十一日庚寅(9月16日)

入直。答受之。拜嵩、曾。答莱山。谢端甫来监印。到户部。

宜子望、王言昌来。发兰孙、清卿、子英,官封。袁廷彦来。皇太后赏帽纬、大卷六件。

十二日辛卯(9月17日)

入直。户直日。到工署。杨琪光号仲琳,性农子,有集,江苏道来。端甫来用印。蔡崔君、刘竹坡、蒋嘉泉来。李菊圃、岑云阶来。得陈与昌信。接廷寄杨天增。

十三日壬辰(9月18日)

入直。到户。雨。谢令用印。候张吉人。雨竟日。

十四日癸巳(9月19日)

入直。派写"白檀绥佑"扁一面。到工、户部。谢令用印。丁立钧、陆梅孙、天池、汪眉伯来。林文伯、李燕昌来。运来。辛芝电飞龙丹十七寄。

十五日甲午(9月20日)

入直。交连冲肃药四匣。赏瓜饼。谢令用印,送对。送杜培庵绍唐对、幅、酒、腿、肴二。送王爵棠之春八合,经伯廿四两。

十六日乙未(9月21日)

入直。户加班。工直日。到户部。吉人来。谢令用印。发李、吴,官封。诣王怀馨,郧阳馆。发辛、济、麟、振、竹信。联福、龚荫培、刘焌来。

十七日丙申(9月22日)　　秋分子初一刻二分

到镶白旗学,荫轩先到,王怀馨明德初到任,馀均续到,勉之尚未来,巳初散。到户部。谢令用印。石右皋、蔡崔君来。王小宇、杜培庵绍唐、汪仰山来。寄香涛《经籍访古志》、《天文算法纂要》、拓本一百廿二,交杜培庵。王宜仁来,符五之子。岑云阶来,手复谢岑彦卿。得伟如信。端午桥来。

十八日丁酉(9月23日)

入直。户加班。到工户。于文光领印。劼刚、张祥龄、连捷、林康甫履庄、岑太阶来。蒋锡年来。苏令,解饷,丙午年侄,又铭之甥,号少庵。文仲瀛海来。送少庵对、幅、书。送涂宗瀚号培亭。点心、书,许字。

十九日戊戌(9月24日)

入直。公所晤抟九。交岑七千。到户部。张邦庆、庄佩兰来。廉生、沈宗谟、荣恒顺义毓公地亩来。俞志贤来。

二十日己亥(9月25日)

入直。丑正雨。户直日。刘焌顺义毓公府案、赵诒书、蔡崔君、葛树棠齐家司振荒、方勉甫、丙卿来。

二十一日庚子(9月26日)

入直。到户部。尹子威来。陶惟坦仲平来。赵庆椿癸酉副,寿丞,又铭子、张少林、马序东来。夜雨。

二十二日辛丑(9月27日)

入直。到署。徐寿昌川县,号崔年,尧圃之侄来。许子原、薛尚义廿七同乡谢恩、范履福来。

二十三日壬寅(9月28日)

入直。招张吉人、连聪肃、王廉生、王小宇、黄仲弢、尹子威、蔡松庵、陆梅孙、天池,吉人辞。张兆珏来。

二十四日癸卯(9月29日)

朝审上班,午初散。工直日,户奏事,注差。林文伯、赖梓谊、查如江、李天锡、汪宪哲癸酉、陆天池来。

二十五日甲辰(9月30日)

朝审上班。到户部。同小峰,多介川来。曾景钊、张少林、张朴君、龙芝生、宗育仁来。

二十六日乙己（10月1日）

入直。贺乌少云。晤拧九。福寿堂子青招，申初先行。刘竹坡、潘应奎号璞臣。云名绍经号箸舟之曾孙。来。江菉生来。

二十七日丙午（10月2日）

入直。顺天府奏事。派写"松亭惠普""妫川昭佑""泽周上谷"扁三面。派拟颐和园等处扁三百八十馀面，对如之。朝房晤拧九。到工部、户部。谢端甫来。复施、张。

二十八日丁未（10月3日）

入直。手复子英。派阅宗室覆试卷，同徐、麟一等二，宝熙；二等三；三等二。到户部。凌道增来。王伯恭、高醴泉来。

二十九日戊申（10月4日）

入直。派题皇太后朱墨拓菊廿二幅、竹四幅、梅八幅。朱濆、汪朝模、运斋、丁予勤、杨谦柄子英。丙午，七十馀来。手复子英、一琴。到户。

九　月

壬戌朔己酉（10月5日）

入直。户加班。到工、到户。晤兰孙。蔡寿臻、冯开勋子名国琛、冯寿松、龚又勉、崇善宗室举，复试第二、胡月舫来。

初二日癸亥〔庚戌〕（10月6日）

入直。到户。宝瑞臣熙来。寄胡云楣书二种、拓三种，《探路》、王夫之《四书讲义》、文湖州东坡竹题跋。交眉伯。谢端甫、蒋锡年、杨荫北来。

初三日辛亥（10月7日）

正黄会考，八旗同人陆续俱到，未刻散。葛树棠、张少林、王毓藻来。

初四日壬子（10月8日）　寒露卯初一刻四分

入直。派写颐和园等处扁三十二面。到工、到户。晤兰孙。张璞君、汪宪哲来。

初五日癸丑（10月9日）

入直。派写玉澜堂等处扁三十面。到户。朱善祥咏裳来。吴广霈瀚涛、岑云阶、余尧衢肇康、方勉甫、赖梓宜、姚虞卿来。

初六日甲寅（10月10日）

入直。派写扁五十面。到户。送惠人、伯恭横幅。送勉甫。晤兰孙。溥善、长润、徐道焜来。崔惠人、王伯恭、端午桥来。送杨蓉圃、潘峄琴、陈芸敏、裕寿田、柯巽庵、朱咏裳、樊介轩、黄霄亭煦、王子蕃、胡月舫对、幅。

初七日乙卯（10月11日）

入直。派写扁四十五面。户直日。海康来。

初八日丙辰（10月12日）

入直。派写大字直幅廿二件。到户、到工。樊介轩、蒋伯华来。林文伯、查如江、蔡卿云户福司，湖北，年侄，秋谷门生。属助潘应奎璞臣十金。许子原、高拚九、恩雨田来。

初九日丁巳（10月13日）

入直。派写扁、对及舟上者六十一件，福寿喜卅件。到户。龚右勉来。刘麒祥号康侯，霞仙之子，劼刚妻弟，来。丁惟提来。许子原来。

初十日戊午（10月14日）

入直。册宝、玉牒，起身。期服不朝衣。贺王鲁芗、孙莱山嫁女孔公、刘康侯。晤廉生。候劼刚。发南信,济、辛、麟、振、硕、泉、熙、伯武、鞠常、广安。

十一日己未(10月15日)

入直。户加班。工直日。到户。晤兰孙。花农、王怀馨、王继武、刘诒英开生之子、何其翔来。

十二日庚申(10月16日)

入直。派拟报恩楼紫竹苑改名。到户。贺孔公完姻。欧阳鸿济、陈源居庸关课吏、郝近垣、丁予勤、徐仲文来。交施子英雷公散四匣二百四十付。

十三日辛酉(10月17日)

入直。到工、到户。吴福茨引孙,放浙宁绍道、王春沛为王兆兰求致窓斋信来。胡月舫来,带去《说文部首》百部。芷庵来。发信施子英,丹三百瓶。

十四日壬戌(10月18日)

入直。雨。朝房晤芷庵、荫轩、席卿。到户。运来。赖永恭、管廷鹗、刘焌来。

十五日癸亥(10月19日)

入直。大风。刘枝彦回涿任,杨士燮来中举。

十六日甲子(10月20日)

入直。派写天镜楼扁一面。到署。朝房晤抟九。晤兰孙。刘心源、张肇镛、熙麟、庞鸿书、尹殿飏庶常、张赓飏来。

十七日乙丑(10月21日)

到镶红官学,同人俱到,巳正散。顺天府自请议处,因成昌误编满官也。奉旨依议。窦居恒、湖北拔,云县,解饷,付以伟如信。刘纶襄、张预来。陈寿椿来新补京县。张邦庆来武清委审。

十八日丙寅（10月22日）

入直。内大臣公所晤芷庵，为工部西直门角楼工程即改查估事。答芷庵。贺叔平。发济、辛、振、广安，均墨一，又瘦羊、竹年。多介川、葛嗣溁来。

十九日丁卯（10月23日）　霜降辰正初刻十分

厢蓝旗查学，同人俱至。吴移香代来，江、洪、徐三翰林官来。子授请为其夫人题主。子原、花农、仲弢来寓办对联。张翰仙汝梅来右江道，送对、幅、屏、席。徐仲文来抄对五本。刘枝彦来涿州，禀辞。

二十日戊辰（10月24日）

入直。到工署，潘峄琴、柯逊庵、石右皋、翁叔平、陈芝毓来。

二十一日己巳（10月25日）

入直。派写同豫轩七言对一付，臣款。贺莱山子中式。晤兰孙。阿振之来。

二十二日庚午（10月26日）

入直。卯正上奉皇太后颐和园。工部加班。红、黄飞金十三、二两。手复仲饴，函致清卿、豹岑，苕臣。徐寿昌鹤年来。函致崧锡侯。徐寿蘅招湖南馆，辞之。送徐鹤年对、书。查如江、宜子望来。景月汀来放苏粮道。送峄琴行。

二十三日辛未（10月27日）

入直。卯初一起儿，下即散。

二十四日壬申（10月28日）

入直。卯初一起儿，下即散。壶天少坐。到署。招张吉人、许子元、徐花农、刘佛卿、梁经伯、黄仲弢、朱子涵，惟子原辞。刘幼丹来，送《漦喜》。

二十五日癸酉(10月29日)

入直。晤兰孙、王伯恭、左念谦、沈郑孙,张如枚、王曾彦、周兆元三人同来。启绍、杨士燮同来。

二十六日甲戌(10月30日)

入直。颂未入直。命拟龙王殿扁八面。到署。许子原、崔惠人来。林文伯、殷谦、窦居恒拔,湖北、周学熙纪之、许子原、孙子授、马序东来。

二十七日乙亥(10月31日)

入直。工直日,顺奏事。派阅覆试卷一百十七本,同张、徐、乌、麟、孙、徐、廖。一等卅二,二等四十八,三等卅七,未正三散。顺奏,宝坻案保举夹片,奏施、袁、章三人。又奏派监临夹片、孝子齐占魁旌表、粮价月折。阴雨竟日。得王益吾信,并寄《续皇清经解》一箱。

二十八日丙子(11月1日)

入直。阴雨。派写广润祠、龙王殿扁二面。发南信,济、麟、辛、竹、谢绥之、熙、硕、泉、振、叶鞠常。顺天府送来二十七日奉旨:着派潘祖荫入闱监临。复慈斋。王伯恭、徐仁铸研甫、恩雨田、工苌臣、中伯权来。运来。

二十九日丁丑(11月2日)

入直。晤兰孙。曾光岷蜀章、葛树棠、查双绥玉阶、葛嗣溁来。

三十日戊寅(11月3日)

入直。上看祝版,乾清门补服侍班。换海龙冠、抓仁领、银鼠褂。为滁州吏目冯国琛函致阿小山,交冯开勋。刘兆章三河来。丁予勤来。刘中瀚卸固安、段升瀛。覆一等,官学司事。

十 月

癸亥朔己卯（11月4日）

寅正二上诣太庙。卯正二坤宁宫吃肉。晤箴亭，及内务府各位。交后邸对百四十六付。颂病，未入直。朝房抟九面商通州署事。发南信，济、辛、振闱墨五本。程祖福听彝，容伯孙、雷补同、王苍臣、张璞君、檀璣_{斗生来}。汤钊来其子中式。

初二日庚辰（11月5日）

入直。派写湖南善化城隍定湘王扁"威宣式遏"扁一面。复二姊，交范卿。胡来。晤兰孙。汤铭勋象九来，执赞，却其金。钊子，新举。

初三日辛巳（11月6日）

正黄旗查学，三翰官江、洪、徐，清翻译及八管学官俱到。午初散。潘应奎号璞臣来，助川资十四两，连前廿四两。得王振录、严小云信，即复。永宝来。蒋伯华、高汝翰来。要湛田信、青士信。

初四日壬午（11月7日） 立冬辰初三刻一分

入直。到署。郑邸招吃肉，未去。叶培勋执赞来新举三等，永元之子南雄人。豫泰建侯，扬廷甥、孙传兖稼生侄皆一等，来。鲁人瑞来。康祖诒上书自称"南海布衣"，号长素，友国器之从孙。发南信，济、辛、麟、振、硕、熙、泉。征厚、张赓飏、萧万有、姚虞卿、刘焌来。

初五日癸未（11月8日）

入直。指示皇后日期。递如意二柄，赏收。花衣。皇太后赏帽纬、大卷六件。叔平至懋勤来谈。送施少钦、陈咏南、陈竹坪、王心如对，交施子英。复吴培卿。花农来。运斋、王继武、李天锡、查如江来。松寿、中衡、启绍、江槐庭、何乃莹来。施则敬、凌道增、张肇镳、俞廷献、杨增来。王梦龄、陈鸿保来。景月汀来。会馆招，筱荃辞，月汀未去。

初六日甲申（11月9日）

入直。丑刻雨。皇太后赏袍褂料二件。冒雨入直。仲午得一女，名慎淑，字曼寿。运来。

初七日乙酉（11月10日）

入直。晤兰孙。答运斋。徐慧生宝晋、连聪肃、施子英、张一琴、范履福、徐东甫来。

初八日丙戌（11月11日）

入直。到署。复南信，济、竹、辛、麟、振。康祖诒、金铨、陈与囧来。

初九日丁亥（11月12日）

入直。张允言伯讷，安囿子、张汝梅翰仙来。永宝来。篚、鬲共六百五十。

初十日戊子（11月13日）

入直。派拟后邸斗方七面，交福篴亭。皇太后万寿，慈宁门行礼，递如意，赏还。张一琴、王伯恭、王瑞麟、伯兮来。送翁仪臣、景月汀对、幅。

十一日己丑（11月14日）

入直。晤抟九，留饭。贺佩蘅、月汀。奉懿旨，后邸演龙亭、彩亭。偕内务府大臣先暂坐启承斋家，午正聚，未正散。高汝翰、兰丙卿、凌秋生、张一琴来。丙卿带去清卿信。

十二日庚寅（11月15日）

入直。到署。许子元、沈郑孙、李筱泷、陈寿椿来。

十三日辛卯（11月16日）

辰正入闱。主考徐桐、徐树铭，监试文杰显侯、牟荫乔朵山，收掌郭熏之、张鸿谟，外帘刘家模、胡钟驹、刘杲、汪文衔，弹压副都统安兴阿，四围监试端良简臣、成斌两峰、吴光奎巨园、燕起烈舜卿，提调何小亭先后到。本日提调、监试核对名册印记号。得王继善电，为陈煦元会银事，即复。晚会同提调、四围校核名册，戌初毕。

十四日壬辰（11月17日）

寅刻起，卯刻叫门。进生兵五百四十一名。辰初三叫内帘门，发题。午刻完场。安副都统及监、掌二人出闱，进内帘。主考聘假兵部移送中额数目清单，送内帘。四围御史于弥封后填写弓、刀、石头二三号，及印双单好，亥正毕，送卷入闱。告荫轩、寿蘅以中额，凭兵部折，并行文问揭晓日期。共五百四十一本，满十六本、合二十本、夹十七本、民四百八十八本。

十五日癸巳（11月18日）

内帘定十七日揭晓。至公堂将日期移会顺天府、兵部，分札治中、照磨、司狱，明早请印入闱。看御录，看安折，复命折。发条叫车。委员张如枚、吏赵鸣谦记大功，馀拔委。

十六日甲午（11月19日）

卯刻送印入闱。内帘阅卷末竟，云须午刻叫门。治中查光太来谈，送本入闱，照磨曹送印。午初进内帘填榜，戌初毕。校对进呈录，亥正一毕。提调房四两，本房二两，馀共四十吊。夜雨数点。

十七日乙未（11月20日）

卯刻出闱。送康祖诒长素八金，并允其伯祖友之国器作志。函致拚九，崔巢通州讲席。约经伯来，写复施、王小如、陈煦元，竹坪信。海康、子元、经伯、拚九来。松、中、征、溥、启、夏、蔡、江、许同来。运来。

十八日丙申(11 月 21 日)

入直。复命,引见时请安。到署,晤兰孙。长允升来。徐荫
轩、张玉亭、端午桥、许雀巢、许子元来。苏来。付八两,欠十四两。

十九日丁酉(11 月 22 日)　小雪寅正三刻二分

入直。换洋灰鼠。朝房晤抟九、荫轩、兰孙、芷庵、子斋。永宝
刘来。付一百五十两,欠五十两。运斋、子元、惠人来。岑云阶来。

二十日戊戌(11 月 23 日)

入直。舟行有冰。朝房晤芷庵、子授、仲华。偕受之、仲山在
门神库看凤舆。瑞辑五霖,吉林道,刑京察一等来。周小卿承先、李筱
泉、王廉生、姚丙然庶常、许仲韬、子原、叶善堂永元,贵臬、杨谦柄子
英,丙午、廖仲山、徐寿蘅来。

二十一日己亥(11 月 24 日)

入直。派拟钟粹宫、体顺堂扁百五件,七言、五言对四十件。
到署。发南信,济、辛、振、麟。抟九、仲韬、如江、王煦庄、张璞
君来。

二十二日庚子(11 月 25 日)

入直。朝房晤小峰、小云、抟九。会仓场奏王恕园米石。招兰
苏、荫轩、锡之、仲华,子禾辞。凌秋生、金钰、张一琴、赖子宜同来。
岑云阶来。熙麟来。复王符五,有崔子万钟善信。

二十三日辛丑(11 月 26 日)

入直。候燕甫,晤廉生。丁述曾乙酉、施子英、张少林、赵松
峰、张一麑、杨培号殿臣。广仁堂总董,候选州同来。送子英花翎一枝。

二十四日壬寅(11 月 27 日)

入直。直日。朝房晤箴亭、兰孙、子斋、小峰、小云、受之、燕

甫。工部捐五百，助南赈。函致抟九为南振。杨云鹏之母遣抱具呈，告以私宅不应收。高允五千。唐继勋次昉，湖南覆试一等、俞廷献、王延黻、江菉生来。陈秉和石卿、孙锡第、小宇、夏槐卿宗彝，湖北盐道，前元和县、端午桥、徐花农来。

二十五日癸卯(11月28日)

入直。到署。晤兰孙。清朴来。为连书巢白华手书致憩斋，交聪肃。

二十六日甲辰(11月29日)

以火药局，未入直。卯初施子英、杨殿臣来。辰初为八妹季女执柯，适王晓林曾孙、王敬熙濂舫孙、王承陛韫和子王祖仁乙酉副榜，豫生，慕韩。福寿堂子青招，未正二先行。张英麟、张一琴来。得南信。

二十七日乙巳(11月30日)

入直。工加班。顺月折，报雪一寸。招小山、南皮、星叔、莱山、小峰、小云、燕甫、抟九、颂阁、仲山，子青、燕甫辞。

二十八日丙午(12月1日)

入直。派写钟粹宫扁十二面。至内务府公所，候凤舆呈览。午初二偕簌亭、敦甫、星阶、受之率总办等瀛秀园候旨，甚好。未初散。蔡崔君来。

二十九日丁未(12月2日)

入直。派写体顺堂对十四面。到署。晤兰孙。永宝刘付一百，蔚星厚。罗光烈、抟九、彭述来。

十一月

甲子朔戊申(12月3日)

演凤舆，内务府及工部同人俱到伯王同行。巳正一刻自后邸同昆、徐、清、崇至乾清门,午正二刻至乾清门阶下止。同徐、崇。祝劼刚五十寿,同额、张、许、孙、续,颂阁承办。遇仲华。酉正先散。住壶天。

初二日己卯〔酉〕(12月4日)

入直。派写奉天"福芘辽东""威宣渤海"扁二面。派写钟粹宫前后殿对六付。纳采礼,以期服未到。张璞君、陆梅孙、连文冲、曾景钊、姚虞卿、蔡世杰、李贻隽来。

初三日庚戌(12月5日)

到厢黄官学,荫轩先到,同人后续到。考国子监,保送岳森、万祖恕、李泽兰三名,午初散。清朴、鹤巢、陈忠伟仲彦、子原、聪肃来。

初四日辛亥(12月6日)　大雪子初三刻一分

入直。派拟承德府滦平县扁。晤兰孙。招伯兮、午桥、小宇、梅孙、天池、仲弢、佛青、鹤巢、廉生,未正二散。复香涛,复窭斋。发南信,济、麟生、筱雅、辛之、伯武、振民、沈藻卿翰、广安、硕庭、凤石信。又崧中丞、龚道仰蘧、景月汀信。连文冲救生会,高允凑一千之数。

初五日壬子(12月7日)

入直。派写滦平县龙神庙"泽周燕乐"扁一面。王氏作媒送妆,同汪范卿。梁经伯、运斋来。丁、杜、张同席。至王宅,袁敏孙、何小亭子厥禧、彭子嘉同席,未刻散。复林康甫,付以窭信。

初六日癸丑(12月8日)

入直。火药局奏派演放克王、芬车定单。派写德孚寺扁。至王氏往返二次,未正礼成。于文光来,交芦沟救生会顺属捐四百两。得刘芝田信,埃及古文。

初七日甲寅(12月9日)

入直。晤兰孙。戴兆春、李若农、熊以功、金铨来。永宝、润古苏来。梁航雪来,赠廿两,并袍褂料、大卷,送过棉皮袍褂一套。

初八日乙卯(12月10日)

入直。至仲华内大臣公所,遇兰孙,留饭。到署,叶匊常、朱延熙来。

初九日丙辰(12月11日)

入直。派拟宝坻县扁三面。手复仲田。贺若农、可庄。甥婿王慕韩祖仁回门。王青友来,以钮树玉校《急就章》、刘玉麐《尔雅补注》付之。王曾彦、周克宽廿主、谢端甫、宜子望、王可庄、孔少沾来。

初十日丁巳(12月12日)

火药局会同克王、芬车演放,八额驸未到。王继武来。永宝刘来。付一百两,付二百五十两,欠二百。魏晋桢、运斋来。

十一日戊午(12月13日)

入直。带引见七排街道本贵、托佛观、屠仁守、呈兆太。中夏、赵诒书、荣禧、殷李尧来。复刘汝翼号献夫,以其到任递履历也。苏来言鼎直五百五十两。复杨薪芳,送米。派写天台"赤城显佑"扁一面。孙传兖来,本年举选福永春州同。

十二日己未(12月14日)

入直。到署。冯梦华来。苏来。付廿八两,欠十两。大鼎五百五十两,腊月初五日付。李经畬、陆天池、沈曾桐来。

十三日庚申(12月15日)

入直。火药局奏事。工加班。晤兰孙。胡子英、李云从来。张一琴来。

十四日辛酉(12月16日)

入直。上欠安,看方。阴有雪意。吴荫培、杨士燮来。手复张朗斋、倪豹岑。

十五日壬戌(12月17日)

入直。上欠安,看方。到署。招叶鞠常、李若农、黄再同、盛伯熙、王可庄、刘佛青、冯梦华、王廉生、黄仲弢、王莆卿、陆天池,申初散。

十六日癸亥(12月18日)

入直。上召见,办事后还宫。蟒袍、补褂,西华门接驾,内廷不接驾。招佩蘅、子青二相,燕甫、受之、颂阁,受之辞。颂阁未正三先行,申初三刻散。

十七日甲子(12月19日)

厢蓝旗官学,同人陆续俱到。仍煦庄代,可庄未消假也。午初散。查如江、张一琴、张发祥曾任广西,已革,捐覆、王祖仁来。李云从、胡子英来。

十八日乙丑(12月20日)　　冬至十九日酉初一刻

巳正后上诣天坛斋宫,蟒袍、补服侍班。瑞德堂约叔平、燮臣、劼刚、颂阁、仲约。临时辞荫轩、兰孙。

十九日丙寅(12月21日)

入直。上辰刻还宫。至门神库看凤舆事件,银色改黄色。遵旨办理。晤兰孙。王瑞麟来化堂子。李云从来。二百十四两,一匜,皇父匜,付清。胡来。

二十日丁卯(12月22日)

入直。工直日。海康、徐受沅亚陶孙、许子元来。胡、永宝来。

二十一日戊辰(12月23日)

入直。派写大草十张、张一字、字一丈,诚、敬、鹤、庆、清、净等字。到署。赖永恭、陈忠伟仲彦,送以对二及书、曹福元、崔惠人送笔二匣、胡子英来。

二十二日己巳(12月24日)

入直。工加班。派题皇太后御笔墨拓钟馗廿幅、菊廿幅。又派写龙、虎二大字,各廿幅。胡来。百,李伟卿一觯、一觚。黄祖徽、陆梅孙来。陈小亭来。

二十三日庚午(12月25日)

厢红学,可庄兄及同人俱到,未初散。永宝刘来。付一百,欠一百。叔向敦欠五十两。

二十四日辛未(12月26日)

入直。函致豹岑、窭斋、曼伯、承枫廷恩。沈退庵、吴燮臣、张一麈来。顺天奏事。晤拧九朝房。

二十五日壬申(12月27日)

入直。派写鸿禧真、草各二大字。到署。苗玉珂来分荐顺天。赴劼刚招,同颂阁、仲山,午散。函致杨鹄山,为铁路事。送叶善堂、沈退庵、夏槐卿对、书。

二十六日癸酉(12月28日)

入直。晤兰孙。岑云阶春烜、濮贤懋来。

二十七日甲戌(12月29日)

入直。到署。蒋伯华来。王青友、运斋、张一琴来。

二十八日乙亥(12月30日)

入直。工直日。永宝刘来。百两,欠五十两。高醴泉、叶善堂、许子元、章定庵、马锡之、吴庆坻、郑焕永南同知,陟山,吴人、夏槐卿来。

二十九日丙子(12月31日)

天坛收工。松、启、中、继、江、程、王、赵俱到。沈铭勋镜泉,绍人,久在直、徐花农、恩雨田、章定庵、端午桥、黄仲弢交二百十金,还《后山集》直,四函荷屋物、王莳臣来。

三十日丁丑(1889 年 1 月 1 日)

贤良祠收工松崔龄、王小宇、匠刘天枢。丁予勤,刘樾仲来。

十二月

乙丑朔戊寅(1 月 2 日)

入直。派写恭代上进皇太后吉祥四字福、寿、龙、虎等四十四件。到署。仲韬来。熊以功、王莳臣来。

初二日巳卯(1 月 3 日)

入直。派恭代上进皇太后"含和颐性"扁、"太平有象圣人寿,垂拱无为天下喜"对、漏子、福字四十方。晤兰孙。申初雪即止,大风。

初三日庚辰(1 月 4 日)

到正蓝学,荫轩等以次俱到,可庄外症,煦庄到,午初散。外国拜年,行文不到。苏来。仲师鼎,三百两,欠二百五十两。大风冷。土春溥来,付以窭斋信、拓本五纸。李天锡来。

初四日辛巳(1 月 5 日)

入直。大征礼,入直者蟒袍、补褂。派写坤宁宫十三言对一付、"天佑皇清"一件、魁斗二件、长寿一件、祥喜七件、福廿件、寿十件。发倪豹岑、刘谨丞信,为洧川姚礼咸石珊。徐兆丰乃秋来得御史。

初五日壬午(1 月 6 日)

入直。派写钟粹宫甬子门三字扁四面"櫊兰闺""齐紫宸""被禾和""彩泰和"。苏来。二百五十两,又一鼎五十两,全清。胡来。陆蔚庭、姚虞卿、连聪肃来。

初六日癸未(1月7日)

入直。工直日。派写兴国州"惠周荆雄"一。招若农、飀臣、再同、廉生、小宇、子封、子培、仲叕、抟九来,同坐。郭授先来。杨增来。赏袍褂料各一。

初七日甲申(1月8日)

入直。派写永和、景仁、钟粹宫"迎禧""迎祥""出门见喜"等件。陈小亭、王言昌解杨云鹏、徐受沅付倪信、熙小舫要齿目方、喉药来。

初八日乙酉(1月9日)

工引见三名,注差。玉粒入神仓,偕抟九、季和、小研。与抟九同饭,午刻散。石赓臣、陆梅孙、天池、范履福、运斋来。卞柳门来。得清卿信,有拓,即复。

初九日丙戌(1月10日)

入直。到署。手复胡清瑞,送联、扁、书。刘樾仲、王莪卿来。

初十日丁亥(1月11日)

入直。工加班三件。晤兰孙。吴荫培来。王青友、端方、启绍、俞志贤、葛树棠、陈景墀、张一琴来。复杨鹄山。苏四之子、赵子俊来。胡来。

十一日戊子(1月12日)

入直。顺封奏一件,又奏事。奉上谕一道。张兆丰、罗鼎焜、刘家荫、刘枝彦来。

十二日己丑(1月13日)

入直。派写"福佑桃山""青关泽普"扁。子原来。苏、赵来。

付以虞初克鼎直也。运斋、彭沛涵六、查如江来。

十三日庚寅（1 月 14 日）

入直。上祈雪大高殿。雪。到署。刘兆璋来三河。岳森来。苏、赵来付四十两,行。

十四日辛卯（1 月 15 日）

入直。顺天奏雪一寸。复绥之电。工直日。杨春元来。胡来。外国拜年,注感冒。

十五日壬辰（1 月 16 日）

入直。顺天府又奏雪三寸。官学奏留王仁堪。寿蘅招同兰孙、徐、荣。

十六日癸巳（1 月 17 日）

入直。赏福、寿字。寅初贞度门焚,延及太和门、昭德门俱焚,申初归。住壶天,同兰孙、若农。廉生来。丁际瑞来,范履福之表弟。

十七日甲午（1 月 18 日）

入直。引见时磕头谢恩。顺天府奏月折及纸张。丁予勤来。永宝、张一琴来。彭涵六沛、运斋、张少林来。

十八日乙未（1 月 19 日）

入直。到署明日封印,巳刻。遇小云。徐宝谦、杨葆光苏盦、李宪之来。

十九日丙申（1 月 20 日）

入直。招荫轩、兰孙、仲华,辞者豫锡之、祁子禾。发南信,内有彦侍、广安。汤钊来。赏袍褂料、帽纬。

二十日丁酉（1 月 21 日）

入直。晤廉生。荫轩招,同露圃、仲华,兰孙辞。未初散。孙国

培来县,新分顺。仲韬、江蓁生、程乐庵来。邱泰来来,乞梅少若信
己酉同年仲堪之侄,号铁生。

二十一日戊戌(1月22日)

入直。大公所福、嵩、师、巴、崇会议,旨交太和门等处查估事,
小峰先行。抟九至朝房,晤商甄别事。李泽兰佩秋,南学取第三、凤
林韵生,刑京一,颖守来。张安圃、仲弢、赵松峰、张一琴、运来。皇太
后赏大卷八件、貂十张。

二十二日己亥(1月23日)

入直。晤兰孙。祝运寿。许仲韬来。松寿、程志和、查如江、
徐琪、李天锡。

二十三日庚子(1月24日)

入直。皇太后赏福、寿字,虎字、鹤字、朱拓鹤字。在内晤箴
廷。到署。吴广需来。胡来。付百两。赏燕窝,赏黄米糖。翁道鸿
来。付仲良信。刘瑞年时升子,号云舲、江槐庭来。

二十四日辛丑(1月25日)

入直。顺天府甄别三员刘兆章、丁予勤,另补黄祖周萃,杨云鹏
交直督。朝房晤抟九。豫山、翁斌孙、岑春煊来。

二十五日壬寅(1月26日)

入直。工加班九件。派写江西安义“龙安昭佑”扁。上派写
凤、鹤二字漏子。题画,徐、李、吴,各用诗三首。许仲韬、冯寿松补
乐安、王言昌补永清、胡翔林来。

二十六日癸卯(1月27日)

入直。徐、李、吴,各用诗八首。皇后仪驾卤簿呈皇太后御览,
陈设东长街大成左门基化门对过。巳刻皇太后驾过,磕头谢恩。赏
御笔。同福、嵩、巴、崇光、崇礼、清、徐树铭。手复培卿、胡云楣。笔

彩来,付五十两。玉酒杯上乘轿卅六两,铜锅二两。王梦龄、杨春元来。陆天池来。七十两,付梅孙。

二十七日甲辰(1月28日)

入直。命将两斋题御笔画卷阅一遍,有无错误,覆奏。上诣中和殿,阅祝版,补褂、蟒袍侍班。同乡谢恩。到署。许子原、苗玉珂、高抟九、灵耀乙酉,宗室、李云从来。明酒杯、《韩仁》、《尹宙》、《张猛龙》、《李仲旋》,共卅两。胡子英来。二百两,连其伪敦五字者。

二十八日乙巳(1月29日)

入直。派写"秀容昭佑"扁一面山西共五面,误作四。上诣太庙。皇太后赏梅、莲、松三幅,赏大小荷包。晤廉生。梁经伯卅两。龚荫培来。李莼客卅两。邢兆英子杰,车局委员,徐琪来送以火腿。殷谦来。再复吴清卿。李云从、胡子英来。

二十九日丙午(1月30日)

入直。上派写鹤字、寿字大草各一幅,臣款。赏龙字。上御保和殿,出乾清门时,貂褂、蟒袍,叩头谢恩,不站回班。盛伯熙邵钟,名世之数;董昌洗一,字最多,以酬至劳。子原送花及灯、屏。陈冠生、吴运斋、陆寿门、张仁黼、江槐庭、刘家荫来。祀先。

光绪十五年(1889)己丑

正 月

朔丁未。是月丙寅(1月31日)

寅正关帝庙拈香。辰初三慈宁门行礼。辰正太和殿行礼。懋勤殿开笔,递如意,赏还。兰孙赏寿,请陪天使,同仲华,座有莱山、星叔,佩蘅后至,未正二刻归。

初二日戊申(2月1日)

入直。派拟河南龙神庙扁。候太平主人,拜年数家。恽次瑗、姚虞卿、曾劼刚、劳心农、许子原、徐花农来。

初三日己酉(2月2日)

入直。卯正懋勤殿跪春青老未到,颁春帖子赏。派写河南"德水安流"扁。派写隶字福字、寿字大幅。明日顺天进春山宝座,以斋宫侍班,不克到。

初四日庚戌(2月3日)　立春亥初三刻五分

上诣天坛,宿斋宫。巳正蟒袍、补褂侍班,未初归。凌道增来。高抬九、绍葛民来。

初五日辛亥(2月4日)

入直。拜年,午刻归。运来。

初六日壬子(2月5日)

入直。会典馆,随到行礼。拜年,巳刻归。陈小亭来。

初七日癸丑(2月6日)

入直。拜年,辰刻归。

初八日甲寅(2月7日)

入直。派题皇太后画梅上八字一幅。晤廉生。石赓臣、钱锡采卸文安、钟德辅平谷、赖永恭文安、李天锡、唐典、范履福、鲁人瑞来。子英来。五十两,裱工。笔彩来卅两。

初九日乙卯(2月8日)

入直。上看祝版,乾清门侍班。派题皇太后仿汤正仲梅幅、隶书诗一首,又一幅隶书"罗浮真影"四字。逯凤图来新选良乡训导、癸酉门生。熊以功、江菉生、程乐庵、张璞君来。屠义容候补县,送以《洗冤》来。

初十日丙辰(2月9日)

入直。乾清门架彩是日始。皇后千秋花衣。发下马文璧画竹、宋《鱼藻图》、明人《雪兔图》阅看,次日覆奏。蔡兆寿臻、杨锡元、杨增、赵钦舜、冯煦来。胡子英来。李云从来。

十一日丁巳(2月10日)

入直。顺天报雪二寸。派写鹤字旁七言对一付。召见于东暖阁。高召见。到署。张璞君、张泽溪青,主簿,办于军台、马序东。

十二日戊午(2月11日)

入直。工部加班。派题皇太后画梅诗一首、画荷隶书四字"香天自在"。壶天烧鸭九吊。曾劫刚招,未正二先行。陈鸿保来云挖河事。

十三日己未(2月12日)

入直。派题皇太后画梅二幅,各四字"百花新上""蓬莱群玉"隶书,此颂阁昨所题,并命李、吴分题之。晤兰孙。刘竹坡、杨子英谦柄、文子乂来。运来。晚招运子千、心存看花炮。

十四日庚申(2月13日)

入直。派题皇太后画,仿汤正仲梅七绝一首隶书。莆卿值班不到。招运子千、伯华、花农、王祖仁豫生、范卿、彦和看花炮端午桥昨送。谢裕楷、王荩臣来。

十五日辛酉(2月14日)

入直。派书"懋德嘉绩"扁一面军机拟赐醇王,又题黄签《久安图》上,益州名画,隶四,潘祖荫谨题。又题皇太后画松一幅,隶七绝一首。皇太后赏御笔仿汤正仲一幅。辰正保和殿宴,蟒袍补褂,巳初三散。谢锡芬、张登、许子原、陈鸿保、文邦从、殷秋樵、陈小亭来。赏元宵。

十六日壬戌(2月15日)

入直。派拟上送醇邸扁、对,并篆皇太后御览之宝。壶天烧鸭,后兰孙亦来,松、中、许、王至壶。午正礼、额、恩、福、锡、奎、乌、麟、昆、嵩、伯、张、徐、翁、许、孙、潘乾清宫廷臣宴,未初三散。赏如意、蟒袍、瓶烟、袍褂并席。章定庵、张一琴来。灵耀来。汪柳门来。

十七日癸亥(2月16日)

入直。派恭代上御笔"受天百禄"扁一面,"千欢万喜膺天庆,五福三多保真和"对底子。贺子青大拜、荫轩协、莱山刑尚、燮臣吏右、寿蘅工右、柳门工左。查尔崇峻臣,乙酉、张邦庆、吴淖、刘兆璋、陆锡康来。

十八日甲子(2月17日)

入直。顺天捐扬赈一千两,工部五百两。派题皇太后画雪梅诗二首,隶书。壶天请柳门烧鸭。兰孙来,一谈而去。福寿堂子青丈招。

十九日乙丑(2月18日) 雨水酉初三刻七分

入直。祝小峰太夫人寿。壶天烧鸭。罗鼎焜、海康来。发南信。悼王化去。江建霞来。

二十日丙寅(2月19日)

入直。换海龙冠、白凤毛。招仲约、吉人、小宇、鞠常、再同、廉生、佛青、梦华、可庄、仲弢、葑卿、柳门、沈子培、子封、雀巢、张子与、鳃臣、子原,辞者伯熙、刘幼丹心源、连聪肃文冲,未刻散。是日花衣始。皇太后赏大卷各一件、普洱茶大团一。张渭乙酉、李燕昌、殷秋樵交一千两来。丰荷亭、仲泰来。

二十一日丁卯(2月20日)

入直。派写"果行育德""进德修业"扁二面。派题张之万山水一幅、七绝一首,又团扇七把三首,皆隶书。是日开印。复豹岑、吾山。秋樵来交五百两。孙宝琦来。崔惠人、松寿来。

二十二日戊辰(2月21日)

入直。到署。端午桥、许子原、星叔为子原执柯下帖、谢锡芬来。以前任军机,奉懿旨:交部议叙。钦此。又交片,廿四日谢恩。夜雪。

二十三日己巳(2月22日)

入直。顺天奏春抚粮价。晤抟九朝房。启绥、刘焌、屠义容、查如江、冯开勋、其次子国珊、运斋来。

二十四日庚午(2月23日)

入直。具折谢恩黄面红里折。顺天奏雪二寸。晤抟九朝房。派写四川"资中昭佑""凤鸣惠普""福芘垫江"扁。太和殿演礼,未到。皇后进妆。珍嫔、瑾嫔进妆,廿五进宫。仲约得少詹。夜雪。晤兰孙朝房。为子原执柯,在仲山寓备席,坐有冠生。同经伯至寓,以

帖交八妹。曾景钊来。岑春煊、高赓恩、江年伯清骥、陆伯奎宝
忠来。①

二十五日辛未(2月24日)

入直。到署。雪犹未止。皇后进妆共二日。许子原、刘培、陆
寿门、蒋伯华来。

二十六日壬申(2月25日)

入直。壶天烧鸭。晤拧九于朝房。未初上至慈宁宫行礼,御
太和殿,行奉迎礼,朝服。晤兰孙、仲华传心殿。顺天奏雪三寸。
以总办衔名交枢廷。郑嵩龄、岑春煊来。风。

二十七日癸酉(2月26日)

入直。风冷。寅刻皇后进宫。派拟河南襄城尉氏扁二面。递
如意二柄,赏收。刘子澄齐浔,户,新廉知府、许仲韬、方右民汝翼,江
藩、刘幼丹、兰孙、岑云阶、余肇康来。手复豹岑。

二十八日甲戌(2月27日)

入直。上诣寿皇殿。派写"康阴保障"扁一面。祝星叔夫人
五十。奉懿旨:赏加太子太保衔。钦此。并传旨,卅日谢恩。又工
部堂官加二级。王青友、韩荫棣、王继武、刘瞻汉乙酉、吴渔川泉、张
少林、麟芷庵、运斋、陈寿椿新宛平、经伯、杨圣清癸酉,山东,孙彦臣
信来。

二十九日乙亥(2月28日)

入直。同人公祭惇邸。阿克占、海康来。

三十日丙子(3月1日)

入直。具折谢恩。又工部公折谢恩。答谢醇邸。刘齐浔来,

---

①原稿天头记:"朱�、陈镜清、谢裕楷、姚虞卿。"

执贽。子原、梁仲衡、郝近垣、岑云阶、运斋、汪柳门来。杜九、高文翰、李云从来。

二 月

丁卯朔丁丑(3月2日)

入直。上看祝版,乾清门侍班,蟒袍、补褂。回时碰头谢恩。到署。李云从来,付廿两,全清。得南信,运斋来。高文翰来名世。交薛云阶一百六十两,古敦。

初二日戊寅(3月3日)

入直。推班四日。皇太后派长春宫听戏。巳初入,碰头谢恩,花衣补褂。赏茶食二次、饭二次,御前三人伯、庆、克,军机五人礼、额、张、许、孙,内务府五人福、嵩、师、崇、巴、谟、溎、澍、泽、伦、佩,惠王府二人载润、载淇,及荫共廿二人。酉初散,住壶天。

初三日己卯(3月4日)

入直。卯正慈宁宫行礼。辰正太和殿行礼,归政颁诏。太和行礼时与抟九略商公事。巳初长春宫听戏,酉初散。茶食二次、赏饭二次。仍住壶天。递如意,赏收。星叔招初四,主宾皆公事改期。

初四日庚辰(3月5日)

入直。辰正慈宁宫行礼。太和殿行礼。大婚庆贺,颁诏。长春宫听戏,巳初入座,酉初散。赏茶食二次、饭二次。赏素菜四碗。仍住壶天。

初五日辛巳(3月6日)

入直。至传心殿遇星斋、伯熙。闻太和殿筵宴停止,即进内,知上欠安。若农、小宇来壶天。午初长春宫听戏,酉正二刻散。赏

茶食二次、饭二次。赏茶一匣。赏活计一匣、大卷二件。同枢内相
商,每人五十两,奏事八两,南六两。仍住壶天。派拟奉天关帝庙扁
三面。

初六日壬午(3月7日)

入直。工直日,同人均晤吉甫未至。派写"挹娄昭佑"扁。至传
心殿晤抟九、兰孙。复仲良、星五、驾航。祝运斋夫人五旬。运斋、
李宪之、余诚格、宜子望、查如江、丁予勤、吴蔚若、朱子涵、棫兴世
锡之子、姚虞卿、陈兆葵来。

初七日癸未(3月8日)

入直。朝房晤篯亭、叔平、子斋、子授。招抟九、劼刚、渔川、颂
阁、冠生。张泽、梁航雪、范履福来。夜大雪。

初八日甲申(3月9日)

入直。工部奏请旨保举人员。至传心晤小峰及同人兰孙、仲
华。王维度壬戌副,年六十、张一琴、王梦龄、周之骧乙酉、刘佛青来。

初九日乙酉(3月10日)

入直。晤兰孙。运斋、王怀馨、高寿农、许仲韬、王廷相热河,庶
常、牛瑗辛丑,树梅之子、裴鸿逵造象同十三,石二、专一、石二、碑佀季
姓来。

初十日丙戌(3月11日)

入直。壶天烧鸭。许星叔招。冯梦华来。松、中、启、征来。

十一日丁亥(3月12日)

入直。到署,同人均到,议保案,午正散。查如江来。徐寿蘅、
成子中来。裴仪卿来八百,送以对。季来八两,石二。

十二日戊子(3月13日)

入直。上视关帝庙祝版,乾清门补服侍班。派拟河南武陟扁。

兰孙来。送伯熙、廉生拓高裴之物。冯梦华、宗树楷乙酉、徐花农、程乐庵、松鹤龄、中伯权来。

十三日己丑（3月14日）

入直。派拟江西德化等处扁。派写河南"安澜普佑"扁。派题皇太后画蒲匋二幅。派拟颐和园龙王庙二字扁十六面。发下旧抄本《通鉴辑览》校阅。工部奏保举。松、中、程、张钟赤、岑春煊、陆燮和辞行，同豫东屏山西去、朱靖藩、海康、启绍、端方、许子原、征厚、夏玉瑚、高次峰、王瑾、何乃莹、素麟来。寄清卿拓本汉专、瓦廿馀纸。

十四日庚寅（3月15日）

入直。工直日，代奏司员谢恩。派写江西"宝丰昭应"扁一面。派题皇太后画蒲匋一、雪梅一。派阅覆试卷，麟、潘、孙、薛。午刻入闱。知贡举，贵午桥、孙燮臣。内监试，载存、义门、甲子举、杨晨。未刻钦命题到，南向跪接。委员郑沛溶、提调詹鸿谟、徐埙送席。晚同人招，同两监试饭。丑刻二，印出题一千二百张。"君子哉若人"至"取斯"，"挥毫落纸如云烟"仙。大风。

十五日辛卯（3月16日）

花衣三日。巳初出题纸一千一百张，实到八百九十人，临点不到十五名。递如意，赏收。大风。晨起为孙夫人撰墓表。进卷二百二十三本。写对四十五付。

十六日壬辰（3月17日）

阅卷至午刻毕。兵部团拜，辞。

十七日癸巳（3月18日）

一等百名本，二等三百本，三等四百五十八本，四等廿一本，不列等一名。贴黄签，墨笔填名次。午招芷庵、云阶、子授、存义门、杨定甫饭。黏黄签,墨笔填卷背名次,包封缮折,写名次。午刻始,戌初毕。包封折件,亥刻毕。

十八日甲午(3 月 19 日)

辰初出闱。寄清卿造象十九,汉专、隋专各一纸。送再同《好大王碑》叶跋旧本。许子原、李兰孙来。

十九日乙未(3 月 20 日)

入直。复命,请安并谢恩,十六加级,引见时碰头。蒋伯华、赵铁珊、王松溪、陈冠生、吴瞻菁、陈小亭、张璞君、许仲韬、任文卿其昌之子承允、刘次芳、陆申甫钟琦、张英麟来。招梁、二许、二沈、柳门、廉生、佛青、梦华、建霞、花农、再同、鞠常来校书,便饭点心,酉初散,校未竟。

二十日丙申(3 月 21 日)

入直。派题皇太后蒲桃一幅、松树一幅。校书者鹤巢、冠生、子原、经伯、鞠常、仲弢、佛卿、梦华、子培、子封、柳门、建霞、花农、再同、廉生。蔡厨二席。王延绂、王彦威、潘骏文、余肇康、章炳森覆试一等六、王毓芝来为外帘回避。

二十一日丁酉(3 月 22 日)

入直。派题皇太后作牡丹一幅、梅花一幅。祝仲华寿。亚陶来。己酉才盛团拜不到。徐小云、续燕甫、廖仲山招粤东馆。江建霞一等廿一、章定庵、贺涛来。

二十二日戊戌(3 月 23 日)

入直。派题皇太后蒲桃着色二幅。壶天烧鸭。兰孙来长谈。子青丈福寿堂,申初归。赵松峰、端午桥、周学海后、郑怀陔后、陈翼谋来。章定庵来。

二十三日己亥(3 月 24 日)

入直。派题皇太后着色蒲、松各一幅。款敬仿世祖章皇帝笔意,光绪己丑仲春，下浣御鉴。又敬观世祖章皇帝《九天垂露》一幅。吴廷献广东后、恽毓嘉乙酉、水宝煜来。到署。复容方，并赠拓本八十七种。刘若曾、赵元益新阳，刻尧圃所藏书、陈日翔、沈尔裕栾城，沈师次子、赵仪年、椿年、陶荣盛京随任、长诗农、张荫椿后第一、成守正后第十来。

二十四日庚子（3月25日）

入直。派题皇太后松、荷各一幅。昨题蒲桃大约赐醇邸，看用宝样共九方。荫轩娶孙息，送礼。桂莲舫夫人寿，送礼。派复试阅卷，福、翁、李、麟、昆、嵩、许筠、孙授、贵、汪、廖，申正散。题："夫明者"二句；诗"园花玳瑁斑"，沈佺期《春闱》。一等八十名，二等一百六十名，三等二百四十七名，四等七名。三等之邱肇熙，改四等一；四等之饶有容，改三等，后复片奏申明。得振民信。

二十五日辛丑（3月26日）

入直。工部带引见三名彦秀、桂森、洪。直日。派题皇太后蒲桃一幅、松一幅。安徽馆九卿团拜，午到申散。李润均、吴纬炳研诒孙婿、蔡金台、徐嘉言、宗舜年新复、汪柳门、何维棣、麟芷庵、李春泽来。柳门明日请训西陵。

二十六日壬寅（3月27日）

入直。派题皇太后画松一幅。顺天奏事。遇拵九。蒋式瑆来箸生庆第之子。伯熙、柳门上陵、劭刚、郑权、林国赓二人新复、裕祥、查如江、岑春煊、陈贞、徐鄂、汤震新复、戴锡钧交二千二百两，并田信宾兴、项同寿来。刘业芳来。张祥龄来。张联恩诗舲之孙、阿克占来。周士廉、史菡来乙酉。

二十七日癸卯（3月28日）

入直。皇太后赏御笔蒲桃一幅。到署。明日上驻跸西苑。安徽团拜,辞之。宗湘文、武延绪、祝维培拔、王裕宸、邹道沂、张裕馨、柳廷诏三覆、许子原、吴腾骧、王诒善来。亚陶来。

二十八日甲辰(3月29日)

顺天府演耕。抟九留饭,巳初散。祝露圃相七十。王宝璋、费念慈、庄国贤、刘兆璋、刘元辅、王瓘、王以慜、杨谦柄、文小坡、中伯权、夏寅官后、盛沅、袁镇南、熙麟、许子原、张宗德小渔姊夫、王绪祖、刘子雄后来。

二十九日乙巳(3月30日)

入直。吊童薇研。王彦威、何官尹、丁惟褆、李仁堂、徐树锷、兰孙、熙麟、张季直、马文苑远林之侄、朱子涵、王振声、顾思义、许子原、黄漱兰来。

三　月

戊辰朔丙午(3月31日)

入直。会内务府奏太和门查估事。坤宁宫吃肉。先农坛演耕。带见小门生。熙年来示。石赓臣来。

初二日丁未(4月1日)

正黄旗学会考,官学生百廿九名,同人俱到,谊卿未到。秦石麟来。启绍来。寿蘅、左念谦湖南馆,辞。工部团拜粤东馆,辞。复济之、竹年、辛芝、谱琴、硕庭、泉孙、瘦羊、小渔、振民。复清卿、培卿。沈维善、陈遹声、李传元、黎宗葆、端方、刘滋楷、梁寿祺、何镇、汪柳门来。

初三日戊申(4月2日)

入直。派写"泽溥开城"扁一面、皇太后蒲桃一幅。丰泽园演

耕以府尹进鞭,奈无执事,未到。王振录来。黄玙候知州,煦子、柳元俊
乙、沈瑜庆乙、王岩癸元、罗鼎焜武、戴毅夫、朱孔彰仲我、单启藩地山
孙、胡廷琛、罗贞元乙、李耀初、张兆珏、吴世珍甲辰七十九、朱子涵、
尤先甲、张祖辰乙、张肇镶、家升荣年已五十四来。

初四日己酉(4月3日)

入直。至仲华直庐,同露圃、兰孙、颂阁、仲山少坐。到署。答
尤鼎甫、卓臣、润卿、吴大琳润卿、陈人龙卢沟巡检、王维城乙、许子
原、俞陞云阶青、赵昶乙、吴荫培、恩雨田、张元奇、刘学谦、杨锐乙、
梁航雪、王伯恭、方长孺、赵增荣、端方、梅汝鼎、潘岑征、熙麟来。

初五日庚戌(4月4日)　　清明亥初三刻十二分

入直。工直日。寅正办事后,上看祝版,至奉先、寿皇殿。南
斋及军机未侍班。先农坛礼部演耕。蒋仲仁、蒋式芬、二秦来。

初六日辛亥(4月5日)

入直。丑刻进内听宣,奉旨副考官,同兰孙。西苑门领钥匙。
余先行,午刻入闱。兰孙、仲山、小峰俱到齐后,拜监试、同考、收
掌。收掌,王文锦、凌福添。监试,桂年、洪良品。晚兰孙处饭。夜
雨又大风。

初七日壬子(4月6日)

掣房。第一房刘心源,拟策题、经题。晚招兰孙、小峰、仲山小
酌。大风。

初八日癸丑(4月7日)

卯初二刻,钦命题:"子曰行夏之时"四句,"取人以身"二句,
"曰子不通功易事"至"于子";诗题"马饮春泉踏浅沙"泉,郎士元
诗。兰孙、小峰、仲山分写题,余写二分,共五分。辰正刻实到六千
九百九十六人。戌正刻成。子初送出。七千有馀。内帘先传点。晚

各人数篇，招二监试饮。

初九日甲寅（4月8日）

以策题五道及进呈策题五道、安折各次分请刘幼丹、倪覃园、黄松泉、曹次谋、星槎、吴移香、邵伯英。小峰招晚饭。又请刘幼丹、倪覃园来更换策题二道。原《仪礼》《元史》二道，换经、史二道，祁文端之旧。

初十日乙卯（4月9日）

校定策题，以经有元、乌字仍用《仪礼》。请覃园诸君，俱来，以安折交移香。巳初以策问五道交内监试桂、洪二君发刻。午后，各手写二场："爻也者"二句，"帝曰咨女二十有二人"一句，"眉寿保鲁"二句，"齐高偃"一节昭十二年，"是月也"至"遽篚"。

十一日丙辰（4月10日）

请十八房上堂，分三次。以外帘交进陈文，属分检出刻午正后。二场题戌。仍招二监试饮，仍每人四篇。子初送题为补褂。夜雨。房考钟君言本年水不佳，告子涵。①

十二日丁巳（4月11日）

阴风。邵伯英写二场，进呈题纸。酉刻成。三场题会经堂刻，戌刻刻成。三场《仪礼》、史学、兵制、《管子》、藏书源流，题纸明日乃进。

十三日戊午（4月12日）

三场题纸，外帘送进。未刻进呈，二场题筒、安折二件内五点叫门。夜进卷五百五十九本。

---

①原稿附纸另记："己丑：刻字房，卅千，加四两。刷印，卅千。供事，四十千，加四两。监家人，十二千。收掌，十二千。委员，八千。扫堂、茶听差六名，十八千。剃头，八千。乡厨，十六千。搬行李，四千。共百七十八千。"

十四日己未(**4 月 13 日**)

辰刻花衣上堂,酉正散。荐廿一本。安折回。未刻进九百卅五本。亥正送三场题,共六千八百五十张,二场同。夜进九百六十二本。

十五日庚申(**4 月 14 日**)

阅荐卷四十七本。午后进卷六百六十六本。卯正花衣上堂,酉正三散。连前三千一百廿二本,亥刻。

十六日辛酉(**4 月 15 日**)

卯刻上堂。未刻进呈三场题筒、安折二件。花衣,酉初散。阅荐卷三十八本,进卷一千四百十二本。

十七日壬戌(**4 月 16 日**)

子初起,写题:"知者乐水"二句,"燕得新泥拂户忙"泥。兰孙备点心,试同桂月圆。印百六十张。卯正送题,宗室实到卅二人。卷头场到齐,实到六千六百十六名。辰刻安折回。阅荐卷四十七本,以一房二文、十房、十一房共四文,交加圈发刻。二场进八百六十六本。

十八日癸亥(**4 月 17 日**)

寅初,进宗室卷卅二本,内一本未完卷,分得八本。卯正上堂,酉正二散。阅荐五十三本。

十九日甲子(**4 月 18 日**)

卯正上堂,酉正二散。阅荐四十三本。至公堂来文,明日未刻送朱批。宗室中三名。午后风。进宗室卷折。吴移香写落卷,加批黏后。外帘送黄花鱼。午后大风。

二十日乙丑(**4 月 19 日**)

卯正上堂,午后封奏折、安折卷有夹板。奏为进呈试卷事。本年己丑科会试,蒙恩派臣等为正副考官。三月十八日,据至公堂移送宗室卷三十二本,臣等公同检阅,谨遵钦定中额,选贴试卷三本,拟定名次,黏贴黄签,恭呈御览。伏候钦定命下之日,由至公堂拆封填榜。为此,谨奏。光绪十五年三月二十日。未刻送宗室卷。阅卷四十一本,酉正一散。午后大风。

二十一日丙寅(4月20日)　谷雨卯初二刻五分

卯正上堂。已初,安折回。二场进齐。至公堂拆封填榜,发落卷廿九本。希廉、瑞贤、宝丰。阅荐四十本。午后风。

二十二日丁卯(4月21日)

卯正上堂,阅荐廿四本,酉初散。酉正雷雨。明日撤堂。共荐卷二百五十九本。第五房二场卷经文后默写首场,起讲与首场不符,知照外帘开门重行核对。又墨卷刻字,较前次缩小,饬重刻。

二十三日戊辰(4月22日)

阅荐十一本。邵伯英十七,王惺斋三,熙小舫四来商文。晚兰孙邀看钟静丞房文,次日荐,抑之。

二十四日己巳(4月23日)

洪右丞送诗来,并银鱼、鱼面。核各省卷,阅荐六本。

二十五日庚午(4月24日)

阅荐一本,连二场一本。覆十六、十二、十五、九、一、七、十一、十四、十八、六、五、十三房二场卷百卅一本。伯英、幼丹来。兰、峰、仲来。甚热,夜大风。

二十六日辛未(4月25日)

换季,大风。覆一、二、三、四、五、六、七、八、九、十、十一、十二、十四、十五、十六、十八房二场卷一百卅本。元卷商,尚未定。午后又风。宗室廿七覆试,廿八阅卷翁许。

二十七日壬申(4月26日)

请十八房上堂,以房首卷交本房磨对。幼丹来,阅二场卷八十二本,三场卷第六房六本。又风。计连补荐共三百八十一卷。

二十八日癸酉(4月27日)

伯英、右丞来。阅二场卷卅二本,二场齐。核定应中光字卷及备卷数开单,交兰孙。三场卅四本。

二十九日甲戌(4月28日)

兰孙属改试帖十二首,兰二首、小峰二首、仲山四首。阅三场百六十三本。昨外帘送鸭,招兰孙、小峰、仲山晚饮。夜大风。折已备好。一进卷十本折,一复命折。

三十日乙亥(4月29日)

大风。阅三场卷百四十九本。尚有未到者,共三本十六房。仲山、兰孙、幼丹、移香来。

四　月

己巳朔丙子(4月30日)

十六房三本来,三场来齐。辰刻小雨。未刻上堂定卷,申刻散。

初二日丁丑(5月1日)

巳刻发中卷,各房磨对。未刻进呈卷,订三连以石压之。请覃园、星槎、次谋、伯英拟批阅。上谕:知。铃榜派祁世长。

初三日戊寅(5月2日)

仲山处直隶卷,钦命四库三抬作双本三房乞改中,兰处卷,兰来商。子虞来。午后覃、星、次、伯四君写批,酉初毕。朱子衡来。

以滇卷,过八百字后又止。子虞欲刻葆诚七三一本,刻字铺告以来不及。兰孙又属改诗二。阅抄知已换单衣,此处仍棉。

初四日己未(5月3日)

未刻发安折十本,并缴朱笔及木匣,向无,此次有。前数日,军机行文来索。即行文至。公堂交还该处。十一房、十六房、十房、十八房卷来。巳刻封十卷及钥匙,良久乃毕。丑刻小雨。诗交刻。兰孙,仲山属校之。

初五日庚申(5月4日)

安折回。闻钟静丞、曹星槎俱感冒。右臣来,以纸索书,余赠其《海棠诗后》七绝。张肖庵来。十房磨对来,尚有八房。

初六日辛酉(5月5日)　　立夏申正一刻

怡庄来。巳刻上堂,订三连卷,并印衔名,随钉随印,交本房加批。十一、十三房卷未来,直至未刻,曹、钟二房卷方来。钟卷光处二卷尚未磨。静臣病,右臣助之也。至戌刻,加批来者,十三房。未到者,五房此次特迟。发车马条。

初七日壬午(5月6日)

将填草榜,十二、十三、十六房至辰正未来,且有未起者,未正卷始齐。兰孙房中将各卷分各省,余手自书之草榜,申正三毕。请十位明日事上堂写名次。幼丹、悺斋、怡庄、罨园、松泉、次谋、次方、移香、伯英、肖庵、郁斋。书吏写小签,戌初方毕。同兰孙、小峰、仲山小饮,子初散。各备誊录廿本。

初八日癸未(5月7日)

请十位写名次。午后公服拜监试、同考、收掌,末发落卷。开发刻字卅千,刷印卅千加四两;供事四两,加四两;监试家人十二千;收掌十二千;委员八千;扫堂、茶烟听差六名十八千;剃头八千;香厨十六千;搬行李四千,共一百七十八千。提调、大所家人各六千。请次谋写晓谕及榜字向应鼎甲写。午后,大风又小雨,戌刻止。

初九日甲申(5月8日)

丑初起,候知贡举、提调、弹压、监试填榜事毕后,供事写誊录卷面。寅正子禾到,随带满、汉司员二人,外监试四人俱到。卯初填榜,子正始毕。并发誊录卷,交吏写名次。

初十日乙酉(5月9日)

丑刻,家人以车马来。提调与大所、朱子涵、张一琴、王曾彦及堂上委员及粮厅、大、宛俱来送行,寅初到家。谊卿、廉生来。门生来六十馀人。

十一日丙戌(5月10日)

入直。请安,覆命折由礼部递兰孙办。召见,至午门朝服,谢恩四人俱到。房考三人刘次方、幼丹、邵。贡士、会元外十馀人赴宴,止考官四人到。护宴大臣崇礼、右侍郎宝昌,礼毕即行。

十二日丁亥(5月11日)

入直。工加班,奏大和门廿万及山东速议培堤卅万移民事。至西苑门与小峰商以水利分半与署任。答子青。王承陛来。付清卿信,闹墨。王青友、姚虞卿来。节赏扇、对交寅臣乃郎及子原,乞转托,共三百四十五分。发南信,济、辛、谱、竹、振、麟、硕、泉并墨。

十三日戊子(5月12日)

入直。得朗斋电,收顺助万。官学奏管学蒋仲仁、王怀馨充补。到署。唁谊卿夫人五七。以水利千五百,交启送荫轩。

十四日己丑(5月13日)

入直。顺天府奏事,春抚完竣片,助山东赈。晤兰孙。苏培芝、赵生杰来。付四千,欠二千。与以护照。

十五日庚寅（5 月 14 日）

入直。派拟镜清轩等处扁八十馀、对四十馀。徐、李、陆、吴均以公不入直。胡子英来。为伯恭索抟九信。致凤颖道王廉，并自致赵展如，荐伯恭凤阳书院山长。考试差，以苐卿回避。

十六日辛卯（5 月 15 日）

入直。卯初上诣大高殿祈雨。到署。永宝来。若农送洋玉兰四盆。

十七日壬辰（5 月 16 日）

到厢红官学会晤，王怀馨、仲仁、煦庄代可庄、云舫、可庄、谊卿、洛英署长季超、雨轩、荫轩先后到。惟长诗农未到，巳刻散。

十八日癸巳（5 月 17 日）

工直日。注差。庆和堂会斋，同受之、寿蘅、柳门、犙山。至后十刹海醇邸新府、砖塔胡同西口外顺承王府，遵旨前往丈量。明日东四牌楼十条胡同对过廉公府、台基敞毓公府。午散。才盛馆会榜团拜。

十九日甲午（5 月 18 日）

入直。派阅散馆卷，同李、孙莱山、孙子授、廖、徐、许筠庵、汪。一等孙锡第等卅五名。二等凌彭年等四十名。三等沈维善等四名。午正三散。

二十日乙未（5 月 19 日）

派殿试读卷。恩、徐、李、许、潘、祁、孙、薛。

二十一日丙申（5 月 20 日）

朝服行礼后，住传心殿。

二十二日丁酉（5 月 21 日）

二十三日戊戌（5 月 22 日）

二十四日己亥（5 月 23 日）

卯刻召见，并带引见。即至阁填榜。荫轩邀传心殿饭。

二十五日庚子(5 月 24 日)

卯初上御太和殿,读卷大臣及执事人员行礼。到署。到谢公祠李鸿逵李木斋粤东新馆李仲钧、刘世安。归第,在广西老馆銮庆胡同,辞。皇太后赏酱色实地纱一、石青实地纱二、漳纱二、驼色实纱、帽纬、折扇、葛布、燕窝。

二十六日辛丑(5 月 25 日)

入直。工直日。公所晤福、师、嵩昆领班及清、徐、汪,面商太和门事。杜来付五十两,崔玼墓志。派写北海镜清轩等处扁廿面。凤石来。带见癸未举□等。

二十七日壬寅(5 月 26 日)

入直。顺天府奏请加王恕园米石。皇太后派题葡萄三幅。朝房晤抟九。

二十八日癸卯(5 月 27 日)

入直。八旗官学奏陈秉和管学,冯庚期满。开发内廷节赏。发南信,济、竹、辛、麟、志晖鄂生、广安、彦侍、曲园。又崧镇青、又松峻峰、周玉山、朱敏斋,为陆和让景濂事。赏褂料、葛纱、葛布、帽纬共十卷。

二十九日甲辰(5 月 28 日)

入直。皇太后派题葡桃一幅。派朝考阅卷,张、翁、麟、昆、潘、祁、许、许、嵩、宝、昌、廖、沈。一等八十,二等百八名,三等百十名,申初散。谊卿来。柳门来。

三十日乙巳(5 月 29 日)

入直。到署。遇柳门,工部发电伟如。派中、程昌平丈量城楼、木植。晤兰孙。

五　月

庚午朔丙午(5月30日)

入直。皇太后派题葡桃三幅,赏苏叶饺。遇箴亭,言昨日发电事。得南信。发南信,济之、瘦羊墨十本。

初二日丁未(5月31日)

到厢白旗官学勉之署,王怀馨,可庄、雨轩、诗农、谊卿、仲仁、荫轩陆续到,王云舫、钟洛英及新任之陈梅庄秉和未到。已初散考。教习二人,陈培兰湖北、祝康祺。题:"丹之治水也愈于禹",赋得"艾人"人。午刻皇太后赏御画山水团扇一柄、御笔山水一幅。

初三日戊申(6月1日)

入直。到署。遇柳门。再发电,催伟如。

初四日己酉(6月2日)

入直。粤东新馆,公请知举、同考、钤榜、内外监试、收掌,小峰承办。共卅馀人,到廿馀,八席,剩一席送兰孙。松、江来,得黔电,酉正散。颂阁乞假十日。撰《齐孝子碑》。

初五日庚戌(6月3日)

入直。赏粽子。中、程自昌平来。

初六日辛亥(6月4日)

不入直。先君冥诞,龙泉寺念经。

初七日壬子(6月5日)

入直。遇箴亭。到署,遇柳门。发电伟如,交总署。子原来。高文翰二戈、一戚、一铢,廿一。尖足一,△△。

初八日癸丑(6月6日)

入直。遇箴亭。晤柳门。谢客。

初九日甲寅(6月7日)

入直。昨奏交片邯郸迎铁牌,委张邦庆。子良来,荐文小坡、张子复。洋务局又言龙景昌。抟九放湖南藩,来。

初十日乙卯(6月8日)

入直。派拟闲章四字七十馀件。会典奏提调延熙,总纂鄂昌。到署。复伟如。

十一日丙辰(6月9日)

入直。派题皇太后松雀一幅。候抟九、子良。得伟如复电。寄清卿大鼎、大钟拓,官封。

十二日丁巳(6月10日)

入直。派题皇太后山水一幅、蒲桃一幅。工直日,奏昌平城楼一折。夜丑初雨。江、程来,已睡未见。

十三日戊午(6月11日)

入直。派题皇太后山水一幅、菊一幅。朝房晤篯亭。松、中、江、程留便饭,商折底。裴来《毛诗》。寅正雨,卯正后止。

十四日己未(6月12日)

入直。顺天报雨二寸。晤抟九、篯亭、小峰。到署。晚左子荣来。

十五日庚申(6月13日)

入直。卯正后雨数点即止。官封递交涿州刘竹坡齐孝子庙文、仲约书并篆额。寄窭斋壶、汉单于砖,又四砖、四造象、二戈,共十二纸。

十六日辛酉(6月14日)

入直。工部、内务府会奏太和门及四处府第报事。附片,贵抚潘捐大木五十四根。晤兰孙。张允言、朱潜、吴淖来渔川之兄。

十七日壬戌(6月15日)

至厢黄官学会晤,荫轩、陈梅村俱到,惟可庄、仲仁未到。顺天府报雨。奏明赴学,昨奏。奉旨:依议,毋庸拆缺。钦此。奏片贵州抚潘捐木五十四根。奉旨:赏收。钦此。

十八日癸亥(6月16日)

入直。卯初上祈雨大高殿。朝房遇兰孙署,子禾总宪、芷庵、小峰。到署。发电黔中。

十九日甲子(6月17日)

查厢白旗学。同人及翰林官陆续到,午初散。范履福、于文光禀称铁牌三十日到。工加班。带引见,注写。得南信。

二十日乙丑(6月18日)

入直。上用膳,办事后还宫。工直日。发南信,谱题名三种、济、辛、麟、泉、振。热甚,九十九度。

二十一日丙寅(6月19日)

入直。高奏铁牌到光明殿派高选也。派题皇太后牡丹二幅。昨皇太后赏普洱茶等三种。夜亥正雨。

二十二日丁卯(6月20日)

查正白学,煦庄、允升未到,午刻散。雨未止。冠生来主楚南试。

二十三日戊辰(6月21日)　夏至未正初刻八分

入直。丑正顺天奏雨三寸馀。上诣地坛。到署。夜雨,自戌至子。

二十四日己巳(6月22日)

入直。大同乡公请刚抚军才盛馆,未到。

二十五日庚午(6月23日)

入直。顺天府奏雨二寸有馀。又粮价一折,又修理贡院一片,

又保举郑工解饷人员一折。朝房晤抟九。到会典馆看书十卷。奉
上谕,廿七日报谢请奖一折,奉上谕,吏部议奏。

二十六日辛未(6月24日)

入直。到署。派夏守所遗右差。江苏馆同郡请刚抚、刘臬,未
初散。抟九派送铁牌来晤大雷雨。

二十七日壬申(6月25日)

入直。丑初大雷雨。冒雨入直,进西长安门、西苑门。派恭代
上亲笔邯郸龙神庙扁"宣泽普霖"。卯正雨止。

二十八日癸酉(6月26日)

入直。顺天府奏雨透足。抟九送铁牌请训,遇之西长安门。
工直日。送抟九席。①

二十九日甲戌(6月27日)

入直。派写皇太后画壶雪一幅、荷花一幅。荣恒来监印于文光
送印。工部加班,奏前门石路工程。于文光送印来。抟九送铁牌
往邯郸。

六　月

辛未朔乙亥(6月28日)

入直。到署。

初二日丙子(6月29日)

入直。热甚。发南信,交伯武、能谷、济之顶、靴,竹年食八件
并《洗冤》等振民书九本、谱琴认启单、辛芝《启蒙》。荣心庄来。

---

①原稿附纸记:"许佑身、王延绂、夏时泰、会章、高涵和、含英、李砚田、屈承栿、刘允
恭、薛贺图、魏秀琦。"

初三日丁丑(6月30日)

入直。朝房晤荫轩、兰孙、叔平、柳门、劼刚、寿蘅。荣心庄来。经伯来。

初四日戊寅(7月1日)

入直。朝房晤徐、李、麟、廖。到署。伯武归。贺经伯子完姻到京。心庄来。

初五日己卯(7月2日)

未入直。荣心庄来。张子青招福寿堂,申初散。王同鼎来,安福。

初六日庚辰(7月3日)

入直。朝房遇兰孙、叔平、受之、小云、小研。本科团拜,因祈雨由前月初八改于本日,未正到,热极即行。

初七日辛巳(7月4日)

入直。派题皇太后菊花一幅。派阅优贡卷七十四本,翁、许、潘、宝。一等廿六名,二等廿八名,三等二十名。工直日,奏太和门、国子监、右宗府三件,太和门留中。心庄来。

初八日壬午(7月5日)

入直。晤兰孙。心庄来。未刻雨。

初九日癸未(7月6日)

入直。卯初上诣奉先、寿皇殿。心庄来。为洪右臣撰《古文尚书辨惑四种》序。

初十日甲申(7月7日)

入直。同考公请粤东馆,申初散。心庄来,乞写扇、对。送陈协楗映垣、秋谷门人扇、对、信抄。

十一日乙酉(7月8日)

入直。呼子涵来,心庄来。助朱敏修大令月二金。写折交崔巢。张子复辞行。

十二日丙戌(7月9日)

入直。派题皇太后牡丹一幅。若农典浙试。热极,雨竟日。

十三日丁亥(7月10日)

入直。工部加班,带引见二名蔡世杰、英绵。贺若农典浙试。夜雨达旦。

十四日戊子(7月11日)

入直。朝房遇荫轩、兰孙、漱兰。观音院谊卿夫人百日。心庄来,用印。

十五日己丑(7月12日)

入直。工直日,遇青丈,言吴冠英事。派题皇太后梅竹一幅。晤兰孙。申刻雨。

十六日庚寅(7月13日)

入直。到署。长安门遇叔平。心存辞行,明早行。蔼卿来。

十七日辛卯(7月14日)

镶红官学会晤,煦庄、谊卿先来,荫轩同人续到,巳正散。心庄来,用印。

十八日壬辰(7月15日)

入直。心庄来用印。

十九日癸巳(7月16日)

入直。上欠安,看方请安。心庄来。晤兰孙。拼九由豆店还嘉兴寺。送伟如貂帽、缯、人参,交张华廷济辉[1],并送扇、对、幅、书。

二十日甲午(7月17日)

入直。看方,请安。心庄仍来。夜雨。

---

①原稿附纸记:"张济辉"。

二十一日乙未(7月18日)

入直。不看方,上已大安。起公途中有雨。朝房晤抟九、生邻。

二十二日丙申(7月19日)

入直。顺天府奏事二件。阴雨。欧阳平叔来。付德小峰、方右民信。

二十三日丁酉(7月20日)

入直。工直日。月折阿勒楚嘎公仓一件。寅初一刻至西长安门,甚雨及之。夜小雨达旦。

二十四戊戌(7月21日)

入直。细雨,辰正晴。到署。发南信,济冠英等、辛芝、竹年、瘦羊、复斋、志恢、振民。上办事后还宫。

二十五日己亥(7月22日)

入直。派写养心殿贴落一件。宁寿宫听戏,巳初入座,申初散。廿三刻。罗胎冠。住壶天。招柳门、廉生、屺怀、鞠常、建霞,酉刻三分散。夜雨即止。

二十六日庚子(7月23日)

入直。递如意,赏还。宁寿宫听戏,辰正入坐,三十刻七分,申初三刻散。赏如意、帽纬、袍褂料、花瓶、手烟、漆盘、荷包。酉初后雷雨。

二十七日辛丑(7月24日)

入直。得窭斋书,内有崔廷桂所得钟拓,戊钟也。即复,交谊卿,内钵拓一、壶拓一、鼎拓一一字袭。胡子英、苏来。

二十八日壬寅(7月25日)

入直。到署。

二十九日癸卯(7月26日)

入直。小雨。晤兰孙。进《续考古图》《读复古编》《清爱堂款识》《百汉碑砚斋册》。未申间,阵雨三次。胡来大衍,尖尾币六。子原来。夜大雨达旦。

三十日甲辰(7月27日)

入直。雨不止。上看祝版,花衣乾清门侍班。

七　月

壬申朔乙巳(7月28日)

入直。上礼成还海。答抟九。派顺天乡试,偕文治监临。庆和堂贵县二知峰招,偕兰孙、小峰,巳正散。甚雨及之。启、端、赵来,为清卿奏报销事。王、陈来,为大小所委员事①。

奉旨:派出监临文治、潘祖荫回避侄志恂②。

初二日丙午(7月29日)

入直。顺天奏放棉衣及七月十四考试翻绎事。到署③。

初三日丁未(7月30日)

到正蓝旗官学,荫轩及管学官俱到。诗农该班。答幼亭、凤石。福寿堂南皮相国招,未正二散④。

初四日戊申(7月31日)

入直。工直日。发培卿信,发南信,济之、辛之、竹年、谱琴、振

---

①原稿附纸记:"启绍、端方、赵尔震、林绍清、冯寿松、王忠荫、陈寿椿、张树德。"
②此句出自《监临日记》。
③原稿附纸记:"吴三大人:汤汝和、李光斗、连文冲。"
④原稿附纸记:"潘诵炳、吴三大人、汤钊。"

民、硕庭、泉孙。送子良扇、对、袍褂、燕菜、鼻烟、茶腿,送聪肃横幅,送南皮寿桃等件。

初五日己酉(8月1日)

入直。晤文叔平。途遇兰孙,言请监临印事。子良来,面交吴树松太瑟,出去看□表。夜大雨。

初六日庚戌(8月2日)

入直。派写"牵牛河鼓天贵星君""天孙织女福德星君"神牌。到署。晤兰孙。发电报,辛、济配飞龙夺命丹。

初七日辛亥(8月3日)

入直。时微雨,辰初后愈大。送尹子勷席[1]。

初八日壬子(8月4日)

入直。发下宋人《戏猿图》。递奏片。到会典馆看书十卷。陆费杰,五嫂之侄。刘齐浔前携香涛信,尚未行,告以无增加语。寄香涛克鼎,交张瑞麟□□□。

初九日癸丑(8月5日)

甄别金台书院散卷一千一百卅四本,委员张玉亭、于文光,大、宛二县张兆珏、王曾彦、屠义容,巳初散。

初十日甲寅(8月6日)

入直。会典馆奏画图功课。派题皇太后画鱼、诗堂二幅。复仲饴,交廉生,内拓本五纸。到署。酷暑已二日。得南信,以伟如信交梦华言及冯守翥鹏。

十一日乙卯(8月7日)　　立秋酉初二刻三分

入直。官学奏李弟恺奖叙。发南信,内鲁岩廿元,济、辛芝、瘦

---

[1]原稿附纸记:"尹严钊。"

羊、福璋、谱琴。

十二日丙辰（8月8日）

入直。上出西苑门。工直日，补褂侍班清、徐未到。晤兰孙。潘若年等查号委员来。

十三日丁巳（8月9日）

入直。派写北海得性舸、得性楼，奥旷、崇椒、云岫、邻山书屋，抱冲室、亩鉴室等扁八面，明玉舫扁一面，"桂树小山菱叶槛，荷花世界藕丝乡"对一。到署。

十四日戊午（8月10日）

入直。丑刻雷电，冒雨而行。工部加班，带庆元、张润、贾裕师引见。

十五日己未（8月11日）

入直。卯初上诣奉先、寿皇殿。申初雨，夜雨达旦。

十六日庚申（8月12日）

入直。到署，晤兰孙，署仲仁管学事。余连荨棣堂，丙子、癸未，勉之戚来。送叔平点心、小菜。晤于朝房，十八南归。

十七日辛酉（8月13日）

未入直。正红官学，同人俱到，巳正散。刘朴来乙酉副。

十八日壬戌（8月14日）

入直。微雨。幼丹来，为周树模索朗斋信。李祖廉，宝章之子，小泉外孙也。杨味喜取少荃信去。

十九日癸亥（8月15日）

入直。夜中雨，时作时止，辰间小雨不已。到署。

二十日甲子（8月16日）

入直。工直日。顺天府奏事。朝房晤抟九。

二十一日乙丑(8 月 17 日)

入直。派题皇太后画岁寒图一幅、梅花一幅。晤承季、荣仲华。答月舫,贺移香。顺天府祝抟九寿,未初归。

二十二日丙寅(8 月 18 日)

入直。晤兰孙。

二十三日丁卯(8 月 19 日)

翻译场末日,查贡院之始。藻热。

二十四日戊辰(8 月 20 日)

入直。函致黄花农,为仲午扶柩事。函致文叔平,贡院改辰刻查。得荣叔、椒坡、小峰信。樵野埃及石到。

二十五日己巳(8 月 21 日)

入直。派题皇太后荷花一幅。到署。送外帘,严庚辛改李岳瑞,以后派外帘存记奖励。仲韬交到樵野寄石三方。

二十六日庚午(8 月 22 日)

偕文叔平查贡院①。赴南皮宅观剧。松寿等来,为题本讹字。

二十七日辛未(8 月 23 日)

二十八日壬申(8 月 24 日)

至子元处作伐。又至全浙馆,李氏暂居,铁琴之女适子原。再至许寓,未正二散。凤石假十日。

二十九日癸酉(8 月 25 日)

入直。派题皇太后松二幅、竹一幅。会典馆看书十卷。到署。晤兰孙。复树坡、云楣、容叔。

---

①《监临日记》所记与此同。

八　月

癸酉朔甲戌（8 月 26 日）

入直。

初二日乙亥（8 月 27 日）

入直。龙泉寺庶母张恭人念经。朱绰成来，交德小峰信，颂阁托交其家。观音院吴谊卿夫人，初四日南归。

初三日丙子（8 月 28 日）

入直。谢柳门、廉生、建霞、屺怀、凤石均不晤。晤兰孙、谊卿，即送行。得南信。

初四日丁丑（8 月 29 日）

卯刻，同叔平查贡院，巳正散。仲午奉张恭人枢归葬。发南信，辛、济、谱、麟、振、伯武、泉、硕。松、魏来，为黑龙江印文事。子木携去朗斋信。以耕娱幛、联、如意杯交子涵。

偕叔平查贡院，遇荫轩、熙续庄收工。

初五日戊寅（8 月 30 日）

入直。派恭代皇太后赏醇王扁一面、十一言对一付，上送醇王扁一面、十一言对一付。赏燕窝。到署。晤兰孙。

初六日己卯（8 月 31 日）

卯初入闱。馀详《监临日记》。

卯正入闱。先约专司稽查黄漱兰到以启门，顺属自治中以次均到。补褂朝珠，拜五魁祠。拜井小亭提调。午刻到主考：荫轩、犊山、筠庵、子授。午刻到同考：寿耆、萨廉、王锡蕃、卢俊章、管廷献、康际清、刘纶襄、陆宝忠、江澍畇、丁立钧、陈与囘、周克宽、吕佩

芬、蒯光典、王贻清、胡泰福、董毓英、詹鸿谟到。蒯到将刻。内监
试:文纲、张元普。监试:文敬明允、文英昌山、恩明远斋、金寿松元
直、方汝绍阮堂、舒普海新号、寿庆佑之、胡俊章筱山、林启迪臣、吴光
奎浚新号。外帘:王桂琛、洪启元、高继昌、赵尔瑁平之、丁宝铨、高
增融、张立德聚垣、陈宗妫。发榜书:陈金台、孟滢、党庆奎内收掌、
杨苇、伍兆鳌外收掌、严照藜、雷光第、胡裕培、李岳瑞、李本方、澂
厚、文鼐、彭厚源。弹压:明秀、桂全。申刻始齐。堂上掣取官弥
封,照章择派。余申刻至龙门外点誊录书手一千一百名,分派弥
封、受卷、对读三所二百名,并派委员出紫榜贴至公堂。礼部监临
印,先经托兰孙订定,照磨卯刻领到,不拜印,存满监临处。向汉收
印,满存印钥。此决余以先出闱,不如径送印也。顺天府将一、二、
三场卷箱午到,书籍亦到。供给所将主考、同考应领金花、杯、盘、
表里并书籍送内帘。监临应领杯、盘、金花亦送到。酉刻封外龙
门。戌初封内龙门。未刻在堂上监视散卷吏将头场卷盖关防派堂
上听差八员,至亥正毕。余住东堂内帘,熟供给赏誊录三百三十千。

初七日(9月1日)

卯正上堂。辰刻进单供给。偕叔平看誊录棚座。在大所后空
地,打通对读所,以席隔断。刻会同弹压、监试所官监视头场卷、印、坐
号。严饬大、宛两县增号板五百件,棚座单层上紧设法。辰时选定
号戳,旗号、官号在外。未时始毕,方请四所分四门盖戳,以一委员
照料。共实数一万四千一百廿七本,用一万四千二百五号,内旗号
九百,官号一百三,扣除大号第 号七八间,小号十号扣除一间,廿
号扣除二间。盖截毕亥初三刻。饱炀夜消二席。

初八日(9月2日)

寅正正开贡院中门。抟九京兆捧钦颁题匣,宗室题在内,余偕

叔平跪接如仪,至公堂即送入内帘。在门外立递,荫轩四君在门内跪接进,双供给。卯初俟搜检、接谈到,按四门点进士子。监试按四门散卷补点者,于四门内增四棚,添派委员八人王继武、屠义容、姚学善、潘年、龚琛、陈鸿焘、葛树棠、文焕分门补点,共一万三千八百七十八名,酉刻毕。至收字至号字十五号盖戳。酉刻即派萧承恩、吴世长、张斌钰、倪承璐看用二场卷监临印。亥正二刻内帘送题纸,计一万五千三百张。各委员领去一万四千一百五十五张,来接者二张。赖字号大兴李思齐、大字号东莞袁福祥俱病狂,卷俱无一字,送大所盖戳。丑正二刻毕,散卷吏,赏百千。余寅初少睡。子初换常服,不挂珠是日王曾彦、程景瀛病,号官张世保记。

初九日(9月3日)

卯初上堂。粥已熟,尝之佳。监视各号放粥。辰刻上堂监视所官于二场卷面用坐号戳。申刻各号放饭。申刻号戳印齐。是日饱场,议定守堂与叔平一时一轮,卯初下堂。治中进卷一万四千百二十七本。回避阴藻五十一本,不到一百九十八本,实点进一万三千八百七十八本。自东西文场主后新号文侍御查号,号官梁毓藻杨村巡检误班哓哓,置办摘顶,李慈荣记过。

初十日(9月4日)

巳刻放头牌,午初二牌,午正三牌。人蜂拥不绝,至申正已放七千人。热甚,病者甚多。南中寄到飞龙夺命丹八百几十瓶,送入至公堂。寅正清场,仅睡一时半。收照出签一万三千八百四十支。

十一日(9月5日)

寅正二刻上堂,知蓝榜尚未清出,责提调房带罪自效。辰初开点,申正毕。有卷票挖补者关寿昌,挖纪巨维卷而用之,纪巨维亦入场。士子广东米宝英猝中恶不愿入场,交大所。冀州萧琨以心气虚生畏,交大所。请委员八人,用监临印,子正毕。余及叔平查号,以张玉亭、萧承恩代。戌刻开龙门。荫轩言十三辰刻由内叫门。酉刻浓阴,大似作雨,幸而即止。实点进二场士子一万三千七百六十三名,贴出四十一名。内帘题纸一万五千张,各委员领去一万四千零四十三张,受卷所清数尚未清出。余仅睡一时半,自亥初至子正。

十二日(9月6日)

寅正叔平上堂,余始归,睡一时。辰初上堂放粥。监视委员用三场坐号戳,以四所官均无暇也。亥正余由东文场查至新号,出见瞭望亭有二人,即交大所,一瓦匠,一枣茨匠。子正经四房,所官严照藜、赵尔瑨称失去湖南冯士杰头场卷,东律五十号。丑刻二下堂。

十三日(9月7日)

寅正二上堂。卯初二放头排。辰放二场。内帘交出二场题筒,并请安折二件,附监临请安折二件,一并捧交治中经历转递,共进卷一千一百三十五本。寅正清场贴者十三人,讵开门时尚有一赵姓永平府人在内。写紫榜。余仅睡一时半。十二子刻共送弥封所墨卷一万三千七百七十三本。

《己丑及门黄少瀛高再尊张心芸丁衡甫孟筱渟杨若米雷少初皆共事外帘诗以纪之》

　　　去年管领菊花天武监领,注到孙吴第几篇。春梦未忘桑下宿,秋风喜遇竹林贤。好偕桐凤歌多士,更与槐龙结古缘。无限辛勤无限意,敢辞九夕未安眠。

十四日(9月8日)

卯初上堂。卯正接回折,均奉旨知道了,即交内帘跪接如仪。

场门口与仲华略谈,又接谈处晤芏庵、辂甫。点进士子至申正齐,实点进士子一万三千七百三十五名。封门查号,号军窃物者多,士子喧闹终日,杖之重犹未快意。甚矣,士习之嚣凌也! 实进头场卷四次,四千四百八十二本,弥封过誊一万三千七百七十一本。失头场墨卷三本,其二二场未到,其一冯士杰。本日封号,交重誊。实进三场士子一万三千七百三十五名。

《束叔瀛二绝》

　　记得丁年同校士,聚奎堂话夜深时。而今但有人琴感,回首前尘益可悲。

　　今秋弹指又槐黄,韦许追踪鬓发苍。长白当湖佳话在,好留韵事说东堂。

十五日(9 月 9 日)

丑正上堂。寅刻内帘出题。领纸一万四千一百四十一张。散题毕,已日出卯正矣。监视放粥。外帘监试御史八人于三场事毕,掣四人出闱,即在堂上由监试自掣。辰刻监视宗室试卷,钤盖关防,例由御史印坐号戳,用至公堂月台两旁坐号,轮替守堂文明、允恩、胡筱山、方沅堂。至子刻,因士子拥挤过多,与监试、弹压商酌收卷,放排掣签,留者文敬、寿庆、金寿松、胡俊章。申刻两监临约弹压、监试二席。实送弥封所二场卷一万三千七百四十六本。发委员薪水。贾之玉、王之瑛、李若兰因病扶出。

十六日(9 月 10 日)

放头排后,继以二排、三排,未天明已七千馀矣。辰正内帘交出三场题筒并请安折,随监临请安折,一并交治中,跪起如仪。申、酉刻两弹压出闱。子刻清场,酌留委员接办翻译乡试,馀令出闱。事毕下堂,共收三场卷一万三千七百　十　本,贴十八名。例赏誊录肉面钱大、宛备每人折钱一吊,赏本房十吊,赏粮厅书吏百千,因遵谕办牌,与旗一例,面允其赏。赏听事吏五十吊,赏散卷吏百千。又赏誊录三百卅千。书手中有善针者盐山张绍曾,赏以十千。

十七日庚寅(9月11日)

卯初刻弹压宗人克王入闱。稽查、接谈、换卷大臣俱到,点进宗室士子七十四名,即封号。宗人府章京一墨麒,一不知名同委员查印号戳毕,叫内龙门领题纸,按号分散。卯正放粥,未刻放饭。宗人到,叫内帘门出题,戌刻放头排,亥刻放二排,子刻放三排。　刻清场,克王出闱。宗室试卷向由受卷官收齐,移交弥封官,即在堂上弥封,寅刻送内帘。事毕下堂,将宗室下场人数知照顺天府。卯正接回折,均奉旨知道了。监临送弹压宗人一席。

十八日辛卯(9月12日)

辰初出闱。兰孙来。

以安折及一折一片参受卷严照黎、赵尔瑨。交顺天府折官。辰初出闱。药交文叔瀛。

十九日壬辰(9月13日)

入直。复命,请安。徐、吴到,进,未见。到署。晤兰孙。开发内廷节赏。

二十日癸巳(9月14日)

入直。朝房遇露圃、兰孙、子斋、仲山。礼直日。小云谈许久。答邵小村,送以席。

二十一日甲午(9月15日)

沈宝青要崧镇青信。交刘宗荫。

二十二日乙未(9月16日)

卯初入闱,巳正出闱。崇受之招观剧其家,辞之。复仲饴。函致张南浦、陶子方,为涂伯音傅德,交其子宗瀚。

卯初入闱。前一日属朱子涵进内,领宗室包呈卷。照磨请印,卯正已到,即入闱填榜,并商遗失二卷补贴存案,一墨污、一违式。跪发安折并宗室出榜折,交折官。赏誊录四百千。

二十三日丙申(9月17日)

入直。工直日。督修内阁大堂松、许,高慎德木植一折,留中,旨准免税。袁崔洲要南浦信。晤兰孙。查如江回任,朱子涵署顺义。得伟如电,送兰孙看。

安折交贡院。

满监临会提调、监试奏寿庆因病请旨可否准出闱一折,旨准其出闱。

二十四日丁酉(9月18日)

入直。到署。以伟如电交松寿,似应归承修处办。徐寿蘅招观剧湖南馆,未初到,申初归。遇子青、小山、莱山、小村、抟九。甚雨及之。申刻雷雨中祈年殿,灾。雨竟夜。

二十五日戊戌(9月19日)

入直。顺天府月折。又振山东四千一片。辰刻,同箴亭、星阶、受之、柳门。上谕,馆复估太和门工程庭柱石、象皮石须弥座,二者设法归安。仍小雨。

二十六日己亥(9月20日)

入直。壶天烧鸭。晤廉生,遇幼樵。燕甫招观剧,礼、庆、额、张、孙、荣、师、廖、颂、抟俱在,不及摆席先行,已申刻矣。

二十七日庚子(9月21日)

入直。答幼樵。贺安圃。访兰孙不值。换单袍褂,召见。

二十八日辛丑(9月22日)

入直。派覆勘乡试卷。到署。岑毓宝来,号楚卿,彦卿之弟,新放云臬。袁鹤洲携去张南浦信。

满监临会提调、监试奏编修卢俊章因病请旨可否准其出闱一折,旨准其出闱。三十日病故。得至公堂来文,知十三日揭晓,十二日寅刻进内帘。

廿九日壬寅(9月23日)

入直。卯初二上看祝版,由海内,不侍班。酉刻上祭月坛。崔巢代看星渠讲舍卷,交去。刘竹坡刻成《齐孝子碑》。吴京培,浙,解驾木,吴文节族侄孙。潘号梅园,清河道。

三十日癸卯(9月24日)

入直。派写宝匣盖,计二百馀方。

九　月

甲戌朔甲辰(9月25日)

入直。工直日。公所遇箴亭、柳门、受之。到会典馆。晤兰孙。华承沄,号漱石,天津人,浙江县誊录门生。征厚贽礼,却之四十两。李崇洸,稼门之侄。发信,午、济、竹、麟、振、谊。

初二日乙巳(9月26日)

入直。正黄旗会考,八旗一百廿一名,乡试四十四名。不到者十四名,会晤时补考。

初三日丙午(9月27日)

入直。王肇镕,任蒋桥侄婿,送点心菜。端方来,催办祈年查估稿。

满监临奏,三场完竣,实数共一万三千六百九十一本,誊录、对读等官俱出闱一折。满监临单衔安折。

初四日丁未(9 月 28 日)

入直。顺天府奏审讯坛户孙荣德、魏连升、王德升三人,杖八十,枷号一个月一折。旨改杖百,枷两月,馀依议。东朝房遇抟九。是日考荫,派麟、李、黄。得南信。鹤巢代看八旗卷。发去《四礼翼》《齐孝子碑》廿分。

初五日戊申(9 月 29 日)

入直。到署。催祈天〔年〕殿查估承修各折。发南信,午、济、谱、运、振。

初六日己酉(9 月 30 日)

入直。罩园要小峰信。江、程来,定祈年稿。

初七日庚戌(10 月 1 日)

入直。送陈阜火腿、茶叶,寿卿之孙也。

初八日辛亥(10 月 2 日)

入直。子元来,聂道丙峰之子,号仲芳。

初九日壬子(10 月 3 日)

入直。工直日。奏祈年殿查估及承又奏太和殿等处石阶之工程。派偕福锟查估太和殿等处石阶及库房等处工程。朝房遇仲华。又派祈年殿工程,同麟书。又旱河工程一折,奉旨:着管理大臣查勘修理。芷庵来。随带司员及用木厂带去单。

初十日癸丑(10 月 4 日)

入直。

十一日甲寅(10 月 5 日)

午后带印入闱。与叔瀛商定委员奖励,即交提调房行文①。

___

①本此句出自《监临日记》。

十二日(**10月6日**)

寅初偕叔瀛、小亭、胡筱山入内帘。文明、允英、金元直以病未去。将卷箱及应办查齐,带写榜吏同往。印及关防均安设主考之右。寅初三拆卷。申初二毕唱名。酉初毕写榜。戌初毕副榜。亥刻毕,缮录亦然。此次缮录,幸有胡筱山随写随校,否则必迟。提调房向不经意,录条于闲时,缮录后并不随手排定,以至对校榜时检寻不易,可恨。又落卷用府印,饭前饭后均不用,直至对榜后始用,遂至子刻。记之以为将来戒。丑初出闱。

奏为恭折奏闻事。恭照本年己丑恩科顺天乡试,奴才等奉命监临,于八月初六日入闱,十六日将三场完竣。及汉监临潘遵例先行出闱日期,并宗室乡试揭晓缘由,先后恭折奏闻在案。所有乡试满、合、贝、皿、夹、承、旦等号试卷,由受卷所按名收卷,送弥封所,照例分编字号,戳印红号。除回避及点名不到并违式贴出、犯规扣除者不计外,共试卷一万三千六百九十六本,俱交誊录、对读,于八月二十八日全行完竣,先后分束移送内帘讫。其受卷、弥封、誊录、对读各所,均于本所事竣,先后令其出场。现在内帘定于九月十三日揭晓。奴才知会汉监临潘祖荫于放榜前一日,仍行入闱,同入内帘,公同拆名,填榜后一同出闱。再令届本年己丑科武会试,应俟武会试完竣后,再行接办翻译乡试事宜,合并声明。所有三场进卷完竣缘由理合恭折奏闻,伏乞圣鉴。谨奏。

移会至公堂为移会事。本堂具奏三场进卷完竣日期等因一折,于光绪十五年九月初三日具奏。本日奉旨:知道了。钦此。相应抄录原奏,移会贵监临查照可也。须至移会者,计连抄原奏一纸。右移会钦命汉监临。

丑初,开外龙门发榜,年老诸生折亦交治中,关防及印交各官分缴。

十三日丙辰(10月7日)

子刻出闱。发南信,济、午、辛、振、谱、麟各墨一本。遣人询叔平,云十一到上海,因风大未上船。

十四日丁巳(10月8日)

入直。复命,午门谢恩。公所遇芷庵、兰孙。子斋、抟九、荫轩,四公寿蘅、小云、露圃、箴亭。至顺天府,偕主考叔瀛饭于抟九。巳初堂阙谢恩,三跪九叩礼,礼成,一跪三叩礼。举人到者,李鸣鹤、张钟藩二人。朝审未到班。

复命。散直后同主考赴鹿鸣宴,班齐向西跪,行三跪九叩礼,礼成后受士子四拜。宴毕,一跪三叩礼。到者李鸣鹤、庄维藩。

十五日戊午(10月9日)

入直。派代御笔颐和园等处扁卅四方。壶天烧鸭十四吊。赴抟九、仲华招,观剧归,未刻。中伯权要朗斋信,手书付之。

十六日己未(10月10日)

入直。派代御笔扁卅五方。朝房晤兰孙、星斋、漱兰。到署。送中伯权八色,并朗斋信。送李贵猷食八色。送聂仲芳席。

十七日庚申(10月11日)

入直。工直日。派写颐和园等处扁廿二面。晤小峰。

十八日辛酉(10月12日)

入直。派写颐和等处对十一副,篆无量寿佛上宝样八分。招抟九、罩园、寿农、李润均、飂臣、凤石小饮。芷庵司员九人来见,派祈年工程。

十九日壬戌(10月13日)

到厢蓝官学,韵涛署,允升、诗农、煦庄、雨轩、梅村、勉之、荫轩

先后到。△王怀馨、蒋仲仁、丁,余黄〔棣〕堂署仲仁缺者联荐病故,
拟送十金。仲仁拟请幼丹署。贺醇邸五十,送如意。

二十日癸亥(10月14日)

入直。壶天少坐。到署。晤兰孙。遣人问叔平。付刘朴朗斋
信。付彭沛刘献夫信皆同道。付罾园小峰信。付曾光岷为张子复
与刚子良信。候刘幼丹、杨荫北来。松吟涛招观剧,辞。

二十一日甲子(10月15日)

入直。顺天府奏,王之杰卷,弥封官张立德误封,请归弥封,及
监临分别议处。偕芷庵奏,祈年殿廿四午刻动工挖土。又偕箴亭
至太和殿、中和殿、保和殿、熙和门、协和门库房及国史馆、磁器库
等工查估。付蒋伯华、耕娱信。

二十二日乙丑(10月16日)

入直。芷庵约公所谈。答芷庵。

二十三日丙寅(10月17日)

入直。召见。到署。

二十四日丁卯(10月18日)

司员十八人、工匠十五家,祈年殿动工,钦大监择午时,偕芷庵
前往。闻叔平本日午刻到京。

二十五日戊辰(10月19日)

入直。派阅顺天复试卷一百三十三本,每人十七本,麟、李、
孙、潘、徐礼、廖、吴、徐工。午正散。陆寿门来。夜大雨。得来文
知廿八卯刻填榜。

二十六日己巳(10月20日)

入直。晤箴亭,知同奉廷寄查办事件。寄张公束、鸣珂、邹殿
书凌瀚拓本二百五十张、近刻书三种。答邹殿书、徐铎之画。派

松、程查办。福派成安、海福，步军衙门；毓秀、晴岩，堂郎中。

二十七日庚午（10 月 21 日）

入直。派题皇太后画松二幅。是日上还宫。丁崇雅，号鹿村解饷来，高邑绫缺。顺天府奏事，粮价、缉捕、月折。武监临高文锡、粥厂郝，好善乐施。奏事他代，寻箴亭，不及待。礼部朝房大磨勘，自寅至卯，不见人而归，属将稿送画。叔平来。送黄季度绍宪拓本二百馀种。

二十八日辛未（10 月 22 日）

丑正起身至贡院小所，副都统吉恒、恩光旋到。卯初叫内龙门填榜十名。散已辰正。晤叔平。遇星叔。

得至公堂文。卯初填榜，带印入闱。主考清安、岳琪，即日揭晓。是日丑正起身，寅正至小所，王令忠荫、张令肇镰俱在［俱在］。副都统吉恒、恩光亦至。俟治中查光泰领折回后叫门。晤文叔瀛、何小亭、凤　　。牟荫乔叫内龙门，内监试德荫、徐树钧填榜，写御录中十名，辰正始毕。

　　移会至公堂为移会事。准内帘定于九月二十八日填榜揭晓，移会到堂。除移会顺天府派员护印外，相应移会贵监临查照。

卯刻入闱。公同拆号填榜可也。须至移会者，右移会钦命汉监临。

二十九日壬申（10 月 23 日）　　霜降未初三刻十一分

卯刻赴外火器营，旱河看工，箴亭以派读卷未到。自北三新桥看至三孔桥，午刻归。

十　月

乙亥朔癸酉（10月24日）

入直。卯正二坤宁宫吃肉。到会典馆阅书十卷。到署。殷秋樵来。王屺淖来，要李筱泾信。复清卿并拓铎一①。

初二日甲戌（10月25日）

入直。工部带引见三名文明、陈恒庆、冯芳植。传讯刘二，关防衙门。兰荪来。

初三日乙亥（10月26日）

入直。三所晤箴亭，面商，即手书交松、程，属于申刻到福宅。为廉生题《海岱人文》二册，内一册冯文毅家书也。

初四日丙子（10月27日）

入直。上至箭亭武殿试技勇。三所晤箴亭，商定奏稿，初六日具奏。仲午弟到京。许仲韬、子原、梁经伯、许崔巢、徐棣华、仲午同便饭。

初五日丁丑（10月28日）

入直。武传胪。上御太和殿，朝服行礼。朝房与箴亭商定奏稿，明日入奏。知明日赏寿，派武备院卿文璧。许、梁、汪、松、程来。

初六日戊寅（10月29日）

巳刻，上还海。上派武备院卿文璧赐寿扁一面、对一副、福寿各一方、寿佛如意蟒袍大卷八，小卷十六件。皇太后加赏长寿字一张、福寿各一方。御笔赐款画松一件、如意元金四、妆缎二、闪缎二。

---

①原稿附纸记："曾鉴、孟丕振。"

巳刻到，恭设香案，叩头，祗领，陪天使兰孙、柳门、凤石、緦臣。是日，覆奏崇文一折。内廷言明，恭迎天使，不入直。未初礼毕，皇太后赏帽纬、大卷六件。

奉旨：派出赍送上赏寿物武备院卿文璧，内务府派出堂主事明绪、堂委署主事常山、堂掌稿笔帖式岳龄、堂笔帖式文淇、营造司员外郎文德、内管领锡庆。赏尚书潘祖荫六十岁生辰佛一尊、御笔对一副、御笔扁一面、御笔福寿字各一张、三镶玉如意一柄、蟒袍面一件、大卷八匹、小卷线绉八件、汤绸八件。

皇太后加赏潘御笔长寿字一张、御笔福寿字一分、御笔画松树一张、三镶玉如意一柄、青元金二匹、蓝元金二匹、大红妆缎一匹、绿妆缎一匹、大红闪缎一匹、绿闪缎一匹。

赐寿前一日，内务府员役先来宅踏看，安挂福寿字、扁额处所，并演礼节，预备黄亭一座、彩亭三座、苏拉、抬搭、人役。先日，奏事处请由内务府三卿内派一员为天使，另由该衙门拟派员外郎一员、内管领一员为副使。赐寿日，将黄亭、彩亭预设于隆宗门外，俟由内赏赍物件交出，分安于亭内，派出天使及司员等随同照料。本家另备鼓乐，均穿驾衣，预迎于紫禁城外。届时本家于大门跪迎赏赍物件，安于寿堂案上。造办处员役将福寿字、扁额安挂堂上，本家跪。天使将如意递过，本家跪接，安于案上。行三跪九叩礼毕。预设二席，让天使一席，副使一席。入座毕，即备送天使礼八色，副使礼四色。天使起座行，本家跪送于大门外。次日，具折谢恩，服蟒袍、补褂，于召封时碰头谢恩。天使亦于是日具折复命，并陈明所受礼物。

附录：

送天使礼物：袍褂成套，补服成副，针黹成匣九件，靴子成双，帽纬二匣,藏香二匣,徽墨二匣,端砚二方。送副使礼物:袍褂成套,针黹成匣九件,靴子一双,帽纬一匣。送堂上笔帖试礼物:袍褂成套,针黹成匣七件。送笔帖试礼物:针黹成匣七件。

天使一位。副使二员。堂上笔帖试临时现派,无定数,约四员。笔帖试临时现派,无定数,约八员。彩亭前鼓手二十四名。苏拉处执龙旗、御杖,抬彩亭五十四名一百千,头目六名每四吊,领催四名每六吊。营造司照料彩亭领催四名每六吊,披甲六名每名四吊,库掌一名十二吊,照料领催三名每六吊,照料彩亭头三名每四吊。造办处备差候补催掌一名十吊,委署达一名十吊,柏唐阿四名每八吊,领催四名每六吊,头目三名每四吊。随天使领催四名每六吊,天使苏拉四名每二吊,天使听事领催四名每六吊。随副使领催二名每六吊,苏拉四名每二吊。堂上苏拉二名每二吊,领催四名每六吊。中正殿领催、苏拉六吊。随库使领催二名每二吊,苏拉二名每二吊。天使跟班四两,车夫二两。副使跟班八吊,车夫四吊。堂上笔帖试跟班八吊,车夫四吊。上驷院主事一员,笔帖试三员。鼓手酒钱五十吊。安扁、对五十八吊。

名单:

内务府派出恭送上赏寿物堂主事明绪,袍褂、针黹。堂委署主事常山,袍褂、针黹。堂掌笔帖式岳龄,袍褂、针黹。堂笔帖式文淇,袍褂、针黹。营造司员外郎文德,针黹一。苏拉处内管领锡庆。营造司档房笔帖式八员,针黹八;领催八名,披甲八名,匠役十二名。营造司房库库掌十六员,针黹十六;领催四名,头目四名,彩作头目四名,执打仪仗人八名,匠役五十六名。造办处催长一名,委署达二名,领催四名。柏唐阿四名,匠役十二名。苏拉处仓掌三名,领催八名,苏拉头目六名,苏拉六十六名。

初七日己卯(10月30日)

入直。具折谢皇太后、皇上恩二折。受之、劫刚来。谢醇邸，晤兰孙。子涵来。

初八日庚辰(10月31日)

入直。壶天小坐。到署。办事后，上还宫。

初九日辛巳(11月1日)

入直。壶天小坐。仲华处面。谢客，未初归。

初十日壬午(11月2日)

入直。辰初二皇太后万寿，慈宁门行礼。得南电，为水灾，即复。谢客，午初归。贺星叔、仲韬；仁师孙女于归，李子和之孙。夜半雨，送吾山礼物、丛书。

十一日癸未(11月3日)

入直。函致抟九，闻拟请假。壶天少坐。雨成小雪。送寿门食物、袍褂。为尹仰衡恭保作序。发南信，济、竹、谱、运斋、培卿、广安、泉孙、硕庭、陶民、振民。济信内百廿元寄秋谷夫人，答其十二汉碑也，皆三松物。雪愈下愈大。恽彦彬来，为水灾事告，顺一万，荫一千。得浙公信，为水灾事。

十二日甲申(11月4日)

入直。雪未止，顺天报得雪六寸。兰孙之子熊儿放定。汴生夫人正寿，湖南馆。张吉人来，商江、浙赈。仲山来亦为此。

十三日乙酉(11月5日)

入直。壶天少坐。到署。

十四日丙戌(11月6日)

入直。顺天府奏江、浙水灾，拨各一万，荫捐一千。高请假，奏请应行接办监临事宜。奉旨着行即办。赈捐一折，奉旨依议。

附《武闱监临事宜》

　　奏为请旨事。查向例,武乡试由臣衙门奏请于兼尹、府尹内派出一员监临。本年武乡试奉朱笔圈出。臣高兹届入闱之期,臣高现因病恳恩赏假十日。臣潘应否即行接办监临事宜,候旨遵行。谨奏。

十五日丁亥(11月7日)　　立冬未初二刻六分

　　已刻入闱。主考颂阁、东甫。弹压子斋。外场监试讷清阿、英朴厚三、胡泰福岱卿、张炳琳书村。内监试富亮、何荣阶。内收掌李有荣、王得禄。外帘吴海、杨森、李焕尧、张桂林。本日提调、监试会核名册。得工部奉捐千两,分江、浙振,即批示。与颂阁、东甫面商,行文兵部,问中额,有疑须定。戌初封门,用戳记,提调、监试会同,戌刻毕。共六百廿五名。夜渐雨。

十六日戊子(11月8日)

　　寅刻起,卯刻叫门,进生共六百二十五名。巳初刻,叫内帘门。发题,四围监试御史于弥封后填写弓、刀、石头二三号及双单。好亲笔填写,例不假手书吏。去年成斌误填,致误中三十六名也。宿字围张春华,自称张振华,问其三代,均不符,振华当是未到,不知卷票何以在春华手也。列字围王世臣一本,乃治中误掣,即令更正①。王玉珍未带卷票,后补。大风,晴。午初放牌,未初毕。子斋及受卷受卷。吴、杨留闱,帮弥封也②。四围监试,直至子初方毕。开门时,考官已睡矣。

十七日己丑(11月9日)

　　甚冷。辰正受卷、弥封官出闱。为人书对六十馀分。

---

①《监临日记》此处作:"三代有误,具呈更正。"
②《监临日记》此处作:"子斋出闱,受卷留闱。"

十八日庚寅（11月10日）

发车马条。内帘定廿日揭晓，至公堂将日期移会顺天府、兵部、吏部，今年来问，有考试耳。分札治中、照磨、阴阳、学分、护印、请录等差。十九黎明入闱，看御录，看安折、复命折。赵鸣谦，四两记功二次，工房二两①，张如枚等照去年记大功及拔委分别奖励，馀共四十千。

十九日辛卯（11月11日）

卯初起。卯刻治中②印送来。前日颂阁面言，午刻叫门。巳初进内帘填榜，申初毕。校对御录，戌正中百六十八，不好六十八毕。写南信，济、辛、麟、振、运斋内各电，出闱即发。必须早叫门，以缮写御录甚迟。

二十日壬辰（11月12日）

寅初出闱。

附《武闱规则》

士子往往托人领签，任意迟延，以俟补点，拥挤非常，竟有至初九日丑寅间尚未点齐入场，实属不成事体。本堂为此婉言相劝，幸勿故违。

又每届三场，士子往往醉饮，酗呼叫骂，又不肯等候十六放排时刻先求出场，若有似此者，本堂惟有将该生等墨卷不发誊录，以示薄惩。三场辛苦，一举成名，若犯场规，能无惋惜？为兹苦口，期共谅之。

七月二十日以后，将各粥饭锅刷洗净，以十日为期，本部堂亲自看视。

---

① 《监临日记》此处作："本房二两。"
② 《监临日记》此处作："照磨。"

一、誊录草率,随时重责。有疾病,赶紧发药医治。四日一赏,本部堂自行发给。

一、将东西各号画图样一大张,贴砖门。刊刻小张,同卷票一同给发,庶考生一览了然,进龙门便易找寻。

一、内帘供应,本部堂一一亲看送进。

一、士子一粥一饭本部堂定必先尝,如有不堪食者,立即重加惩办,决不宽贷。

一、内外帘及士子所用水,尤关紧要,已专派委员办理。而新添号舍等处,其井尤不疏通清冽。饬粮厅督饬在事官员,于十五日起,赶紧一律上紧淘清,勿迟勿误。

一、士子领照入签后,毋许出外责成捕盗营应派四十名。

一、派补点委官员八名另搭棚座于点名棚座之旁。

一、派委员四名,或八名,或六名,查明实在号数及号板,即饬令随同入闱,如有错误,先摘顶再参处。

一、工房于初一日应行将用各号实贴字样候本部堂亲自查阅,如迟误责革惩处。

一、新添号之粥锅,断不敷用,赶紧添置。

一、至公堂刑皂,由大、宛两县派正役入场,毋许顶替。

一、水夫高二先行严禁,毋许贡院附近居住,以免传递。

一、内供给所及添锅三口,新号舍约添锅二十口,赶紧办理,勿得迟误。

一、场应用各项煤炭、米面、木柴、灯烛、大宗食物,务于八月初二日进齐,不准于启闭龙门时陆续传添。

一、内供给所宜分派一二员,驻新号委官屋内,以资照料。

一、弥封所宜展宽,以敷办公。考生一万五千人,委官督同书手弥封、对号、盖截,事事均关紧要,胥防错误。工房书吏应让于弥封所。工房书吏即可于内供给所东西支盖群屋东边住,礼房及散卷听事吏西边住,栅栏为限。止如此,呼应校灵。

一、委员候补者,宜分等酌给薪水由八两至四两。

一、士子点名于照壁后东西砖门,并头二道龙门及附近各胡同口。将先点之省府,先立长牌点何省何府,并添设大旗,上写某省某府,俾众共知而免拥挤。应着治中、粮厅速议出简明告示,树立长牌,并于各胡同口出告示。

一、贡院积土,应行文承修大臣铲除净尽现大、宛自行办理。

一、向来监临查贡院大、宛二县花销家人等项。闻某次查贡院至七次,所费极多。此次本部堂家人、车役等如有需索,即行锁拿严惩。该县亦不得滥行支应。

一、本部堂送内帘米面食物等,均自行发价。

一、本部堂赏给誊录书手等,自行发给。

一、本部堂自带药料,以便应用。此三者,辛未知贡举曾办过。

一、外帘于二三场题纸,率行多领,且有封门后再开门补刷印。一经驳诘,辄即词穷。此次若敢因补印题纸,冒领多张,定将礼房重惩枷号,再行革退。

一、弥封坐号及红号册,如再有错误,定将承办官员严参,该书吏等加等治罪。

再,外帘每次进食物等件及水,往往委员于出入朦混,据为己有,转以出售内帘。似此恶习,一经本部堂查出,定予参革,以警无耻。其总办、粮厅等员,难免徇庇之咎。

以此各节,顺属内外帘、大小所官员,既经赔垫若干费,辛苦若干日，如有所犯，不唯无功可纪，且有犯必惩，轻则摘顶，重必斥革。凛之慎之，勿谓言之不早也。

再，倘能平安妥帖，本部堂自当从优奖励，断不能令官员、书役人等徒劳无功也。

定例乡、会两试，士子饭食尽归蹧蹋，谕各号官，于每场净场之后，督率号军随时打扫，归入一缸。

又，场中例有告示及各号内所贴规例，三场毕后，谕号官于三场后，督同各号号军，一概取下，归在一处焚化。

又，场中用水，日复不少，岂能都是干净。士子食后，每有腹泻等症。谕号官将每人所管水缸数目呈明堂上，给发贯仲、生姜，放入水缸，定可防患，亦是慎重疾病之意。

所谕委员、书吏之各条，即着承办大小所录出，传谕知之，毋谓不教。

二十一日癸巳（11 月 13 日）

入直。监临复命。派题皇太后临徐霖蟠桃一幅，又仙人松鹿一幅。答子禾。

二十二日甲午（11 月 14 日）

入直。工直日。尹仰衡、筱佺信，冯培之、小峰信，彭季群、筱佺信。

二十三日乙未（11 月 15 日）

入直。到署。恽毓嘉送重刻李申耆地图及书。

二十四日丙申（11 月 16 日）

入直。顺天奏粮价月折。附片，周小棠专祠。抟九续假十日。

二十五日丁酉（11 月 17 日）

入直。火药局奏派点验火药，派漪贝勒、德明。晤兰孙。刘瞻汉为其父嘉树诸城调滕令事,为函致朗斋也。

二十六日戊戌(11 月 18 日)

入直。海已撤船三日矣,因化冻仍有船承应。派题皇太后画九芝、枸杞二幅。偕簏亭奏三殿查估一折。偕荫轩奏正白、厢白刘心源、高钊中管学一折。朝房晤荫轩,见祈年殿样子。又晤簏亭、叔平、子授、东甫、受之。手复朗斋。天暖化冻。

二十七日己亥(11 月 19 日)

入直。望洲来,送以点心二、菜二。徐致靖来,送祝。

二十八日庚子(11 月 20 日)

入直。阴。

二十九日辛丑(11 月 21 日)

入直。到署①。

三十日壬寅(11 月 22 日)

入直。工带引见街道厅麟趾、周天霖等八名。江槐庭补郎中,委员吴京培、万中培解木引见,以劳绩候补班补用。递牌错误,与小峰皆交部议处②。

十一月

丙子朔癸卯(11 月 23 日)

丑正入直。卯初上还宫。内廷不蟒袍、补褂,接驾换貂褂。薛保桩慕淮、保楹分发苏、治澍③。

---

①原稿天头附纸记:"卢秉政、王忠荫、潘骏、陆润。"
②原稿天头附纸记:"那谦、继昌、张兆丰、傅云龙、徐树铭。"
③原稿天头附纸记:"陆润庠、潘绍诒、薛葆琏、刘如辉、丁体常。"

初二日甲辰(11月24日)

入直。小雨。寅正退直,壶天少坐。天明后,贺仲饴。晤拤九,拟五日假①。

初三日乙巳(11月25日)

大风,冷。新鲜胡同正白学,会荫轩同到。到者刘幼丹、陈梅村、长诗农、高勉之,待之午初,馀俱未到②。

初四日丙午(11月26日)

查正蓝官学,刘、陈先到,长诗农、长允升、江韵涛、高勉之、吴玉轩续到,翰林官陈、洪到。王熙庄生疖,及六翰林官均未到。午刻散。发南信,运斋一。又发南信,济、辛、谱、麟一。部议六月,旨准抵销。

初五日丁未(11月27日)

入直。引见时碰头谢恩。晤兰孙,得彭颂田信,皮统。

初六日戊申(11月28日)

入直。郭号仲诒,嵩焘筦仙之孙。奉廷寄,昨日事,今日画派王曾彦赴通。朱子涵来,署北洞也。壶天少坐,天仍未明。

初七日己酉(11月29日)

入直。壶天少坐,天仍未明。以兰孙函示寿农③。

初八日庚戌(11月30日)

查厢黄旗官学,长允升先一日到。王煦庄生疖,刘幼丹未到,翰林官徐、陈、清、洪俱来。广惠寺杨滨石开吊。何师范交清卿、陈芙生增寿信,即手复。

---

①原稿天头附纸记:"李润均、许祐身、杨寿枢。"
②原稿天头附纸记:"张景藩、吴淖、黄槐森。"
③原稿天头附纸记:"张联恩、潘骏。"

初九日辛亥（12月1日）

入直。工部直日。东西陵派荣、汪。壶天少坐。付潘骏以崧镇青信、李谷怡宝章信。

初十日壬子（12月2日）

入直。壶天少坐。到署。范先轸病，请开缺，助以六十金。

十一日癸丑（12月3日）

入直。派题皇太后松鹿一幅、桃榴佛手一幅。天安门磨勘未去。子英来，裱廿一，钟、镈、铎五。晤兰孙。壶天少坐。

十二日甲寅（12月4日）

入直。官学奏教习傅晋泰二次期满照章归候补班用一折。壶天少坐。手复谊卿，《粥说》卅本。潘骏，号朴庭。送潘璞庭对、食物。

十三日乙卯（12月5日）

入直。会户部奏东河以拨抵两道减存款准一年折。以张彦谟捐千两交凤石。

十四日丙辰（12月6日）

火药局，漪贝勒、德铭点验火药，巳刻散。苏振，仲华二百两。

十五日丁巳（12月7日）

入直。以仲华二百交凤石，为凤石代筹岁晚经费一百两。壶天少坐。到署。孙寿臣徐季和门生，初分顺天。帮刘滋楷四两乙酉门生，门有小彦。

十六日戊午（12月8日）

入直。吴仲饴引见，捐苏振千两，又先垫千两。壶天少坐。为徐国桢黄廷写合肥信，莸圃子也。复景月汀。又豫东屏复智龄之派。徐国桢黄廷，莸圃子，要合肥信。松子久经伟如保举，废员勿引见。

十七日己未(12月9日)

入直。工直日。为邱泰来函致朗斋。火药局奏,造夯药四万,铜轮十万。松筠庵、锡之招,兰孙办,荫轩、仲华到,子禾未到。发南信,梁叔之子苦极,送廿元,交济之。又竹、辛、麟《担粥说》十九本。奉廷寄,端良折一件。

十八日庚申(12月10日)

未入直。到正蓝学,梅村先到,季超、诗农、幼丹、荫轩、雨轩、勉之以次到。煦庄、韵涛未到。韵涛先授,辞管学。子涵来辞,不见。

十九日辛酉(12月11日)

入直。召见于乾清宫。

二十日壬戌(12月12日)

入直。顺天府奏拿获高二等一折,旨依议。壶天少坐。到署。大冷。复谊卿,内辛、济贺年书十本。

二十一日癸亥(12月13日)

入直。大风冷。派题皇太后画竹二幅。闻六舟到。若农复命①。

二十二日甲子(12月14日)

入直。冷。晤陈六舟。答若农。经伯来,交伟如电。张佩绪号曼农。

二十三日乙丑(12月15日)

入直。壶天少坐。送仲饴对、幅、书、屏、丛书各书俱全、燕窝、普洱茶、鼻烟、袍褂料,闻其廿五六行也。吴飗臣假廿日,三续。

---

①原稿天头附纸记:"长萃。"

二十四日丙寅（12 月 16 日）

入直。六舟召见。壶天少坐。到署。晤兰孙，索笔二支去①。

二十五日丁卯（12 月 17 日）

入直。颂阁续假十日。工直日。会典馆，书十卷。汴豹岑、谨丞、移香、湛田、曼伯、谢星海、袁莘坡镇南、李芳柳晴阶、贾槐三聪堂、濮青士、高袖海《齐碑》，谢折，交仲饴，廿七行。崧镇青、李宝章谷宜，交梦华。手复朗斋，赠以董卷《齐碑》、谢折。许、林同见，谈陵差事。连言蓟书院考事②。

二十六日戊辰（12 月 18 日）

入直。退直时，卯初三，起大风，冷。发南信，各谢折一本。辛、济、竹、谱、麟、振民、广安、彦侍、培卿、谊卿、硕庭、泉孙。子英、苏来。燕庭二匣，耳顺③。

二十七日己巳（12 月 19 日）

入直。顺天月折。六舟晤于朝房。壶天少坐。雅宾自陕来。六舟又来。

二十八日庚午（12 月 20 日）

午初上诣天坛斋宫，蟒袍、补褂侍班。瑞德堂，燮臣、柳门、若农、凤石。临时辞者，叔平、劼刚、荫轩、寿泉假。不到者，颂阁、鳃臣。未初散。苏来。付六十，燕庭古泉二匣，欠十七两。仲饴辞行，来日行④。

二十九日辛未（12 月 21 日）　　立冬夜子初初刻

入直。上寅正行礼，辰正还宫，午初至南海。

①原稿天头附纸记："张肇镳。"
②原稿天头附纸记："许钤身、林绍清、连捷、吴重熹。"
③原稿天头附纸记："冯煦、刘兆璋、荣恒、海康、铭勋、陈彝。"
④原稿天头附纸记："刘焌、联福、吴重熹。"

十二月

丁丑,日壬申(12月22日)

入直。派代上开笔。恭进皇太后吉祥四字五分、福寿等五十方。壶天少坐。同兰孙赴荫轩招,同锡之、仲华①。

初二日癸酉(12月23日)

入直。恭代御笔龙、虎等,又十三言对、五言对、长寿字、"天佑皇清"等件。工加班,带引见三名昆假。晤抟九、六舟。

初三日甲戌(12月24日)

入直。恭代御笔福寿字等。是日毕,壶天少坐。到署。

初四日乙亥(12月25日)

入直。工直日。奏事四件。龙泉寺礼忏,陆太夫人七旬冥忌。赏耿饼。王承陞及豫生、杜庭璞、汪范卿、汪柳门来。

初五日丙子(12月26日)

镶红旗官学,会晤荫轩、可庄、煦庄、允升,诗农、幼丹、陈梅村陆续到,雨轩以疾辞,高勉之迟到。王衍观,乙酉副榜,号正甫。邹涛瀚,高安秀才,号殿书。送以书、菜点。

初六日丁丑(12月27日)

入直。顺天奏资善堂请赏米石,又棉衣七千馀件放竣事。颂阁销假。

初七日戊寅(12月28日)

入直。吏部下处晤荫轩、子斋、筠庵,与荫轩商,请厢蓝管学

---

①原稿天头附二纸记:"屠义容、张兆珏。""郝联薇、刘源。"

官,请荣华卿太史庆,谊卿报满也。壶天少坐。晤兰孙。

初八日己卯(12月29日)

入直。赏腊八粥。递年差,赏袍褂料各一件。壶天少坐。助张一琴五十两。

初九日庚辰(12月30日)

入直。派恭代上进皇太后"珠宫颐悦"扁、"百五韶光增同策,十千丰兆庆农书"对一联底子。壶天少坐,烧鸭,邀若农、凤石,可庄来,留饭。已初皇太后还宫,隆宗门外甬路接驾,蟒袍补褂。陶曼生奠五十两。

初十日辛巳(12月31日)

入直。同乡谢恩。兰孙、六舟、郑芝岩、黄思永至壶天来谈。到署,李云从来十六清。

十一日壬午(1890年1月1日)

入直。上派题博古花卉图一幅,十方分十人题,篆、隶、真、行各分任。壶天少坐。同凤石,吊抟九,六舟亦至,同商定折稿,明日入奏。

十二日癸未(1月2日)

入直。顺天府奏前尹出缺。朝房与六舟长谈。吊曼生五十两。长椿寺吊徐镜蓉行十,季和之弟。吊邵师母。

十三日甲申(1月3日)

卯正赴先农坛。辰刻御米入神仓。到者六舟、左侯、桐生。查、张、王、于到,谢病。工直日,注差,引见三名程志和,补定;周学熙,奏留;李廷泽,司务。贺庞绸堂子完姻。董系和来,号耋轩,送以家刻、近刻。手复清卿交郝。复李次青。胡子英来百四十两。长少白赠汉瓦二箱,秦十二字瓦、汉九字瓦,即复。凤石来,云抟九家请题主。

十四日乙酉(1月4日)

入直。壶天少坐。到署。以少白所赠瓦拓示廉生。复胡辑五。交大、宛百金,以备抟九处公祭之用。又付子英五十两裱工。飔臣又续假十日。苏相瑞,癸丑、己亥,名显子,号荣生,张尧农舅。

十五日丙戌(1月5日) 小寒

入直。凤石未到。壶天少坐。再复清卿拓本十纸。又复清卿,赞其临散盘、大字石刻。三函皆交其仆,郝姓。复刘献夫汝翊。赵子俊来。

十六日丁亥(1月6日)

入直。赏福寿字。引见时磕头。顺天奏粮价月折,因封印后不便奏也。朝房晤六舟。壶天少坐,兰孙来谈。福寿堂子青丈招,先至廉生处,福寿申初散,甫上席耳。

十七日戊子(1月7日)

厢蓝官学会晤,允升先到,幼丹诸君陆续俱到,荫轩勉之后到,午初散。李云从、胡子英、苏来。

十八日己丑(1月8日)

入直。壶天少坐,兰孙来。张景藩年敬千金,辞之。到署明日封印,辰刻。派题皇太后画长春图三幅。赵子俊来,夜大风。

十九日庚寅(1月9日)

入直。是日辰刻封印。派题皇太后画长春图三幅。壶天少坐,若农以少詹封印来谈。访兰孙不值。赵求为其侄花凤驻京提塘求南浦信,付之。张星炳,丁丑教习学正。赏袍褂料、帽纬一匣。赵子俊来。付千二百两,二鼎,又川资一百,又敦六百。

二十日辛卯(1月10日)

入直。壶天少坐。会典馆奏事,请画圈上添派各员。官学奏事,吴大澂报满,奏派荣庆。赵子俊来,又付一千止欠四百,据云可算可不算。

二十一日壬辰(1 月 11 日)

入直。派题皇太后"新年大喜"二幅、"新春大喜"一幅、"时时见喜"一幅。壶天少坐。至顺天府。为抟九题主,相题颂阁、凤石,自送分五十金,又公祭发去百金,馀四十二两恤为绋敬。归途,贺惠菱舫、毓晴岩苏织造;豫东屏、孙恩原完姻。见铁希梅。胡子英、李云从来。

二十二日癸巳(1 月 12 日)

入直。皇太后赏大卷八件、貂十张。朝房晤荫轩、芷庵、子斋,芷庵约往谈也。晤兰孙①。

二十三日甲午(1 月 13 日)

入直。派题皇太后画长春图一幅、灵仙祝寿图一幅。赏黄米糖。皇太后赏福寿字、长寿字,御笔长春图一幅。壶天少坐。到署。明日加班,注感冒。

二十四日乙未(1 月 14 日)

具公折谢恩。交若农,遣詹事府递。工部加班,注感冒。俄国拜年,感冒未到。送鹿滋轩席、潘彬卿席、惠菱舫席、梁经伯脩敬六十两。李云从来,瑞古瓜瓢翠盖壶十两②。

二十五日丙申(1 月 15 日)

入直。朝房晤芷庵、子授、凤石百两。緼臣昨销假百两。复李小淦、张丹叔、刚子良。得伟如信,由官封来。发南信,济、辛芝、谱琴、振民、麟生、小渔、谊卿。复伟如,顺天官封递。送高寿农屏、

---

①原稿天头附纸记:"赖永恭、荣庆。"

②原稿天头附纸记:"谢裕楷、谢锡芬、王忠荫。"

对、横幅。苏白付十两、洋烟廿两,还之①。

二十六日丁酉(1月16日)

入直。会典馆奏心红纸张。壶天少坐。再复伟如,交顺天官封递寄。郭卅两。手复王锡九、张璞君、胡芸楣。复张南浦、锡梦如良。

二十七日戊戌(1月17日)

入直。派拟醇王福晋五旬寿扁、对二分,每分四分。赏荷包、貂皮、手巾,领狍、鹿,赏汤羊、野鸡。开发内廷节赏,屏、对。壶天少坐。

二十八日己亥(1月18日)

入直。派写恭代皇太后赏醇亲王福晋五十寿明年三月。上一分派若农书之。"乃康绯福"扁、"五福堂来观舞彩,九华灯下寿称觥"联句。卯初二上诣中和殿阅祝版,蟒袍、补服侍班,回时磕头,谢荷包赏。壶天少坐,与兰孙谈。佩蘅散生日,送如意、烛、酒,未去。昨廉生交来山东人索售《王注苏诗》二函,内刘须溪补者下函三本之多,其直二百两。以此旧存二本,一缺第五,一缺第廿卷,以刘补定,尚无如此之多,只好送还矣。王注已不如施,叔平以廿金得施注,虽不全,而在覃溪本之外,真奇物也。覃溪本曾在陈小舫处,今不〈知〉所归矣。胡子英来。

二十九日庚子(1月19日)

入直。寅初二上诣太庙。派恭代福神、喜神、贵神、财神,及本年月日时至德尊神之位。复朗斋,为姚诗富,交陈润甫同礼。复姚拾珊,又豹岑、谨丞信。复胡月舫。

---

①原稿天头附纸记:"李润均、高蔚光、胡翔村、潘骏文。"

三十日辛丑（1 月 20 日）

入直。赏龙字。辰初上御保和殿。出乾清门时，貂褂、蟒袍，叩头谢恩。不站回班。寅刻事下。江苏同乡谢恩，向在聚丰堂，今日凤石家备二席。送盛伯希奶饼、黄精、鹿角、果子膏，答其鹿尾四也。即以其二及黄精送兰孙。复严少云书麟，复崔子万钟善，复刘俊升，复成竹坪。子英来一百七十金，卣。祀先。许少罶送以袍褂料、帽纬、汤羊、山鸡、索面，以代润笔。

光绪十六年（1890）庚寅

正　月

朔。壬寅月，戊寅（1 月 21 日）

寅正关帝庙拈香。辰初三慈宁门行礼。辰正三太和殿行礼。懋勤殿开笔。递如意，赏还。候鉴园太平主人，并拜年数处。兰孙处拜寿。柳门来。

初二日癸卯（1 月 22 日）

入直。到署。壶天少坐，兰孙来谈。六舟来。军机团拜送席，以送耆静生安，河库道。奉上谕：闰二月十六日谒东陵。仲华送鹿尾，分二次。

初三日甲辰（1 月 23 日）

入直。顺天府奏拿获张四交刑部，又审讯潘少宣二件。晤六舟于朝房。小宇送鹿尾、哈什玛。仲华鹿尾送若农。

初四日乙巳（1 月 24 日）

入直。壶天少坐。拜年。晤廉生、六舟，未初归。三日入直，未见徐、陆、吴。

初五日丙午（1 月 25 日）

入直。壶天少坐，兰孙来。西城拜年，巳正二归。

初六日丁未（1 月 26 日）

入直。派恭代皇太后赐七福晋寿扁、对。前尺寸大，此尺寸小。派拟赏滢贝勒卅旬寿扁等。为林康甫致中饴，并复之。复王符九，又裕寿泉信，为沈俦、宝善。复张翰仙汝梅、右江，为徐小云题石谷庚寅画山水。王、谢二令来，又交裕寿泉信。

初七日戊申(1 月 27 日)

入直。派题皇太后画鱼，绢张一帧。

初八日己酉(1 月 28 日)

入直。工部加班，奏顺天乡试、棚座等二折。绍葛民送鹿尾一，端午桥送鹿尾二。到会典馆。

初九日庚戌(1 月 29 日)

入直。同乡谢恩。上诣中和殿看太庙祝版。乾清门补褂侍班。得南信。赏燕窝。

初十日辛亥(1 月 30 日)

入直。寅初二上诣太庙。皇后千秋圣节，花衣。发南信，济、竹、麟、振民、小渔。寅初东华门得六舟信，即复。

十一日壬子(1 月 31 日)

入直。壶天少坐。到署。濮贤恒，号心如。

十二日癸丑(2 月 1 日)

入直。壶天少坐。丑刻得六舟信。辰初到府，晤六舟，并约如江同谈。晤佩蘅。至劼刚处，其刘夫人六十寿。同张、额、许、孙、福、廖、徐、续、徐、翁公送。申初先行。

十三日甲寅(2 月 2 日)

入直。懋勤殿跪春。壶天，兰孙来谈。都察院团拜，辞。徐寿蘅招湖南馆，辞。曾劼刚招观剧，昨已缴帖，辞。赏元宵。发下春帖子赏。潘绍谊求仲饴信，付之。

十四日乙卯(2 月 3 日)

入直。上诣奉先殿，出内右门，磕头谢恩。壶天少坐。长椿寺汪柳门之封翁十周年。

十五日丙辰（2 月 4 日）　　立春寅初二刻十分

入直。丑刻偕六舟到内，准礼部来文。寅初三进春山宝座三分。辰初上诣保和殿筵宴，宴未到。惟南斋侍班，染貂帽、蟒袍、补褂。皇太后驾还西苑，在隆宗门外。午初，同枢廷送宝小峰家，祝其太夫人寿。湖南馆九卿团拜，辞。又顺天主考请监临，辞。

十六日丁巳（2 月 5 日）

入直。午刻，乾清宫廷臣宴，未初二散，赏如意、蟒袍、瓶炉、袍褂、手炉并席。耆静生安求清卿信，付之。复子静。

十七日戊午（2 月 6 日）

入直。招赵寅臣、梁经伯、许子原、徐花农、陆申甫、天池、汪范卿、王豫生便饭，未刻散。

十八日己未（2 月 7 日）

入直。招伯熙、午桥、黄再同、王廉生、刘佛青、冯梦华、沈子封、子培、王小宇、王弢甫、黄仲弢、缪右岑、张子与、王莆卿、许鹤巢、许少羁、李木斋、邹殿书，辞者施均甫，申初始散。

十九日庚申（2 月 8 日）

大风。巳初上诣天坛，宿斋宫。准午初驾到，蟒袍、补褂侍班。约叔平、燮臣、陆、李、吴，未到徐，辞者曾、汪，未初散。

二十日辛酉（2 月 9 日）

寅刻进西长安门，上上祭。辰初上自斋宫还海，偕军机西苑门内接驾，蟒袍、补褂、貂朝衣，故事貂朝至十五止。大风甚冷。公所遇叔平诸君。廿二才盛馆、己丑房官公请监临，辞。廿四粤东馆工部司员团拜公请堂官，辞。小峰约本日观剧，以腹疾不果去。

二十一日壬戌（2 月 10 日）

入直。换染貂冠正穿褂。兵部团拜廿八日，辞之。湖南馆有冰床。手复六舟。夜大泻。李云从来。手复高云帆袖海、吴清卿。

二十二日癸亥(2月11日)

入直。壶天少坐。到署。

二十三日甲子(2月12日)

入直。张安圃祖母开吊。叔平招江苏馆,借蔡厨,答瑞德堂之约,到者孙夑、徐、陆、吴,申初散。发电询吴母,翼日电,本日申刻去世。

二十四日乙丑(2月13日)

入直。工部团拜,辞。朝房晤兰孙。礼直日。发南信,济、竹、谱、辛、麟、谊、振,并救疫方八十五纸。启绍放承德,来见。

二十五日丙寅(2月14日)

入直。派写回文屏八张,每张四样。以《琼玑碎锦》交凤石。会典馆看书十卷。传心殿晤六舟。太和殿演礼,遇可庄、荫轩、小云、建侯、兰孙及诸君。为征和斋厚致书于耕娱。霸昌道德克精额来,号绍庭。邹殿书辞行。德道送礼,收食物,答以席。

二十六日丁卯(2月15日)

入直。蟒袍、补褂。午初一上御太和殿筵宴,朝服,午正二礼成。传心晤六舟。

二十七日戊辰(2月16日)

入直。工直日。顺天府月折。朝房晤兰孙、柳门、小峰、六舟。祈年监督启绍缺,派志觐。申刻雪,夜风。

二十八日己巳(2月17日)

入直。风冷。招六舟、徐东甫、王云舫、高勉之、王可庄、李润斋、张少玉、高熙廷,未初散。

二十九日庚午(2月18日)　雨水子初二刻十二分

入直。风冷。工部奏派随扈查道,派潘祖荫。顺天府奏雪及四路州县十月后得雪分寸。天安门磨勘班未到。候兰孙未值。

二 月

己卯朔辛未(2月19日)

入直。卯正二坤宁宫吃肉,白风毛、补褂。到署。景善、清安、奎润、贵恒、兴廉招湖南馆,辞之。交凤石廿八两。

初二日壬申(2月20日)

入直。恭进派写回文八幅。郑邸吃肉,辞。壶天少坐。子青丈招观剧,不及待坐席归。

初三日癸酉(2月21日)

磨勘试卷复命,注感冒。凤石来诊。又发下回文各八幅—黄一白。交凤石五十两。手复陆吾山。

初四日甲戌(2月22日)

具折请假,赏十日。发南信,济、竹、辛、麟、谱、振民、小渔、泉孙、培卿、清卿、谊卿,并谢折四本、疫方四十纸。

初五日乙亥(2月23日)

兰孙、叔平来。

初六丙子(2月24日)

工直日,注假。柳门、花农来。函致仲饴、吾山,交廉生。润古来。

初七日丁丑(2月25日)

闻范卿丁艰。手复江容方,交星叔。复贾槐三联堂。张一琴、胡子英、李云从来。

初八日戊寅(2月26日)

上诣社稷坛。六舟、子原、孙寿臣来审李定年案。王、谢、查俱来。

初九日己卯（2月27日）

润古来，付四十两，鼻烟价。得朗斋信，水利已解。李云从来，卅两，念庭福字盖料壶。寿山来，送以席。

初十日庚辰（2月28日）

送奭召南良以席。兰孙来，送杨秋湄拓本四十五纸，索其《山右金石记》及吴鉴拓本，交豫东屏发官封。端午桥、松鹤龄来。

十一日辛巳（3月1日）

王叔贤请假省亲。子原送折来看。得谊卿正月十五信。兰孙以叔平之《松桂堂米帖》有袁枢印及睢阳袁枢书《洛神赋》卷来阅，抚者王。

十二日壬午（3月2日）

上诣文昌庙。仲约来借《昭代丛书》。复六舟，送酱姜、密〔蜜〕姜。

十三日癸未（3月3日）

笔帖式来，取续假折。发南信，济之、辛、谱琴、麟生、振民、谊卿、培卿、清卿。写十四日。

十四日甲申（3月4日）

具折续假。若农亦请假。旨赏十日。送刘谨丞席。熙续庄来，未晤。杨蓣芳来二次，未晤。发济之信。

十五日乙酉（3月5日）　惊蛰亥正初刻六分

清朴、江槐庭、屠义容来。得何鸾书信。顺天送津贴百金。

十六日丙戌（3月6日）

子原、凤石来。汪范卿送十六两奠分。函致六舟。

十七日丁亥（3月7日）

经伯去世，送一百两，交子原。柳门、花农、鹤龄、子原来。手复孙驾航、钱辛伯。手复向万鏷广西梧州守。

十八日戊子(3月8日)

芷庵来面商祈年并英绵初二奏留事。

十九日己丑(3月9日)

李兰孙、姚二吉、张幼和来。复劳辛农,并以寿泉信送阅。寿泉住定福,持帖往候。天暖。

二十日庚寅(3月10日)

晨阴,明日方出九。夜微雪,旋即大风,冷。

二十一日辛卯(3月11日)

风冷。子英来。付五十两,装裱直。

二十二日壬辰(3月12日)

工直日,冷。

二十三日癸巳(3月13日)

笔政送安折来,昨派管理沟渠河道大臣。换洋灰鼠一套。

二十四日甲午(3月14日)

入直。具折请安。派写"烟郊白涧"等扁三十六面。子英来《内经太素》《万象名义》共百金。晤六舟。答星叔、吉甫、寿泉、仲华、兴诗海。唁额小山断弦。荔芳来。

二十五日乙未(3月15日)

入直。引见时请安。到署。答兰孙、子授、莱山、若农,均不值。惠菱舫招菊儿胡同荣宅观剧,辞之。

二十六日丙申(3月16日)

入直。答小峰、玉圃、叔平、荔芳、芷庵、凤石、寿山、刘荩臣。唁邵小村、汪范卿,面送范卿廿两。

二十七日丁酉(3月17日)

入直。工部带引见三排,员清朴、彦秀、济澄、龙保,主丰培、联芳。是日,礼部亦引见。

二十八日戊戌(3月18日)

入直。风冷。壶天少坐。到署。皇太后赏大卷一套。卯初上
还宫,建福宫行礼。函致青丈。孝全诞辰。管燠和仁生侄孙,应山
县、董系和辞行。日夜泻十馀次。

二十九日己亥(3月19日)

入直。卯初二上诣中和殿看祝版,朝日坛。海军衙门会奏粤
镇南、琼廉、琼州炮台三折。

三十日庚子(3月20日)　　春分三十日子初一刻七分

入直。工直日,注感冒。上诣朝日坛。换灰鼠一套,藏獭冠。

闰二月

朔辛丑(3月21日)

到正黄旗官学会考,实到百十名。荫轩、季超兼诗农差缺、华
卿、勉之、可庄、幼丹、梅村、雨轩、熙庄代可庄俱到,午初散。

初二日壬寅(3月22日)

入直。到馆。到署。送安圃行,送以对、幅、丛书、家刻。答樵
野。子英来《元公姬氏志》四两。

初三日癸卯(3月23日)

入直。于奉宸苑公所晤少荃。遇仲华、芷庵、宋庆。得南信。
复济之、辛之、谱琴、瘦羊、小渔。

初四日甲辰(3月24日)

入直。晤兰孙、陆树藩存斋子,号毅轩。存斋寄来新刻书。李云
从来贤人像二两。苏来,均还之。

初五日①乙巳（3月25日）

正红官学查学，允升、勉之、华卿、清秋圃、徐子静、可庄、煦庄、蒋清篦、梁紫垣、陈梅村、陈聘臣名珍、吴雨轩陆续到。巳刻先行。幼丹尚未到，已拟辞也。手复存斋并《急就》、刘补注《尔雅》、《石湖诗注》、《齐孝子碑》、谢寿折。六舟再通信。函致仲饴。得济之、麟生、振民信。发南信，济之绒响鼓、上海膏、跌打损伤方、辛、谱、麟、振。

初六日丙午（3月26日）

入直。派写广仁寺扁四体庙名。到署。湖南馆丁未团拜张、徐公请，己酉团拜李、许仙屏到，才盛馆江苏团拜许、徐仁山到。巳刻壬子、癸丑公祭邵师母子李、许、潘，丑瑞、麟、恩，申刻散。谢令见。许慰祖来，适出门未见，海秋之子，即小名虎儿者。

初七日丁未（3月27日）

答宋祝三。子青约毓宅观剧。孝廉潍县于文中子和持曹竹铭信以及季良壶盖来见，直七百五十。午刻赴毓宅，有曾劼、徐颂、续燕、汪柳、陈六、翁叔、孙燮臣、徐小云、廖仲山、福箴廷、巴敦甫，申初余先行。发南信。

初八日戊申（3月28日）

入直。工直日。督修宝泉局。安徽馆团拜，孙燮臣、方汝绍、郝同篦、高传循、徐家鼎、王嘉善招，未初到，未正先行。

初九日己酉（3月29日）

入直。答清秋圃。候兰孙未值。邓泽镯，壬子同年贤芬之孙。

初十日庚戌（3月30日）

入直。到署。督修宝泉局松寿、李润均、恒顺。于文中来，面定。

---

①原稿日期后附纸，记："吴士恺。"

十一日辛亥（3月31日）

官学奏事，声明奏陆钟琦管正白学，幼丹御史缺。查学。卯初查厢红学，可庄、煦庄、勉之、秋圃、雨轩、华卿、梅村先后到。翰林官徐子静、管、陈、洪俱到，午初二散。赴季和招，仙屏、子禾、漱兰到，未初二散。付许梦鞠慰祖江容方信。夜雨。

十二日壬子（4月1日）

入直。工加班奏事，四折一片。晤兰孙。再函致六舟。又张陈氏上控遣弁押交府署。陈泽醴、新到辕，山西人，曾署直隶佐杂二次，现遇知县班。张芳标山东改发河南知州，浙江人号锦帆。许慰祖辞行，未要见。

十三日癸丑（4月2日）

入直。顺天府奏雨未及一寸。招张樵野、曹竹铭、李若农、高寿农、陈冠生、吴颿臣、李锦斋、陆凤石，未初二散。午初后雪。复六舟。

十四日甲寅①（4月3日）　清明十六日辰初三刻二分

以下《东陵日记》。

闰二月，派出随扈，同李芍农、官少詹。

皇太后寅正启銮。上卯正启銮。先一日，臣荫于辰正祀先，清明节也。辰正行。栅栏店尖。许仲韬、郝近垣、张璞君、工部铁良、许佑身、世善来。未刻到燕郊，往拜星叔、子青、叔平、莱山、小山。申正芍农到，至其帐房，方在补抄闻人诠刻本《旧唐书》。南书房太监来。

十五日（4月4日）

皇太后寅刻起銮。上卯刻起銮。荫寅刻起。赏克什。门人沈

---

①闰二月十四至二十三日日记出自《东陵日记》。

宝善来。叔平来。随带笔政联芳、惠霖、德升、陈鹤云、高星槎、江
兰生来。上未初到行宫，侍班。皇太后申初到，跪迎。即行。戌正
到白涧，芍农亦到。第七段张上酥道旁见，下与揖之。

十六日(4月5日)

上卯初起銮。皇太后卯正起銮。晨答仲韬、郝近垣、仲华。遇
杨宗濂。兰荪来。上午正到行宫。皇太后未刻到。赏克什。申刻
同芍农食蓟州。酉初行，借宿民家。

十七日(4月6日)

丑正行。上午正到行宫。皇太后申正到行宫。赏南书房蒲桃
一篓。行帐在坡上。叶提督志超、通永镇吴育仁来。杨莍芳、裕寿
泉来。

十八日(4月7日)

丑刻起，衣冠帐中坐。笔政候起儿。李相、仲华、芝庵、叔平、
兰荪来。仲华送罗卜英、花椒叶等。仲韬送黄花鱼。

十九日(4月8日)

上寅正、皇太后卯正谒陵。上未初、皇太后酉正到行宫。请安
后行。赏克什。戌正抵桃花寺。

《途中口占》

　　　白发凄凉老翰林，卅年孤负受知深。西飞白日忙于我，忍
事全灰一寸心。

二十日(4月9日)

上卯初启銮，辰正到行宫。皇太后午刻到。行宫沿途送席者，
日止之不得。从未沾唇，非嫌其不佳，余素薄滋味，并非矫情。而
日废万钱，幸有随员分饷，否则真暴殄矣。此皆民膏血也，州县曰
赔日垫，而民脂民膏竭矣。身膺司牧，敢云不知。

二十一日（4 月 10 日）

上辰正、皇太后未初到白涧行宫。磕头谢赏克什。即行。酉正住夏店。

二十二日（4 月 11 日）

上卯初、皇太后卯正行。臣寅正起身，廿里至燕郊。上巳正、皇太后未正到行宫。即行。申正驻通州，寓关帝庙。

《途中作》

清明不见雨蒙蒙，但见尘飞滚滚红。千树桃花千树柳，一齐得意待春风。

二十三日癸亥（4 月 12 日）

寅刻行。辰正抵寓。

二十四日甲子（4 月 13 日）

入直。全牌请安。颂阁以病未到，闻劫刚仙去。派拟隆福寺各等处扁廿二面、对四付。

二十五日乙丑（4 月 14 日）

入直。天安门礼部朝房覆勘各省试卷，对笔迹。到署。徐子静河南小门生带见。于文中号子和来。面交六百六。

二十六日丙寅（4 月 15 日）

入直。派阅各省覆试卷徐桐、翁、许、嵩、潘、祁、徐郙、景善、廖、薛、汪、徐树铭十二人，申初二散。宝佩蘅招观剧，辞之。癸酉、乙酉团拜，辞之。

二十七日丁卯（4 月 16 日）

入直。顺天府月折三件一片。后奏牟荫乔修贡院塘折，工部带引见。陈传奎、赵亮熙、宋承庠撤。同嵩犊山奏事处内谈良久，又同箴亭四君谈。知上欠安，请安看方，已而南、上两斋俱至矣。

送邓华熙席，璧王朗清席。曾劼刚廿二去世，今晨往哭之。傅以农凤飏，振邦之子，带来仲饴信，及汉砖五，甚大。

二十八日戊辰（4月17日）

入直。请安看方。李小研来，并带江南小门生，俱见之一百〇九人。送经伯奠分二百金，交子原。寄香涛拓本廿四纸、庄《古文疏证》、《石湖诗注》、刘氏《尔雅残注》、钮氏《急就章补注》，交小赤。以曾沅浦信交邓泽鍚，艿甫之孙也。汪道怡交杨思赞信，其婿也。龚心铭，仰蘧之子。俞陛云阶青，曲园之孙交来其信并《茗香三抄》。蔡丞来言顺义张老一案；鲁人瑞怀柔县徐鸿典一案。以葛氏送席送樵野。

二十九日己巳（4月18日）

入直。请安看方。派写慈云寺、桃花寺、隆福寺扁十二面。工直日。泉孙到京。得济之信。

三　月

庚辰朔庚午（4月19日）

入直。上大安，无方。得仓寓臣信。晤兰孙。

初二日辛未（4月20日）　　谷雨午初一刻九分

入直。六舟订定卯刻在朝房面晤。到署。子静来。得胡云湄信。

初三日壬申（4月21日）

厢蓝查学，华卿、季超、勉之、申甫、煦庄、梅村、雨轩到。翰林官梁、杨、管、丁、洪、徐到，陈聘臣未到，巳正散。卷交徐子静代看。申初三刻接奉寄谕。场差王曾彦病、谢锡芬病。复六舟。

初四日癸酉（4月22日）

正白旗官学会晤，陆申甫、高勉之、清秋圃代诗农、陈梅村、长季超、荣华卿、吴雨轩、徐荫轩到，巳正散。可庄疾未到。上祈雨大高殿。

初五日甲戌（4月23日）

入直。如江来为廷寄事、鹤龄、乐庵、海康、溥善来，为祈年殿事。赵花凤来，有赵生杰信，送延年益寿瓦一、毡二张①。

初六日乙亥（4月24日）

入直。上谕。顺天府递封奏一件。朝房晤六舟。知纕臣入闱。谭进甫来。

初七日丙子（4月25日）

入直。到署。兰孙来。六舟送检举稿来，昨折中有误字也。大风竟日。得南信并上海膏卅贴。

初八日丁丑（4月26日）

入直。工直日。派写颐和园对十付。晤六舟。候仲华未能见。夜大风。得伟如信，赵伯章交来。

初九日戊寅（4月27日）

入直。风冷。复六舟。复伟如。复仲饴，交顺天府。发南信，济之、辛芝、谱琴、瘦羊、振民、培卿、清卿、谊卿。

初十日己卯（4月28日）

入直。答谭进甫。自行检举，精力误年，力请议处。旨依议。上诣建福宫行礼，孝贞显皇后忌辰。函致六舟，又璞君信。再复六舟。巳刻雨，未刻止。

---

①原稿天头附纸记："李中堂、张兆珏、劳肇光。"

十一日庚辰（4月29日）

入直。顺天府报雨。六舟假五日。到署。送王朗清德榜对、扇、鼻烟、补子、活计、火腿、茶叶、帽纬。复曲园，交子元。

十二日辛巳（4月30日）

入直。上大高殿祈雨。复六舟。如江自通来。张幼和来辞。

十三日壬午（5月1日）

入直。复六舟。华卿来、刘兆璋来署宁河。

十四日癸未（5月2日）

入直。为李木斋题黄善夫之敬室本《后汉书》，与王廉生本同。《康成传》无不字，亦与碑合，佳本也。李伯馨经方，少荃子京补司道，王芑臣、于次棠荫霖来。

十五日甲申（5月3日）

入直。到会典馆遇露圃。到署。昨崔龄诸君查旱河，云下游已竣，上游四月可毕。陈其义来，骏生之堂弟。

十六日乙酉（5月4日）

入直。工直日。朝房晤六舟。仲韬来。再函六舟。

十七日丙戌（5月5日）　　立夏亥正初刻四分

入直。派写颐和园乐寿堂九言对一付。得南信。

十八日丁亥（5月6日）

厢蓝学会晤并补正黄会考。荫轩出题，华卿、申甫、梅村、秋圃、可庄、勉之、云舫、雨轩俱到，巳初散。鞠常来。发南信，济之、辛芝、瘦羊、振民、鲁岩。

十九日戊子（5月7日）

入直。派写夕佳楼五言对二付。答裕泽生、叶鞠常，皆不晤，到署。复六舟。阮引传，号申甫，文达曾孙，赐卿孙，其父恩光，署吴桥,此次途中遇之。得芝泉子大源信号砚田,以婚事求助。三百金,助以百元,即复,交刘传佑。上连至南书房二日。

二十日己丑(5月8日)

入直。谊园春祭未去。郑邸招廿一日观剧,辞之。巳刻雨微雷,未正后晴,又雨至戌刻止。

二十一日庚寅(5月9日)

入直。偕芷庵奏祈年殿用延楠木一折。上祈雨大高殿。贺犉山嫁女寿山子。

二十二日辛卯(5月10日)

入直。顺天府报得雨四寸。上御太和殿受贺,无表。会典馆到者小山、露圃、星叔、芷庵、荫轩、恩麟,先行四人同饭。晤廉生长谈。福寿堂南皮招,申初先行。

二十三日壬辰(5月11日)

入直。公折谢恩诏恩。上诣寿皇、奉先殿,道旁碰头,均蟒袍补褂不误,有补褂蓝袍误。手复六舟。到署。毕苐村赴金华,辞行,已七十矣。吴士恺付以崧镇青信。函致张幼和,为曹姓一案。蔡鹤君来,派审通州案。

二十四日癸巳(5月12日)

入直。上幸颐和园。二十二日起皇太后幸颐和园,凡六日。晤兰孙。

二十五日甲申(5月13日)

入直。西苑门得六舟书,即复。工直日。卯初二上幸颐和园。才盛馆同乡接场,庚子团拜,辞之。发南信,济之又芝泉子大源事、辛芝、谱琴、瘦羊、振民信①。

二十六日乙未(5 月 14 日)

入直。卯初上诣大高殿谢降。顺天府月折,又三县绅公呈李均豫引见一折。晤六舟朝房。李均豫来,知奉旨送部引见。延徐亚陶来为荆人诊。

二十七日丙申(5 月 15 日)

入直。到署。延亚陶。己酉公请谭敬甫,辞之。送以扇、对、洋烟、竹帽架、茶、腿。鹤君来,通州事可结。王之杰乃之春之弟。小亭来,言赵连义案。曹善臻。海军县、镇江拔贡,丙戌朝考门人。

二十八日丁酉(5 月 16 日)

入直。上办事后还宫。答长诗农。张一琴署粮厅。

二十九日戊戌(5 月 17 日)

入直。候德静山,川臬,今日召见。陈庆彬子均来,送阳三老石刻。濮贤懋云口以青士信来。冯宝琳己丑庶常。端之子,△△古注。

三十日己亥(5 月 18 日)

入直。卯初上看太庙祝版,侍班补服。到署。

四　月

辛巳朔庚子(5 月 19 日)

上诣天坛斋宫,午正驾到。瑞德堂约翁、孙、松、汪、李、徐、陆,未刻散。雷而雨不大,小雨夜不止。仲容来,携克鼎册去。复

①原稿天头附纸记:"灵耀、查光泰、徐树锷、刘启彤、阎维玉、朱晋。"

六舟。

初二日辛丑（5月20日）

入直。卯正三上还宫。皇太后派拟赏万寿扁、对各一分。颂阁未到。再复六舟。复青士并克鼎、《滂喜丛书》，交其子云依贤慈、石珊贤恒。荐蔡厨于樵野不收。濮贤恪来，号南如，青士长子。洞泻竟夕。

初三壬寅（5月21日）　　小满午初一刻十二分

凤石来诊，服其方。镶黄旗考监，送肄业生刘云龙等四名。吴雨轩、荣华卿、陈梅村、陆天池、王云舫、可庄、季超、诗农、勉之。腹泻不及待荫轩，巳初散。夜仍泻。

初四日癸卯（5月22日）

入直。派恭代皇太后赏皇上扁、对小底"受兹介福""祖武承五福五代，天庆膺多寿多男"。再复六舟。

初五日甲辰（5月23日）

查正黄学，诗农、天池、可庄、梅村、季超、雨轩、勉之、陈、杨、丁、管、徐到，辰正即行。贺若农得阁学。

初六日乙巳（5月24日）

入直。派写扁上款光绪庚寅六月二十六日，御赐。得南信。

初七日丙午（5月25日）

入直。贺凤石讲官二次。亚陶来诊昨日。

初八日丁未（5月26日）

入直。顺天府覆奏查办张兆丰封奏一件。奉旨：张兆丰即开缺，降三级调用，交部议处等因。钦此。兰孙来。送小村行，至龙泉寺拜邵师母，送小村茶、腿、点心。

初九日戊申（5月27日）

入直。到署。龙泉寺壬癸公祭邵师母，到者芷庵、兰孙。亚陶来诊。巳正风。严全来,臬司来访,陶福中一案。伯武来,得南信。

初十日己酉(5月28日)

入直。工部带引熙注差。见十二名。宝源局七名,满员外一名,补笔帖式二名,奏留笔帖式、库使各一名。发南信,济之、瘦羊、辛芝、广安、振民、谱琴、培卿。

十一日庚戌(5月29日)

入直。工直日。同芷庵至天德木厂,看祈年殿样式。派查库,同睿、庄、克、莹、恩、许、嵩、徐、汪,十六起。看兰孙,丧女。贺莱山。发南信,济、辛、谱、瘦羊、振民各墨一本,济、谱题名。风。

十二日辛亥(5月30日)

入直。卯初二上祈雨大高殿。以拷九墓志交高楠。朝房晤莱山、午桥、笏庵、叔梅、季和、子斋、翙臣。碰头。劼刚开吊,送廿两。晤刘康侯[1]。

十三日壬子(5月31日)

入直。到署。李云从来,得其高似孙《文苑英华纂要》四本。

十四日癸丑(6月1日)

入直,加班,会户部奏张曜请四十万以户部支绌准廿万一折。带引见三名陈传奎正、赵亮熙陪、宋承庠,不许留咨、题选。答刘毓鳞,未起。兰孙女殡龙泉寺,送纸锭。

十五日甲寅(6月2日)

入直。派写吉林“龙泉惠普”扁一面。晤兰孙。手书致朗斋,为朱光绂之孙耀祖求赏荐事。手复陆存斋。函致再同,为龙景曾事。函致仲饴。函致合肥,为通永道事。

---

[1]原稿天头附纸条记:“张延鸿、潘宝琳、王继香、徐道焜、刘启端、荣禧。”

十六日乙卯(6月3日)

查库起。滢贝勒有差,管库者昆、李未满假。巳刻散。风。换麻地纱袍褂。到署。

十七日丙辰(6月4日)

入直。派阅覆试卷,同徐、麟、翁、许、嵩、祁、孙授、徐颂、廖、薛、汪。一等七十二名,二等一百十八名,三等百廿六名,四等四名。申初散①。

十八日丁巳(6月5日)

入直。工部加班,带引见二名。赵亮熙、区谞良,郎中。顺天府奏查会馆。晤六舟朝房。查库,睿、滢、徐到,卯正开库。本库到兰孙、子禾、小峰,巳初柳门到,午初散。

十九日戊午(6月6日)　　芒种丑正三刻十二分

入直。会典馆奏章程一折,又奏留黄懋材一片。送那绍忠对、扇、袍褂、帽沿、活计、火腿、茶叶。工直日。派阅散馆卷,共九十名,同昆、李、贵、祁、许、孙、李仲约,一等四十三,二等四十四名,三等三名。题:"白虎观论五经同异赋";赋得"盘云双鹤下"得盘字,李端诗。

二十日己未(6月7日)

入直。查库,同滢、续、许、李、恩。巳初散。复六舟。得少荃信。复驳查治中署道一函。手复方勉甫。吴义培号集生,少渠之兄,慕渠之子。

二十一日庚申(6月8日)

派察看标识恩、昆、岳琪、桂全、胡隆洵。查库,同庄、昆、祁、许、

---

①原稿天头附纸条记:"许铃身、施沛霖、汤钊、朱焯成、王忠荫。"

滢、孙,巳初散。仲良、骝孙来辞行,送火腿、点心二匣。得承厚信。
得刘献夫信,复之。

二十二日辛酉(6月9日)

查库,同庄、滢、恩、李、昆、祁,巳初散。六舟来。先函致六舟。
胡子英来,大碗一;砖纹小碗三,一碎纹二完。以南园对二,一赠一还,
锦斋画马一还之。

二十三日壬戌(6月10日)

查库,同昆、恩、李、孙、庄、滢,辰正二刻散。硕卿归府引见,戌初
雨即止。火药局松、联、程、韩来。获案犯董气子。刑部传陈三、陈四,复
部稿。汪如金桐城候选训导,以刘海峰诗幅求题。

二十四日癸亥(6月11日)

到署。查库,同昆、李、祁、滢、克、恩,孙后到,巳初散。仲饴寄
李俊民《庄靖集》,无信。

二十五日甲子(6月12日)

卯初上御太和殿,朝服行礼。礼部朝房察看标识。江右乡祠;
文芸阁,福州馆;吴肃堂,长元吴馆。吴颖芝归第,未刻归。顺天府
宴及查库,以察看标识不到。

二十六日乙丑(6月13日)

入直。察看标识覆命。顺天府月折夹片,宜荆水灾,据绅士任
道镕等函,拨银二千两。查库,庄、续、李、滢、昆、汪,辰刻散。为廖
季平作所著《左氏》《公羊》序文二。皇太后赏蓝芝麻地纱一、灰色
芝麻地纱一、绛色芝麻地纱一、石青芝麻地纱一、漳纱二、葛布二、
帽缨二匣、折扇一柄、燕窝一包。施培曾,庚子之子三品衔道员用候
府场务同知。

二十七日丙寅(6月14日)

卯初查库,庄、克、李、祁、恩、徐,巳初散。

二十八日丁卯（6月15日）

查库毕，已初散，滢以差未到。赏袍褂料、葛纱、葛布、帽纬共十件。

二十九日戊辰（6月16日）

入直。查库覆命，同管库列衔。派阅朝考卷，同徐、翁、昆、许、贵、祁、孙、廖、汪、李、沈。一等八十，二等百廿，三等一百十九，四等侯维鹏不完。题："贾谊董仲舒论"，"拟赵充国屯田十二便疏"，赋得"松色带烟深"张谓诗，得"深"字。申初二刻散。菊常到馆。昨皇太后赏袍褂料各一、燕窝一包、普洱茶一团。扺去。

五　月

壬午朔己巳（6月17日）

到厢红官学，可庄、申甫、华卿先到。梅村、勉之、诗农、季超并补查正黄学数名。后荫轩到、后雨轩到，已初归。日食，酉初。赏角黍。皇太后赏御笔画折扇一柄、团扇一柄。

初二日庚午（6月18日）

入直。南书房连衔谢皇太后恩。上以方泽还宫斋戒，寅正后出西苑门，同磕头去。发南信，济、辛、瘦羊、谱琴、振民并墨、题名，硕廷拓、瘦羊拓。荫轩、箴亭、松寿泉、南斋五人、兰孙谢皇太后赏扇也。三所候箴亭，同估三所东西各处，寿康宫、英华殿等处围墙。开发内廷节赏及扇。

初三日辛未（6月19日）

入直。到署。招二席，莆卿辞，伯熙以病未到。

初四日壬申（6月20日）

入直。上看祝版，乾清门侍班，补褂。送许少嵒纱葛、帽纬、荷包、铜香合、蕉扇。为写赏扇润笔,梁味之经伯润廿四两。复六舟。

初五日癸酉(6月21日)　　夏至戌初三刻十二分

入直。丑刻上至方泽,卯正二还海。发镇青信,官封,为竹年。招硕卿、鞠常、秦吟燕、汪濠生、熙年、泉孙、福臻。

初六日甲戌(6月22日)

入直。晤兰孙。复仲馅。交官封。复六舟并《蚕桑实济》三十本。巽卿来。

初七日乙亥(6月23日)

入直。寅正后微雨,时作时止。到署。陈巽卿送扇及《裴岑碑》。冠生送二菜二点。王仲希曾彦来,云欲往东将母。

初八日丙子(6月24日)

入直。孙锡康号小平,天津县,涂景涛号稚�衡来,将赴裕寿山处。又竹年《洗冤》《秋审》《全生》《贯垣》《大云》《伐》《蚕》《籀》《急》《雅》《试帖》。

初九日丁丑(6月25日)

入直。裴仪卿来,圆足币、十小币、平阳等五千,付百七两。以《滂喜斋丛书》送涂景涛稚薇。陈舫仙来,已五十九,曾沅甫有信。午刻雨。寄济、静涵石刻《李秀》《会试登科》。又《金台四集》、《孙奇逢年谱》,又玳瑁镯、夏布。叔母人参一两、夏布、阿胶。寄辛芝《锁院春吟》《会试登科》。寄谱琴同门卷八本。寄麟生秦权、唐墓志,又敦拓、《锁院春吟》。以上交福臻。又振民《金台》《孙夏峰》《戚伯著》《华山碑》。

初十日戊寅(6月26日)

火器营旱河收工,至三孔桥松林村一带等处。寅正起身,巳正归。福臻南旋。函寿泉,为高楷,交高楠。

十一日己卯（6 月 27 日）

入直。顺天府报得雨二寸。子英来。会典馆看书。公所晤六舟。到署。发南信，济、辛，九弟妇九月中办喜事送六十元，属辛芝问济之取。又竹年、振民，又谱琴，散馆新进士引见单。再复六舟。发蕲芳、仲芳，官封。

十二日庚辰（6 月 28 日）

入直。公所晤徐、李、麟、恩诸君。施培曾号翰臣，子以塘号朴斋，同知衔苏候补县。施鲁滨福号文波，朝考二等。复六舟。胡子英来。魁文农太守以卓异来。高仲珹送汉印十、尤仙山拓。联何重以收贵州木来，合肥奏交工部收。张守炎号星谋，海丰人。

十三日辛巳（6 月 29 日）

入直。绍葛民遣世善来。得南信，济之、辛芝、瘦羊，济之要荷包等件。

十四日壬午（6 月 30 日）

入直。召见。晤兰孙。函致六舟。廉生荐王西泉石经来，未直。杨怀震补文安，甲戌进士，人书气。蕲芳处送席。舫仙、右铭处俱曾送席。三复六舟并言蚕桑事。小亭来，云六舟招之来，当为永霸盗案也，见时忘之。王西泉石经来，一玉上刻字，如《大吉买地记》，直五百，三古钵亦五百，姑留《邢侗尺牍》、廿七，交子英十金。古戥一、溜金阗字圆足一，共百五十金，渠未肯。陈荫庭，刻后第一次见。

十五日癸未（7 月 1 日）

入直。到署。志觐来，云熙绥庄明日该班不带引见。陆寿门来，云第十三次解饷矣。杨增云，房、涿民端午争水几变。

十六日甲申（7 月 2 日）

入直。加班带引见徐迪新正，赵尔震陪。主事高彤瑄补，笔政文廉、恩寿补,小京官曹垣留。江苏木植委员张履泰。手复六舟。

十七日乙酉(7 月 3 日)

正蓝官学会晤,已初二刻散。手复六舟。吴梦淞淖来,欲荐德静山臬幕。子英来。付廿,刻笺,尚欠八两。廿七付十金,多二金。

十八日丙戌(7 月 4 日)

入直。小雨不大,已刻至午渐大止三寸馀。函致德静山。复六舟。张发祥自颁发誊黄又检验来。夜亥初又雨一寸。

十九日丁亥(7 月 5 日)

入直。上诣大高殿求雨。顺天府报雨三寸,又片亥刻一寸。晤六舟、小峰、兰孙、仲华于公所。到署。酉初三雨即止。

二十日戊子(7 月 6 日)

入直。丑正三途中遇雨。发下国史馆《传》四本。卯初后又雨。得姚石珊信。酉刻又雨。亥初又雨。乐庵丁艰。

二十一日己丑(7 月 7 日)　　小暑未初二刻四分

入直。传旨,要《桑蚕实济》几十部。上十部。太后前交懋勤殿,去年进四十部。卯正三刻又雨。上诣大高殿谢雨。雨竟日。子原来二次。

二十二日庚寅(7 月 8 日)

冒雨入直。派恭代皇太后万善殿"龙象神通"扁一面。工直日。郑工料垛溢于旧二百馀万,乞圣裁。雨至已刻不止,未初三小止。细雨达旦。

二十三日辛卯(7 月 9 日)

以活计一匣寄济之。以郑板桥、祁文端拓、小对,《党人传》、《弟子职音注》钟广、刘舍人子雄集寄振民,交硕卿并送硕卿礼。子千到京。

二十四日壬辰(7月10日)

入直。雇轿二日。顺天报深透。王西泉石经来。一百金,古钚三、溜金闓字。到署。钱硕卿,陪者鞠常、子千、蔚若、柳门、凤石、屺怀、建霞,辞者荋卿。

二十五日癸巳(7月11日)

王澧,爵棠之弟,候补江苏府。瑞荋侯,江宁藩。

二十六日甲午(7月12日)

入直。答瑞荋侯、王澧。送寿门点心八匣,小峰、右民信。送荋候席。送李伯行扇、对、活计、帽纬、茶、腿。送福少农、福馀庵席。送魁文农席。为宋芸子作《说文部首序》。以秦甥眷属进城托立豫甫。丁麟年,凤年之弟。

二十七日乙未(7月13日)

入直。到署。子英来付廿。送陈巽卿扇、对、书、茶、腿。

二十八日丙申(7月14日)

入直。文贡三送礼。瑞荋侯送礼。柳门以使吉林来。王馨庭赴山东来。汪肇煃、秦甥以昨门上为招呼也。手复萩芳。

二十九日丁酉(7月15日)

入直。卯初雨,夜细雨。

三十日戊戌(7月16日)

入直。丑初一刻冒雨起身,寅初一刻到。计大雨十一阵,至寅正一少止,时作时止。硕卿辞行。戌初大雷雨至,天明未止。

六　月

癸未朔己亥(7月17日)

昨淋雨感冒,遣人召笔帖式锡霖来,取请假折。雨未止,屋俱漏。细雨竟日夕不止,水灾成矣。函六舟。

初二日庚子(7月18日)

侵晓大雨一阵。具折请假十日。辰正三又大雨。徐寿蘅招湖南馆,以乞假来告。初三己丑团拜,辞之。初四苏府公请陈舫仙、魁文农、李伯行、吴硕卿均来辞。德寿山亦辞。助孙得之传凤百金,交凤石。以梁叔子子良事致文农,属为荐三邑征比馆。未正三刻笔帖式志琦来。赏假十日。一夜雨未止。函六舟。

初三日辛丑(7月19日)

大雨已四日夜,水灾奈何。雨至酉初止。函六舟又再复之。

初四日壬寅(7月20日)

三函致六舟,四、五致六舟。夜丑初又雨。

初五日癸卯(7月21日)

卯初以千金函致六舟。发南信,济、辛、谱、麟、振、窸、运、竹年。再致六舟,三复之,并看折稿。雨不止。送陈舫仙对、扇、丛书二、茶、腿。复萩芳。夜戌刻止。

初六日甲辰(7月22日)

顺天奏大概情形。卯初复六舟。复萩芳。六舟来。奉旨:民田情形迅速查明具奏。钦此。计是日六舟六函,吉人三函。

初七日乙巳(7月23日)　大暑辰初一刻

丑刻起小雨。上诣大高殿祈晴。吉人来。是日毓、王、丁、潘行。得南信。山东以瓿一、溜金安阳一、殊布一百金,还之,交廉生。

初八日丙午(7月24日)

卯刻小雨。酉初又雷雨。得吉人信。三致六舟。酉刻又雨旋晴,子初后大雨。四复六舟。

初九日丁未(7月25日)

晨起再复六舟。雨未止。雨时大时小。

初十日戊申(7月26日)

子刻大雨几阵,至晨未止,辰正大雨少止。再四致六舟,一致吉人、一琴。午刻晴,申又阴矣。申由六舟交来廷寄。夜间雨三次①。

十一日己酉(7月27日)

子刻致六舟、一琴。上诣大高殿祈晴。戌子复张吉人、张一琴,致张光宇求船。小宇交彦汉千金。以安折交笔政。

十二日庚戌(7月28日)

顺天奏续报情形一折二片。午搬至壶天。建霞、凤石、柳门来。复六舟又函致。入此月来唯此日未雨然晨有数点。

十三日辛亥(7月29日)

入直。具折请安。复季和。到署,署内一片汪洋。复季和。郭绥先、谢锡芬、廉生、硕卿、苕臣来。奉上谕一道,奉廷寄一道。

十四日壬子(7月30日)

入直。引见时请安。复季和。复张一琴。天池、徐树锷来。醇邸捐五千两、小米一千石,遣护卫呼图礼来告,以交府。姚令来付大、宛四百,余所捐也。戌初复六舟。兵部街佐杂朱成受来见,先具奏为街道事,昨交沟渠河道处。

十五日癸丑(7月31日)

入直。派恭代皇太后赏张之万扁。派题皇太后画桐凤四幅。答张筠臣国正、陈六舟。复季和信,自捐名世之鼎。派出万寿进

---

①原稿附纸记:"朱潘。"

膳,以百廿金交箴亭,进膳用。自二十日至初六,澄、澍、谟、濂、漪、润、瀛、沣、泽、伯王、克王、庆王、礼王、额、张、许、孙、福、嵩、师、巴、崇、潘廿三人。陈小亭、查如江、廉生、伯兮来。

十六日甲寅(8月1日)

入直。工直日。顺天府奏胡隆洵开缺。派题皇太后画鸣凤一幅、松鹤五幅。公所晤六舟。又诣吉人晤。

十七日乙卯(8月2日)

厢蓝旗官学,到时一人未到,后始陆续到,辰正二刻散。杨萩芳为截漕六万请督主稿。李燕昌来,船子马驹桥不得到。暗子禾断弦,交季和五百两。又托季和雀儿市拐湾源坑。又至资善堂晤季士周、李仁庵,上车时吉人、子涵、马、孙慕韩、张,又一位不识,均到。五函致六舟。

十八日丙辰(8月3日)

入直。晤兰孙。复吉人向万莲初借船事。二函复六舟。二函吉人。盛沅萍洲赴通,带萩芳、何际云信。戌刻雷雨。

十九日丁巳(8月4日)

入直。借提督公所,复六舟,函叔平。归来函致六舟。巳初二刻雨,至未初二刻。连复六舟共五函。复吉人,复一琴。

二十日戊午(8月5日)

入直。六所候六舟几两时许。到署。得吉人信,即复。笔采付四十,欠廿。到庐州馆,答郭奇中,号绍亭。董荫堂来,付五百两,交一琴。

二十一日己未(8月6日)

入直。六舟遣弁函致公所万善殿,手复。到会典馆看书。戌初复六舟。

二十二日庚申（8月7日）　立秋子初一刻

入直。聚丰堂苏府公请张笏臣，不克到。丑刻函致六舟。昨佛青函，愿办赈六人。发下初六日万寿进膳赏，袍褂料、荷包二对。

二十三日辛酉（8月8日）

入直。派恭题皇太后松鹤一幅。长椿寺王豫生请为太夫人点主。

二十四日壬戌（8月9日）

工直日。顺奏事。注感冒。提督府河道处工部会议周天霖折。手复张朗斋。夜子刻大雨。

二十五日癸亥（8月10日）

入直。先至万善殿，拟赏昆冈母等扁、对。后至四扇屏门懋勤殿他工。纯一斋听戏，辰正入座。皇太后膳房饭早晚二席，席六人，果卓一，甚丰，申正一散，三十三刻。谈问渠鸿銎来。复六舟、一琴。石赓臣来，未见。

二十六日甲辰（8月11日）

入直。派写"春满笙咙"扁。递如意，赏收南书房二两。开发听戏各款廿两、如意二两、膳房十两。因席甚丰，此次加颂阁，首次。纯一斋听戏。辰初二乾清宫受贺。巳正二入座，共卅九刻，添二出，酉初一刻散。赏饭与昨同，果卓亦然。复六舟，交吏刘文送去。又函致六舟。庄佩兰来，号崔衔。面属江槐庭函致六舟。招之出，庄已告假。复一琴。子刻复六舟。送瑞张德礼、张子青寿礼。

二十七日乙丑（8月12日）

入直。辰初二纯一斋入直，卅三刻五分，申正二散。早晚二席，果卓与上同。函致六舟。复一琴、吉人。又荫轩言鲁城村事，亦交六舟。刘佛青来，即赴东安。又函致六舟。

二十八日丙寅（8 月 13 日）

入直。函致六舟。上还宫。到署，出城。吉人来。再复六舟交吏。赵文粹坐补宛平，号心笙。

二十九日丁卯（8 月 14 日）

入直。答裕泽生。拜谈广〔鸿〕鋆吴兴馆、凌文曜曦亭。佛青、梦华来面商。仲韬、子元来。孙开华来庚堂。

三十日戊辰（8 月 15 日）

入直。丑刻致六舟。卯刻复六舟。卯初二上看祝版，花衣。乾清门侍班机未到。发南信，济、辛、绥之。

七　月

甲申朔己巳（8 月 16 日）

入直。寅刻上诣太庙，卯正还宫。初一二有侍郎共八十八人。辰初纯一斋听戏，入座，花衣，席、果如前，卅四刻，申正一刻散。菽芳来长谈。致六舟。得一琴信。三函致六舟。

初二日庚午（8 月 17 日）

入直。卯刻小雨。辰正纯一殿听戏，卅四刻，申正初三散。因雨赏饭听鸿楼三次如前。午后雨更大，申散。赏如意、帽纬、荷包、花瓶、袍褂料、禾烟、漆盘。雨甚大。顺天府奏开厂，初五卢沟。以谢寿折交青丈。以电四封交六舟。是日起补褂紫袍。

初三日辛未（8 月 18 日）

入直。巳初纯一斋听戏，席、果如前，戌正一刻散。归。西边廿二人东边廿八人。复六舟，交吏，共三致。第二次内银五千两。第三次早设粥厂担粥。

初四日壬申（8月19日）

入直。派写"牵牛河鼓天贵星君""天孙织女福德星君"神牌。戌致六舟、秋樵。函致萩芳，内凤石一电。巳初纯一斋听戏，戌初散。席、果如前，卅九刻。以听戏经费八十三两三分交箴亭。

初五日癸酉（8月20日）

入直。巳初纯一斋听戏，入座，果、席如前，戌正一刻散。复六舟。得佛青、梦华信。致仲华问病。

初六日甲戌（8月21日）

入直。辰正后纯一斋听戏，入座，果、席如前。戌正一刻到壶天。公所晤六舟。柳门来辞行。函致六舟，内滇电一。手复萩芳并恳作答函。手复一琴。

初七日乙亥（8月22日）

入直。仁曜门上出瀛台时谢进膳。初六派出进晚膳一百廿两。赏即前月廿二所发。巳初纯一斋听戏，戌初二刻散。巳初皇太后赏御笔桐凤一张、画扇一柄。莆卿拟折交金忠甫递。函六舟。发南信，济、辛、谱、窓、运、绥之。再致六舟。

初八日丙子（8月23日）　　处暑未初三刻九分

入直。贺南皮相国。赏寿出城。以上七日皆住壶天。答德静山。候秋樵。灾民到门，遣弁领至顺府。三函致六舟。一琴、聪肃来。何其坦江西解木委员，谢绥之侄婿。金台书院因谢恩及直日不克到，请查如江代。具折谢皇太后恩。上诣醇邸。胡子英来。交善峰一百两。交一琴四百两。手复仲饴。申初大雷雨。兴升，奉天尹，称旧属。兴升号荣斋，旧属。

初九日丁丑（8月24日）

入直。卯初二上诣建福宫，后诣醇邸。丑函六舟，复一琴。到署。酉复六舟。李成英、方峻,贵州解木委员。

初十日戊寅(8月25日)

入直。卯致六舟,又致一琴。巳刻复六舟,并发沅圃公信。六舟允西红门樊家村开厂。吉人来。胡子英来。安平公所捐一百两付讫。

十一日己卯(8月26日)

入直。顺天会五城奏坍塌情形一折。工部带引见三名张蔚增、清平、张联恩。补送李筱泷赏寿对。晤六舟,公所看如江说帖,可行。送许仲韬对、扇礼十色。送龚仰蘧对、扇礼十色。张景藩等永乐庵求助三千①。

十二日庚辰(8月27日)

入直。上诣建福宫,后至醇邸。刘樾轩宗荫、为杨蒉臣。奎绶要曾沅圃信。梁于〔巨〕川济许以书、启,每月四金。付王伯恭、江容方信。到署。复六舟为合肥信。又函致六舟,为胡蕲生设厂事。五致六舟。庄佩兰号鹤衔。

十三日辛巳(8月28日)

入直。公所晤兰孙、小峰、荫轩、燕甫。函致六舟,问芷庵病。属一琴电子英。发裕寿山、奭召南良、诚果泉瑞五百里排。缪小山得京察,召见。吉云舫召见。交庄四十两,磐川卅两。

十四日壬午(8月29日)

入直。送仲韬行十六行。晤兰孙。万善殿复六舟。函致菽芳,又合肥,为袁遂金台书院课卷发去。胡海帆来,交芸楣、芸台信、银票。又施少钦等八人公信、银票、符药。

――――――――――

①原稿天头记:"恒寿号介眉,海韵楼之子。"

十五日癸未（8月30日）

入直。卯初前上诣奉先、寿皇殿。到署。手复芸楣、芸台。交一琴药，菩提丸一百、正气丸三百、午时茶二百，又雷公散一匣。交梦华菩丸三百、正气三百、午时茶一千。交子英，同一琴。手复李小研。再致六舟一解张陈氏。得六舟一复。酉正三复六舟。重阶号景藩，为贵州木料来见。吴京培解明〔架〕木来见。吴京培，伯恭之岳。孟丕振自文安、武清归。

十六日甲申（8月31日）

入直。工部直日。复六舟于松筠庵。又函致萩芳。陆学源交到存斋信。交黄慎之菩提丸三百、午时茶二百、雷公散二匣、飞龙丹卅瓶、正气丸三百。

十七日乙酉（9月1日）

未入直。到正蓝官学。云舫、华卿、申甫、梅村、勉之、诗农、季超、雨村、可庄、荫轩同到，已初散。候芷庵。

十八日丙戌（9月2日）

入直。派写瀛秀园扁四面。上派写含元殿二付。李请假十日。到署。晤廉生，托发香涛、张蔼卿电。赴六舟招，同子密、凤石、坤岫，辞者张、续、徐、廖总署四人。到府适遇莱山。西红门难民遣马弁送筹抚局，函致一琴。酉致六舟。亥正后大雷得济、绥之电，为棉衣事，告以交花农①。

十九日丁亥（9月3日）

卯到火药局看围墙，冒雨归。送周保辉席、吴京培席。五百里牌致黄花农为济、绥棉衣事。周号蕴甫，洞庭人。李木斋来辞行，送以食物四色。复六舟三次。

---

①原稿天头记：“范春棠。”

二十日戊子(9月4日)

入直。派写含元殿贴落一件。在内复六舟一件内有合肥丁子祥喑。徐寿蘅招湖南馆观剧,辞之。复陆存斋,并《仪顾堂题跋》作序,并克鼎、汉大砖拓本二。

二十一日己丑(9月5日)

入直。公所晤兰孙仲华、叔平,又与箴亭面商复奏沟道一折。四致六舟。

二十二日庚寅(9月6日)

入直。召见。到署。顺天府奏一折三片。公所晤六舟。为孔繁朴函致仙屏。孔庆笏,绣珊之子。

二十三日辛卯(9月7日)

入直。以广东举人潘慈和痧气丸五箱,以三箱交六舟。梦华二百、黄寿伯二百。松江火药局陆、张朗斋书。函致陆存斋,汉画一、唐石十一。杨呈章程,准言爽可一万。

二十四日壬辰(9月8日)　　白露酉初初刻二分

入直。工直日。奏刑部工程四件。又三件。公所晤兰孙、小云、续庄。发南信,济、竹、谱、辛、绥之、窭斋、运斋。赵允中高文翰旧同事以王廉生信携一匦、二古金饼、一陈日钬、圆足三枚、关字四枚、农器二件、竟一个、玉印一方来,先还玉印。二致六舟。

二十五日癸巳(9月9日)

入直。会典馆告以疾未去。到署。二致六舟。查、蔡递说帖,并来见。赵允中来,付三百十两。蒋兹来,吉人门人,同办振者,号星吾,其言甚明白。

二十六日甲子(9月10日)

入直。凤石假五日,因太夫人病也。到会典馆。周承先处送点心四匣。兰孙来。

二十七日乙未(9月11日)

入直。顺天府奏事。公所同六舟,已先行。函致六舟,连发四函。复荍芳一函。

二十八日丙申(9月12日)

入直。到署。函致六舟。得济之棉衣电,交如江、六舟。手复仲饴。交如江转呈六舟七千壹百六十两。一琴委宝坻。

二十九日丁酉(9月13日)

入直。公所晤兰孙、叔平。璞君来,龚心铭来,仰蘧之子。杨味春自东安来。庄鹤衔自武清来。山农住樵野处。范卿赴广平看府学卷。赏燕窝。

八 月

乙酉朔戊戌(9月14日)

入直。三函致六舟为江北。又漕、山东、浙来文三件。又派镇□三处粥厂。又派粮厅。得南,济、绥,即复济二函、绥之二函、辛一函、憩斋、运斋。赵文粹号心笙。

初二日己亥(9月15日)

入直。寅刻引见磕头,谢燕窝赏。到者唯臣及凤石,凤石是日销假请安。上诣醇府。为方孝杰、文安山长子函致杨西卿怀震。函致硕卿,并丛书二部,交蔚若。四函六舟。璞君六孝来谈。

初三日庚子(9月16日)

工直日。注查学。到厢红学,荣、陆、王、长、清、陈、吴、高、徐陆续到。上诣醇府。二函致六舟。手复荍芳、张叔和鸿禄五百排。

换实地纱。

初四日辛丑(9月17日)

入直。到署。朱子涵、陈桂生来。刘步元来，交以小峰信。并发电乞江西米初七来电，仟万石。

初五日壬寅(9月18日)

入直。顺天府奏一折二片。公所晤六舟。又与露圃、小峰、仲华长谈。手复陈巽卿，交吏。六舟是日奉上谕一道又廷寄一件。连文冲言鹤衔索奉天米。万石或八千，函致六舟，云不可，许二千金。

初六日癸卯(9月19日)

入直。大风。到黄酒馆。祝嵩犊山五十。赐寿。晤廉生。四复六舟。徐国桢来尧圃子，现查三河。刘焌自文安交卸。刘元诚到江苏。寿农为史恩溥聪肃二次书。

初七日甲辰(9月20日)

入直。换单袍褂。到署。上明日诣醇邸后还宫。函致裕泽生，为姚礼咸石珊、徐受沅亚陶孙、胡全淦丽伯、靳介熙凤杲子赈出力。亚陶来诊。文芸阁来辞行。聂仲芳尤详捐事。姚锡珍宝田，刑主，永清称年侄。

初八日乙巳(9月21日)

入直。得六舟信于前门，归复。寅正上诣醇府，还宫。亚陶来诊，又谆谆托其孙受沅。昨偕姚石珊及胡、靳已交泽生。兰孙来。

初九日丙午(9月22日)

入直。壶天少坐。函致六舟。手复刘献夫汝翼。函致筱沄，为谢小洲平拒埠事。杨萩芳来，送节礼，答以席。赵文粹递说帖。谢裕楷到大兴任。孔庆筠来，谢序文。

初十日丁未(9月23日) 　秋分午初初刻六分

入直。上御中和殿，视社稷坛祝版。军机先散不侍班。到署。

十一日戊申（9 月 24 日）

入直。工直日。卯初，上诣社稷坛。祈年殿工程处奏事请十成，火药局奏改配火药，请旨，知道了。菽芳、如江、崔君来，同定折稿，留点心。手复经莲珊。

十二日己酉（9 月 25 日）

入直。函致六舟。该班处晤仲华遇露圃、礼王、罗玉春。皇太后赏宫绸六匹、帽纬一匣。薛云阶送一甗来看。晋司徒伯彭父作宝尊鼎，照薛《款识》仿刻者，器真字伪，还之。

十三日庚戌（9 月 26 日）

入直。贺韩镜孙嫁女、袁际云子完姻、兰孙子放定。再致六舟。应德明号震伯，敏斋之子。徐仲文来，言曾道梅奎事。沈铭勋到怀柔任。马积生放赈来①。

十四日辛亥（9 月 27 日）

入直。顺天府奏事。晤六舟于公所。候费屺怀请作媒，归来请鞠常。开发内廷节礼。广盛即壶天共廿一两，付叁拾两，多付九两。午桥送来叔向敦。奏事次日送来，奉旨知道了。梁书祥云廿五日归②。

十五日壬子（9 月 28 日）

入直。若农以澹然斋小草二函见示。晋陵张维枢子环，万历进士，文不足观。赏瓜果。

十六日癸丑（9 月 29 日）

入直。雨。工部加班奏事。督修门神库工程九百九十四两柒分一厘，派午桥、小宇。工价制钱三百八十一串六百廿五文。公所晤淑

---

① 原稿天头附纸记：“陆景涵、徐道焜、马吉樟、应德明、刘岳云、沈铭勋。”
② 原稿天头附纸记：“梁书祥、朱潜、端方、蔡寿臻。”

庄、荫轩、露圃。树挐下定,大媒鞠常、屺怀辰正来,即往女宅。复六舟,又函如江、子涵、心笙,谢姚止节寿①。

十七日甲寅(9月30日)

厢白官学会晤。可庄头眩未到。函致六舟。何其坦号梅阁来。刘焌、杨增,顺义。朱子涵来,交吴修凯信,并千两交筹抚局,及胡芸台道信。李燕昌署固安,来见②。

十八日乙卯(10月1日)

入直。公所晤季和棉衣事、叔平仓事。到署。督修派端午桥、小宇种永顺。为张树德函致崧镇青。张号雨人,又字靖寰,丰润人。

十九日丙辰(10月2日)

入直。工直日。贺绅六佑、伦贝子。答廖仲山、罗提军大春。再复六舟。以手书致芸楣信,交潘筇谭诵威。余思诒号易斋。送以对,办宝坻,稻轩侄。刘毓珂号璞斋,永昌守,大城人③。

二十日丁巳(10月3日)

入直。会典馆阅卷,不克到。再复六舟。函谢小峰,交何其坦号梅阁,送以对、书、茶、腿。常光斗东安。

二十一日戊午(10月4日)

入直。再致六舟。为张树侯宗德函致芸楣,官封。子涵、心笙来。发吴柏庄、胡芸台、奭召南谢信。

二十二日己未(10月5日)

入直。派写绮华楼玉竹宝对一付、雷雨维新符大易,耕采纂组咏邠

---

①原稿天头附纸记:"李燕昌、朱联芳、刘启肜、朱潜、朱靖藩、志觐、崇莲、桑采、赖永恭、刘兆璋、刘焌、陈佐仁。"

②原稿天头附纸记:"程文炳号从周、罗大春号景山。"

③原稿天头附纸记:"曾彦铨,贵道,号衡甫。马恩培号稻轩,昌黎,优。"《李鸿藻年谱》,马恩培号植轩。

风。福字二件、鸿禧二件、迎祥一件。到署。公所晤叔平、荫轩、露圃、燮臣。梁味三书祥来,扶经伯枢归里,赠以二百金。自其没至此,前后共五百金。再致六舟①。

二十三日庚申(10月6日)

入直。再复六舟。又台北电。又函致合肥为通永道②。

二十四日辛酉(10月7日)

入直。工部加班奏事二件,引见四排四名。公所晤仲华、兰孙。客拜团。羊房村难民来。函六舟,送关帝庙济抚局,并函秋樵,安平公所如以三里路边则散□。二致六舟。子英来造象卅③。

二十五日壬戌(10月8日)　　寒露酉初二刻二分

入直。到会典馆。壶天兰孙正寐,未见。小峰太夫人贺扁,未去,以疾辞之。致六舟④。

二十六日癸亥(10月9日)

入直。覆勘朝审覆奏。到署。王可庄来,为陈春瀛乞随李伯行事。查、蔡、朱、赵俱来。

二十七日甲子(10月10日)

入直。工直日,奏事三件,督修都察院。至秋樵家,至则已行,适遇之途,邀之返寓,并晤六舟。

二十八日乙丑(10月11日)

入直。顺天府奏三折四片,广仁堂留,馀依议,知道了。公所

---

①原稿天头附二纸,其一"梁书祥、蒋嘉泉、赵文粹、翁同龢、张度、杨晴",其二"朱福春、项寿城、冯寿松、邹嘉年、赵文粹、查光泰、朱潽、蔡寿臻、启秀、朱联芳、汤钊、王仁堪"。

②原稿天头附纸记:"刘心源。"

③原稿天头附纸记:"郭奇中、秦绶章、朱潽、赵文粹。"

④原稿天头附纸记:"李光熙、徐本愚、凌道增、卫荣庆、李邦桢。"

晤六舟，叔平后至。赵回来。仲義二罍，二千，如寿峰之物①。

二十九日丙寅（10 月 12 日）

天安门朝审班，午初归。发南信，济、辛、竹、运、绥、振、小渔。赵回来。付一千。旧欠四百。付如寿峰信。欠二千。三镜，一大二小，一无字②。

三十日丁卯（10 月 13 日）

朝审上班，巳正散。吉人、苏臣、佛青交来票根，即交局。又少卿、刘兰阶芬电，即交局复。六舟夫人六十，送如意、幛、烛、酒。复刚子良、德小峰③。

九　月

丙戌朔戊辰（10 月 14 日）

入直。到署。以如寿峰柏托松崔龄，欲连仓总，再复六舟。手书致寿泉为凌道增枣强为办大差④。

初二日己巳（10 月 15 日）

入直。贺青丈嫁孙女、佛佑侄德善照公之子完姻、兰孙子符曾完姻。曼生长椿寺念经。丁崇雅来，号鹿村。得南信。三河难民归，百馀，交资善堂遣之。孟宪彝、张渭门人永清⑤。

---

①原稿天头附纸记："陈泽醴、郭曾程、程全保、王曾彦、田我霖、松寿。"

②原稿天头附纸记："阿克占、端方、海康、溥善、志觐、王忠荫。"

③原稿天头附纸记："张度、毓俊、赵文粹、刘岳云、陈寿椿、王梦龄、王瓘、朱潃、凌道增、潘学祖。"

④原稿天头附纸记："朱潃、连文冲、王延纹、殷如璋、谢裕楷、潘民表。"

⑤原稿天头附纸记："丁崇雅、陈冕、孟宪彝、张渭。"

初三日庚午（10月16日）

会考八旗官学生，勉之未至，于未初散。上幸颐和园。丑刻再致六舟。再致筹抚局①。

初四日辛未（10月17日）

入直。送刘芝田对、丛书二、燕菜、木耳、绸缎、火腿、茶叶。派写浙江同善堂"乐善不倦"扁一面。杨萩芳送小菜、栗子，明日答以席②。

初五日壬申（10月18日）

入直。工直日。派拟宜年殿暖台扁四分、对四分。致朗斋，交刘心源，为举人湖北萧懋晋。六舟来面商列字号棚座昨亥刻被焚折底③。

初六日癸酉（10月19日）

入直。顺天府奏列字棚座烧毁事又二片。以张陈氏案交朱漙。溥善五人来，为药库胡同沟。派写"瑶岛云韶"扁，"金界笙簧纠缦嚣云开福地，玳筵丝竹铿鐂雅奏乐钧天"，又"龙翔"又"凤舞"二扁。公所晤六舟。晤叔平、孙燮臣。致朗斋，为陆存斋、连涵季。赖永恭为三河灾民申斥之。杨、查、蔡、陈留点心，为分散廿二万件棉衣事。

初七日甲戌（10月20日）

入直。派拟静宜园梯云书屋七言对。王辅臣散振完来。崔嘉桓以讹诈讼事来，却之。致崧镇青，为沈瑜宝号子美。刘兰阶芬癸

①原稿天头附纸记："曾景钊、朱漙、溥善、王瓘、海康、联福、江槐庭、赖永恭、李天锡、杨宗濂、查光泰、蔡寿臻、陈镜清、李培元、姚虞卿。"

②原稿天头附纸记："沈瑜宝、朱福春、姚虞卿、王梦龄、杨春元、杨宗濂。"

③原稿天头附二纸，其一"潘民表、王绩榕、汪韶年、许佑身、何蔚绅"，其二"谢裕楷、陈镜清、陈鸣秋、宁珸、陈彝、刘心源、张维彬、徐致靖、准良"。

酉优贡高淳人,绥之请来办振,送肴及点心与对。又乙酉拔贡门人曹善臻要裕泽生信,许之。徐仲文为韩文彬三处送引见,来。

初八日乙亥(10月21日)

入直。派写香山正凝堂对二付,臣款。"松飘晚翠拟金铎,竹荫空苔上石梯。"又"山坳水曲亭三面,研北屏南栝万株"。又四字春条廿件、八字春条廿件。鲁人瑞自卢沟桥来。答刘兰阶芬。萩芳来辞行,交马现龙千金兰孙交来。复一琴。函致六舟。胡子英、笔彩来①。

初九日丙子(10月22日)

入直。上幸颐和园。吴又五日,计廿日,陆以疾未入。沈文忠师龙泉寺念经,百龄诞也。面交庄尊〔鹤〕衔各种药。晤其孙宗骞、宗珂。复萩芳、经莲珊、施少钦、金茗人福曾、蒋家启。同杜绍唐检送乌鲁木齐之门人也②。

初十日丁丑(10月23日)　　霜降戌初三刻

入直。陆以疾未入。公所晤李、翁、孙燮臣、崇受之、徐小云。到署。复六舟之送文光席。李崇洗属作《李稼门诗集序》

十一日戊寅(10月24日)

入直。带宝源局引见六名。得季和书,为棉衣事,即函致六舟。由六舟复之③。

十二日己卯(10月25日)

入直。凤石假十日。又复六舟。复季和。如江因入武闱来

①原稿天头附二纸,其一"李均豫、赵文粹、王言昌、鲁人瑞、陆学源、杨宗濂",其二"蒋家启、朱潽、庄佩兰、志觐、惠迪、曹秉哲吉、桂霖癸酉"。

②原稿天头附纸记:"李崇洗。"

③原稿天头附纸记:"江槐庭、徐宝谦、马恩培。"

见。王积榕解棉衣来见,招商通局董事。陈允颐乃陈德生之子,定尔之甥也,湖南道。亚陶来诊。西黄村难民小营安平①。

十三日庚辰(10 月 26 日)

入直。工部直日。在内函复六舟。发南信,济、辛、振、绥礼贤难民,安平②。

十四日辛巳(10 月 27 日)

入直。緦臣销假。致六舟。庄崔衔来,允其江西米三千。次日六舟已批文。安收回。用宾长谈。难民鹅房六十馀人安平公所,次日归。为三人送李光熙。

十五日壬午(10 月 28 日)

入直。复六舟。又函致为仲午失实收请咨部补领。黄村西大洼等八十八人送安平。复启承斋,送对二分及燕窝。杜、芮,宝坻绅。松为禧麟函致玉山③。

十六日癸未(10 月 29 日)

入直。工部加班,带引见六名满员外、满主、贵州解木委员。三函致六舟。又四函。为曹善臻致裕泽生。黄村、南新庄难民送安平。

十七日甲申(10 月 30 日)

到正红官学,雨轩未到,午初散。二函致六舟,送松筠庵。子涵来,并告致六舟。礼贤难民送安平。送仲殳拓,有单。

十八日乙酉(10 月 31 日)

入直。到署。知六舟昨寓秋樵处,即日往晤,并借去《安吴四

---

①原稿天头附二纸,其一"李中堂、朱潽、石赓臣、张度、毓俊",其二"徐宝谦、朱福春、查光泰、王续榕、蒋寿龄、陈允颐、谢裕楷"。

②原稿天头附纸记:"庄佩兰、殷如璋、王瓛、联福、江槐庭、廷杰"。

③原稿天头附纸记:"徐宝谦、松寿、蔡寿臻、杜世绅、芮家荃、王颂蔚"。

种》。六舟来。贵州李、方二委员来,与以伟如信。施启宇要朗斋书,面书付之。周志靖为其祖名宦事函致兰孙。六舟来。

十九日丙戌(11月1日)

入直。换羊皮冠、珠毛一套。发合肥为凌令、胡云楣二函四百。复许仙屏。手复赵展如。复村庄难民十馀送安平。

二十日丁亥(11月2日)

入直。难民天宫庄、怀房、宋家庄三处二百馀送安平。以伟如信及东茗一匣交曾彦铨。何牧来。又通州交界白浮村廿馀处人交何牧及顺天府。四函致六舟。难民二起交安平①。

二十一日戊子(11月3日)

入直。工直日,督修天坛神乐署等工。筹抚局陈、朱先来,查、蔡及何牧后至,加何九千。王曾彦来。三河未放银米,不必查,本欲明日演引见,以项寿臣不在京又止。五致六舟②。

二十二日己丑(11月4日)

入直。陆凤石销假。送李伯行对、《功》、《游》、袍褂、活计、食物。发南信,以张福前日来带物,辛、济、振、绥之、清、培、谊。难民三起,交安平。饮马井五十、韩家园七十、辛店十八。酉刻马村、乘△、八家、马家六十馀。得存斋信、云楣信③。

二十三日庚寅(11月5日)

入直。黄村马房五十馀、黄村周家村十馀、贵家村卅馀,京南黄村大庄六十,交资善。三函致六舟,交安平。得萩芳信,即复。七致六舟。

---

①原稿天头附纸记:"何其翔、季邦桢"。
②原稿天头附纸记:"查光泰、朱潽、蔡寿臻、陈镜清、何其翔、王曾彦。"
③原稿天头附纸记:"李燕昌、江槐庭、李润均、许佑身、谢裕楷、陆学源、胡翔林。"

二十四日辛卯（11月6日）

入直。带引见六名彦秀、惠良、铁良、丰培、廉春、英联。难民天宫院百馀、王立庄七十馀，交安平。陆梅村、天池送二鬲，前已荐如寿峰。要得雀龄仓总①。

二十五日壬辰（11月7日）　立冬廿五日戊初一刻十分

入直。派写英廉母"瑞洽兰笙"扁、牛师韩父"泽衍千城"扁。难民东黑垡村弍九处，每一人。定福六十馀人。黄村东南邢各庄六处四百馀人，交安平。二函致六舟②。

二十六日癸巳（11月8日）

入直。顺天府奏事二折五片。晤秋樵、吉人。难民四起，送安平③。

二十七日甲午（11月9日）

入直。上还宫。如号寿峰、王东安、蒋礼贤。壶天少坐。至顺天府署演引见。晤如江、小亭、子涵。大风。黄村南八村难民五百馀，送安平。手复金苕人、经、施、王、陈十君。又手复子英，已往宝坻。午后雨又雪又大风④。

二十八日乙未（11月10日）

入直。散直寅正，归寓，天未明，已见冰。再致六舟。申仲来。难民五百馀安平⑤。

二十九日丙申（11月11日）

入直。卯初二上看祝版，乾清门侍班。冷。难民二百馀安平。

---

① 原稿天头附纸记："陆钟琦、陆燮和、李燕昌、张肇镛。"
② 原稿天头附纸记："樊号和叔;孙，顺义;纪、王，文安绅。"
③ 原稿天头附纸记："樊觐玉、孙绍庭、吴京培、杨宗濂、纪春陵、王春魁、张肇镛。"
④ 原稿天头附二纸，其一"顾肇熙"，其二"如柏、蒋士楣、王曾彦"。
⑤ 原稿天头附纸记："姚虞卿、阮引博、清朴、江槐庭。"

广会寺王荩卿祖念经。周懋琦来号子玉。白庙吴东店海子东墙、黄村
东街梁家务、九空闸、姚家坟、未善庄、长各庄五百卅馀人,又东安
十馀①。

十　月

丁亥朔丁酉(11月12日)

入直。卯正二坤宁宫吃肉麟、徐,撤读卷官也。右安门颜家村百
馀人、赵村卅馀、马道村百馀人,交安平。周子玉有信来,以其岳母
信。徐宗勉婿,徐子毓□。云即行,送《功顺堂丛书》。陈小亭子涵、
谢端甫、姚二吉来。礼贤难民随端甫去。宝坻难民送安平。再致
六舟,飞递专足菽芳。助壬子同年张荣祝孙传梽八金,交兰孙。问
陈小亭,知其人与有戚,谢草庵亦有戚②。

初二日戊戌(11月13日)

入直。壶天复六舟一函。送周子玉《功顺堂丛书》。送罗景
山大春对、帽玉沿、活计、珊玉顶、食物。查、蔡来,庄亦到,即令其同见
六舟。以东安、宝坻灾民交局资遣。

初三日己亥(11月14日)

到厢蓝学,以后轮到各学。徐武殿读卷、高诗农未到,已散。吴
遇之途。寅刻函致六舟。发南信,济、竹、绥之、谊卿。作仲芳信,
交张福。五致六舟③。

---

①原稿天头附纸记:"周懋琦、陆燮和、张度、殷如璋。"
②原稿夹四纸,其一"海子内南场二十馀人、杨树底下十馀人、马公庄三十馀人",
其二"孟宪彝、常光斗、溥善、长润、徐道焜、清朴、江槐庭",其三"查光泰、蔡寿臻、庄佩
兰、兴升、孙钦晃",其四"海子红门壹百馀人、宝坻县十馀人"。
③原稿天头附纸记:"朱溍、查光泰、王瓘、绍诚、何蔚绅、袁世廉、张景藩、联福。"

初四日庚子(11 月 15 日)

入直。送绍葛民席活计。袁世廉号清泉,小午、笃臣之侄。蓟州十馀庄递公呈,交如江带去。

初五日辛丑(11 月 16 日)

卯正二上御太和殿,朝服行礼。壶天六舟、孙燮臣来谈。粤兴隆若农招,同颂阁、凤石,吴毓臣不至。

初六日壬寅(11 月 17 日)

注感冒。闻曾沅圃初二殁于任,许仲韬廿九去世,师门零落,为之怆然。皇太后赏大卷六件、帽纬。

初七日癸卯(11 月 18 日)

入直。到署。答兰孙、若农。子涵来。重拟折底夹片①。

初八日甲辰(11 月 19 日)

入直。工直日。以黄村本街二百馀交安平,一粥。并四致六舟。子英来。为高寿农函致兰孙。

初九日乙巳(11 月 20 日)

入直。派题皇太后画松十幅,派篆"寿比南山""南山介寿"八篆字。至仲华该班处。至壶天。

初十日丙午(11 月 21 日)

卯正二上还宫。辰初二皇太后御慈宁宫,慈宁门行礼。三函致六舟。致崧镇青。

十一日丁未(11 月 22 日)　　小雪申正一刻十三分

入直。派题皇太后御笔画松十幅。壶天少坐。到署。再函六舟。熙年偕张福南归。熙年用去二百金②。

---

①原稿天头记:"海子东铁营十八人。"

②原稿夹纸记:"朱溍、王曾彦、王瓘、陈懋侯、方浚益。"

十二日戊申（11 月 23 日）

入直。壶天少坐。晤仲华、六舟、淑庄。萩芳住兴胜寺，送米。
三河民卅馀①。

十三日己酉（11 月 24 日）

入直。送萩芳席。杨三河粥厂八千。函六舟。王曾彦带银米赴
东安。

十四日庚戌（11 月 25 日）

入直。阴。函六舟。至长椿寺，星叔、子原为仲韬设位。发南
信，济之、辛之、振民、窓斋、运斋。手复仲饴。萩芳、子涵来。以通
州得仁务难民二百交杨。永清洋河北廿八村禀交局，催速办②。

十五日辛亥（11 月 26 日）

入直。顺天府奏事。奉上谕：等因。钦此。到会典馆。公所
晤六舟。叔平交来仲午花翎照本年顺天所捐一千两。手复仲饴并拓
本，又兰孙信。

十六日壬子（11 月 27 日）

入直。壶天少坐。到署。渎崇复命。晤兰孙。函六舟。萩芳
补通永道。

十七日癸丑（11 月 28 日）

到厢红学会晤。长、长、王可、王煦、荣、陈、陆、吴、徐俱到，高
不及待，午初散。再函六舟，六舟夫人前二日到，送以席酒。以鹅
房、粟垡七十馀人交安平。

十八日甲寅（11 月 29 日）

入直。工部带见十二名，街道八宝安、刘伦襄皆假、满员外一、木

---

①原稿天头附纸记："杨宗濂。"
②原稿天头附纸记："端方、朱潘、杨宗濂。"

委员三吴京培、方道济、王方全。火药局奏点验,派那王、漪。到顺府演引见。函六舟。

十九日乙卯(11月30日)

入直。得振民信。

二十日丙辰(12月1日)

入直。派恭代皇太后御笔赐醇王新府扁七面:"庆霄淑景""降福受禧""辉光日新""嘉承天和""慧相澄观""乐善延年""云霞藻绘"。到署。督修正蓝旗溥善、王瓛疏奏。范卿、子英来。

廿一日丁巳(12月2日)

入直。阴有雪意。西苑门复六舟。有述旨片,昨交去看样。复济之、绥之。仲约假①。

二十二日戊午(12月3日)

入直。

二十三日己未(12月4日)

入直。送松崔龄对、书十色。送陈右铭丛书二部。送廷用宾对、书八色。发南信,济之内助冠英廿、鲁岩廿、辛芝、振民、谊卿。

二十四日庚申(12月5日)

入直。受寒。壶天少坐。到署。得菽芳信。

二十五日辛酉(12月6日)

火药局会同那王彦图、漪贝勒点验火药,巳正三散。得施、袁、张信,即复。凤石来诊,服药。

二十六日壬戌(12月7日)

具折请假,赏十日。

---

①原稿天头附纸记:"林绍涛、朱潘、曾景钊、何乃莹、蒋寿龄、严暄、沈曾植、陈镜清、铭勋。"

二十七日癸亥(**12 月 8 日**)

二十八日甲子(**12 月 9 日**)

凤石来诊。

二十九日乙丑(**12 月 10 日**)

凤石来诊。周姓诊。

潘祖荫列传

潘祖荫,字伯寅,江苏吴县人,大学士世恩孙。咸丰二年一甲三名进士,授编修。迁侍读,入直南书房,充日讲起居注官。累迁侍读学士,除大理寺少卿。左宗棠被劾,召对簿,罪不测,祖荫上疏营救,且密荐其能,狱解,乃起独领一军。十一年,诏求直言,祖荫念车驾还都,首斥奸佞,纲纪一新,为上勤圣学、求人才、整军务、裕仓储四事。并请免赋以苏民困,汰厘以纾民力,严军律以拯民生,广中额以收民心。缅缅数千言,称旨。迁光禄寺卿。与修《治平宝鉴》,书成,被赏赉。先后纠弹官吏不职状,书凡数上,文若钦差胜保、直隶总督文煜、陕西巡抚英棨、布政使毛震寿、甘肃布政使恩麟、道员田在田诸人;武若提督孔广顺、总兵阎丕叙、副将张维义诸人。繇是直声震朝端。

同治三年,授左副都御史。坐会议何桂清罪未列衔,绌史议。明年,恭亲王奕訢获谴,下群臣议。祖荫念重臣进退,关系安危,疏请持平用中,酌予转圜,祛世人惑。补工部侍郎。七年,调户部,充经筵讲官。坐失部印,褫职留任。典顺天乡试,再坐中式举人徐景春文理荒谬,镌二级。十三年,特旨赏编修,仍入直。录输饷功,释处分。

光绪改元,授大理寺卿,补礼部右侍郎。数迁工部尚书,加太子少保。五年,主事吴可读以死请为穆宗立嗣,祖荫被命集议,与徐桐等请申不建储,彝训疏存毓庆宫。明年,偕悼亲王奕誴等办中俄交涉。约既成，筹善后，条列练兵、简器、开矿、备饷四事进。命入直军机，父忧归。服阕，起权兵部尚书，调补工部，兼管顺天府尹事。大婚礼成，晋太子太保。十六年，卒，赠太子太傅，谥文勤。宝坻士绅感其救灾勤劳，吁建专祠，报可。

祖荫嗜学，通经史，好收藏，储金石甚富。先后数掌文衡，典会试二、乡试三，所得多真士。时与翁同龢并称翁潘云。

《清史稿·列传》卷228

皇清诰授光禄大夫太子太保头品顶带赏戴花翎工部尚书兼管顺天府府尹事务南书房翰林赠太子太傅予谥文勤潘公墓志铭

赐进士出身、掌山西道监察御史稽查兵部、翰林院事务会稽李慈铭撰，翰林院编修、门人武进费念慈书，翰林院编修、门人元和江标篆盖。

光绪十有六年十月丙寅晦，太子太保、工部尚书兼顺天府尹吴县潘公以疾薨于位。遗疏闻，天子震悼，赠太子太傅，赐千金治丧，命贝勒载滢奠醊，予谥文勤。于是，都中上自王公百执事，下至舆隶小民，咸叹息出涕，惜公之遽去而所施设之未竟。时畿辅巨灾，饥民之流转京师者数万人，皆仰食于公，闻之恸哭，声震郊野。盖近百年来公卿薨逝未有能得人心如此者也。

公讳祖荫，字伯寅，小字曰东镛。祖太傅文恭公。考曾绶，四品卿衔，内阁侍读，特赠三品卿衔，封光禄大夫。妣汪，继妣陆，皆赠一品夫人。公，汪出也。自太傅以上，内外官氏，皆详余所撰《光禄公墓志》。

公幼颖异，太傅尤爱之。十岁遭汪夫人丧，十四岁遭陆夫人丧。十七岁以国子生应顺天乡试，挑取誊录。十九岁以太傅八十赐寿恩赏举人。二十一岁考取国子监学正学录。二十三岁中咸丰壬子科会试第九名,殿试一甲第三人,授编修。二十五岁太傅薨,以遗表恩进侍读。二十七岁充丙辰科会试同考官。是年十一月诏在南书房行走,赏戴花翎。二十八岁晋侍讲学士。二十九岁充戊午科陕甘正考官。是冬署国子监祭酒。三十岁转大理寺少卿。三十二岁署宗人府府丞。三十三岁擢光禄寺卿,署都察院左副都御史,充同治壬戌恩科山东正考官。三十五岁擢左副都御史,署工部右侍郎。三十六岁署礼部右侍郎。三十七岁擢工部右侍郎,兼管钱法堂事务。三十九岁兼署吏部右侍郎,调户部右侍郎,充经筵讲官。四十岁转左侍郎,兼管三库事务。四十一岁充庚午科武乡试副考官。四十二岁充辛未科会试知贡举、武会试副考官。四十三岁赏头品顶戴。四十四岁兼署吏部左侍郎,充癸酉科顺天乡试副考官。十二月以磨勘被议,降二级调用。先以户部遗失行在堂印革职留任,至是循例革任。四十五岁正月特旨赏编修,仍在南书房行走。六月复特旨开复侍郎任内革职留任处分,以三品京堂候补。四十六岁授大理寺卿,署礼部右侍郎。四十七岁署刑部右侍郎,补礼部右侍郎,兼署工部左侍郎,充玉牒馆总裁、光绪丙子科武乡试正考官。四十八岁充丁丑科武会试正考官。四十九岁调户部右侍郎,仍兼署工部左侍郎,管理三库事务,充实录馆副总裁、经筵讲官。五十岁转左侍郎,升左都御史,仍兼署工部左侍郎,擢工部尚书,加太子少保衔,调刑部尚书,赐紫禁城骑马。五十一岁兼署工部尚书。五十二岁充国史馆正总裁,赏穿带嗦貂褂。五十三岁兼署礼部尚书。十一月授军机大臣。五十四岁正月丁光禄公忧,四月扶輀还葬。五十六岁五月服阕至都,署兵部尚书,仍在南书房行走,充乙酉科顺天乡试正考官。十一月补工部尚书。五十七岁充会典馆副总裁。五十八岁充管理八旗官学大臣,兼管顺天府府尹事务。五十九岁兼署户部尚书,充戊子科武乡试监临。六十岁加太子太保衔,充己丑科会试副总裁、顺天乡试监临,十月六日,公六十生辰,赐寿宠赍加等。

综公一生,以文学政事扬历三朝,早结主知,日在禁近,进参枢密,出备六卿,恩宠便蕃,光华震叠。凡程功艰巨之役,文字衡校之司,无岁不膺,无月不与。以至国是大议,典礼鸿章,朝局玄黄,党论消长,天下之疑狱,百司之兴作,公悉仔肩其任,折衷是非,强力一心,中外倚重。三圣简在,两后协契,东朝眷睐,尤绝彝等。文宗木兰之狩,穆宗继统之议,昌言危论,尽诚竭忠。惠陵因山,公专其劳,畿京连袚,公萃其责,而官不登于台司,年不跻于中寿,以特简居政地而不及百日,以重望领中禁而未长翰林。星轺屡出而未一与学差,乡举四司而仅一副会试。鸿嗷满野,昼夜畴咨,劝振发仓,言辄流涕,未及安集而积瘁殚精。病作三日,遂以不治。此天下有识者所以憾公才之未尽用,而劳臣志士为之恨怅不能已者也。

公天怀忼爽,开济为务。自入翰林,遇事敢言,飙举锋发,不顾讳忌。戊午以后,大寇外夷,海县交讧,怀忠愤发,屡上密疏请诛媚夷辱国之粤东督抚;请暴�843治夷罪状,力主战议;请加八旗防营兵食;请诛清河失守之河督庚长;请诛广德失御之提督周天受;请诛江浙失守之统兵大员张玉良、李定太及逃官张玉藻等;请撤各省团练大臣;请严惩厘捐扰民之运司金安清;请逮治陕西失事之提督孔广顺、总兵阎丕敏等而任多隆阿;请诛纵寇肆掠之署淮扬镇总兵龚耀伦而用黄翼升;请严劾太原镇总兵田在田驻军徐、宿杀团冒功;请于江苏、安徽、山东、河南之交添设四界重镇以制捻匪;请严劾拥兵养寇之陕西布政使毛震寿;请治陕西统兵大臣胜保纵贼殃民贻误大局;请治前署江南提督曾秉忠罪;请斥养交废务之直隶督臣文煜及劾按察使孙治等，而荐前任提督郑魁士、傅振邦。所言皆半施行，而卒以屡劾要人，忌者日众。其劾秦抚瑛棨大坏疆事，尝一奉严旨申饬，而后先秉轴者，皆嫌公以清切词臣晓晓言事，虽同乡巨公，亦有嗛于心者。故自庚申以后，数载不迁，官光禄卿至满三年。虽公气不少挫，亦恃上有圣仁能保全之。

而公之尤有功于天下者。咸丰之末，湘阴左文襄公以举人参湘抚骆文忠公，莫府有憾文襄者，力齮龁于重臣，文忠几为动。公力辨其诬，三疏荐之，谓"左宗棠在湖南关系事势甚大，国家不可一日无湖南，即湖南不可一日无此人"。疏既传，文忠得持之文襄以安，卒能光佐中兴，功在社稷。而公未尝一日识文襄也。

宋、元以来，吴赋最重，苏、松、太仓尤甚。同治二年四月，公疏请减江苏赋额，得旨允行。千载积痛，一朝而起，四郡欢跃，额手皇仁。而公以大难初夷，宜定民志，凤蕙一蠲，根本自固，非止为桑梓计也。此皆公谋国之忠荦荦大者。

公性通敏，遇事理解，批牍答简，运笔如风，无不洞中利弊。长刑、工二部积年，百废俱举，官吏秉成，严而不苛。既去之后，思公不替。久值内廷，待宦寺甚严，指使呵斥如奴隶。及至公薨，而中涓至今言及公者无不流涕，谓如公者不可复见也。

公幼服膺家教，谦恭下士，自少与吴中杨芸士、戈顺卿诸名士交，文藻艳发，兼工诗词。既官京师，遍交天下士，士之至都者，无不愿识公。公爱才出天性。其主文也，务得魁奇沈博之士，所取不限一格，而深疾觥觫循时之技。士有一技之长，终身言之不去口。故公既逝，而世失所归，风流遂衰，百身莫赎。

余自己未以选人入都，公时居海淀赐园，闻声致契，折节下交。庚、癸之间，余穷悴不振，公亦贫甚，时或质衣致馈。余性狷急，小不可意辄言触公，公久而益敬。及长户部，余为属官，形迹自嫌，往还几绝，而公岁时馈问，殷拳弥甚。壬午之夏，一日公忽手书数十纸，具言平生志事，以身后之文相托。余心怪之，为戏言以答公，且还其所书。乃次年春，公丁大故，属余志光禄公之墓。及今八稔，而竟执笔为公志矣。

公丰颐渥丹，精神强固。余长公一岁，羸瘠多病。言笑笾豆，曾几何时，两世交期，山河俱邈，幽明宿诺，息壤遽征？悲夫！

公夙治《说文》，耽耆汉学，所刻书几及百种，皆有功学者。少精楷法，中年以后好临《书谱》，日必数纸，至今为世所宝。尤留心金石文字，自咸丰甲寅辑朝鲜碑刻，附以日本，为《海东金石录》二十四卷。其后搜眘益勤，闻有彝器出土者，倾囊购之，至罄衣物不恤。所得有邿钟、四齐镈、史颂鼎、匽侯鼎、盂鼎、善夫克鼎，皆世之殊艳。尝辑《攀古楼金石款识》，仅止二卷而未成。他所著诗文、笔记凡若干卷。

公天性孝友，事光禄公昕夕膝下，虽老如孺子。一弟祖年，庶母张恭人所出，少于公四十年，抚爱甚笃，今以公遗表恩官刑部郎中。公娶汪夫人，同县候选太常寺博士楗之女，公之姑女也。贤淑备德，克资俪助，公相敬如宾，终身无妾媵。公生于道光十年庚寅，享年六十有一。遗命以祖年子树擎为嗣，恩赏举人。将以壬辰三月十九日，葬公于吴县五都一图之菱白荡。汪夫人以公平生之言，属祖年征慈铭志公之幽。呜呼，是重可感已。铭曰：

维昔太傅，相我宣宗。名德积庆，再世而丰。实生宝臣，巍科绳武。入侍紫宸，去天尺五。遭国中否，削奏涕洟。造膝危言，帝娄领颐。朝疏夕行，鼎铉汗朒。干将不挠，见沮钩轴。维帝克明，维臣克忠。保全令名，槐棘雍容。三圣莅朝，是倚是畀。以人事君，中兴以济。回翔卿贰，映曜文昌。清流仰镜，吾道有光。薄眚牵婴，吏议遂中。中禁念公，还公法从。再陟八座，属以山陵。虔恭将事，不震不矜。长乐轸劳，当宸述志。锡爵公孤，俾长三事。司空匝月，移领秋官。祥刑平谳，人以不冤。帝简枢臣，大政攸属，胡席未暖，旋丁荼酷。再起宅揆，止还玉堂。匪帝不思，惟公太刚。平土有馀，兼综京兆。潦水告灾，匪公孰吊。一夕数起，仰屋赍咨。民庶有犳，公以不支。移病三朝，遽以赴告。临殁喃喃，蒸黎是悼。九重涕泣，万姓号呼。哀荣振古，公归帝衢。婉嫕乡君，婉娈嗣子。公辁南还，朝野曷恃。吴山迢邈，浙水委迤。我铭公阡，永无愧辞。

国家图书馆藏李慈铭撰《潘祖荫
墓志铭》拓本，索书号：墓志4930